KB177561

임동석중국사상100

국어

國語

左丘明 撰 / 林東錫 譯註

"상아, 물소 뿔, 진주, 옥. 진괴한 이런 물건들은 사람의 이목은 즐겁게 하지만 쓰임에는 적절하지 않다. 그런가 하면 금석이나 초목, 실, 삼베, 오곡, 육재는 쓰임에는 적절하나 이를 사용하면 닳아지고 취하면 고갈된다. 그렇다면 사람의 이목을 즐겁게 하면서 이를 사용하기에도 적절하며, 써도 닳지 아니하고 취하여도 고갈되지 않고, 똑똑한 자나 불초한 자라도 그를 통해 얻는 바가 각기 그 자신의 재능에 따라주고, 어진 사람이나 지혜로운 사람이나 그를 통해 보는 바가 각기 그 자신의 분수에 따라주되 무엇이든지 구하여 얻지 못할 것이 없는 것은 오직 책뿐이로다!"

《소동파전집》(34) 〈이씨산방장서기〉에서 구당(丘堂) 여원구(呂元九) 선생의 글씨

책 머 리 에

옛날 사마천의 《사기》를 배우면서 〈태사공자서太史公自序〉에서 이러한 구절을 읽었다.

"옛 서백(주 문왕 희창)은 유리라는 옥에 갇힘으로써 《주역》을 연찬하였고, 공자는 진채에서 곤액을 당함으로써 《춘추》를 지었으며, 굴원은 축출을 당하였기에 〈이소〉를 지었고, 좌구명은 실명함으로써 《국어》를 남기게 되었고, 손자는 다리가 잘림으로써 《병법》을 논하게 되었고, 여불위는 촉으로 쫓겨났기에 《여람》(여씨춘추)을 전하게 되었으며, 한비자는 진나라에 죄수로 갇힘으로써 《한비자》의 〈세난〉과 〈고분〉 등의 글을 남기게 되었다. 《시》 3백 편은 대체로 현인과 성인이 분함을 발하여 그 때문에 지어지게 된 것이니, 이는 사람이란 누구나 막히고 맺힌 바가 있어 그 도를 소통시킬 수 없으므로 지난 일을 기술하고 다가올 일을 생각하게 되는 것이다."

(昔西伯拘羑里, 演周易; 孔子厄陳蔡作春秋; 屈原放逐, 著離騷; 左丘失明, 厥有國語; 孫子臏脚, 而論兵法; 不韋遷蜀, 世傳呂覽; 韓非囚秦, 說難·孤憤; 詩三百篇, 大抵賢聖發憤之所爲作也. 此人皆意有所鬱結, 不得通其道也, 故述往事, 思來者.)

이를 읽을 때 나는 굉장한 감명을 받았다. "그래, 막힘과 맺힘이 있어야 무언가를 남기고 기술하고 창작하는 것이다. 그러니 그 고통이나 노고는 이루 말할 수 없겠지만, 무언가를 통해 풀어내지 않고는 존재할 수 없는 안타까움이 결국 역사에 길이 남겨진 고전이요 예술이리라!"

따라서 사마천 자신도 '궁형'이라는 억울함을 당하지 않았다면 《사기》와 같은 위대한 저술은 세상에 태어나지 못하였을 것이다. 그런데 그 중 《국어》라는 책은 과연 좌구명이 확실한 저자인가를 차치하고라도 어떤 책이기에 사마천이 그토록 거론하여 '실명하였기에 남긴 위대한 저술'이라고 빗대었을까?

선진先秦 역사 기록 중에 동주의 전반기를 춘추라 한다. 이 춘추시대를 대표하는 기록으로는 당연히 《춘추좌전》이 있다. 그리고 이 《국어》가 그와 함께 쌍벽을 이루어 〈춘추외전〉이라 불리며 준경전準經典으로 대접을 받아왔다. 그러나 뒤에 《국어》의 저자를 좌구명으로 보던 견해는 여러 가지 근거로 수정되었고 지위도 사부史部 잡사류雜史類로 떨어졌다. 그럼에도 그 책이 가진 가치와 선진 산문으로써의 문학적 지위까지 더하여 수천 년 끊임없이 연구되고 주석과 고증 작업을 거쳐 오늘날까지 이어오게 된 것이다. 《국어》가 다룬 춘추시대 뒤를 이어 동주 후반기인 전국시대를 대표하는 기록은 당연히 유향劉向이 집록한 《전국책戰國策》이며, 이 두 책들은 사마천이 《사기》를 저술할 때 절대적인 기본 사료였다.

한대漢代 또 다른 이 책이 있었던 것으로 기록되어 있다. 즉 《한서》 예문지에 유향이 편찬한 《신국어新國語》 54편이 저록되어 있으나 지금 그 책은 전하지 못하고 있다. 그런가 하면 서진西晉시대 전국 위묘魏墓에서 출토된 《국어》는 초나라와 진나라의 사건을 기록한 것이었다고 《진서晉書》 속석전束晳傳에 전하는 것으로 보아, 전국시대에도 이미 이 《국어》가 널리 유포된 것임을 확인할 수 있고, 1971년 발굴이 시작된 호남湖南 장사長沙 마왕퇴馬王堆 3호 고분에서 나온 백서帛書 중에 잔권의 《어語》는 《춘추사어春秋事語》라 이름이 붙여졌고, 이는 바로 지금의 《국어》와 같은 유형의 책임이 밝혀지기도 하였다. 따라서 당시 '어語'라 이름 붙여진 자료들은 역사 기록이라기보다 토론이나 대화, 변론, 변석 등의 의미를 기준으로 한 것임을 알 수 있다. 그리고 그 체제는 나라별로 묶어 정리함으로써 당唐 유지기劉知幾의 《사통史通》에는 육가六家 중에 「국어가國語家」라는 새로운 형태의 첫 작품임을 인정하고 있다.

좌우간 《국어》이 책은 지금 다시 정리하여 《좌전》, 《사기》등과 대조하여 읽어 보면 많은 자료를 확보할 수 있으며, 그 문장 속의 언론과 언사를 통해 새롭고 훌륭한 표현을 얻을 수 있다. 특히 우리나라에도 지금 남아 있는 많은 판본을 보면 근세까지 중국의 판본을 수집하기도 하고, 별도로 우리나라에서 독자적으로 많은 출간을 해 온 점을 보면 널리, 그리고 정밀하게 읽혀 온 고전임에는 틀림없다.(해제 참조) 그런데 아직 완역본이 제대로 나오지 않은 것은 학문의 양적, 질적 발전과 시대 흐름에 비교해 보면 안타깝다 하지 아니할 수 없다.

나는 일찍이 《전국책》을 역주하고 나서 《국어》를 함께 하여 '춘추전국' 시대 기록이 연결되어 짝을 이루도록 작업을 하기로 작정했었지만 시간과 노력 부족으로 차일피일 미루어 오다가 『임동석중국사상100』에 이 책이 빠질 수 없다는 절박함에 모았던 자료를 펼쳐놓고 일 년을 꼬박 매달려 이제 얼추 얼개를 짓고 장황裝䌙에 들게 되었다. 학식이 천루淺陋하여 제대로 원만한 성과를 얻지 못하였다고 자괴감을 갖는 것은 어느 책에서나 매번 마찬가지였다.

아무쪼록 강호제현의 질정과 편달을 바라며 누소漏疏한 부분은 후인들이 고쳐 새로운 연구서와 주석서를 내어 주기를 기다릴 뿐이다.

莎浦 林東錫이 負郭齋에서 적음.

일러두기

1. 이 책은 《국어國語》(四部備要本 印本, 臺灣中華書局, 1983)를 저본으로 하고 〈사고전서四庫全書〉본(史部5. 雜史類), 〈사부총간四部叢刊〉본(史部, 上海 涵芬樓)과 조선시대 〈옥봉정사玉峯精舍〉본 등을 참고하고 상해사범대학고적정리조上海師範大學古籍整理組 〈교점본校點本〉을 근거로 하여 전체를 완역한 것이다.

2. 현대 백화어 역주본도 수집하여 참고하였으며 큰 도움을 받았다. 특히 《신역국어독본新譯國語讀本》(易中天, 三民書局, 1995. 臺灣)과 그 외 《국어역주 國語譯註》(薛安勤·王連生, 吉林文史出版社, 1991. 長春), 《국어역주國語譯注》(鄔國義·胡果文·李曉路, 上海古籍出版社, 1994. 上海) 등은 구체적인 주석과 번역에 많은 참고 내용을 제공해 주었음을 밝힌다.

3. 역대이래 243장의 구분을 따라 매 장마다 일련번호를 부여하고 괄호 안에 해당 권별 번호도 제시하여 찾아보기 쉽도록 하였다.

4. 각 8개 나라의 전면에 간단한 해제를 실어 이해에 도움이 되도록 하였다.

5. 제목은 원문을 밝히고 이를 간단히 번역하여 제시하였다.

6. 해석은 가능한 한 직역을 위주로 하였으나 일부 의역한 곳도 있다.

7. 한글 번역을 먼저 싣고 원문을 제시하였으며 원문의 문장 부호는 중국 현대 표점을 따랐다.

8. 주석은 인명, 지명, 사건명, 역사 내용 등을 위주로 하되, 기왕의 위소韋昭 주를 근거로 하였으며 이를 풀어 쓴 현대 주석도 참고하여 실었다.

9. 매 장마다 《좌전左傳》, 《사기史記》, 기타 경서經書, 사서史書 및 제자서 諸子書 등 관련 사항이나 전재된 문장을 실어 대조 및 연구에 도움이 되도록 하였다.

10. 부록으로 서발序跋과 춘추시대 기년표紀年表, 팔국八國 역사기록을 《사기》 에서 전재하는 등 관련 자료를 실어 연구에 도움을 삼을 수 있도록 하였다.

11. 이 책의 역주에 참고한 주요 자료는 아래와 같다.

● 참고문헌

1. 《國語》, 韋昭(注) 〈四庫全書〉本(文淵閣) 史部 雜史類(五) 印本, 商務印書館, 臺灣.

2. 《國語補音》, 宋庠(補葺) 〈四庫全書〉本(文淵閣) 史部 雜史類(五) 印本 商務印書館, 臺灣.

3. 《國語》(韋氏解), 〈四部備要本〉(士禮居黃氏重雕本) 史部(印本), 臺灣中華書局, 1983. 臺灣.

4. 《校刊明道本韋氏解國語札記》, 黃丕烈 〈四部備要本〉(士禮居黃氏重雕本) 史部 (印本), 臺灣中華書局, 1983. 臺灣.

5. 《國語明道本考異》, 汪遠孫 〈四部備要本〉(士禮居黃氏重雕本) 史部(印本), 臺灣中華書局, 1983. 臺灣.

6. 《國語正義》, 淸 董增齡(撰集), 巴蜀書社, 1985. 成都.

7. 《國語》, 四部叢刊本 初編 史部 上海涵芬樓 書同文 電子版, 北京.

8. 《國語》, 上海師範大學古籍整理組校點, 里仁書局, 1981. 臺灣.

9. 《國語》, 玉峯精舍 朝鮮板本(慶南 陜川 雙冊面 城山里), 學民文化社(印本), 1998. 大田.

10. 《國語譯註》, 薛安勤·王連生, 吉林文史出版社, 1991. 長春.

11. 《國語譯注》, 鄔國義·胡果文·李曉路, 上海古籍出版社, 1994. 上海.

12. 《新譯國語讀本》, 易中天, 三民書局, 1995. 臺灣.

13. 《國語》, 萬有文庫薈要本, 臺灣商務印書館, 1965. 臺灣.

14. 《國語》, 葉玉麟(選註), 臺灣商務印書館, 1967. 臺灣.

15. 《國語精華》, 世界書局, 1972. 臺灣.

16. 《國語精華》, 秦同培(譯), 國學整理社, 1974. 臺南.

17. 《國語》, 신지영·이정재 옮김, 홍익출판사, 1998. 서울.

42. 《四庫全書總目提要》(上下), 淸 阮元, 民國 胡玉縉 漢京文化社, 1981. 臺灣.

43. 《春秋左傳詞典》, 楊伯峻・徐提(編), 中華書局, 1985. 北京.

44. 《中國歷代紀年表》

45. 《中國歷史地圖集》

46. 《中國大百科全書》

❀ 기타 단편적으로 인용, 활용한 문헌은 기재를 생략함.

해 제

1. 《국어》

《국어》는 국별사國別史, 단대사斷代史의 기언체記言體 역사 산문이다. 《국어》의 '국國'은 고대 주周나라 때의 종주국 주 왕실과 제후국 노魯, 제齊, 진晉, 정鄭, 초楚, 오吳, 월越 등 모두 8나라를 말한다. 그리고 '어語'는 내용 기술이 '언사言辭', '기사記詞' 위주로 되어 있다는 뜻이다. 따라서 《국어》는 "각 나라별로 역사 사실을 당시 주고받은 말이나 변론, 언어, 대화 중심으로 기록한 책"쯤으로 정리할 수 있을 것이다.

시기는 대체로 서주西周 중기부터 동주東周 전반기인 춘추시대를 약간 넘어선 때까지이다. 구체적으로는 서주 목왕穆王 2년(B.C.990)부터 동주 정왕定王 16년(B.C.453)까지 약 538년간이며, 당시 역사 사실의 일부 단편적인 내용을 단속적斷續的으로 243장을 싣고 있다.

고대 역사 기술은 당연히 왕실 중심이었으며 기록을 맡은 자는 업무를 분장하였다. 즉 말이나 정령, 포고문, 대화, 의사 결정을 위한 토론 등을 기록하는 자와 행동, 혹 사건의 발생과 전개과정, 결말 등을 기록하는 자로 나누어졌던 것이다. 《예기禮記》 옥조玉藻편에 "임금의 행동은 좌사가 기록하고, 임금의 말은 우사가 기록한다"(動則左史書之, 言則右史書之)라 하였다. 이에 따라 좌사의 기록을 '기사記事'라 하고, 우사의 기록을 '기언記言'이라 하였다. 이에 《한서漢書》 예문지藝文志에는 "좌사는 말을 기록하고 우사는 사건을 기록하며, 사건을 기록한 것이 《춘추》이며 말을 기록한 것이 《상서》이다"(左史記言, 右史記事. 事爲春秋, 言爲尙書)라 하여 좌우가 바뀌기는 하였지만 업무 분장은 분명하였다. 청대 황이주黃以周는 《예서통고禮書通故》에서 좌사는 '내사內史', 우사는 '태사太史'라는 직함의 명칭이 이에 해당한다고 하였다.

여기서 《국어》는 바로 '기언'에 해당하는 사서이며 그에 따라 기술 형식이 대화, 토론, 변론, 변석辨析 등으로 되어 있다. 그러나 엄격히 말해 '기언'이라 해서 사건이 배제될 수 없으며, 기사라 해서 언사가 없을 수 없다. 따라서 기언체라 해도 사건이 바탕을 이루게 된다. 이 《국어》역시 사건이 축이 되어 골간을 이루고 언사가 살이 되어 수식과 인과관계 등을 형성하여 입체적인 모습을 보이게 되는 것이다.

내용은 당연히 춘추시대 전후까지 포함하는 기간 동안 각국의 정치, 경제, 군사, 외교, 책략, 인물, 품평, 계모計謀, 여인, 교육, 조빙朝聘, 연음宴飮, 제사祭祀, 갈등, 회맹은 물론 당시 성행했던 오행五行, 예조豫兆, 점복占卜, 음양陰陽 등 형이상학적 사유까지 아주 폭넓게 포함하고 있다.

《국어》는 이에 따라 장기간 "경부經部의 춘추류春秋類"에 소속시켜 2천여 년 동안 '준경전準經典'으로 대접을 받아왔다. 그러다가 당唐 유지기劉知幾의 《사통史通》에서는 사체史體 육가六家의 독립적인 한 체로써 '국어가國語家'를 설정하여 국별사國別史의 대표적인 저술로 인정되기도 하였다. 그러나 청 건륭 乾隆 때 〈사고전서四庫全書〉를 수찬하면서 드디어 "사부史部의 잡사류雜史類"로 낮추어져 경서經書가 아닌 사서史書로 소속이 변경되었다. 결국 지금은 '기언체' 의 '국별', '단대사'의 사서로 위치를 확정짓게 된 것이다.

2. 《국어》와 《좌전》

《한서》 예문지에 "《春秋左氏傳》三十卷, 《國語》二十一篇, 同爲魯太史左丘明著"라 하였고, 당 유지기의 《사통史通》에도 "左丘明旣爲〈春秋內傳〉, 又稽逸史, 纂別說, 分周魯齊晉鄭楚吳越八國史, 起周穆王, 終魯悼公, 爲〈春秋外傳〉《國語》"라 하여 〈춘추내전春秋內傳〉(《左傳》)과 〈춘추외전春秋外傳〉(《國語》)을 모두 좌구명 한 사람이 정리하고 편찬하여 내외內外의 완성본, 자매편으로 삼았다고 하였다. 그러나 《국어》와 《좌전》은 큰 줄기는, 당연히 춘추시대를 근간으로 한 역사 사실을 기록한 것이지만 둘 사이는 엄격한 차이가 있다. 우선 《좌전》은 편년체編年體이며 공자孔子의 《춘추》에 전傳을 붙인 것으로 소위 〈춘추삼전春秋三傳〉, 즉 《좌전》, 《공양전公羊傳》, 《곡량전穀梁傳》의 하나이다. 따라서 《춘추》 본연의 편년을 축조逐條하여 사건을 기술한 '기사체記事體'이다. 그리고 다루고 있는 시기도 《국어》가 《좌전》보다 훨씬 장기간으로써 앞뒤가 길며, 《국어》는 나라별 사건 파일을 정리하여 '기언체記言體' 형식으로 단속적으로 실어놓은 것이다. 한편 《국어》에는 당연히 《좌전》에 기록될 만한 것이 있었지만 실려 있지 않은 것도 상당수이다.

《좌전》은 노魯 은공隱公 원년(B.C.722)부터 노 애공哀公 27년(B.C.465)까지 257년간을 노나라 군주의 기년紀年을 시간 축으로 하여 당시 주 왕실과 각 제후국의 중대 역사 사건을 연대별로 기록하여, 구성이 비교적 확연하고 춘하추동 사계와 월별로 장절章節을 이루고 있다. 그에 비해 《국어》는 538년 기간으로 거의 《좌전》의 두 배에 해당한다. 그럼에도 이 긴 기간이 적절히 안배되어 있는 것이 아니라 몇몇 사안을 다룸으로써 기간의 길이는 별 의미를 갖지 못하고 있다. 따라서 《좌전》과 《국어》는 내외전內外傳으로 구분하는 것은 실제로 정확하게 대칭되는 것은 아니며, 서로 참조할 수 있는 두 종류의 사료라 보는 것이 타당할 듯하다.

3. 춘추시대 개황과 《국어》의 내용

《국어》가 다루고 있는 시기는 물론 서주 목왕부터 동주 정왕까지이지만 그 주된 역사는 춘추시대가 위주가 된다.

중국 고대 하夏, 은殷, 주周 삼대에서 주나라는 서주西周와 동주東周로 나뉜다. 그리고 동주는 다시 춘추시대(B.C.770년~B.C.474년)와 전국시대(B.C.475년~B.C.221년)로 구분된다. 유왕幽王이 죽은 후 제후들은 태자 의구宜臼를 왕으로 세웠는데, 이가 평왕平王이며 당시 호경鎬京이 참혹한 전화를 입었고, 서쪽 견융족이 압박하자 결국 평왕은 즉위 2년 만에 동도 낙읍洛邑으로 도읍을 옮기게 된다. 낙읍(낙양)이 지역적으로 서도 호경보다 동쪽에 위치하여 호경시대의 '서주'와 구분하여 이때 이후를 '동주'라 하며 평왕이 그 첫 임금인 셈이다. 그리고 이 동주의 전반기 200여 년은 제후들이 패자霸者를 칭하며 다투던 시대로 흔히 이를 '춘추시대'라 한다.

이 '춘추시대'란 공자가 편한 《춘추》라는 책이 노魯 은공 원년(주 평왕 49년 B.C.722년)부터 노 애공 14년(주 경왕 39년, B.C.481년)이나 편의상 평왕 원년(B.C.770년)부터 주 경왕 44년(B.C.476년)의 기간을 말한다.

주나라가 동천한 후 주실은 겨우 낙읍 근처에만 통치권이 미치는 소국처럼 변하였고, 권위도 없어 강대한 제후들의 협조를 구하여 공주共主로써의 명분만 유지하고 있을 뿐이었다. 이에 각 제후들은 '존왕양이尊王攘夷'라는 구실아래 약소국의 제후를 겸병하거나 호령하여 패자로서의 위세를 자랑으로 삼게 되었다. 즉 이 시대는 힘이 천자에게 있지 아니하고, 제후 왕에게 옮겨진 시대였던 셈이다. 이들을 역사적으로 춘추오패春秋五霸라 부른다.

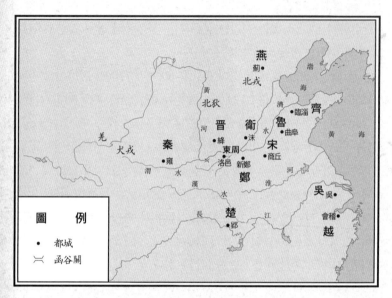

〈春秋時代形勢圖〉

秦始皇陵〈銅馬車〉 1980 陝西 秦始皇陵 출토

즉 패자들이 차례로 나타났는데, 흔히 제齊 환공桓公, 송宋 양공襄公, 진晉 문공文公, 진晉 목공穆公, 초楚 장왕莊王을 들고 있다. 그러나 일부는 송 양공은 그 이름에 걸맞지 못하고, 진 목공은 서융西戎을 제패한 정도에 지나지 않는다고 보아 대신 오왕吳王 부차夫差와 월왕越王 구천(句踐, 勾踐)을 넣기도 한다. 좌우간 이들은 그 나름대로 중국 전체에 영향력을 발휘하였다.

우선 제1차로 패자를 자청한 자는 제나라 환공이었다. 그는 지금의 산동성 북부를 근거로 관중管仲을 재상으로 삼아 내정을 개혁하고 국력을 신장하여 중원의 안정을 꾀한다는 구실 아래 패자가 되어(B.C.679년) 아홉 번이나 제후를 불러 회맹을 하였다.

제 환공이 죽고 그 아들들의 왕권 다툼으로 쇠약해지자 송 양공이 나타났다. 그러나 그는 역량이 부족하여 초나라와의 싸움에 크게 패하여 죽고 말았다.

제2차로 패자가 된 자는 진 문공이었으며 이는 산서山西 분하汾河 유역을 근거로 한 농업국으로, 생산을 늘리고 국력을 키워 명실 공히 패자로서의 면모를 과시하였다.(B.C.632년)

다음으로 진秦 목공(穆公, 繆公)이다. 진나라는 함양咸陽을 중심으로 서쪽에 치우쳐 중원 여러 나라의 회맹에 참가하지도 못하였으나 이때에 이르러 동진東進의 야심을 품고 우선 인근의 서융을 정복하고 국력을 키워 패자가 되었다.(B.C.623년)

다음으로 역시 남방에 치우쳐있던 초나라가 세력을 떨쳤다. 춘추 이전까지는 제후국은 공公, 후侯, 백伯, 자子 등 작위를 칭하며, 오직 주 왕실만 왕을 칭할 수 있었음에도 초나라는 왕王을 칭하며 북쪽으로 세력을 키워 패자가 되었으니 바로 초 장왕이었다.(B.C.597년) 이때부터 초楚나라와 진晉나라의 장기적인 쟁패가 시작되었으며, 그 틈을 타사 장강長江 하류의 오왕 부차가 먼저 패자를 칭하였고(B.C.482년), 뒤이어 월왕 구천이 패자가 되어(B.C.473년) 서로 치열한 경쟁으로 춘추 말기의 대단원을 장식하기도 하였다.

특히 오월의 항쟁은 월왕 구천을 보좌한 대부 문종文種과 범려范蠡, 오나라 부차를 도운 백비伯嚭와 오자서伍子胥의 일화가 역사적으로 항상 거론되곤 한다. 한편 이 춘추시대의 패자들은 중원의 정치에 영향을 미치기도 하였지만, 아울러 변방의 제(동방), 초(남방), 진(서방)은 중국 영토의 확장과 이민족과의 융합에 커다란 역할을 하여 중국 민족의 범위확대에 지대한 공헌을 한 것으로 평가할 수 있다.

越王 句踐 銅劍

吳王(光) 거울

이에 우선 《국어》에 실린 내용을 나라별 분량과 해당 기간을 중심으로 간단히 살펴보면 아래와 같다.

(1) 〈주어周語〉(3권. 33장): 서주 목왕 2년(B.C.990)~동주 경왕敬王 10년(B.C.510) 480년간.

목왕의 견융犬戎 정벌, 여왕厲王의 비방 금지, 선왕宣王의 천무千畝 의식 폐지 등을 실어 서주 왕실의 쇠락을 예견하고 확인하는 과정을 주로 다루고 있다.

(2) 〈노어魯語〉(2권. 37장): 노 장공莊公 10년(B.C.684)~노 애공 12년(B.C.483) 201년간.

장문중臧文仲, 이혁里革, 공보문백公父文伯의 어머니, 공자의 품평 등에 대한 기록이 주를 이루고 있으며, 역시 주공周公을 이은 정통성을 부각시키려는 일면이 보인다.

(3) 〈제어齊語〉(1권. 8장): 제齊 환공桓公 즉위(B.C.685)부터 제 환공의 칭패稱霸 약 2, 3년간.

관중管仲과 제 환공의 정치 개혁, 제 환공의 패업 성취와 관중의 역할, 포숙아鮑叔牙의 인물됨 등을 다루고 있으며 당시 제나라의 영향력이 상당히 컸음에도 기록은 균형을 이루지 못하고 있다. 아울러 이곳의 기록은 거의가 《관자管子》에 전재되어 있다.

(4) 〈진어晉語〉(9권. 127장): 노 환공桓公 3년(B.C.709)~노 도공悼公 14년(B.C.453) 256년간.

가장 많은 권수와 분량을 차지하여 《국어》의 반 정도에 가깝다. 내용은 전반부는 진晉 헌공獻公의 공자들이 여희驪姬의 농간에 의해 망명과 복권, 입국과 즉위 등 이오夷吾와 중이重耳의 정치투쟁이 주를 이루고 있으며, 그를 둘러싼 20여 명 인물의 언행과 음모, 암살, 전쟁 등을 다루고 있다. 후반부는 진나라 경대부들의 활동, 그 중 범문자范文子, 숙향叔向, 조간자趙簡子 등을 기술하고 있으며, 춘추 말기 진나라 육경六卿이 뒤에 전국시대 삼진(三晉: 韓, 魏, 趙) 분열의 배경이 되는 이합집산의 전개과정이 복선으로 깔려 있다. 이처럼 《국어》를 《진사晉史》라 칭할 정도로 많이 차지하여 거의 반에 가까운 양이나 된다.

(5) 〈정어鄭語〉(1권. 2장): 시간적 요소를 담고 있지 않음.

오직 국가 흥망에 대한 사백史伯의 언론이 주나라 유왕幽王과 여왕의 고사를 들어 설명하는 것으로써, 역사 기록이라기보다 언론, 변어, 예조의 성격을 띠고 있다.

(6) 〈초어楚語〉(2권. 18장): 초楚 장왕莊王 즉위(B.C.613)~노 애공 16년(B.C.479) 130여 년간.

오직 영왕靈王과 소왕昭王의 사적을 중심으로 언사를 기록하고 있다.

(7) 〈오어吳語〉(1권. 9장): 노 애공 원년(B.C.494)~노 애공 22년(B.C.473) 22년간.

오왕 부차夫差의 월나라 정벌과 오자서伍子胥와의 갈등, 그리고 오나라 멸망을 다루고 있다.

(8) 〈월어越語〉(2권. 9장): 역시 오나라와 비슷한 시기와 기간임.

　　월왕 구천句踐이 문종文種과 범려范蠡를 모신으로 삼아 마침내 오나라를 멸망시키는 사건과 범려의 은퇴를 기록하고 있다.

　　이상으로 보아 전체 538년간 역사를 고르게 안배하여 기록한 것이 아니라, 당시 각 나라별 소장되어 있던 사료의 파일을 추려 재편집한 것이 아닌가 한다. 이처럼 8개 나라별로 구분하여 나라마다 독립적인 구성과 장절이 나뉘어 있으며, 나라별 분량의 조정이나 사건의 연결, 연대의 안배 등이 없이 역사 파일의 나열에 불과하다. 게다가 사건의 비중도 균형을 이루지 못하여 〈주어〉와 〈진어〉의 경우 주로 진 문공의 망명과 귀국, 그리고 패자가 된 일이 거의 전체를 차지하고 있으며, 〈노어〉와 〈초어〉의 경우 초 영왕의 찬탈사건을 두 나라 입장에서 달리 본 내용이다. 게다가 〈진어〉는 모두 9권으로 전체 21권의 반에 가까우며, 〈정어〉는 2장이 전체를 차지하여 정나라 역사 사실을 대표하여 담고 있다고 보기 어렵다. 이렇게 나라별로 역사 기간이 너무 차이가 많아 480여 년간의 긴 시간에 걸쳐 있는 나라도 있고, 22년에 짧은 나라나 2, 3년의 한 사건의 기록이 그 나라를 대표하기도 하고, 나아가 연도를 개념으로 삼을 수 없는 경우도 있다. 분량도 〈진어〉는 무려 9권임에 비해 〈정어〉는 2천 5백여 자의 단편 문장이 한 권으로써 한 나라를 대표하는 사건이라 여기기 어렵다. 그리고 춘추오패春秋五霸의 나라 중 진秦, 송宋은 없으며, 그 외 영향력을 가졌던 연燕나라, 위衛, 진陳, 채蔡, 조曹 등은 낱권으로 등재되지 못하고 있다. 대신 춘추 말기 발흥하여 극적인 대립을 이루어 한 시대를 풍미했던 오나라, 월나라는 면모를 갖추기는 했으나, 기록과 사건 내용이 상호 교차, 혹은 중복되고 있다.

4. 편자編者와 좌구명左丘明

사마천司馬遷은 〈보임소경서報任少卿書〉에서 자신이 엄청난 시련을 거쳐 《사기史記》를 짓게 되었음을 강조하기 위하여 "좌구명은 실명함으로써 국어라는 책을 남기게 되었다"(左丘明失明, 厥有《國語》)라고 하였다. 그리고 《한서》예문지에도 《좌씨전》과 《국어》는 함께 노나라 태사 좌구명이 지은 것이라 하였으며, 《국어》에 주를 달아 오늘날까지 널리 활용되는 삼국시대 오吳나라 위소韋昭도 역시 그 〈국어해서國語解敍〉에서 이렇게 말하고 있다.

"좌구명이 성인의 말을 터득으로 여기고 왕도의 의에 의탁하여 흐름을 삼으니, 그 연원이 심히 크고 침의沉懿가 아려雅麗하여 가히 명세命世의 재주요, 박물의 신작자善作者라 할 만하다. 그 명식明識이 고원하나 아사雅思를 모두 다 풀어내지 못하여, 그 때문에 다시 전세 목왕穆王 이래의 일을 채록하고 아래로 노 도공, 지백의 주벌이 이르기까지의 사건과 나라의 성패, 가언과 선어, 음양과 율려, 천시와 인사의 역순順逆과 역수를 기록하여 《국어》로 하였다. 그 문장이 경經에 주를 두지 않았으므로, 그 때문에 〈외전〉이라 부른다. 이에 천지를 포괄하고 화복을 깊이 헤아리며, 미세한 것을 밝혀내고 선악을 구분해 드러냄이 환연히 밝도다. 실로 경학과 함께 펼쳐 놓을 수 있는 것이니 특별히 제자학의 부류에 넣을 수 있는 정도에 그치는 것이 아니다."

(左丘明因聖言以攄意, 託王義以流藻, 其淵原深大, 沉懿雅麗, 可謂命世之才·博物善作者也. 其明識高遠, 雅思未盡, 故復采錄前世穆王以來, 下訖魯悼·智伯之誅. 邦國成敗, 嘉言善語, 陰陽律呂, 天時人事逆順之數, 以爲《國語》. 其文不主於經, 故號曰〈外傳〉, 所以包羅天地, 探測禍福, 發起幽微, 章表善惡者, 昭然甚明. 實與經藝並陳, 非特諸子之倫也.)

한편 당 유지기도 좌구명의 작임을 인정한 채 《사통》에서 이렇게 부연하여 설명하고 있다.

"좌구명이 이윽고 〈춘추내전春秋內傳〉을 짓고 나서, 다시 일사逸史를 상고하여 따로 설설設을 찬집하되, 주周, 노魯, 제齊, 진晉, 정鄭, 초楚, 오吳, 월越 8개 나라의 역사로 분류하였으며, 주周 목왕穆王으로부터 시작하여 노魯 도공悼公에서 끝을 맺었다. 이를 〈춘추외전春秋外傳〉 즉 《국어》라 하였다."

　(左丘明旣爲〈春秋內傳〉, 又稽逸史, 纂別說, 分周魯齊晉鄭楚吳越八國史, 起周穆王, 終魯悼公, 爲〈春秋外傳〉《國語》.)

　이리하여 무려 2천년을 두고 《국어》는 좌구명의 저작임을 의심하지 아니한 채 길게 이어왔다. 좌구명은 어떤 사람인가?

　《논어論語》 공야장公冶長편에 "子曰:「巧言・令色・足恭, 左丘明恥之, 丘亦恥之. 匿怨而友其人, 左丘明恥之, 丘亦恥之.」"라 하였다. 이러한 단편적인 기록에 의하면 공자보다 연장자였다. 그런데 그가 공자의 《춘추春秋》 경문經文에 전傳을 붙여 사건을 부연 설명하여 기사체記事體로 삼은 것, 즉 《좌씨전》은 그 작업에 대한 기록이 없는 것만으로도 이미 의심의 여지가 있는데(우리나라 內閣本 《논어》 협주夾註에 「或曰: '左丘明非傳春秋者耶?' 朱子曰: '未可知也.'」라 함.) 게다가 그 작업에 싣지 않은 일부를 따로 간직해 두었다가 이를 언사言辭에 맞추어 기언체記言體의 《국어》를 지었다는 것은 실로 증명해 내기가 상당히 어렵다. 이에 어떤 이는 춘추시대에 '고몽瞽矇'이라 칭하는 장님 사관史官의 직위가 있었는데, 이가 맡은 임무는 전문적으로 고금의 역사 내용을 외우고 강술하는 것이었으며, 좌구명이 바로 공자보다 약간 앞선 이 고몽의 직책을 맡았던 사람으로 보았다. 이에 그가 강술한 역사 내용을 뒷사람들이 기록으로 모아 이를 '어語'라 하였고, 다시 이를 나라별로 분류하여 〈주어〉, 〈노어〉, 〈제어〉 등으로 명칭을 붙였으며 이를 모은 것이 《국어》라 주장하기도 한다.(《中國大百科全書》 中國歷史篇)

그러나 이러한 추측도 역시 근거는 없다. 단지 "좌구명이 실명하였다"는 사마천의 기록을 근거로 상상력을 발휘한 것이 아닌가 한다.

그런가 하면 청대 〈사고전서제요四庫全書提要〉에서는 《국어》를 좌구명이 지은 것으로 인정하면서 《좌전》과 일부 다른 이유에 대하여 다음과 같이 설명하고 있다.

"내용 중에 《좌전》과 부합하지 않은 것이 있으나, 이는 마치 《신서新序》와 《설원說苑》이 똑같이 유향劉向 한 사람에게서 나왔지만 서로 어긋나는 것이 있는 것과 같다. 아마 옛사람의 저술은 각기 자신이 본 구문舊文에 근거하여 의심나는 것은 그대로 남겨두었기 때문일 것이다. 경솔히 고친 뒷사람들의 태도와는 달랐다."

(中有與《左傳》不符者, 猶《新序》·《說苑》同出劉向, 而時復牴牾, 蓋古人著書各據所見之舊文, 疑以存疑, 不似後人輕改也.)

그러나 현대에 이르러서는 좌구명 개인의 저술로 보지 않는 것이 일반적인 견해이다. 따라서 누가 《국어》를 지었는지는 확정적으로 말하기 어려우며 주왕실과 각 제후국의 사관이 각기 개별적으로 각국의 '어'를 기록하여 비치한 것이 있었을 것이며, 이를 전국 초기 누군가가 수집하여 그 원시자료를 정리하고 편집하여 묶은 것이 《국어》일 것으로 보고 있다. 다만 그 사람이 구체적으로 누구인가는 알 수 없다. 설령 좌구명이라 해도 틀린 것은 아니지만, 그 경우 좌구명은 자료제공자이거나 아니면 주편主編으로 참여한 대표 이름일 뿐이며, 자신 홀로 주도적으로 기술하거나 첨삭을 가한 것은 아닐 것으로 보고 있다.

5. 역대 연구와 판본 및 주석註釋

앞서 말한 대로 《국어》의 저자가 좌구명이라는 설에 대하여 일찍부터 회의를 품어 왔다. 즉 당대唐代 경학가 조광趙匡은 "《좌전》과 《국어》는 문체가 다르고 서서 또한 서로 어긋남이 많아 한 사람의 손에 의해 이루어진 것이 아니며 좌씨의 제자나 문인들이 정리한 것"이라는 가설을 내놓았다.

그러다가 송대宋代에 이르러 주희朱熹와 정초鄭樵 등은 "두 책은 체례體例와 용사用詞 등이 현격히 달라 좌구명 한 사람의 동일 저작이라 보기는 어렵다"는 견해를 피력하였다.

그 뒤 청대에 이르러 금문학자今文學者들, 즉 유봉록劉逢祿, 피석서皮錫瑞, 강유위康有爲 역시 이 문제를 거론하여 좌구명 개인 저작이 아님을 증명하고자 하였다. 이에 따라 수천 년을 두고 "《국어》 좌구명저"의 일반적 견해는 허물어지기 시작하였으며 지금에 이르러서는 번역본, 주석서 등에 표제는 좌구명으로 하되 반드시 편자 미상의 내용을 함께 부기附記하는 상황에 이르게 된 것이다.

한편 《국어》의 판본은 현존 최고본最古本으로 송대 각본인 〈명도본〉(明道本: 북송 仁宗 明道 2년(1033)에 판각된 것)과 〈공서본〉(公序本: 宋, 宋庠의 판본, 公序는 송상의 字)이 있다. 그 중 〈명도본〉이 비교적 완정하여 단옥재段玉裁는 "《국어》 선본으로 이를 넘어서는 것이 없다"(國語善本無踰此)라 할 정도로 인정을 받아왔다.

지금 전하는 〈사부비요四部備要〉본과 〈총서집성叢書集成〉본이 있으며, 북경 대학 도서관에는 명대明代 가정嘉靖 각본이 소장되어 있다.

〈사부비요본〉은 청대 사례거士禮居 번각의 '명도본'이며 〈사부총간四部叢刊〉 본은 명대에 번각된 '공서본'이다.

다음으로 한대漢代 이래 가규賈逵, 왕숙王肅, 우번虞翻, 당고唐固, 공조孔晁 등이 주석이 있었으나, 이들의 작업은 모두 사라지고 대신 삼국 오나라 위소韋昭의

《국어해國語解》가 이들의 주석을 참작한 것으로 지금 가장 널리 활용되고 있다.

위소(204~273)는 《삼국지三國志》 전에는 '위요韋曜'로 되어 있으며, 이는 진晉 사마소(司馬昭: 晉 武帝 司馬炎의 아버지)의 이름을 피휘한 것이다. 그는 자가 홍사(弘嗣, 宏嗣)였으며, 오군吳郡 운양雲陽 사람이다. 태자중서자太子中庶子, 중서랑中書郞, 박사좨주博士祭酒, 시중侍中 등을 거쳐 고릉정후高陵亭侯에 봉해졌으며, 손호孫皓에 맞섰다가 결국 옥사하였다. 〈박혁론博奕論〉을 지었으며 《오서吳書》를 찬술하였고 《논어》, 《효경》, 《국어》에 주를 달았다. 저술로는 《관직훈官職訓》, 《변석명辯釋名》 등이 있다. 그의 전기는 《삼국지》 오지(20)와 《건강실록建康實錄》 (권4)에 자세히 실려 있다.

그는 동한 정중鄭衆, 가규 그리고 삼국시대 우번, 당고 등의 주석을 고르게 참고하여 지금까지 《국어》 주석의 가장 중요한 대본인 《국어해》를 남겨 전해 주고 있다. 그 뒤 송나라 때 송상宋庠은 《국어보음國語補音》을 남겨 지금 〈사고전서〉에 실려 전하고 있다.

다음으로 청나라 때 들어서 고증학의 발달과 함께 《국어》에 대한 교주校注, 주석註釋, 교석校釋, 교증校證 작업이 활발하게 이루어졌다. 즉 단옥재段玉裁와 황비열黃丕烈은 〈명도본〉을 근거로 《교기校記》를 내었으며, 왕중汪中, 유태공劉台拱, 고광기顧廣圻, 왕원손汪遠孫 등은 《교문校文》을 내어 세밀히 검토하는 작업을 거쳤다. 그리하여 홍량길洪亮吉의 《국어위소주소國語韋昭注疏》와 왕원손汪遠孫의 《국어교주본삼종國語校注本三種》, 동증령董增齡의 《국어정의國語正義》, 진전陳瑑의 《국어집해國語集解》, 요내姚鼐의 《국어보주國語補注》, 왕후王煦의 《국어석문國語釋文》, 황모黃模의 《국어보위國語補韋》, 공려정龔麗正 《국어위소주소國語韋昭注疏》 등이 가치를 더하였으며, 근대 오증기吳曾祺의 《국어위해보정國語韋解補正》과 서원호徐元浩의 《국어집해國語集解》 등도 매우 정밀한 주석으로 평가받고 있다.

한편 현대에 이르러서는 1958년 상무인서관에서 명 가정본嘉靖本을 영인 출판하였고, 1978년 상해고적출판사에서는 교점본을 내어 일반인이 접근하기 쉽도록 하였다. 그 외에도 지금은 《국어역주國語譯註》(薛安勤·王連生, 吉林文史出版社, 1991. 長春), 《국어역주國語譯注》(鄔國義·胡果文·李曉路, 上海古籍出版社, 1994. 上海), 《신역국어독본新譯國語讀本》(易中天 三民書局, 1995. 臺灣), 《국어國語》 (萬有文庫薈要本 臺灣商務印書館, 1965. 臺灣), 《국어정화國語精華》(世界書局, 1972. 臺灣) 《국어정화國語精華》(秦同培(譯) 國學整理社 1974 臺南) 등 다수의 백화어 번역 및 주석본이 쏟아져 나와 아주 유용하게 활용할 수 있다.

우리나라 고판본으로는 상당히 많은 종류가 판각 혹은 소장되어 전하고 있다. 그 중 중국에서 들어온 판본으로는 도광道光 23년(1897) 목판본, 만력萬曆 기미년己未年(1619) 지어識語가 있는 목판본, 광서光緖 6년(1880) 목판본 등이 국립도서관에 전하고 있으며, 조선 판본으로는 철종哲宗 10년(1859) 정리자整理字 본과 연대 미상의 무신자戊申字본, 숙종肅宗 연간 무신자戊申字본, 영조英祖 연간의 임진자壬辰字본이 있으며, 필사본筆寫本도 전하고 있으며, 지방판으로 경남 합천陜川의 옥봉정사玉峯精舍에서 펴낸 판본도 있다. 그리고 일본판으로는 문화文化 원년(1804) 목판본이 전하는 등 조선시대에도 매우 널리 알려졌으며, 많은 판본으로 보아 보편적으로 읽혀 온 책임을 알 수 있다.

國語卷第一

周語上　韋氏解

穆王將征犬戎，祭公謀父諫曰：不可。先王耀德不觀兵，夫兵戢而時動，動則威，觀則玩，玩則無震。

是故周文公之頌曰：載戢干戈，載櫜弓矢，我求懿德，肆于時夏，允王保之。

先王之於民也，懋正其德而厚其性，阜其財求而利其器用，明利害之鄉，以文修之，使務利而避害，懷德而畏威，故能保世以滋大。

昔我先王世后稷，以服事虞夏。及夏之衰也，棄稷不務，我先王不窋用失其官，而自竄于戎狄之閒，不敢怠業，時序其德，纂修其緒，修其訓典，朝夕恪勤，守以敦篤，奉以忠信，奕世載德，不忝前人。

至于武王，昭前之光明，而加之以慈和，事神保民，莫弗欣喜。商王帝辛，大惡于民，庶民……

《國語》四部備要　史部(士禮居本)，中華書局　印本(臺灣)

國語正義卷第一

歸安董增齡撰集

周語上

穆王將征犬戎〔解〕穆王周康王之孫昭王之子穆王滿也征正也上討下之稱犬戎西戎之別名在荒服〔疏〕穆王周康王之孫者史記周本紀昭王之子穆王立穆王滿也○史記周本紀昭王南巡狩不返卒於江上穆王滿立○顏

郎子制行八生犬立至
引傳西篇面并昆戎昭王
趙王方高歟明夷至王滿
盾戎曰誘身并也荒子
田天戎注名明山服滿
于子故犬犬生海○是史
首至知夷白經犬謂記
一山於焉西賈白黃戎周
謂雷西戎連生帝史穆本
郎首戎云犬史記紀昭王
此犬別犬戎苗書昭王
地戎別周夷有苗書郎位
則賜名書戎二生南春
雷天水之生龍峽巡秋
首經會別駏史秋巡
在於河解駏犬生記不
晉雷水犬經呂融隱五返
巂與之注氏山索十辛
荒阿穆氏海隱生○江
服下天王壹有吾顏解

《國語正義》清，董增齡 王利器(珍藏本)，巴蜀書社(印本)，1985. 成都

國語卷一

周語上

　　　　吳　韋昭　注

穆王將征犬戎（穆王，昭王之子穆王滿也。犬戎，西戎之別名也。）祭公謀父諫曰（祭，圻內之國，周公之後也，為王卿士。謀父，字也。）不可。先王耀德不觀兵（耀，明也。觀，示也。夫兵戢而時動，動則威，觀則玩，玩則無震。震，懼也。是故周文公之頌曰）載戢干戈，載櫜弓矢（載，辭也。戢，藏也。櫜，韜也。言武王旣定天下，櫜藏其弓矢，戢其干戈也。）我求懿德，肆于時夏，允王保之（懿，美也。肆，陳也。時，是也。夏，大也。此頌武王之詩。言我武王能求美德，陳于是大，以告神明，信王能保之也。此周頌時邁之篇也。）先王之於民也，懋正其德而厚其性（懋，勉也。正，長也。性，情性也。言勉脩其德以長之，厚其情性也。）阜其財求而利其器用（阜，大也。言大其求於民財而利其器用也。）明利害之鄉（鄉，方也。言明利害之方也。）以文修之（文，禮法也。）使務利而避害，懷德而畏威，故能保世以滋大（滋，益也。言保守其世，益大也。）

昔我先王世后稷，以服事虞、夏（棄爲舜后稷，及夏后之世后稷官也。非謂后稷身服事二代也。子孫相繼，世爲此官也。稷官，主稼穡，不窋失之，故曰不務。）及夏之衰也，棄稷不務（棄廢農事，夏末失之也。）我先王不窋用失其官（不窋，棄之子，夏之衰，太康失國，至于廑，凡十五王，其五人也。）而自竄于戎、狄之間（竄，匿也。謂去夏而遷于戎狄之地。戎狄，玁狁也。夏之北迫于戎狄。不窋去夏北遷。）不敢怠業，時序其德（怠，慢也。言不敢怠廢其業，時序其德也。）纂修其緒（纂，繼也。緒，業也。繼修其先人之業緒也。）修其訓典（訓典，先王之教法也。）朝夕恪勤，守以惇篤（恪，敬也。惇，厚也。篤，固也。）奉以忠信（奉，承也。）奕世載德，不忝前人（奕，累也。忝，辱也。言累世奉行其德，不辱前人之光也。）至于武王，昭前之光明，而加之以慈和（昭，明也。加，增也。言明前人之光而增之以慈和。）事神保民，莫不欣喜（欣，樂也。）商王帝辛，大惡于民（帝辛，紂也。）庶民弗忍，欣戴武王，以致戎于商牧（戴，奉也。商牧，商郊牧野也。言庶民不忍紂之虐，樂奉武王致兵于商郊牧野以伐紂也。）是先王非務武也，勤恤民隱而除其害也（恤，憂也。隱，痛也。言先王非好用武，憂民之痛而除其害也。）

夫先王之制，邦內甸服（邦內，謂天子畿內千里之地。商邑居其中，王城去畿五百里。甸，田也。以皆規方千里之內，爲天子之田以供，故曰甸服也。周禮曰：「九服，邦畿千里，其外方五百里爲侯服，又其外方五百里爲甸服。」與此異者，周禮王畿之外，謂之九服，此謂甸服之內有此五服也。）

欽定四庫全書

國語補音卷一

宋 宋庠 撰

周語上第一

周 杜預世族譜云黃帝之苗裔姬姓后稷之後封於有邰其後世衰后稷之子不窋乃失其職竄於西戎至[illegible]有二[illegible]曰大王[illegible]狄人[illegible]遷邑於岐山之下居焉[illegible]王號文王受命武王克殷而有天下傳至幽王無道為犬戎所殺平王[illegible]東遷乃居王城今按舊音每國[illegible]首具其世系始末甚詳他皆倣此

注之稱 [illegible]舊音不分正文與注今凡在注者竝加注字以別之後倣此 祭公 莊界反周公之後 謀父 音甫今按諸經史惟父母字外其餘凡涉地名或人之名字皆音甫古多借父字為之伯陽父尼父之類是也說文甫字以父用男子之美稱經史以二字通用但音別耳舊音多以人所通識之字為音據先儒音訓雖有此例但須灼然易曉古今共悉者以音異字則亦無嫌但舊音用字多傷淺俗今凡舊音自有反切者竝如故自餘漏音及引字不甚稽古率加反切竝題曰補音或於義未了又加今按以為釋後皆倣此 注凡蔣 補音將丈反 注胙 音祚補音才故反 注胥 補音引信反 注罪惡 補音如字 兵戢 側立反今按下戢戢同 注玩黷 音讀補音上五亂反下徒木反 注伐紂 補音直久反 注為作 于偽反 注巡守 補音手又反 注樂歌 補音竝如字下樂章同 戴櫜 音高補音古刀反 注干盾 補音食允反 注韜也 補音吐刀反

注復用 補音扶又反 時夏 戶也反今按下注竝同 允王 左氏于況反今按詩經無此音若據韋注則當如字為允 茂正 補音莫候反通作懋 注鄗壅 上之亮反下於勇反 注耒耜 上力對反下音似補音祥里反 之鄉 補音許亮反 注好惡 上音耗下音汙補音呼報反下烏路反 注不窋 中律反今按下同 注洛汭 補音如銳反 注禘祫 上音弟下音洽禮緯曰三年一祫五年一禘補音大計反下戶甲反 注不先 補音悉薦反 注以契 小列反商祖也 戎翟 大的反今按本或作狄音同 注竄匿 上七亂反下女力反 注於邰 音胎補音吐來反 注邠 本作豳府巾反 纂脩 作管反 惇篤 丁昆反爾雅云惇厚也 大惡 一故反注及下竝同 甸服 補音田徧反下注竝同 注畿 音祈補音勤衣反下注竝同 注所弼 補音防密反

欽定四庫全書 國語補音 卷一 二

注要服 音腰補音於遙反今按說文要即腰字加月字者俗相承耳下文注所引要服竝同 注圻 補音勤衣反通作畿下注同 注賓見 乎偏反下而見一見來見竝同今按注中見字非一不止舊音所引皆當以意求之 注好信 補音呼報反 注珤 補音通作寶古今字也下注同 注為摯 音至補音真二反本或作贄同 注氐羌 補音丁兮反下卻良反 注曾高 補音則登反 注二祧 土彫反 注壇墠 上音彈下音善今按墠又有憚音非定訓也補音上徒丹反下常衍反 注讓譴 去戰反 注辠輕 補音即今罪字說文犯法也从自从辛言辠人蹙鼻苦辛之憂秦以辠似皇字改為罪罪捕魚竹网也从网从非竝徂賄反今作辠得字之正此書諸篇多作辠不復重解 之辟 婢亦反 文告 補音古毒反 於遠 補音如字下同 注終卒 補音遵聿反

《國語補音》宋, 宋庠(撰) 四庫全書 史部(五) 雜史類

諸家紛錯載述爲煩是以時有所見庶幾顏近事情
裁有補益猶恐人之多言未詳其故欲世覽者必
察之也

國語卷第一

周語上

韋氏解

穆王將征犬戎〔穆王周康王之子〕張昭之于穆王滿也征正也

父諫曰不可〔祭公之後也公名謀父爲上卿〕

先王耀德不觀〔祭公謀父諫〕

夫兵戢而時動動則威

觀則玩玩則無震〔震懼也〕是故周

周語上第一　國語　韋氏解

穆王將征犬戎，祭公謀父諫曰：「不可。先王耀德不觀兵。夫兵戢而時動，動則威，觀則玩，玩則無震。是故周文公之頌曰：『載戢干戈，載櫜弓矢。我求懿德，肆于時夏，允王保之。』先王之於民也，茂正其德而厚其性，阜其財求而利其器用，明利害之鄉，以文修之，使務利而避害，懷德而畏威，故能保世以滋大。

昔我先王世后稷，以服事虞、夏。及夏之衰也，棄稷不務，我先王不窋用失其官，而自竄于戎狄之間，不敢怠業，時序其德，纂修其緒，修其訓典，朝夕恪勤，守以惇篤，奉以忠信，奕世載德，不忝前人。至于武王，昭前之光明，而加之以慈和，事神保民，莫弗欣喜。商王帝辛，大惡于民，庶民弗忍，欣戴武王，以致戎于商牧。是先王非務武也，勤恤民隱而除其害也。

夫先王之制，邦內甸服，邦外侯服，侯、衛賓服，蠻、夷要服，戎、狄荒服。甸服者祭，侯服者祀，賓服者享，要服者貢，荒服者王。日祭、月祀、時享、歲貢、終王，先王之訓也。」

《國語》韋氏(解) 四部叢刊 初編 史部

國語
四部叢刊史部

周語上第一　國語　韋氏解

穆王將征犬戎〔穆王周康王之孫昭王之子西戎之別名在荒服誅者以小大而示威也〕

祭公謀父諫曰不可〔祭周公之胤為王卿士謀父字祭公之後〕

先王耀德不觀兵〔耀明道化觀示不明兵〕

夫兵戢而時動動則威〔戢聚也時動三時務農一時講武守則有財動則有威〕

觀則玩玩則無震〔玩黷也震威也〕

是故周文公之頌曰〔文公周公旦也詩周頌武王既伐紂作此詩為周頌時周公旦輔政時作〕

載戢干戈載櫜弓矢〔載則也戢聚也櫜韜也干盾戈戟也大戈也〕

我求懿德肆于時夏〔詩公劉也肆陳美也大也時夏大也〕

允王保之〔允信也王武王常求美德者曰允王夏大也故於藏其弓矢示不復用陳其功於是夏而歌之樂章大者〕

國語第一

吳高陵亭侯　韋昭解
宋鄭國公　宋庠補音
明侍御史　　　閔

周語上

穆王將征犬戎　祭公謀父諫曰不可
先王耀德不觀兵　夫兵戢而
時動動則威觀則玩玩則無震
是故周文公之頌曰載戢干戈載櫜弓矢
我求懿德肆于時夏允王保之
先王之於民也茂正其德而厚其
性

《國語》朝鮮板本, 玉峯精舍(慶南 陜川), 學民文化社 印本

國語

卷一

周語上

穆王將征犬戎（穆王周康王之玄孫昭王之子穆王滿也在荒服之中征正也）祭公謀父諫曰不可（祭畿內之國周公之後也為王卿士謀父字也）先王耀德不觀兵（耀明也觀示也明德尚道化也不以小小示威武也）夫兵戢而時動動則威（戢藏也時謂三時務農一時講武則有財征則有威）觀則玩玩則無震（震懼也是故周文公之頌曰）是故周文公之頌曰（文公周公旦諡也頌周頌時邁之篇也武王既伐紂）載戢干戈載櫜弓矢（載則也干楯也戈戟也櫜韜也載藏其弓矢示不復用也）我求懿德肆于時夏（是信也肆陳也時是也夏大也言武王能求懿德肆陳於時夏）允王保之（允信也保安也言武王能先王之於民也）先王之於民也懋正其德（懋勉也正正其德）而厚其性（性情性也）阜其財求（阜大也財求不障其求不障也）而利其器用（器用耒耜之屬也用利則事成）明利害之鄉（鄉方也好惡以利害示民）以文修之（文禮也）使務利而避害懷德而畏威故能保世以滋大（保守也滋益也）昔我先王世后稷（棄稷官也后君也世為稷官）以服事虞夏（服事也舜夏啟也）及夏之衰也棄稷不務（衰廢也廢棄稷之官不復務農）我先王不窋用失其官（先不窋夏之諸侯周棄之後太康失邦昆弟五人須於洛汭不窋失官亦以竄玄王不窋之時故通謂之王商頌亦以契為玄王）而自竄于戎狄之間（竄匿至不窋失官竄於戎狄）不敢怠業時序其德（怠廢也序次也）纂修其緒（纂繼也緒業也）修其訓典（訓教也典法也）朝夕恪勤守以敦篤奉以

一

《國語》萬有文庫薈要　活字本，臺灣商務印書館，1965．臺北

周語第一

穆王將征犬戎

穆王〔一〕將征犬戎，祭公謀父〔二〕諫曰：「不可，先生耀德不觀兵〔四〕。夫兵戢而時動，動則威〔五〕；觀則玩，玩則無震〔六〕。是故周文公之〈頌〉曰〔七〕：『載戢干戈，載櫜弓矢〔八〕。我求懿德，肆于時夏〔九〕，允王保之。』〔十〕先王之於民也，懋〔十一〕正其德，而厚其性〔十二〕；阜其財求〔十三〕，而利其器用〔十四〕；明利害之鄉〔十五〕，以文〔十六〕修之使務利而避害懷德而畏威故能保〔十七〕世以滋〔十八〕大。

〔一〕穆王名滿，昭王之子，康王之孫。

〔二〕征者正也，上討下之稱。犬戎即畎夷，一作昆夷，在今陝西鳳

《國語》葉玉麟(選注, 1933. 上海), 臺灣商務印書館, 1967. 臺北

周語

祭公諫征犬戎

穆王將征犬戎祭公謀父諫曰不可。先王耀德不觀兵。夫兵戢而時動動則威觀則玩。玩則無震是故周文公之頌曰載戢干戈載櫜弓矢。我求懿德肆于時夏允王保之。先王之於民也懋正其德而厚其性阜其財求而利其器用明利害之鄉以文修之使務利而避害懷德而畏威故能保世以滋大昔我先王世后稷以服事虞夏及夏之衰也。棄稷不務我先王不窋用失其官而自竄於戎狄之間不敢怠業時序其德纂修其緒修其訓典朝夕恪勤守以敦篤奉以忠信奕世載德不忝前人至於武王昭前之光明。而加之以慈和事神保民莫弗欣喜商王帝辛大惡於民庶民不忍欣戴武王以致戎於商牧是先王非務武也勤恤民隱而除其害也夫先王之制邦內甸服邦外侯服侯衞賓服夷蠻要服戎狄荒服甸服者祭侯服者祀賓服者享要服者貢荒服者王日祭

周語 祭公諫征犬戎

一

《國語精華》秦同培(注譯) 宋晶如(增訂) 活字本, 世界書局, 1972. 臺北

차 례

國語 3

卷十四　晉語(八)

卷十五　晉語(九)

卷十六　鄭語

卷十七　楚語(上)

卷十八　楚語(下)

卷十九　吳語

卷二十　越語(上)

卷二十一　越語(下)

◉ 부록

國語 ⅓

卷一　周語(上)

卷二　周語(中)

卷三　周語(下)

卷四　魯語(上)

卷五　魯語(下)

卷六　齊語

國語 늘

卷七　晉語(一)

卷八 晉語(二)

卷九　晉語(三)

卷十 晉語(四)

卷十一　晉語(五)

卷十二　晉語(六)

卷十三 晉語(七)

卷十四 晉語(八)

165(14-1) 陽畢敎平公滅欒氏
양필이 평공에게 난씨를 멸하도록 가르치다

진晉 평공平公 6년, 기유箕遺와 황연黃淵·가보嘉父가 난을 일으켰다가 사전에 발각되어 죽음을 당하였다.

경공은 드디어 그 무리를 모두 축출하고 양필陽畢에게 이렇게 물었다.

"목후穆侯로부터 지금에 이르도록 난병亂兵이 그치지 않고 있으며, 백성들 마음도 안정을 찾지 못하여 재앙과 패란이 끊이지 않고 있소. 백성은 멀어지고 외적은 그렇게 급히도 침범해 오니 내 재임기간에도 그렇게 될까 걱정이오. 어떻게 하면 되겠소?"

양필이 대답하였다.

"줄기와 뿌리가 그대로 있는 한 나무는 자라고 있으며, 가지와 잎은 더욱 무성하게 되며 다시 줄기와 뿌리도 더 자라게 되니, 그 까닭으로 그치기가 어려운 것입니다. 지금 만약 큰 도기로 그 지엽을 제거하고 그 줄기와 뿌리와 끊어버리면, 조금 여유를 얻을 수 있을 것입니다."

평공이 말하였다.

"그대가 잘 도모해 보시오."

양필은 이렇게 설명하였다.

"계획은 교화를 밝히는 데에 있으며, 교화를 밝히는 것은 권위를 세우는 데에 있으며, 권위는 임금에게 있습니다. 임금께서 어진 이의 후손 중에 대대로 나라에 공훈을 세운 자를 가려 이들에게 벼슬을 주고, 대신 자기 마음대로 휘저으면서 임금의 권위를 훼손하고 나라를 어지럽게 한 자의 후손은 찾아 제거해 버리십시오. 이렇게 하면 위엄이 설 것이며, 권위가 원대해질 것입니다. 백성은 그 권위를 두렵게 여길 것이며, 동시에 임금의 덕을 그리워하여 감히 따르지 않을 자가 없게 될 것입니다. 만약 백성들이 따라 준다면 그러한 민심을 가히 교화로써 길러 낼 수 있습니다. 그 심성을 교화하여, 그들이 하고자 하는 바와 싫어하는 바를 알고 있으면, 누가 안일만을 추구하는 삶을 살겠습니까? 만약 그들이 안일을 버리고 열심을 다하는 삶을 산다면, 그들은 난을 일으킬 생각을 하지 않게 될 것입니다. 다시 말해 난씨欒氏는 우리 진나라를 무고한 지 오래입니다. 난서는 나라의 종실을 엎어 버렸고, 여공厲公을 시해하여 제 배를 채운 자입니다. 만약 이러한 난씨를 멸족 시킨다면, 백성들은 임금의 위엄을 인정할 것입니다. 지금 만약 다시 하가瑕嘉·원진原軫·한만韓萬·필만畢萬 같은 이들의 후손을 기용하여 상을 주신다면, 백성들은 임금의 덕을 칭송할 것입니다. 이렇게 권위와 칭송이 각기 그 해당 요소에 맞아떨어지게 되면 나라는 안정을 얻을 것이며, 임금께서는 치적을 이루고 나라는 안정될 것이니, 난을 일으키 고자 하는 자가 누구와 더불어 그렇게 할 수 있겠습니까?"

임금이 말하였다.

"난서는 우리 선군 도공悼公을 세웠고, 난영은 아무런 죄가 없으니 어떻게 하면 되겠소?"

양필이 말하였다.

"무릇 나라를 바로잡는 자는 친한 사람에 의해 저울질 하지 아니하며, 권위를 행사할 때는 사사로운 뜻 속에 숨겨두지 아니합니다. 친한 사람을 통해 저울질을 하면 백성이 따라 주지 아니하고, 사사로운 뜻 속에 숨겨 두면 정치가 실현되지 않습니다. 정치가 실현되지 않는데 어찌 백성을 인도할 수 있겠습니까? 백성이 인도되지 않는다면 임금이 없는 것과 같습니다. 그렇다면 친한 이에게 의탁하거나 속뜻을 숨기게 되면 다시 해악이 되며, 임금 자신만 노고롭게 된다는 것입니다. 임금 께서는 잘 헤아려 보시기 바랍니다! 만약 난영을 아까워하신다면, 공명하게 그 무리들을 축출하고 나라의 윤리에 따라 그의 죄를 따진 다음 멀리 보내 버리되, 엄한 훈계와 경고를 하여 시간을 기다려 보는 것입니다. 만약 그가 그래도 자기 뜻을 드러내어 임금께 보복을 하고자 한다면 그보다 더 큰 죄가 없을 것이니, 그 때는 그를 멸족시켜도 오히려 여유를 베푸는 것이 됩니다. 그리고 만약 그가 감히 그렇게 하지는 못하고 멀리 도망간다면, 그가 간 나라에 후한 예물을 주어 외교로써 그를 그곳에 머물게 하시면, 덕으로써 보답하는 것이니 이 역시 좋은 방법이 아니겠습니까?"

평공이 허락하고 그 잔당 무리를 모두 축출하고, 기오祁午와 양필로 하여금 곡옥曲沃으로 가서 난영을 몰아내도록 하였다. 이에 난영은 초楚나라로 달아났다.

드디어 나라 사람들에게 이렇게 영을 내렸다.

"문공文公 이래로 선군에게 공적이 있으면서 그 자손으로서 관직에 오르지 못한 자가 있으면 장차 벼슬을 주어 세우리라. 이러한 자를 찾아내는 자에게 상을 내리리라."

그로부터 3년, 난영이 대낮에 들어와 도읍 강絳에서 난을 일으켰다.

범선자范宣子는 급히 평공을 양공襄公의 묘궁으로 피신시켜, 난영은 뜻을 이루지 못하고 다시 곡옥으로 달아났다. 드디어 그곳에서 난영을 죽이고 난씨 집안을 멸족시켰다.

이로써 평공이 죽을 때까지 그 자신이 재위하던 기간에는 내란이 일어나지 않았다.

平公六年, 箕遺及黃淵·嘉父作亂, 不克而死.

公遂逐羣賊, 謂陽畢曰:「自穆侯以至于今, 亂兵不輟, 民志不厭, 禍敗無已. 離民且速寇, 恐及吾身, 若之何?」

陽畢對曰:「本根猶樹, 枝葉益長, 本根益茂, 是以難已也. 今若大其柯, 去其枝葉, 絶其本根, 可以少閒.」

公曰:「子實圖之.」

對曰:「圖在明訓, 明訓在威權, 威權在君. 君掄賢人之後有常

位於國者而立之, 亦掄逞志虣君以亂國者之後而去之, 是遂威而遠權. 民畏其威, 而懷其德, 莫能勿從. 若從, 則民心皆可畜. 畜其心而知其欲惡, 人孰偷生? 若不偷生, 則莫思亂矣. 且夫欒氏之誣晉國久也, 欒書實覆宗, 弒厲公以厚其家, 若滅欒氏, 則民威矣. 今吾若起瑕·原·韓·魏之後而賞立之, 則民懷矣. 威與懷各當其所, 則國安矣, 君治而國安, 欲作亂者誰與?」

君曰:「欒書立吾先君, 欒盈不獲罪, 如何?」

陽畢曰:「夫正國者, 不可以暱於權, 行權不可以隱於私. 暱於權, 則民不導; 行權隱於私, 則政不行. 政不行, 何以導民? 民之不導, 亦無君也, 則其爲暱與隱也, 復害矣, 且勤身. 君其圖之! 若愛欒盈, 則明逐羣賊, 而以國倫, 數而遣之, 厚箴戒圖以待之. 彼若求逞志而報於君, 罪孰大焉, 滅之猶少. 彼若不敢而遠逃, 乃厚其外交而勉之, 以報其德, 不亦可乎?」

公許諾, 盡逐羣賊而使祁午及陽畢適曲沃逐欒盈, 欒盈出奔楚.

遂令於國人曰:「自文公以來有力於先君而子孫不立者, 將授立之, 得之者賞.」

居三年, 欒盈晝入, 爲賊於絳.

范宣子以公入于襄公之宮, 欒盈不克, 出奔曲沃, 遂刺欒盈, 滅欒氏.

是以沒平公之身無內亂也.

【平公六年】平公은 晉나라 悼公의 아들이며, 이름은 彪(豹). B.C.557~532년까지 26년간 재위함. 六年은 魯 襄公 21년(B.C.552).

【箕遺·黃淵·嘉父】 모두 晉나라 대부이며 欒盈과 같은 黨이었음. 난영은 欒武子 (欒書)의 손자이며, 欒桓子(欒黶)의 아들로 시호는 懷子. 欒黶이 范宣子의 딸 叔祁를 아내로 맞아 난영을 낳았으며, 난염이 죽은 뒤 숙기는 가신 州賓과 사통하고 있었는데 이를 안 난영이 못마땅하게 여기자, 숙기는 아버지 범선자에게 난영을 무고하여 그 일당을 모두 처치하도록 하였음. 이에 이들이 먼저 나서서 난을 일으켰지만, 결국 기유·황연·가보·司空靖·邴豫·董叔·邴師· 申書·羊舌虎·叔熊 등 열 명의 대부들이 모두 범선자에게 죽음을 당하고 말았음.

【羣賊】 난영의 일당 나머지 智起·中行喜·州綽·邢蒯 등을 말하여 이들은 모두 齊나라로 도망하였음.

【陽畢】 진나라 대부.

【穆侯】 桓叔의 아버지이며 晉 武公의 증조부. 晉나라의 이 난은 바로 桓叔으로 부터 시작되었음.

【覆宗】 그 종실을 엎어 버림. 欒書가 厲公을 죽임으로써 그 종실이 대를 잇지 못함을 말함.

【瑕原韓魏】 瑕嘉와 原軫, 그리고 韓萬과 畢萬. 모두가 晉나라의 현인들로 추앙 받던 인물들.

【先君】 悼公을 말함.

【祁午】 晉나라 中軍軍尉. 祁奚의 아들.

【曲沃】 당시 난영의 식읍이었음. 지금의 山西 聞喜縣 동북쪽.

【絳】 당시 진나라 도읍. 난영이 도망하여 楚나라에 1년을 있다가 齊나라로 갔으며, 齊 莊公이 曲沃으로 보내주자, 그는 곡옥의 군대를 이끌고 대낮에 강읍으로 쳐들어가 平公을 시살하려 하였음.

【范宣子】 晉나라 正卿. 范匃.

【襄公之宮】 襄公의 사당이 있던 廟宮. 아주 견고하여 固宮이라 불렸다 함. 襄公은 平公의 선대 임금으로 B.C.627~621년까지 7년간 재위하였음.

───────────
참고 및 관련 자료

1. 《左傳》 襄公 21년
欒桓子娶於范宣子, 生懷子. 范鞅以其亡也, 怨欒氏, 故與欒盈爲公族大夫而不

相能. 桓子卒, 欒祁與其老州賓通, 幾亡室矣. 懷子患之. 祁懼其討也, 愬諸宣子曰:「盈將爲亂, 以范氏爲死桓主而專政矣, 曰:'吾父逐鞅也, 不怒而以寵報之, 又與吾同官而專之. 吾父死而益富. 死吾父而專於國, 有死而已, 吾蔑從之矣.'其謀如是, 懼害於主, 吾不敢不言.」范鞅爲之徵. 懷子好施, 士多歸之. 宣子畏其多士也, 信之. 懷子爲下卿, 宣子使城著而遂逐之. 秋, 欒盈出奔楚. 宣子殺箕遺・黃淵・嘉父・司空靖・邴豫・董叔・邴師・申書・羊舌虎・叔羆, 囚伯華・叔向・籍偃. 人謂叔向曰:「子離於罪, 其爲不知乎?」叔向曰:「與其死亡若何? 詩曰:'優哉游哉, 聊以卒歲', 知也.」樂王鮒見叔向, 曰:「吾爲子請.」叔向弗應. 出, 不拜. 其人皆咎叔向. 叔向曰:「必祁大夫.」室老聞之, 曰:「樂王鮒言於君, 無不行, 求赦吾子, 吾子不許. 祁大夫所不能也, 而曰必由之, 何也?」叔向曰:「樂王鮒, 從君者也, 何能行? 祁大夫外舉不棄讎, 內舉不失親, 其獨遺我乎? 詩曰:'有覺德行, 四國順之.'夫子覺者也.」晉侯問叔向之罪於樂王鮒. 對曰:「不棄其親, 其有焉.」於是祁奚老矣, 聞之, 乘馹而見宣子, 曰:「詩曰:'惠我無疆, 子孫保之.'書曰:'聖有謨勳, 明徵定保.'夫謀而鮮過・惠訓不倦者, 叔向有焉, 社稷之固也, 猶將十世宥之, 以勸能者. 今壹不免其身, 以棄社稷, 不亦惑乎? 鯀殛而禹興, 伊尹放大甲而相之, 卒無怨色; 管・蔡爲戮, 周公右王. 若之何其以虎也棄社稷? 子爲善, 誰敢不勉? 多殺何爲?」宣子說, 與之乘, 以言諸公而免之. 不見叔向而歸, 叔向亦不告免焉而朝. 初, 叔向之母妒叔虎之母美而不使, 其子皆諫其母. 其母曰:「深山大澤, 實生龍蛇. 彼美, 余懼其生龍蛇以禍女. 女, 敝族也. 國多大寵, 不仁人間之, 不亦難乎? 余何愛焉?」使往視寢, 生叔虎, 美而有勇力, 欒懷子嬖之, 故羊舌氏之族及於難. 欒盈過於周, 周西鄙掠之. 辭於行人曰:「天子陪臣盈, 得罪於王之守臣, 將逃罪. 罪重於郊甸, 無所伏竄, 敢布其死, 昔陪臣書能輸力於王室, 王施惠焉. 其子黶不能保任其父之勞. 大君若不棄書之力, 亡臣猶有所逃. 若棄書之力, 而思黶之罪, 臣, 戮餘也, 將歸死於尉氏, 不敢還矣. 敢布四體, 唯大君命焉.」王曰:「尤而效之, 其又甚焉.」使司徒禁掠欒氏者, 歸所取焉, 使候出諸轘轅.

2.《史記》晉世家

六年, 魯襄公朝晉. 晉欒逞有罪, 奔齊. 八年, 齊莊公微遣欒逞於曲沃, 以兵隨之. 齊兵上太行, 欒逞從曲沃中反, 襲入絳. 絳不戒, 平公欲自殺, 獻子止公, 以其徒擊逞, 逞敗走曲沃. 曲沃攻逞, 逞死, 遂滅欒氏宗. 逞者, 欒書孫也. 其入絳, 與魏氏謀. 齊莊公聞逞敗, 乃還, 取晉之朝歌去, 以報臨菑之役也.

166(14-2) 辛俞從欒氏出奔
신유가 난씨를 따라 도망하다

　　난회자欒懷子가 초楚나라로 도망가자, 집정대신이었던 범선자范宣子
가 난씨의 가신들에게 그를 따라 나서지 말도록 명하면서, 만약 따라
나서는 자가 있으면 대륙大戮의 형벌을 내릴 것이라 하였다.

　　그랬음에도 난씨의 가신 신유辛俞가 따라 나서자, 관리가 잡아 평공
平公에게 바쳤다.

　　평공이 물었다.

　　"나라에는 큰 명령이 있소. 무슨 까닭으로 이를 범했소?"

　　신유가 대답하였다.

　　"저는 순순히 명령을 따른 것입니다. 어찌 감히 범하겠습니까? 집정
대신이 '난씨를 따르지 말고 임금을 따르라' 하였습니다. 이는 분명히
필히 임금을 따를 것을 명령한 것입니다. 제가 듣기로 '3대를 걸쳐
그 집안일을 도운 자는 그 주인을 임금으로 모셔야 하며, 2대 이하를
모신 자는 그를 주인으로 여긴다'라 하였습니다. 임금을 모시는 자는
죽음으로써 하고, 주인을 모시는 자는 부지런함으로써 하는 것이 임금
께서 내린 분명한 명령입니다. 저는 조부로부터 이 진나라에는 더
이상 기댈 데가 없다고 여겨, 대대로 난씨 집안에 예속되어 지금 3대에
이르렀습니다. 그러니 난씨를 감히 임금으로 여기지 않을 수 없습니다.
지금 집정대신께서 '임금을 따르지 않는 자는 대륙으로 죽인다'라 하였
으니, 제가 어찌 감히 죽음으로써 모셔야 함을 잊고, 저의 임금을
배반하여 사구司寇를 번거롭게 하겠습니까?"

평공이 듣고 가상하다 여기면서 애써 저지하였지만, 그래도 신유는 고집을 꺾지 않는 것이었다. 이에 임금이 후한 예물을 주자 신유는 이렇게 사양하였다.

"저는 이미 제 뜻을 펴서 말씀드렸습니다. 마음은 그 뜻을 지켜낼 것입니다. 사양하고 행동으로 옮기는 것은 임금을 모시기 위한 것입니다. 만약 그대께서 내리시는 것을 받는다면, 이는 앞서 드린 말씀을 허물어뜨리는 것이며 아직 물러서지 아니한다면, 이는 그 의지를 거역하는 것이니 어찌 임금을 모실 수 있겠습니까?"

평공은 그가 뜻을 굽히지 않을 것임을 알아차리고 보내 주었다.

欒懷子之出, 執政使欒氏之臣勿從, 從欒氏者爲大戮施.

欒氏之臣辛兪行, 吏執之, 獻諸公.

公曰:「國有大令, 何故犯之?」

對曰:「臣順之也, 豈敢犯之? 執政曰:『無從欒氏而從君』, 是明令必從君也. 臣聞之曰:『三世事家, 君之; 再世以下, 主之.』事君以死, 事主以勤, 君之明令也. 自臣之祖, 以無大援於晉國, 世隷於欒氏, 於今三世矣, 臣故不敢不君. 今執政曰:『不從君者爲大戮』, 臣敢忘其死而叛其君, 以煩司寇?」

公說, 固止之, 不可, 厚賂之.

辭曰:「臣嘗陳辭矣, 心以守志, 辭以行之, 所以事君也. 若受君賜, 是墮其前言. 君問而陳辭, 未退而逆之, 何以事君?」

君知其不可得也, 乃遣之.

【欒懷子】欒盈. 晉 平公에게 축출당하여 楚나라로 감.
【執政】晉나라 執政大臣. 正卿. 여기서는 范宣子를 가리킴.

【施】 그 시신을 펼쳐 전시함.
【辛兪】 欒盈의 가신.
【援】 붙들거나 끌어들임. 도움을 받음.
【司寇】 刑獄과 法律을 담당하는 높은 직책.

참고 및 관련 자료

1. 《說苑》 復恩篇
晉逐欒盈之族, 命其家臣有敢從者死, 其臣曰:「辛兪從之.」 吏得而將殺之, 君曰:
「命汝無得從, 敢從何也?」 辛兪對曰:「臣聞三世仕於家者君之, 二世者主之; 事君
以死, 事主以勤, 爲其賜之多也. 今臣三世於欒氏, 受其賜多矣, 臣敢畏死而忘
三世之恩哉?」 晉君釋之.

167(14-3) 叔向母謂羊舌氏必滅
숙향의 어머니가 양설씨가
틀림없이 멸족할 것임을 말하다

숙어叔魚가 태어났을 때, 그의 어머니가 살펴보고는 이렇게 말하였다.

"이 아이는 호랑이 눈에, 돼지 입, 매의 어깨에 소의 배를 닮았구나. 계곡은 메워 평지로 만들 수 있어도, 이런 아이는 탐욕에 싫증을 낼 줄 모른다. 틀림없이 재물로 인해 죽음을 맞을 것이다."

그러고는 아이를 기르지 않았다.

양식아楊食我가 태어나자, 숙향(叔向, 양설힐)의 어머니가 이를 듣고 보러갔다가, 당堂에 이르러 애 울음소리를 듣고는 돌아서면서 이렇게 말하였다.

"그 울음이 시랑豺狼의 소리로구나. 양설씨羊舌氏 집안을 끊어 멸족시킬 자는 틀림없이 이 아이이리라."

叔魚生, 其母視之, 曰:「是虎目而豕喙, 鳶肩而牛腹, 谿壑可盈, 是不可饜也, 必而賄死.」

遂不視.

楊食我生, 叔向之母聞之, 往, 及堂, 聞其號也.

乃還, 曰:「其聲, 豺狼之聲, 終滅羊舌氏之宗者, 必是子也.」

【叔魚】晉나라 대부. 羊舌鮒. 羊舌肸(叔向)의 아우.

【楊食我】叔向의 아들 伯石. 숙향이 楊 땅을 식읍으로 받아 그 때문에 楊食我로 부른 것.

【終滅羊舌氏之宗者】끝내 양설씨 집안을 멸족시킬 것임. 이 일은 魯 昭公 28년 (B.C.514)에 있었으며, 《左傳》昭公 28년에 그 다음 이야기가 실려 있음.

1. 《左傳》昭公 28년

晉祁勝與鄔臧通室. 祁盈將執之, 訪於司馬叔游. 叔游曰:「鄭書有之, 『惡直醜正, 實蕃有徒.』無道立矣, 子懼不免. 詩曰:『民之多辟, 無自立辟.』姑已, 若何?」盈曰:「祁氏私有討, 國何有焉?」遂執之. 祁勝賂荀躒, 荀躒爲之言於晉侯. 晉侯執祁盈. 祁盈之臣曰:「鈞將皆死, 憖使吾君聞勝與臧之死也以爲快.」乃殺之. 夏六月, 晉殺祁盈及楊食我. 食我, 祁盈之黨也, 而助亂, 故殺之, 遂滅祁氏·羊舌氏. 初, 叔向欲娶於申公巫臣氏, 其母欲娶其黨. 叔向曰:「吾母多而庶鮮, 吾懲舅氏矣.」其母曰:「子靈之妻殺三夫·一君·一子, 而亡一國·兩卿矣, 可無懲乎? 吾聞之, 『甚美必有甚惡.』是鄭穆少妃姚子之子, 子貉之妹也. 子貉早死, 無後, 而天鍾美於是, 將必以是大有敗也. 昔有仍氏生女, 黰黑, 而甚美, 光可以鑑, 名曰玄妻. 樂正后夔取之, 生伯封, 實有豕心, 貪惏無饜, 忿纇無期, 謂之封豕. 有窮后羿滅之, 夔是以不祀. 且三代之亡·共子之廢, 皆是物也, 女何以爲哉? 夫有尤物, 足以移人. 苟非德義, 則必有禍.」叔向懼, 不敢取. 平公强使取之, 生伯石. 伯石始生, 子容之母走謁諸姑, 曰:「長叔姒生男.」姑視之. 及堂, 聞其聲而還, 曰:「是豺狼之聲也. 狼子野心. 非是, 莫喪羊舌氏矣.」遂弗視.

2. 《左傳》昭公 14년

晉邢侯與雍子爭鄐田, 久而無成. 土景伯如楚, 叔魚攝理. 韓宣子命斷舊獄, 罪在雍子. 雍子納其女於叔魚, 叔魚蔽罪邢侯. 邢侯怒, 殺叔魚與雍子於朝. 宣子問其罪於叔向. 叔向曰:「三人同罪, 施生戮死可也. 雍子自知其罪, 而賂以買直; 鮒也鬻獄; 邢侯專殺, 其罪一也. 己惡而掠美爲昏, 貪以敗官爲墨, 殺人不忌爲賊. 夏書曰: '昏·墨·賊, 殺', 皋陶之刑也, 請從之.」乃施邢侯而尸雍子與叔魚於市. 仲尼曰:「叔向, 古之遺直也. 治國制刑, 不隱於親. 三數叔魚之惡, 不爲末減.

曰義也夫, 可謂直矣! 平丘之會, 數其賄也, 以寬衛國, 晉不爲暴. 歸魯季孫, 稱其
詐也, 以寬魯國, 晉不爲虐. 刑侯之獄, 言其貪也, 以正刑書, 晉不爲頗. 三言而除
三惡, 加三利. 殺親益榮, 猶義也夫!」

3. 《列女傳》仁智傳「晉羊叔姬」

叔姬者, 羊舌子之妻也. 叔向·叔魚之母也. 一姓楊氏. 叔向名肸, 叔魚名鮒. 羊舌
子好正, 不容於晉, 去而之三室之邑. 三室之邑人相與攘羊而遺之, 羊舌子不受.
叔姬曰:「夫子居晉不容, 去之三室之邑, 又不容於三室之邑, 是於夫子不容也,
不如受之.」羊舌子受之曰:「爲肸與鮒亨之!」叔姬曰:「不可! 南方有鳥, 名曰
乾吉, 食其子不擇肉, 子常不遂. 今肸與鮒童子也, 隨大夫而化者, 不可食以不
義之肉, 不若埋之, 以明不與.」於是乃盛以甕, 埋壚陰. 後二年, 攘羊之事發,
都吏至, 羊舌子曰:「吾受之不敢食也.」發而視之, 則其骨存焉, 都吏曰:「君子哉!
羊舌子不與攘羊之事矣.」

君子謂:「叔姬爲能防害遠疑.」詩曰:『無日不顯, 莫予云覯.』此之謂也.
叔向欲娶於申公巫臣氏夏姬之女, 美而有色. 叔姬不欲娶其族. 叔向曰:「吾母
之族, 貴而無庶, 吾懲舅氏矣.」叔姬曰:「子靈之妻, 殺三夫, 一君一子而亡一國
兩卿矣. 爾不懲此而反懲吾族, 何也? 且吾聞之: 有奇福者, 必有奇禍; 有甚美者,
必有甚惡. 今是鄭穆少妃, 姚子之子, 子貉之妹也. 子貉早死無後, 而天鍾美
於是, 將必以是大有敗也. 昔有仍氏生女, 髮黑而甚美, 光可監人, 名曰玄妻.
樂正夒娶之, 生伯封, 宕有豕心, 貪惏毋期, 忿纇無饜, 謂之封豕. 有窮后羿滅之,
夒是用不祀. 且三代之亡, 及恭太子之廢, 皆是物也, 汝何以爲哉? 夫有美物足
以移人, 苟非德義, 則必有禍也.」叔向懼而不敢娶. 平公強使娶之, 生楊食我,
食我號曰伯碩. 伯碩生時, 侍者謁之叔姬曰:「長姒産男.」叔姬往視之, 及堂聞其
號也而還曰:「豺狼之聲也, 狼子野心. 今將滅羊舌氏者, 必是子也.」遂不肯見.
及長, 與祁勝爲亂, 晉人殺食我, 羊舌氏由是遂滅. 君子謂:「叔姬爲能推類.」
詩云:『如彼泉流, 無淪胥以敗.』此之謂也. 叔姬之始生叔魚也, 而視之曰:「是虎
目而豕啄, 鳶肩而牛腹, 谿壑可盈, 是不可饜也. 必以賄死.」遂不見. 及叔魚長,
爲國贊理. 邢侯與雍子爭田, 雍子人其女於叔魚以求直, 邢侯殺叔魚與雍子
於朝. 韓宣子患之, 叔向曰:「三姦同罪, 請殺其生者而戮其死者.」遂族邢侯氏而
尸叔魚及雍子於市, 叔魚卒以貪死, 叔姬可謂智矣.

詩云:『貪人敗類.』此之謂也. 頌曰:『叔向之母, 察於情性. 推人之生, 以窮其命.
叔魚食我, 皆貪不正. 必以貨死, 果卒分爭.』

4. 《**文選**》(44) 爲袁紹檄豫州 注

劉向列女傳曰: 羊舌叔姬者, 叔向之母也. 長姒產男, 叔姬往觀之, 曰:「其聲狼也. 狼子野心, 非是莫滅羊舌氏乎!」

5. 《**幼學瓊林**》 女子篇

「周家母儀, 太王有周姜, 王季有太妊, 文王有太姒; 三代亡國, 夏桀以妹喜, 商紂以妲己, 周幽以褒姒.」

168(14-4) 叔孫穆子論死而不朽
숙손목자가 죽어도
그 이름이 썩지 않는 문제를 논하다

노魯 양공襄公이 숙손목자叔孫穆子로 하여금 진晉나라에 빙문聘問을
보내어 오게 되었다. 범선자范宣子가 물었다.

"사람들이 말하는 '죽은 이후에도 썩지 않는다'라 하였는데 무엇을
이르는 것입니까?"

숙손목자가 미처 대답을 하지 못하였다.

그러자 범선자가 말하였다.

"옛날 우리旬 조상은 우순虞舜시대 그 이전에는 도당씨陶唐氏였으며,
하夏나라 때는 어룡씨御龍氏, 그리고 상商나라 때는 시위씨豕韋氏, 주周
나라 때는 당두씨唐杜氏였습니다. 주나라가 쇠해갈 때 진晉나라에서
계승되어 범씨范氏가 된 것입니다. 이렇게 끊임없이 이어진 것을 이르는
것이겠지요?"

숙손목자가 이렇게 대답하였다.

"내豹가 들은 바로는 그러한 경우는 '세록世祿'이라 하지 '불후不朽'라
하지는 않습니다. 노魯나라 앞선 대부大夫로 장문중臧文仲이라는 분이
계신데, 그의 몸은 이미 죽어서 없지만, 그가 남긴 말씀은 후세에
길이 바르게 서 있습니다. 이를 일러 '불후'라 합니다."

魯襄公使叔孫穆子來聘, 范宣子問焉, 曰:「人有言曰:『死而
不朽』, 何謂也?」

穆子未對.

宣子曰:「昔匄之祖, 自虞以上爲陶唐氏, 在夏爲御龍氏, 在商爲豕韋氏, 在周爲唐杜氏. 周卑, 晉繼之, 爲范氏, 其此之謂也?」

對曰:「以豹所聞, 此之謂世祿, 非不朽也. 魯先大夫臧文仲, 其身歿矣, 其言立於後世, 此之謂死而不朽.」

【魯襄公】魯 成公의 아들이며 이름은 午. B.C.572~542년까지 31년간 재위.

【叔孫穆子】叔孫得臣의 아들로 이름은 豹. 魯나라 卿으로 穆叔으로도 부름.

【范宣子】晉나라 正卿. 이름은 范匄. 시호는 宣子.

【死而不朽】몸은 죽으나 그 명성은 썩지 않음. 《左傳》 襄公 24년 참조.

【虞】有虞氏 舜임금을 말함. 虞舜이라고도 부름.

【陶唐氏】堯임금을 말함. 范氏의 시조가 이 원류에서 나왔음.

【御龍氏】도당씨가 쇠하자, 그 후대 劉累라는 자가 豢龍氏에게 용을 부리는 법을 배워, 孔甲을 섬겨 御龍氏라는 호를 받음.

【豕韋氏】豕韋는 본래 彭姓의 후손이 봉해졌던 나라로, 商나라가 이를 멸하고 劉累의 후손 御龍氏를 봉하였음.

【唐杜】商末 豕韋氏가 나라 이름을 唐으로 바꾸었으며, 周 成王이 이 唐을 멸하고 아우 叔虞를 봉하고 唐을 杜 땅으로 옮겨 살도록 하였음. 이에 이들을 묶어 唐杜氏라 함.

【臧文仲】魯나라 卿인 臧孫辰. 덕행으로 이름이 났었으며, 魯나라에 큰 영향을 미쳤음. 孔子도 매우 칭찬했던 인물임.

참고 및 관련 자료

1. 《左傳》 襄公 24년

二十四年春, 穆叔如晉, 范宣子逆之, 問焉, 曰:「古人有言曰: '死而不朽', 何謂也?」穆叔未對. 宣子曰:「昔匄之祖, 自虞以上爲陶唐氏, 在夏爲御龍氏, 在商爲豕韋氏, 在周爲唐杜氏, 晉主夏盟爲范氏, 其是之謂乎?」穆叔曰:「以豹

所聞, 此之謂世祿, 非不朽也. 魯有先大夫曰臧文仲, 旣沒, 其言立, 其是之謂乎!
豹聞之, '大上有立德, 其次有立功, 其次有立言.' 雖久不廢, 此之謂不朽. 若夫保
姓受氏, 以守宗祊, 世不絶祀, 無國無之. 祿之大者, 不可謂不朽.」

169(14-5) 范宣子與和大夫爭田
범선자와 화대부가 농토를 두고 다투다

범선자范宣子가 화읍和邑의 대부와 토지의 경계를 두고 다툼을 벌였는데, 오랫동안 해결을 보지 못하였다.

범선자는 참지 못해 화읍을 공격하고자 우선 백화伯華에게 물었다. 그러자 백화가 말하였다.

"밖에는 군사軍事가 있으며, 안에는 정사政事가 있습니다. 저(赤)는 군사를 맡은 자로써 감히 남의 직무를 침범할 수 없습니다. 장차 그대의 마음이 군사를 출동시킬 국가의 일이라면, 그 때는 저를 찾아 질문해 주십시오."

이번에는 손림보孫林甫에게 묻자 손림보는 이렇게 말하였다.

"저는 떠도는 나그네의 신분으로 그대를 모시고 있습니다. 오직 그대의 분부를 기다리는 입장이지요."

다시 장로張老에게 물었더니 장로는 이렇게 말하는 것이었다.

"저(老)는 그저 군사의 일로 그대의 명령을 받습니다. 군사의 일이 아니라면 저는 아는 것이 없습니다."

기해祁奚에게 묻자 기해는 이렇게 말하였다.

"공족으로써 공손하지 못하다거나 공실에 잘못된 점이 있다거나, 내정에 사악함이 있다거나, 대부들이 탐욕을 부리는 일 등이라면 이는 내 직책의 잘못이오. 그러나 만약 내가 임금이 준 관직을 가지고 그대의 사사로움을 해결해 준다면, 그대조차도 응당 나를 미워할 것이라 두렵소이다."

적언籍偃에게 묻자 적언이 대답하였다.

"저(偃)는 부월斧鉞을 들고 장맹張孟을 따르는 그의 부하로서 날마다 그의 명령을 듣습니다. 만약 장맹의 명령이라면 어찌 두 마음을 갖겠습니까? 만약 장맹의 명을 버리고 내 마음대로 행동한다면, 이는 바로 그대의 명령에 반대하는 것과 같은 것이 되고 맙니다."

숙어叔魚에게 물었더니 숙어는 이렇게 말하였다.

"내 그대를 위해 그 자를 죽여 없애 줄 테니 기다리시오."

숙향叔向이 이를 듣고 범선자를 만났다.

"듣자하니 그대가 화읍 대부와 서로 편안하지 않다 하여, 이 문제를 여러 대부들에게 묻고 다녔으나 해답을 얻지 못하였다 하더이다. 어찌 자석齧祏을 만나 보지 않소? 자석은 곧고 널리 아는 자이니 곧다면 능히 바르게 판단할 것이요, 널리 안다면 능히 위아래를 잘 비교하여 일을 처리할 수 있을 것입니다. 게다가 그대의 가신입니다. 내 듣기로 나라에 큰 일이 있으면 반드시 정당한 법을 따르되, 늙은 원로를 찾아 자문한 다음 이를 실행하면 된다 하였소."

다시 사마후司馬侯가 찾아와서는 이렇게 말하는 것이었다.

"내 듣기로 그대께서 화읍의 대부로 인해 화가 나셨다 하던데 저는 믿기지 않습니다. 지금 제후들이 모두 우리 진나라에 대하여 배반할 마음을 가지고 있는데, 이러한 것은 걱정하지 아니하고 화읍의 대부에게 화를 내고 계시다니, 이는 그대의 임무가 아닌 것 같습니다."

이번에는 기오祁午가 찾아와 말하였다.

"우리 진나라는 제후의 맹주이며, 그대는 이 나라의 정경正卿입니다. 그대는 단정한 모습으로 제후에게 임하여, 그들로 하여금 우리 진나라의 명령을 듣도록 하고 계십니다. 진나라에 그 누구도 그대에게 복종하지 않을 자가 없는 신분에, 하필 화읍을 가지고 그러십니까? 어찌 화대부와 친밀히 하여 그 큰 덕으로 작은 화대부와의 원한을 처리하지 못하십니까!"

범선자가 자석에게 묻자 자석은 이렇게 대답하였다.

"옛날 습숙자隰叔子께서 주周나라 난을 피하여 이 진晉나라로 오셔서 자여子輿를 낳아 그가 법관이 되었고, 조정에서 정직하게 법을 집행하자 조정에는 간악한 관리가 사라졌습니다. 그리고 그가 사공司空이 되어 나라를 바르게 이끌자, 나라에는 업적이 실패로 끝난 적이 없었습니다. 그리고 무자武子 때에 이르러, 문공文公과 양공襄公을 보좌하여 제후의 패자로 만들어, 제후들이 배반할 마음을 갖지 않게 되었습니다. 그리고 경卿의 직위에 오르신 다음에는 성공成公·경공景公을 보좌하여 군정軍政에 실패가 없었습니다. 다시 경공 때 중군원수中軍元帥를 거쳐 태부太傅에 오르셔서 형법刑法을 바르게 정비하고, 훈전訓典을 정리하자 나라에는 간악한 백성이 사라져 뒷사람들이 이를 법칙으로 여기고 있습니다. 이러한 공적으로 수읍隨邑과 범읍范邑을 식읍으로 받게 된 것입니다. 그리고 뒤를 이은 문자文子께서는 진晉·형荊, 초楚 두 나라의 결맹을 성사시켜 형제지국의 풍요한 이익을 누렸으며, 두 나라 사이에 틈이 없도록 하여, 그 공로로 순읍郇邑과 역읍櫟邑을 받았습니다. 지금 그대가 그 뒤를 이어 조정에는 간악한 행동이 사라지게 하였고, 나라에는 사악한 백성이 없도록 하였으며, 사방 이웃으로부터 근심이 사라지고 나라 안팎에는 걱정이 없게 되었으니, 이것은 모두 그대 집안 삼대에 걸친 공로를 힘입은 것이며, 이로써 그대도 그 봉록과 지위를 누리고 있는 것입니다. 지금 이토록 무사한데 화읍의 대부와 시비를 벌이고 계시니, 앞으로 임금께서 그대에게 총애를 더 얹어 준다면 그대는 장차 나라를 어떻게 다스리겠습니까?"

선자는 기꺼워하며 이에 화읍의 대부에게 다투던 땅을 양보하여 더해 주며 그와 화해하였다.

范宣子與和大夫爭田, 久而無成.

宣子欲攻之, 問於伯華.

伯華曰:「外有軍, 內有事. 赤也, 外事也, 不敢侵官. 且吾子之心有出焉, 可徵訊也.」

問於孫林甫，孫林甫曰：「旅人，所以事子也，唯事是待。」

問於張老，張老曰：「老也以軍事承子，非戎，則非吾所知也。」

問於祁奚，祁奚曰：「公族之不恭，公室之有回，內事之邪，大夫之貪，是吾罪也。若以君官從子之私，懼子之應且憎也。」

問於籍偃，籍偃曰：「偃也以斧鉞從張孟，日聽命焉，若夫子之命也，何二之有？釋夫子而舉，是反吾子也。」

問於叔魚，叔魚曰：「待吾為子殺之。」

叔向聞之，見宣子曰：「聞子與和未寧，徧問於大夫，又無決，盍訪之訾祏？訾祏實直而博，直能端辨之，博能上下比之，且吾子之家老也。吾聞國家有大事，必順於典刑，而訪諮於耇老，而後行之。」

司馬侯見，曰：「聞吾子有和之怒，吾以為不信。諸侯皆有二心，是之不憂，而怒和大夫，非子之任也。」

祁午見，曰：「晉為諸侯盟主，子為正卿，若能靖端諸侯，使服聽命於晉，晉國其誰不為子從，何必和？盍密和，和大以平小乎！」

宣子問於訾祏，訾祏對曰：「昔隰叔子違周難於晉國，生子輿為理，以正於朝，朝無姦官；為司空，以正於國，國無敗績。世及武子，佐文‧襄為諸侯，諸侯無二心。及為卿，以輔成‧景，軍無敗政。及為成師，居太傅，端刑法，緝訓典，國無姦民，後之人可則，是以受隨‧范。及文子成晉‧荊之盟，豐兄弟之國，使無有閒隙，是以受郇‧櫟。今吾子嗣位，於朝無姦行，於國無邪民，於是無四方之患，而無外內之憂，賴三子之功而饗其祿位。今既無事矣，而非和，於是加寵，將何治為？」

宣子說，乃益和田而與之和。

【范宣子】 晉나라 正卿. 范匄.

【和大夫】 和邑의 대부.

【伯華】 羊舌赤. 羊舌職의 아들로 晉나라 中軍副軍尉였음.

【孫林甫】 衛나라 대부 孫文子. 내란으로 인해 晉나라로 피신함.

【張老】 晉나라 대부. 이름이 老이며 자는 孟. 그 때문에 張孟으로도 부름. 당시 上軍主帥였음.

【祁奚】 진나라 원로. 이때 이미 그는 中軍軍尉의 직책에서 물러나 있었으며 일반 公族大夫였음.

【籍偃】 籍遊. 당시 上軍司馬였음.

【反吾子】 宣子가 上卿이므로 당연히 上軍司馬인 籍偃에게 上軍主帥 張孟의 명령을 듣도록 요구할 수 있음. 그러나 적언이 장맹의 명령을 듣지 않았다면 이는 선자의 명령을 듣지 않은 것에 해당함.

【叔魚】 叔向의 아우 羊舌鮒.

【訾祏】 范宣子의 가신으로 현능했던 인물.

【司馬侯】 진나라 대부 汝叔齊.

【祁午】 祁奚의 아들로 中軍軍尉였음.

【隰叔子】 范宣子의 선조이며 杜伯의 아들. 周 宣王 때 선왕이 杜伯을 죽이자 隰叔이 晉나라로 도망하였음.

【子輿】 士蔿.

【司空】 토목 공사 등을 담당하는 높은 관직.

【世及武子】 士蔿가 成伯缺을 낳고, 성백결이 士會를 낳았으며, 사회가 바로 范武子로써 晉 文公 5년(B.C.632)에 大夫에 오름.

【文襄】 晉 文公(重耳)과 襄公(驩).

【成景】 晉 成公(黑臀)과 景公(據).

【及爲成師】 ‘成’은 마땅히 ‘景’이어야 함. 魯 宣公 9년(B.C.600) 晉 成公이 죽고, 16년 晉 景公에 周 천자에게 청하여 士會를 中軍에 임명하고 다시 太傅로 삼은 것임.

【居太傅】 太傅가 晉나라에 있으면서 刑法과 禮典을 주관하는 근신이 되었으며, 士會가 바로 中軍主帥를 겸하면서 이 직책을 담당하였음.

【隨范】 范武子는 처음에 隨 땅에 봉해져 隨武子라 칭하였으나, 뒤에 다시 范 땅에 봉하여 范武子라 불렸으며, 그 이후 자손들이 대대로 范 땅을 칭호로 삼았음.

【晉荊之盟】 文子(武子의 아들 士爕)가 魯 成公 12년(B.C.579) 초나라와 결맹을
 성취시킴. 荊은 楚나라의 별칭.
【郇櫟】 모두 晉나라의 두 邑 이름.
【三子】 子輿·武子·文子를 가리킴.

170(14-6) 訾祐死范宣子勉范獻子

자석이 죽자 범선자가 범헌자를 면려시키다

범선자의 훌륭한 가신 자석訾祐이 죽자, 선자가 아들 헌자獻子, 范鞅에게 이렇게 일렀다.

"앙아! 옛날 내 자석이란 보필이 있어, 아침저녁으로 그의 자문을 받아 진晉나라 재상직을 수행할 수 있었으며, 우리 집안도 다스릴 수 있었다. 지금 내 너를 보건대, 홀로 일을 판단하려면 능히 해낼 수가 없고, 모책을 세우고자 해도 함께 할 자가 없구나. 장차 어떻게 하고자 하느냐?"

헌자가 대답하였다.

"저(鞅)는 평소에 공손함을 다하여 감히 안일히 여기거나 쉽게 여기지 않을 것이며, 배움을 경건하게 여기며 어짊을 좋아할 것입니다. 정사政事에는 화목함을 중히 여기며 바른 도리를 좋게 여길 것입니다. 모책은 많은 사람들과 함께 세우며 호감을 얻으려 들지도 않을 것입니다. 사사로운 내 뜻이 아무리 충정이라 해도 감히 나만 옳다고 주장하지도 않을 것이며, 반드시 어른의 뜻을 말미암을 것입니다."

선자가 말하였다.

"너는 재앙을 면할 수 있겠구나!"

訾祐死, 范宣子謂獻子曰:「鞅乎! 昔者吾有訾祐也, 吾朝夕顧焉, 以相晉國, 且爲吾家. 今吾觀女也, 專則不能, 謀則無與也, 將若之何?」

對曰:「鞅也, 居處恭, 不敢安易, 敬學而好仁, 和於政而好其道, 謀於眾不以賈好, 私志雖衷, 不敢謂是也, 必長者之由.」

宣子曰:「可以免身!」

【訾祏】范宣子의 가신으로 현능했던 인물.
【獻子】范宣子의 아들 范鞅.
【顧】질문함, 자문함.
【與】대상. 함께 할 인물.
【易】쉽게 여김. 경홀하게 여김. 혹 간략하게 줄임.
【賈】'求'와 같음. 雙聲互訓. 찾음. 好感 등을 얻으려 애를 씀.
【衷】善함. 衷情에서 비롯됨.

171(14-7) 師曠論樂
사광이 음악을 논하다

　평공平公이 새로운 음악을 좋아하자 사광師曠이 이렇게 말하였다.
"공실公室이 장차 비천해질 것입니다! 임금의 조짐이 그 쇠함에 나타
나고 있습니다. 무릇 음악이란 산천의 풍화風化를 열어 보여 주는 것
이며, 덕이 넓게 멀리 비춰 가도록 하는 것입니다. 덕으로써 널리
풍화시키며 산천을 풍화시켜 멀리 퍼지며, 만물을 풍화시켜 이를 듣게
하며, 시詩로써 가사를 수식하여 이를 노래하게 하며, 예禮로써 이를
닦아 절제를 시키는 것입니다. 무릇 덕이 넓게 멀리 퍼지고 때와 절도에
맞으면 이로써 먼 데 사람은 복종해 오고 가까운 사람은 옮겨가지
않는 것입니다."

　平公說新聲, 師曠曰:「公室其將卑乎! 君之明兆於衰矣. 夫樂
以開山川之風也, 以耀德於廣遠也. 風德以廣之, 風山川以遠之,
風物以聽之, 修詩以詠之, 修禮以節之. 夫德廣遠而有時節, 是以
遠服而邇不遷.」

【平公】晉 平公. 이름은 彪. 悼公의 아들로 이름은 彪. B.C.557~532년까지 26년간
　재위함.
【新聲】새로운 음악으로 흔히 예악에 맞지 않은 음악을 가리킴. 《史記》 樂書에
　衛 靈公이 晉나라에 가는 도중 밤에 濮水의 물가에 이르러, 음악을 듣고 너무

슬퍼 자신의 악사 涓으로 하여금 이를 악보에 기록하도록 한 다음, 진나라에
이르러 晉 平公에게 들려 주었음. 평공이 이를 듣고 즐거워하자, 師曠이 이는
옛 商나라 紂의 靡靡之樂으로써 망국의 음악이라 간언함.

【師曠】 진나라 平公 때의 유명한 樂師. 이름은 曠, 자는 子野. 장님이었음.

【明兆】 '明'은 '萌'과 같음. 조짐, 징조를 뜻함.

【風】 風化, 敎化를 의미함.

【時節】 때에 맞아야 하고 절도에 맞아야 함을 뜻함.

172(14-8) 叔向諫殺豎襄
숙향이 수양을 죽이는 문제를 간하다

평공平公이 메추라기를 쏘았으나 잡지 못하자, 소신 양襄으로 하여금
이를 잡도록 하였다. 그러나 양도 이를 놓치고 말았다. 평공은 화를
내며 그를 잡아들여 장차 죽이려 하였다.

숙향叔向이 이를 듣고 저녁인데도 임금을 찾아갔더니 임금이 그 일을
일러 주는 것이었다.

숙향이 말하였다.

"임금께서 반드시 그를 죽이고자 하시는군요. 그런데 옛 우리 선군
先君이신 당숙唐叔께서는 도림徒林에서 사나운 야생 외뿔소를 쏘아 단번
에 죽여, 그 가죽으로 큰 갑옷을 만들어 그 용맹으로 인해 진晉나라에
봉해졌습니다. 그런데 지금 임금께서는 그 당숙의 피를 이은 후손
이면서 까짓 것 메추라기 하나도 쏘아 죽이지도 못하였으며, 이를
잡지도 못하였으니 이는 우리 임금의 수치를 드러내어 자랑하는 셈이
군요. 임금께서는 반드시 급히 그를 죽이시고, 절대 그 소문이 멀리
퍼지지 않도록 하십시오."

임금은 부끄러움을 감추지 못한 채 급히 그를 풀어 주었다.

平公射鷃, 不死, 使豎襄搏之, 失. 公怒, 拘將殺之.

叔向聞之, 夕, 君告之.

叔向曰:「君必殺之. 昔吾先君唐叔射兕于徒林, 殪, 以爲大甲,
以封于晉. 今君嗣吾先君唐叔, 射鷃不死, 搏之不得, 是揚吾君

之恥者也. 君其必速殺之, 勿令遠聞.」

君忸怩, 乃趣赦之.

【鴾】 메추라기. 메추리. 鶉과 같음. 혹은 老扈로도 부르며 보리를 수확할 때
 나타나는 철새라 함.
【豎襄】 '豎'는 궁중의 낮은 관리이며 '襄'은 그의 이름.
【唐叔】 晉나라 시조.
【兕】 거친 야생의 코뿔소, 외뿔소. 혹 사나운 들소나 물소.
【徒林】 수풀 이름.
【殪】 화살 한 번에 맞추어 죽임.
【忸怩】 부끄럽게 여김. '뉵니'로 읽으며 雙聲連綿語.
【趣】 급히 달려가거나 나섬.

173(14-9) 叔向論比而不別
숙향이 비하되 별하지 않음을 논하다

숙향叔向이 사마후司馬侯의 아들을 보자, 그를 쓰다듬어 주며 눈물을 흘렸다.

"그 아버지가 죽은 뒤로부터 나와 함께 임금을 모실 자가 없게 되었구나! 옛날 이 아이의 아버지가 시작을 하면 내가 끝을 맺어 주었고, 내가 무슨 일을 벌이면 선생께서 마무리를 지어 주셨지. 그리하여 옳게 처리되지 않은 것이 없었지."

적언籍偃이 곁에 있다가 이렇게 물었다.

"군자도 '비比'를 거론합니까?"

숙향이 말하였다.

"군자는 '비'를 근거로 하지 '별別'을 거론하지 않지요. 덕을 함께 하여 나랏일을 돕는 것이 '비'이며, 당黨을 끌어들여 자신의 울타리를 쳐놓고는 자신의 이익만 도모할 뿐 임금을 잊어버리는 것이 '별'입니다."

叔向見司馬侯之子, 撫而泣之, 曰:「自此其父之死, 吾蔑與 '比'而事君矣! 昔者此其父始之, 我終之; 我始之, 夫子終之, 無不可.」

籍偃在側, 曰:「君子有比乎?」

叔向曰:「君子比而不'別'. 比德以贊事, 比也; 引黨以封己, 利己而忘君, 別也.」

【蔑】 ‘無’와 같음. 고대 雙聲互訓.

【父始之】 아이의 아버지 司馬侯가 일을 시작함.

【比】 뜻이 같은 사람끼리 좋은 일을 함께 함. 그러나 《論語》 爲政篇에는 “子曰: 「君子周而不比, 小人比而不周.」”라 하여 좋지 않은 뜻으로 썼으며, 孔安國은 「忠信爲周, 阿黨爲比」라 하였고, 邢昺은 「言君子常行忠信, 而不私相阿黨」이라 하였음.

【別】 따로 朋黨을 만들어 자신들의 이익만을 도모하는 집단.

【贊事】 國師를 贊助하여 이끌어 나감.

174(14-10) 叔向與子朱不心競而力爭
숙향과 자주가
마음으로 다투지 아니하고 힘으로 다투다

진秦 경공景公이 그 아우 침鍼을 보내어 진晉나라와 화해를 이루도록 하였다. 이에 숙향叔向이 행인行人 자원子員을 불러오도록 하였다.

그러자 같은 행인 자주子朱가 말하였다.

"저도 여기에 있습니다."

숙향이 말하였다.

"자원을 불러오라."

자주가 말하였다.

"자도 오늘 당직일입니다."

숙향이 말하였다.

"나(肸)도 역시 자원을 빈객으로 대하기를 바라고 있다."

그러자 자주가 노하여 이렇게 말하였다.

"모두가 임금의 신하이며 직책에 있어서 등급도 같습니다. 그런데 어찌하여 저는 내치십니까?"

그러면서 칼을 어루만지며 다가오는 것이었다.

숙향이 말하였다.

"진秦나라와 우리 진晉나라는 화해하지 못한 지가 오래 되었다. 오늘의 일은 다행스럽기도 하고, 반드시 성공시켜야 자손들이 그 복을 누릴 수 있다. 만약 일이 어그러지면 삼군三軍의 사졸 뼈가 들에 드러나야한다. 무릇 자원은 빈주賓主 사이의 말을 잘 인도하며 사사롭게 말을 만들지 않는다. 그러나 그대는 항상 말을 바꾸었다. 간악함을 가지고 임금을 섬기는 자는 내 능히 막아 버려야 한다."

그러고는 옷을 걷어 부치고 맞붙고자 하였으나, 사람들이 말려 저지
시켰다.
평공平公이 이를 듣고 이렇게 말하였다.
"우리 진晉나라는 희망이 있도다! 내 신하들이 국가 대사를 두고
다투는 것을 보니."
그러나 사광師曠이 곁에 모시고 있다가 이렇게 말하였다.
"진晉나라 공실이 비천해질까 두렵소. 그 신하들이 지혜를 두고 다투지
아니하고 힘으로 다투는 것을 보면."

秦景公使其弟鍼來求成, 叔向命召行人子員.

行人子朱曰:「朱也在此.」

叔向曰:「召子員.」

子朱曰:「朱也當御.」

叔向曰:「肸也欲子員之對客也.」

子朱怒曰:「皆君之臣也, 班爵同, 何以黜朱也?」

撫劍就之.

叔向曰:「秦·晉不和久矣, 今日之事幸而集, 子孫饗之. 不集,
三軍之士暴骨. 夫子員導賓主之言無私, 子常易之. 姦以事君者,
吾所能禦也.」

拂衣從之, 人救之.

平公聞之曰:「晉其庶乎! 吾臣之所爭者大.」

師曠侍, 曰:「公室懼卑, 其臣不心競而力爭.」

【秦景公】秦 穆公의 현손이며 桓公의 아들. 이름은 伯東. B.C.576~537년까지
40년간 재위함.

【鍼】경공의 아우. 이름은 伯車. 秦后子로도 부름.

【求成】맹약을 맺기를 청구함. 이 일은 魯 襄公 26년(B.C.547)에 해당함.

【叔向】羊舌肸. 晉나라 대부.

【行人】외교관. 고대 외교 임무를 맡은 관직으로 大行人, 小行人이 있었으며 이들은 외국 사신의 의전, 통역, 안내 등을 담당하였음.

【子員】인명. 외교관(行人)의 이름.

【子朱】역시 외교관의 이름.

【集】성취시킴. 이반되거나 회담이 결렬되도록 해서는 안 됨.

【暴骨】전쟁으로 인해 죽은 병사들의 뼈를 거두어 주는 자가 없어 들에 드러난 채로 나뒹굴고 있음. 전쟁의 참혹함을 말함.

【導】전달함.

【救】구원하여 싸움을 저지시킴.

【心競力爭】지혜로 서로 경쟁하는 것과 힘으로 다투는 것은 전혀 다른 것임을 말한 것.

참고 및 관련 자료

1. 《左傳》 襄公 26年

二十六年春, 秦伯之弟鍼如晉修成, 叔向命召行人子員. 行人子朱曰: 「朱也當御」 三云, 叔向不應. 子朱怒, 曰: 「班爵同, 何以黜朱於朝?」 撫劍從之. 叔向曰: 「秦·晉不和久矣. 今日之事, 幸而集, 晉國賴之. 不集, 三軍暴骨. 子員道二國之言無私, 子常易之. 姦以事君者, 吾所能御也.」 拂衣從之. 人救之. 平公曰: 「晉其庶乎! 吾臣之所爭者大.」 師曠曰: 「公室懼卑. 臣不心競而力爭, 不務德而爭善, 私欲已侈, 能無卑乎!」

175(14-11) 叔向論忠信而本固
숙향이 충신하면서도
근본이 견고해야 함을 논하다

각 제후들의 대부들이 송宋나라에 모여 회맹을 할 때, 초楚나라 영윤令尹 자목子木이 진晉나라 군대를 습격하여 이렇게 말하였다.

"만약 진나라 군사를 모두 없애 버리고 조무趙武까지 죽여 없앤다면 진나라는 약해지고 말 것이다."

조문자(趙文子, 조무)가 듣고 숙향叔向에게 물었다.

"어찌하면 좋겠소?"

숙향이 말하였다.

"그대는 무슨 근심을 하오? 충심은 포악함이 덤벼들지 못하며, 믿음에는 나쁜 자가 침범하지 못하는 법이오. 충심은 마음속에서 나오고 믿음은 자기 몸에서 나오는 것이니, 그것을 덕을 여길 경우 아주 깊고, 그것을 근본으로 삼을 경우 아주 견고하여, 그 때문에 아무도 흔들지 못하는 것입니다. 지금 우리가 충심으로써 제후를 위해 모책을 짜고 있으며, 믿음으로써 그들에게 증험하고 있소. 초荊나라는 제후들을 거역하면서 말은 역시 충성과 믿음으로 한다고 하면서, 이 회맹에 참가한 것입니다. 만약 그들이 우리를 습격한다면, 그것은 스스로 그 믿음을 저버리고, 그 충성을 틀어막고 있음을 보여 주는 것이오. 믿음이 뒤집히면 틀림없이 죽음을 맞을 것이요, 충심이 막히면 아무런 쓸모가 없어질 터인데, 어찌 능히 우리를 해치겠소? 게다가 제후들이 그들을 믿지 못할 자라고 여긴다면, 제후들이 그 초나라에 대하여 무엇을 기대하겠소? 이렇게 되면 초나라가 우리를 깨뜨린다 해도 제후들이 틀림없이 초나라에 반기를 들 것입니다. 그대는 어찌 죽음을 아까워하오? 그대 한 몸 죽어서 우리 진나라가 맹주의 자리를 굳게 지켜낸다면 무엇이 두렵겠소?"

이렇게 실행하기로 하고 진나라 군대는 그저 울타리만 설치하여 진영으로 삼고 전차는 끌어다가 편리한 곳에 설치하여 막사로 삼았으며, 후차候遮와 한위扞衛도 세우지 않아 아무런 방비가 없어도 자신 있다는 모습을 보였다. 그러나 초나라 사람들은 감히 더 이상 모략을 세우지 못한 채 진나라의 자신감을 두려워하였다.

이로부터 평공平公이 죽을 때까지 초나라에 대한 환난 없이 살았다.

諸侯之大夫盟于宋, 楚令尹子木欲襲晉軍, 曰:「若盡晉師而殺趙武, 則晉可弱也.」

文子聞之, 謂叔向曰:「若之何?」

叔向曰:「子何患焉? 忠不可暴, 信不可犯, 忠自中, 而信自身, 其爲德也深矣, 其爲本也固矣, 故不可拗也. 今我以忠謀諸侯, 而以信覆之, 荊之逆諸侯也亦云, 是以在此. 若襲我, 是自背其信而塞其忠也. 信反必斃, 忠塞無用, 安能害我? 且夫合諸侯以爲不信, 諸侯何望焉? 爲此行也, 荊敗我, 諸侯必叛之. 子何愛於死? 死而可以固晉國之盟主, 何懼焉?」

是行也, 以藩爲軍, 攀輦卽利而舍, 候遮扞衛不行, 楚人不敢謀, 畏晉之信也.

自是沒平公無楚患.

【盟于宋】魯 襄公 27년(B.C.546) 晉·楚가 제후들을 불러 宋나라에서 불가침 맹약을 맺은 일.

【子木】초나라 令尹. 이름은 屈建. 屈到의 아들.

【趙武】趙文子. 晉나라 六卿의 하나. 趙孟으로도 부름.

【拥】동요함.

【覆之】충성과 믿음을 증험함.

【攀輦卽利而舍】戰車(輦)를 끌어 세우기 편리한 곳에 머물러 그곳을 막사로
삼음. 지형지물을 이용하여 경비해야 함에도 그렇게 하지 않음을 말함

【候遮扞衛】'候遮'는 낮에 세우는 척후병이나 검문소 차단 임무. '扞'은 밤에
세우는 불침번 衛兵. 이들도 세우지 아니하고 방비에 자신 있음을 과시한 것.

【平公】그가 죽은 해는 B.C.532년이었음.

참고 및 관련 자료

1. 《左傳》 襄公 27年

丁卯, 宋向戌如陳, 從子木成言於楚. 戊辰, 滕成公至. 子木謂向戌, 請晉·楚之從
交相見也. 庚午, 向戌復於趙孟. 趙孟曰:「晉·楚·齊·秦, 匹也, 晉之不能於齊,
猶楚之不能於秦也. 楚君若能使秦君辱於敝邑, 寡君敢不固請於齊?」壬申, 左師
復言於子木, 子木使駟謁諸王. 王曰:「釋齊·秦, 他國請相見也.」秋七月戊寅,
左師至. 是夜也, 趙孟及子晳盟, 以齊言. 庚辰, 子木至自陳. 陳孔奐·蔡公孫歸
生至. 曹·許之大夫皆至. 以藩爲軍. 晉·楚各處其偏. 伯夙謂趙孟曰:「楚氛
甚惡, 懼難.」趙孟曰:「吾左還, 入於宋, 若我何?」辛巳, 將盟於宋西門之外.
楚人衷甲. 伯州犂曰:「合諸侯之師, 以爲不信, 無乃不可乎? 夫諸侯望信於楚,
是以來服. 若不信, 是棄其所以服諸侯也.」固請釋甲. 子木曰:「晉·楚無信久矣,
事利而已. 苟得志焉, 焉用有信?」大宰退, 告人曰:「令尹將死矣, 不及三年.
求逞志而棄信, 志將逞乎? 志以發言, 言以出信, 信以立志. 參以定之. 信亡,
何以及三?」趙孟患楚衷甲, 以告叔向. 叔向曰:「何害也? 匹夫一爲不信, 猶不可,
單斃其死. 若合諸侯之卿, 以爲不信, 必不捷矣. 食言者不病, 非子之患也. 夫以
信召人, 而以僭濟之, 必莫之與也, 安能害我? 且吾因宋以守病, 則夫能致死.
與宋致死, 雖倍楚可也, 子何懼焉? 又不及是. 曰弭兵以召諸侯, 而稱兵以害我,
吾庸多矣, 非所患也.」季武子使謂叔孫以公命曰:「視邾·滕.」旣而齊人請邾,
宋人請滕, 皆不與盟. 叔孫曰:「邾·滕, 人之私也; 我, 列國也, 何故視之? 宋·衛,
吾匹也.」乃盟. 故不書其族, 言違命也. 晉·楚爭先. 晉人曰:「晉固爲諸侯盟主,

未有先晉者也.」楚人曰:「子言晉・楚匹也, 若晉常先, 是楚弱也. 且晉・楚狎主諸侯之盟也久矣, 豈專在晉?」叔向謂趙孟曰:「諸侯歸晉之德只, 非歸其尸盟也. 子務德, 無爭先. 且諸侯盟, 小國固必有尸盟者, 楚爲晉細, 不亦可乎?」乃先楚人. 書先晉, 晉有信也. 壬午, 宋公兼享晉, 楚之大夫, 趙盟爲客, 子木與之言, 弗能對; 使叔向侍言焉, 子木亦不能對也. 乙酉, 宋公及諸侯之大夫盟于蒙門之外. 子木問於趙孟曰:「范武子之德何如?」對曰:「夫子之家事治, 言於晉國無隱情, 其祝史陳信於鬼神無愧辭.」子木歸以語王. 王曰:「尙矣哉! 能歆神・人, 宜其光輔五君以爲盟主也.」子木又語王曰:「宜晉之伯也, 有叔向以佐其卿, 楚無以當之, 不可與爭.」晉荀盈遂如楚涖盟.

176(14-12) 叔向論務德無爭先
숙향이 덕에 힘쓸 것이지
선후를 다투지 말 것을 논하다

송宋나라에서의 회맹에 초楚나라 대표가 굳이 자신이 먼저 삽혈歃血의 의식을 하겠다고 청하였다.

숙향叔向 조문자趙文子에게 이렇게 말하였다.

"무릇 패도와 왕도의 형세는 덕이 어떤가에 있지 삽혈을 먼저 하느냐의 여부에 있지 않습니다. 그대가 만약 능히 믿음과 충직함으로써 임금을 돕고 제후들의 빠뜨린 것을 거두어 준다면 비록 삽혈의 순서가 뒤로 처진다 해도 제후들이 장차 그대를 추대할 것이니 어찌 먼저 하겠다고 다툴 필요가 있겠소? 만약 덕에 위배되고 뇌물로써 일을 성사시켜 지금 비록 삽혈을 먼저 한다면, 제후들이 장차 등을 돌릴 것이니 어찌 먼저 한다고 나서겠소? 옛날 성왕成王이 제후들을 기양岐陽으로 불러 회맹을 할 때는, 저 초나라는 형만荊蠻으로 취급받아 모절茅蕝 준비나 망표望表 세우는 따위나 담당하였고, 선비鮮卑들과 더불어 정료庭燎를 지킬 뿐이었으며, 회맹에는 참가하지도 못하였습니다. 그런데 지금 맹주가 교체되어 제후의 회맹에 함께 하게 된 것은 그동안 그나마 초나라가 덕을 쌓아온 때문입니다. 그대는 덕에 힘쓸 것이지, 선후의 차례는 다투지 마십시오. 덕에 힘쓰면 그로써 초나라를 굴복시킬 수 있을 것입니다."

이에 초나라가 먼저 삽혈을 하도록 하였다.

宋之盟, 楚人固請先歃.

叔向謂趙文子曰:「夫霸王之勢, 在德不在先歃, 子若能以忠信贊君, 而裨諸侯之闕, 歃雖在後, 諸侯將載之, 何爭於先? 若違於德而以賄成事, 今雖先歃, 諸侯將棄之, 何欲於先? 昔成王盟諸侯于岐陽, 楚爲荊蠻, 置茅蕝, 設望表, 與鮮卑守燎, 故不與盟. 今將與狎主諸侯之盟, 唯有德也. 子務德無爭先, 務德, 所以服楚也.」

乃先楚人.

【宋之盟】 앞장의 주 참조.
【歃】 歃血. 고대 맹약에서 희생의 피를 머금는 의식. 이는 국력의 순서에 따라 제후의 패자가 먼저 하고 그 다음 순서대로 진행하게 되어 있었음.
【叔向】 羊舌肹. 晉나라 대부.
【趙文子】 趙武. 趙盾의 손자이며 趙朔의 아들. 趙孟으로도 부름.
【霸王】 霸道와 王道. 패도는 힘으로 천하를 제패하는 것이며, 왕도는 덕으로 천하를 다스리는 정치. 여기서는 둘 모두를 묶어 천하의 지도자라는 뜻으로 쓰였음.
【載】 '戴'와 같음. 推戴함. 擁戴함.
【岐陽】 岐山의 남쪽. 周 成王이 이곳에서 제후들을 불러 모아 회맹을 한 적이 있었으며, 그 당시 초나라는 남쪽 만족 취급을 받아 심부름만 하는 자격으로 겨우 참관할 수 있었음.
【茅蕝】 고대 조회나 제사 때 술을 거를 때 사용하는 마른 풀 묶음.
【望表】 '望'은 제후로써 자신의 영토 내 산천에 지내는 제사를 뜻하며, '表'는 그 때 세우는 목제 위패를 말함.
【鮮卑】 북방의 이민족. 초나라를 남방 蠻族으로 선비를 북방 이민족으로 여겨, 成王 당시 함께 庭燎를 지키는 임무를 맡겨 멸시하였음.
【守燎】 庭燎를 지키는 임무를 맡김. 庭燎는 회의에서나 궁중에 현사를 모으기 위해 설치한 밤 모닥불이나 횃불.
【狎】 교체함. 바뀜.

177(14-13) 趙文子請免叔孫穆子

조문자가 숙손목자를 면책할 것을 청하다

곽虢의 회맹에서 노魯나라가 식언을 하자, 초楚나라 영윤令尹 공자 위圍가 노나라 대표 숙손목자叔孫穆子을 죽이고자 하였을 때, 악왕부 樂王鮒가 뇌물로 이를 구하고자 하였으나 목자는 이를 거절하였다.

이에 함께 참가하였던 조문자趙文子가 숙손에게 물었다.

"초나라 영윤 왕자 위는 초나라를 차지할 욕심을 가지고 있으며, 제후들을 얕잡아 보아 나약한 존재들이라 여기고 있습니다. 제후들의 회맹이란 천하가 잘 다스려지기를 구하면 그뿐, 반드시 회맹에 참가하도록 요구하지는 않아 왔습니다. 그의 사람됨은 강하고 자신에게 총애를 받아야 한다고 여겨, 그가 나타나는 회의에 온 그 누구도 화를 피하기 어렵습니다. 그대는 어찌 도망하지 않습니까? 불행이 틀림없이 그대에게 닥치게 되어 있는데요."

숙손은 이렇게 말하였다.

"내(豹)가 임금에게 명을 받고 제후의 회맹에 참가한 것은 사직을 위한 것입니다. 만약 우리 노魯나라가 죄를 지었는데 회맹을 수락해 놓고 도망을 간다면, 우리 노나라는 틀림없이 죄에서 벗어날 수 없을 것입니다. 이는 내가 살고 죄를 나라에 떠넘기는 것이 됩니다. 만약 제후들을 위해 내가 죽는다면 노나라에 대한 죄는 모두 씻어지는 것이며, 틀림없이 군사적 위협은 없을 것이니 그 때문에 나를 죽여 달라고 청한 것입니다. 무릇 죽음이 자신의 죄에서 비롯된 것이라면 실제로 견디기 어려울 것이지만, 타인의 죄에 연루되어 죽는다면 내 죽음에 무슨 방해가 되겠습니까? 진실로 임금을 안전하게 하고 나라에 이로운 것이라면 죽고 사는 것은 한 가지 마음일 뿐입니다."

조문자가 장차 초나라로 가서 이를 설명하려 하자 악왕부가 이렇게 말하였다.

"제후들의 회맹이 아직 끝나지 않았는데, 우리 노나라가 그 맹약을 배신한다면 어찌 그 맹약을 함께 한다 할 수 있겠습니까? 비록 그들이 능히 우리나라를 토벌하지는 못한다 해도, 그 회맹에 함께 하기로 한 우리를 용서해 주려는 진晉나라가 무슨 명분으로 맹주 자리를 지켜낼 수 있겠습니까? 그래서 진나라도 틀림없이 숙손을 죽여 버리게 될 것입니다."

조문자가 말하였다.

"사람으로서 자신의 죽음을 어렵게 여기지 아니하며 그 자신의 나라를 안전하고 이롭게 한다면, 누군들 그러한 자를 애호하지 않겠는가? 만약 누구나 나라 아끼기를 이와 같이 한다면 대국은 그 위엄을 상실하지 않을 것이며, 소국은 다른 제후들로부터 능멸을 당하지 않을 것이다. 이러한 도는 훌륭하다 인정받아야 하며 가히 교훈이 될 수 있다. 그런데 어찌 나라를 패망시킬 일이겠는가! 내 듣기로 '착한 사람이 환난에 처하였는데 이를 구제하지 않는 것은 상서롭지 못한 일이며, 악한 사람이 자리에 있는데 이를 물러나게 하지 않는 것도 역시 상서롭지 못한 일'이라 하였다. 숙손은 틀림없이 사면받을 것이다."

그리하여 초나라에 그 사정을 강하게 설명하여 결국 사면을 얻어 내었다.

虢之會, 魯人食言, 楚令尹圍將以魯叔孫穆子爲戮, 樂王鮒求貨焉不予.

趙文子謂叔孫曰:「夫楚令尹有欲於楚, 少懦於諸侯. 諸侯之故, 求治之, 不求致也. 其爲人也, 剛而尚寵, 若及, 必不避也. 子盍逃之? 不幸, 必及於子.」

對曰:「豹也受命於君, 以從諸侯之盟, 爲社稷也. 若魯有罪, 而受盟者逃, 必不免, 是吾出而危之也. 若爲諸侯戮者, 魯誅盡矣, 必不可師, 請爲戮也. 夫戮出於身實難, 自他及之何害? 苟可以安君利國, 美惡一心也.」

文子將請之楚, 樂王鮒曰:「諸侯有盟未退, 而魯背之, 安用齊盟? 縱不能討, 又免其受盟者, 晉何以爲盟主矣, 必殺叔孫豹.」

文子曰:「有人不難以死安利其國, 可無愛乎! 若皆卹國如是, 則大不喪威, 而小不見陵矣. 若是道也果, 可以敎訓, 何敗國之有! 吾聞之曰:『善人在患, 弗救不祥; 惡人在位, 不去亦不祥.』必免叔孫.」

固請於楚而免之.

【虢之會】魯 昭公 원년(B.C.541) 제후들이 虢國(東虢)에 모여 정전 협정을 맺은 맹약.
【食言】회맹이 아직 결론이 나지 않았을 때, 魯나라 季武子가 莒國을 공격하여 거국 사람들이 회맹 장소에 나타나 사실을 알림. 이리하여 노나라는 남을 공격하지 않겠다는 맹약을 그 자리에서 어긴 것이 되었음.
【令尹圍】公子 圍. 楚나라 恭王의 아들이며 영윤을 지내고 있었음. 왕위를 찬탈할 생각을 가지고 있었으며 뒤에 과연 靈王이 됨.
【叔孫穆子】노나라 卿. 이름은 叔孫豹. 당시 회맹에서 노나라 수석대표였음.
【樂王鮒】晉나라 대부 樂桓子. 숙손표에게 건의하여 재앙을 면하도록 하였으나 숙손표가 거절함. 〈魯語〉(下) 065 참조.
【趙文子】趙武. 趙盾의 손자이며 趙朔의 아들. 趙孟으로도 부름.
【有欲於楚】공자 위는 일찍부터 왕위를 찬탈할 꿈을 가지고 있었으며, 뒤에 과연 康王의 아들 麋를 목 졸라 죽이고 왕위를 차지함. 이가 楚 靈王임. B.C.540~529년까지 12년간 재위함. 〈魯語〉(下) "虢之會, 楚公子圍二人執戈先焉"를 볼 것.

【美惡】生과 死. 자신의 죄로써 자신이 죽은 것은 참으로 견디기 힘들지만 나라의 죄에 연루되어 죽는다면, 그것은 자신에게 아무런 어려움이 없는 일이라는 뜻.
【陵】능멸함. 속임. 나쁜 짓을 함.
【果】사실로 인정받아 찬양되어야 할 일이라는 뜻.

참고 및 관련 자료

1. 이는 〈魯語〉(下) 065 이야기의 연장임.

178(14-14) 趙文子爲室張老謂應從禮
조문자가 집을 짓자
장로가 마땅히 예를 따라야 함을 말하다

조문자趙文子가 집을 지으며 그 서까래를 작두로 다듬고 돌로 문질러 아름답게 꾸미고 있었다. 장로張老가 저녁에 그 집에 들렀다가 그 광경을 보고는 조문자를 알현하지도 않은 채 돌아가 버리는 것이었다.

문자가 이를 듣고 수레를 몰아 찾아가서는 물었다.

"내 옳지 못한 것이 있으면 그대는 역시 나에게 일러 주었소. 그런데 어찌 그리 급히 되돌아갔소?"

장로가 이렇게 대답하였다.

"천자의 집은 그 서까래를 작두로 다듬고 돌로 문질러 아름답게 꾸미며 거기에 무늬가 세밀한 아름다운 돌까지 더 보내지요. 제후의 집은 돌로 문지르기만 하고, 대부의 집이라면 작두질만 하며, 선비의 집은 서까래 끝을 그대로 자르기만 합니다. 물건에 정당함을 갖추는 것은 의義이며, 그 등급을 따르는 것은 예禮입니다. 그런데 지금 그대는 귀한 신분이라 하여 의를 잊고 있으며, 부유하다고 하여 예를 잊고 있으니 감히 무엇을 일러드릴 수 있겠소?"

문자는 돌아가 서까래를 문질러 다듬는 일을 그만두게 하였다.

목수장이가 다듬던 것을 모두 작두질하여 마칠 것을 청하자 문자는 이렇게 말하였다.

"그만 두어라. 후세 사람들이 이를 보게 하여라. 이미 작두질 한 것은 어진 자가 한 것이며, 돌로 문지른 것은 어질지 못한 자가 한 것으로 알도록 말이다."

趙文子爲室, 斫其椽而礱之, 張老夕焉而見之, 不謁而歸.

文子聞之, 駕而往, 曰:「吾不善, 子亦告我, 何其速也?」

對曰:「天子之室, 斲其椽而礱之, 加密石焉; 諸侯礱之; 大夫斫之; 士首之. 備其物, 義也; 從其等, 禮也. 今子貴而忘義, 富而忘禮, 吾懼不免, 何敢以告?」

文子歸, 令之勿礱也.

匠人請皆斫之, 文子曰:「止. 爲後世之見之也: 其斫者, 仁者之爲也; 其礱者, 不仁者之爲也.」

【趙文子】趙武. 趙盾의 손자이며 趙朔의 아들. 시호는 文子. 趙孟으로도 부름.
【斫】작두로 다듬거나 쪼갬. '斲'과 같음.
【礱】숫돌 등에 갈다. 여기서는 '서까래를 갈아 다듬다'의 뜻.
【張老】晉나라 대부. 이름이 老이며 자는 孟. 그 때문에 張孟으로도 부름.
【謁】고함. 아랫사람이 윗사람에 뵙고 아룀.
【密石】무늬가 세밀한 아름다운 돌.
【首】서까래의 머리 부분을 그대로 자르기만 함.
【之】이미 깎아 다듬은 서까래를 가리킴.

179(14-15) 趙文子稱賢隨武子

조문자가 수무자를 어질다 칭찬하다

조문자趙文子가 숙향叔向과 함께 공동묘지인 구원九原으로 놀이를 갔을 때였다.

조문자가 말하였다.

"죽은 자가 다시 살아날 수 있다면 여기 누워 있는 자 중에 내 누구와 함께 궁중으로 돌아가 일을 할까요?"

숙향이 말하였다.

"아마 양자(陽子, 양처보)이겠지요?"

문자가 말하였다.

"무릇 양자는 진나라에서 행동은 염직廉直하게 굴었으나, 그 몸은 제대로 보전하지 못하였다. 그의 지혜는 족히 칭할 만하지 못하오."

숙향이 다시 대답하였다.

"그렇다면 구범舅犯이겠지요?"

문자가 말하였다.

"무릇 구범은 이익을 보면 그 임금도 돌아보지 않았으니, 그의 어짊은 족히 칭할 만하지 못하오. 아마 수무자隨武子일거요! 임금에게 간언을 받아들이도록 하면서도 그 스승을 잊지 않았고, 자신을 내세우면서도 그 친구를 잃지 않았으며, 임금을 모시면서도 자신의 무리를 위해 사람을 추천한 적이 없으며, 임금에게 아부하고자 남을 물러나게 한 적도 없었지요."

趙文子與叔向遊於九原. 曰:「死者若可作也, 吾誰與歸?」

叔向曰:「其陽子乎?」

文子曰:「夫陽子行廉直於晉國, 不免其身, 其知不足稱也.」

叔向曰:「其舅犯乎?」

文子曰:「夫舅犯見利而不顧其君, 其仁不足稱也. 其隨武子乎! 納諫不忘其師, 言身不失其友, 事君不援而進, 不阿而退.」

【趙文子】趙武. 趙盾의 손자이며 趙朔의 아들. 趙孟으로도 부름.

【叔向】羊舌肸. 晉나라 어진 신하.

【九原】晉나라 공동묘지가 있던 곳. 韋昭 주에는 '九京'이어야 한다고 하였음.

【陽子】晉나라 太傅였던 양처보(陽處父). 魯 文公 6년(B.C.621) 양처보는 狐射姑에게 피살됨. 〈晉語〉(5) "陽處父如衛"를 볼 것.

【舅犯】晉 文公의 외삼촌인 狐偃. 자는 子犯.

【不顧其君】魯 僖公 23년(B.C.637) 秦 穆公이 公子 重耳를 보내어 진나라 임금 (문공)으로 세워 줄 때, 狐偃은 도중에 자신은 떠날 것을 요구한 적이 있음. 〈晉語〉(4) "十月, 惠公卒"을 볼 것.

【隨武子】犯武子 士會. 隨 땅에 봉해져 隨武子라 부른 것임.

【不忘其師】〈三民本〉에는 '不忘其飾'으로 되어 있으며 '말을 하되 완곡한 수사를 잊지 않았다'로 풀이하고 있음. 그러나 이는 '師'와 '飾'의 글자가 비슷하여 誤讀한 것임. 다른 판본에는 모두 '師'로 되어 있고, 韋昭 주에는 "言聞之於師"라 하였음.

【不援而進】훌륭하고 '어진 이를 추천하되 임금의 뜻에 부합하기 위하여 그렇게 하지는 않음'으로 본 것도 있으나, '援'자의 뜻에 따라 '자기 派黨을 돕기 위해 추천하지는 않았다'로 보는 것이 타당할 듯함.

1. 《穀梁傳》襄公 三十年

中國不侵伐夷狄, 夷狄不入中國. 無侵伐八年, 善之也. 晉趙武, 楚屈建之力也.

2. 《禮記》檀弓(下)

趙文子與叔譽觀乎九原. 文子曰:「死者如可作也, 吾誰與歸?」叔譽曰:「其陽處父乎?」文子曰:「行幷植於晉國, 不沒其身, 其知不足稱也. 其舅犯乎?」文子曰:「見利不顧其君, 其仁不足稱也. 我則隨武子乎, 利其君不忘其身, 謀其身不遺其友.」晉人謂文子知人. 文子其中退然如不勝衣, 其言吶吶然如不出其口; 所舉於晉國管庫之士七十有餘家, 生不交利, 死不屬其子焉.

3. 《新序》雜事(四)

晉平公過九原而歎曰:「嗟乎! 此地之蘊吾良臣多矣. 若使死者起也, 吾將誰與歸乎?」叔向對曰:「其趙武乎!」平公曰:「子黨於子之師也.」對曰:「臣敢言趙武之爲人也, 立若不勝衣, 言若不出於口, 然其身舉士於白屋下者四十六人, 皆得其意, 而公家甚賴之. 及文子之死也, 四十六人皆就賓位, 是以無私德也. 臣故以爲賢也.」平公曰:「善.」夫趙武, 賢臣也. 相晉, 天下無兵革者九年. 春秋曰:「晉趙武之力.」盡得人也.

4. 기타 참고자료

《韓非子》外儲說左下.

180(14-16) 秦后子謂趙孟將死
진후자가 조맹이 장차 죽을 것이라 말하다

진후자秦后子가 진晉나라로 도망해 오자, 조문자趙文子가 만나서 이렇게 물었다.

"그대 진秦나라 임금은 도를 가진 임금이오?"

진후자가 대답하였다.

"모르오."

문자가 다시 이렇게 말하였다.

"공자(진후자)께서 이렇게 우리나라에 굴욕을 참고 오셨으니, 틀림없이 그 임금의 무도함을 피하기 위한 것이겠지요!"

진후자가 대답하였다.

"그런 면도 있겠지요."

문자가 다시 물었다.

"진나라가 얼마나 오래갈 것 같소?"

진후자가 대답하였다.

"제(鍼)가 듣기로 나라에 도가 없는데도 해마다 풍년이 들면, 그래도 5년을 넘기는 나라가 없다 하더이다."

문자가 해가 저무는 것을 보고 이렇게 말하였다.

"아침부터 저녁까지도 지루한데 누가 5년이나 기다릴 수 있겠는가!"

문자가 나가자 진후자는 자신의 무리에게 이렇게 말하였다.

"조맹(趙孟, 조문자)은 장차 죽으리라! 무릇 군자라면 너그럽고 은혜로움으로써 뒷날을 걱정해도 오히려 모자란 법이다. 그런데 지금 조맹은 이 진晉나라를 도와 제후의 맹주가 되도록 하였으니 길이 후세를 두고 덕을 펼 생각을 해야 하며, 나아가 먼 앞날을 두고 길이 겪어 나갈 일을 생각하고 있어도 도리어 그 자신이 제 명대로 살지 못할 것이 걱정일 텐데 지금 아무렇게나 날을 보내며 세월을 허비하고 있으니, 태만과 투안偸安이 심하기 이를 데 없구나. 곧 죽지 않는다면 틀림없이 큰 재앙을 만나게 될 것이다.”

그 해 겨울, 조문자는 죽고 말았다.

秦后子來奔, 趙文子見之, 問曰:「秦君道乎?」

對曰:「不識.」

文子曰:「公子辱於敝邑, 必避不道也!」

對曰:「有焉.」

文子曰:「猶可以久乎?」

對曰:「鍼聞之, 國無道而年穀龢熟, 鮮不五稔.」

文子視日曰:「朝夕不相及, 誰能俟五!」

文子出, 后子謂其徒曰:「趙孟將死矣! 夫君子寬惠以卹後, 猶恐不濟. 今趙孟相晉國, 以主諸侯之盟, 思長世之德, 歷遠年之數, 猶懼不終其身; 今忨日而漱歲, 怠偸甚矣, 非死逮之, 必有大咎.」

冬, 趙文子卒.

【秦后子】秦 孝公 鍼을 말함. 그는 桓公의 아들이며 景公과 같은 어머니의 아우였음. 당시 환공의 총애를 받았으나 景公이 즉위하자 B.C.541(魯 昭公 元年) 晉나라로 도망하였음.

【趙文子】趙武. 趙盾의 손자이며 趙朔의 아들. 趙孟이라고도 부름.

【龢】'和'의 본자.

【稔】곡식이 잘 익음. 여기서는 1년을 가리킴.

【忨日而澈歲】하는 일없이 貪樂하여 세월을 허송함.

【怠偸】태만하고 투안함. 偸安은 그저 편안함만을 생각하는 태도를 말함.

참고 및 관련 자료

1.《左傳》昭公 元年

秦后子有寵於桓, 如二君於景. 其母曰:「弗去, 懼選.」癸卯, 鍼適晉, 其車千乘. 書曰:「秦伯之弟鍼出奔晉」, 罪秦伯也. 后子享晉侯, 造舟于河, 十里舍車, 自雍及絳. 歸取酬幣, 終事八反. 司馬侯問焉, 曰:「子之車盡於此而已乎?」對曰:「此之謂多矣. 若能少此, 吾何以得見?」女叔齊以告公, 且曰:「秦公子必歸. 臣聞君子能知其過, 必有令圖. 令圖, 天所贊也.」后子見趙孟. 趙孟曰:「吾子其曷歸?」對曰:「鍼懼選於寡君, 是以在此, 將待嗣君.」趙孟曰:「秦君何如?」對曰:「無道.」趙孟曰:「亡乎?」對曰:「何爲? 一世無道, 國未艾也. 國於天地, 有與立焉. 不數世淫, 弗能斃也.」趙孟曰:「夭乎?」對曰:「有焉.」趙孟曰:「其幾何?」對曰:「鍼聞之, 國無道而年穀和熟, 天贊之也. 鮮不五稔.」趙孟視蔭, 曰:「朝夕不相及, 誰能待五?」后子出, 而告人曰:「趙孟將死矣. 主民, 翫歲而愒日, 其與幾何?」

2.《史記》趙世家

趙武續趙宗二十七年, 晉平公立. 平公十二年, 而趙武爲正卿. 十三年, 吳延陵季子使於晉, 曰:「晉國之政卒歸於趙武·韓宣子·魏獻子之後矣.」趙武死, 諡爲文子.

181(14-17) 醫和視平公疾
의사 화가 평공의 질환을 살펴보다

　진晉 평공平公이 병이 나자, 진秦 경공景公이 의사 화和로 하여금 가서 진찰해 주도록 하였다.

　의사 화가 살펴보고 나와서 이렇게 말하였다.

　"어쩔 수 없군요. 이를 일러 남자는 멀리하면서 여자는 가까이 하여 생기는 병이라 하며, 그에 미혹되어 고蠱가 생긴 것입니다. 이는 귀신도 아니고 음식도 아니며 이렇게 미혹하면 뜻을 상하게 하지요. 양신良臣 조맹趙孟이 살아남지 못할 것이니, 하늘의 명이 그를 돕지 않는 것이지요. 만약 임금이 죽지 않으면 틀림없이 이 나라는 제후들의 지지를 잃게 될 것입니다."

　조문자(趙文子, 趙孟, 趙武)가 이를 듣고 이렇게 말하였다.

　"내(武)가 그대들을 따라 임금을 보좌하여 제후의 맹주가 되도록 해 드린 지 이미 8년이 되었소. 그리하여 나라 안으로는 가특奸慝한 일이 없었고, 제후들도 두 마음을 갖지 못하게 되었소. 그대는 어찌 '양신이 살아 있을 수 없으니 하늘이 돕지 않는다'라고 말하는 것이오?"

　의사 화가 이렇게 설명하였다.

　"저는 지금 이후의 일을 말한 것입니다. 제(和)가 듣기로 '곧은 자는 굽은 자를 도와 줄 수 없고, 밝은 자는 어두운 자를 바로잡아 줄 수 없다. 한 아름의 큰 나무는 위험한 곳에서는 그렇게 자랄 수 없고, 소나무 잣나무는 낮은 구덩이에서는 그렇게 클 수 없다'라 하더이다. 그대는 임금의 여색을 간언하여 막지 못하여 이렇게 임금으로 하여금 병이 나게 한 것이며, 게다가 스스로 물러나지도 않고 그 정치에 총애를 독차지하고 있으니, 8년이라는 세월도 이미 충분히 길었다고 할 수 있소. 그런데 어찌 장구할 수 있겠소!"

조문자가 말하였다.

"의사가 나라도 치료합니까?"

의사 화가 대답하였다.

"상의上醫는 나라를 치료하고, 그 다음은 사람을 치료하지요. 이것이 진실로 의사의 직무입니다."

조문자가 말하였다.

"그대가 말하는 고蠱라는 것은 어떻게 해서 생겨나는 것입니까?"

그가 대답하였다.

"고의 지독함은 곡물을 파먹다가 그것이 날아 먼지 속에서 생겨나지요. 만물에 고가 잠복하고 있지 않은 것이 없습니다. 또한 세상에 곡물보다 더 훌륭한 물건은 없습니다. 곡물에 기가 생겨 성장하면서 고가 잠복하는 것으로써 사람이 아직 변질되지 않은 곡물을 먹게 되면 총명해지는 것입니다. 그러므로 곡류를 먹는 자는 낮에는 남덕男德을 선택하여 그 곡물의 총명함을 상징하게 되는 것이요, 밤에는 여덕女德으로써 안정安靜을 취함으로써 고의 사악함을 굴복시키는 것입니다. 그런데 지금 임금은 밤낮으로 여색에 치우쳐 있으니, 곡식의 좋은 점을 먹는 것이 아니라 고의 미혹함을 먹고 있는 것입니다. 무릇 글자로서의 부면 '충蟲'자 아래에 '명皿'자가 합하여 '고蠱'자가 된 것이니 저는 바로 이런 뜻으로 말한 것입니다."

조문자가 물었다.

"우리 임금은 얼마나 더 살 수 있소?"

그는 이렇게 말하였다.

"만약 제후들이 복종해 준다면 3년은 넘기기 어렵지만, 제후들이 복종하지 않는다면 10년은 넘기기 어렵습니다. 이보다 더 오래 살면 진晉나라의 재앙이 될 것입니다."

이 해에 조문자가 죽자 제후들이 진나라를 배반하고 말았다.

그리고 10년이 지난 뒤 평공이 죽었다.

平公有疾, 秦景公使醫和視之, 出曰:「不可爲也. 是謂遠男而近女, 惑以生蠱; 非鬼非食, 惑以喪志. 良臣不生, 天命不祐. 若君不死, 必失諸侯.」

趙文子聞之曰:「武從二三子以佐君爲諸侯盟主, 於今八年矣, 內無苛慝, 諸侯不二, 子胡曰『良臣不生, 天命不祐』?」

對曰:「自今之謂. 和聞之曰:『直不輔曲, 明不規闇, 拱木不生危, 松柏不生埤.』吾子不能諫惑, 使至於生疾, 又不自退而寵其政, 八年之謂多矣, 何以能久!」

文子曰:「醫及國家乎?」

對曰:「上醫醫國, 其次疾人, 固醫官也.」

文子曰:「子稱蠱. 何實生之?」

對曰:「蠱之慝, 穀之飛實生之. 物莫伏於蠱, 莫嘉於穀, 穀興蠱伏而章明者也. 故食穀者, 晝選男德以象穀明, 宵靜女德以伏蠱慝, 今君一之, 是不饗穀而食蠱也, 是不昭穀明而皿蠱也. 夫文, 『蟲』·『皿』爲『蠱』, 吾是以云.」

文子曰:「君其幾何?」

對曰:「若諸侯服不過三年, 不服不過十年, 過是, 晉之殃也.」

是歲也, 趙文子卒, 諸侯叛晉.

十年, 平公薨.

【平公】晉 平公. B.C.557~532년까지 26년간 재위함.

【秦景公】秦나라 임금. B.C.576~537년까지 40년간 재위함.

【醫和】秦나라 의사. 이름이 和인 醫員.

【蠱】원래 독충으로 사람의 몸에 기생하면서 사람을 어떤 일에 미치게 하거나 미혹하도록 한다고 믿었음.

【良臣】趙武(趙文子, 趙孟)를 가리킴. 여기서는 '간언할 신하가 없으니 하늘도 돕지 않는다'는 뜻을 가지고 있음.

【苛慝】가혹하고 사특함.

【拱木】굵기가 두 손으로 안을 정도의 한 아름 되는 큰 나무.

【穀之飛實生之】蠱라는 독충은 묵은 곡식에서 생겨 능히 날아다닐 수 있다고 여겼음. 王充《論衡》商蟲에 "穀蟲曰蠱, 蠱若蛾矣"라 함.

【章明者】'章'은 '彰'과 같음. '곡류는 사람이 먹어 영혼과 지혜를 명석하게 하여 그 밝음을 겉으로 드러내게 하는 기를 가지고 있는 물건'이라는 뜻.

【蠱】'蟲'과 '皿'이 합한 會意字로써 '그릇에 담겨 있는 벌레이며 곧 곡류가 발효하거나 변질되어 그 효소가 생긴다'고 본 것임.

【不過三年】3년을 넘기지 못함. 제후들이 복종하면 平公은 아무런 걱정이 없이 여색에 빠질 것이며 그렇게 되면 나라의 운명은 3년을 넘기지 못하리라는 뜻. 그러나 제후들이 복종을 하지 아니하면 평공이 각성하여 여색을 멀리하여 그나마 10년은 버틸 것이라는 뜻임.

【薨】제후의 죽음. 고대 천자의 죽음은 '崩', 제후의 죽음은 '薨'이라 하였음.

참고 및 관련 자료

1.《左傳》昭公 元年

晉侯有疾, 鄭伯使公孫僑如晉聘, 且問疾. 叔向問焉, 曰:「寡君之疾病, 卜人曰'實沈·臺駘爲崇', 史莫之知. 敢問此何神也?」子産曰:「昔高辛氏有二子, 伯曰閼伯, 季曰實沈, 居于曠林, 不相能也, 日尋干戈, 以相征討. 后帝不臧, 遷閼伯于商丘, 主辰. 商人是因, 故辰爲商星. 遷實沈于大夏, 主參, 唐人是因, 以服事夏·商. 其季世曰唐叔虞. 當武王邑姜方震大叔, 夢帝謂己, '余命而子曰虞, 將與之唐, 屬諸參, 而蕃育其子孫.' 及生, 有文在其手曰虞, 遂以命之. 及成王滅唐, 而封大叔焉, 故參爲晉星. 由是觀之, 則實沈, 參神也. 昔金天氏有裔子曰昧, 爲玄冥師, 生允格·臺駘. 臺駘能業其官, 宣汾·洮, 障大澤, 以處大原. 帝用嘉之, 封諸汾川, 沈·姒·蓐·黃實守其祀. 今晉主汾而滅之矣. 由是觀之, 則臺駘, 汾神也. 抑此二者, 不及君身. 山川之神, 則水旱癘疫之災於是乎禜之; 日月星辰之神, 則雪霜風雨之不時, 於是乎禜之. 若君身, 則亦出入·飮食·哀樂之事也,

山川·星辰之神又何爲焉? 僑聞之, 君子有四時, 朝以聽政, 晝以訪問, 夕以脩令, 夜以安身. 於是乎節宣其氣, 勿使有所壅閉湫底以露其體, 茲心不爽, 而昏亂百度. 今無乃壹之, 則生疾矣. 僑又聞之, 內官不及同姓, 其生不殖. 美先盡矣, 則相生疾, 君子是以惡之. 故志曰: '買妾不知其姓, 則卜之.' 違此二者, 古之所愼也. 男女辨姓, 禮之大司也. 今君內實有四姬焉, 其無乃是也乎? 若由是二者, 弗可爲已. 四姬有省猶可, 無則必生疾矣.」叔向曰:「善哉! 肸未之聞也, 此皆然矣.」叔向出, 行人揮送之. 叔向問鄭故焉, 且問子晳. 對曰:「其與幾何! 無禮而好陵人, 怙富而卑其上, 弗能久矣.」晉侯聞子産之言, 曰:「博物君子也.」重賄之. 晉侯求醫於秦, 秦伯使醫和視之, 曰:「疾不可爲也, 是謂近女, 室疾如蠱. 非鬼非食, 惑以喪志. 良臣將死, 天命不佑.」公曰:「女不可近乎?」對曰:「節之. 先王之樂, 所以節百事也, 故有五節; 遲速本末以相及, 中聲以降. 五降之後, 不容彈矣. 於是有煩手淫聲, 慆堙心耳, 乃忘平和, 君子弗聽也. 物亦如之. 至于煩, 乃舍也已, 無以生疾. 君子之近琴瑟, 以儀節也, 非以慆心也. 天有六氣, 降生五味, 發爲五色, 徵爲五聲. 淫生六疾. 六氣曰陰·陽·風·雨·晦·明也, 分爲四時, 序爲五節, 過則爲菑, 陰淫寒疾, 陽淫熱疾, 風淫末疾, 雨淫腹疾, 晦淫惑疾, 明淫心疾. 女, 陽物而晦時, 淫則生內熱惑蠱之疾. 今君不節·不時, 能無及此乎?」出, 告趙孟. 趙孟曰:「誰當良臣?」對曰:「主是謂矣. 主相晉國, 於今八年, 晉國無亂, 諸侯無闕, 可謂良矣. 和聞之, 國之大臣, 榮其寵祿, 任其大節. 有菑禍興, 而無改焉, 必受其咎. 今君至於淫以生疾, 將不能圖恤社稷, 禍孰大焉? 主不能禦, 吾是以云也.」趙孟曰:「何謂蠱?」對曰:「淫溺惑亂之所生也. 於文, 皿蟲爲蠱. 穀之飛亦爲蠱. 在周易, 女惑男·風落山謂之蠱☰☰☰☰. 皆同物也.」趙孟曰:「良醫也.」厚其禮而歸之.

182(14-18) 叔向均秦楚二公子之祿
숙향이 초·진 두 나라 공자의
봉록을 똑같이 하다

진후자秦后子가 진晉나라에 와서 벼슬을 하면서 올 때 1천 승의 무리가 따라 왔다. 한편 초楚 공자公子 간干은 와서 벼슬을 하면서 그가 올 때는 수레 5백 승이었다.

당시 숙향叔向이 태부太傅가 되어 그들의 봉록을 결정하게 되었다. 이에 한선자韓宣子가 두 공자의 봉록이 어떻게 정해졌는지에 대하여 숙향에게 물었다.

숙향은 이렇게 대답하였다.

"대국의 경卿이라면 5백 명 농지에 해당하는 만큼의 봉록이며, 상대부 上大夫일 경우 1백 명의 농지에 해당하는 봉록을 줍니다. 무릇 두 공자는 상대부로 대우하며 똑같이 1백 명의 농지에 해당하는 봉록입니다."

한선자가 물었다.

"진秦나라 공자가 더 부유한데 어찌 이처럼 균등하게 합니까?"

숙향은 이렇게 설명하였다.

"대체로 직무에 따라 작위가 결정되는 것이며, 작위에 따라 봉록이 정해지는 것입니다. 그리고 덕행을 근거로 봉록의 고하가 결정되고, 공적에 따라 그에 맞추어 주는 것입니다. 그런데 어찌 부유함의 여부로써 봉록을 결정한단 말입니까! 무릇 우리 서울 강읍絳邑의 부유한 상인은 가죽 바지에 어깨에 메는 나무로 물건을 나르며, 우리 조정을 지나가지만 그 공로는 아주 별것 아닙니다. 그런데도 그는 부유함으로 인해 능히 금과 옥으로 그 수레를 장식하며 무늬로 그 옷을 아름답게 꾸며, 능히 제후들에게 풍부한 예물까지 줄 수 있을 정도입니다. 그러면서도 아주 적은 봉록도 받지 못하고 있으니, 이는 백성에게 무슨 큰 공적을 쌓는 것이 아니기 때문입니다. 게다가 진나라와 초나라는 대등한 나라입니다. 그런데 어찌 부유하다는 이유로 봉록을 다르게 할 수 있겠습니까?"

이에 그 봉록을 균등하게 하였다.

秦后子來仕, 其車千乘. 楚公子干來仕, 其車五乘.

叔向爲太傅, 實賦祿, 韓宣子問二公子之祿焉, 對曰:「大國之卿, 一旅之田; 上大夫, 一卒之田. 夫二公子者, 上大夫也, 皆一卒可也.」

宣子曰:「秦公子富, 若之何其鈞之?」

對曰:「夫爵以建事, 祿以食爵, 德以賦之, 功庸以稱之, 若之何以富賦祿也! 夫絳之富商, 韋藩木楗以過於朝, 唯其功庸少也, 而能金玉其車, 文錯其服, 能行諸侯之賄, 而無尋尺之祿, 無大績於民故也. 且秦·楚匹也, 若之何其回於富也?」

乃均其祿.

【秦后子】秦나라 景公의 아우 子鍼. 后子伯車라 불렸으며 경공을 피해 晉나라로 와서 客卿이 되었음.

【公子干】楚나라 왕자 比. 楚 恭王의 庶子. 원래 楚나라 右尹이었으나, 魯 昭公 元年(B.C.541), 楚나라 令尹 公子 圍가 郟敖를 죽이고 왕위를 찬탈(靈王)하자, 내란을 피해 晉나라로 망명하여 客卿이 되었음.

【叔向】晉나라 대부.

【太傅】공경과 대부들의 봉록을 결정하는 임무를 맡고 있었음.

【韓宣子】韓起. 韓獻子(韓厥)의 둘째 아들. 한궐이 늙어 작위를 물려줄 때 본래 장자 無忌(公族穆子)에게 돌아가야 하나, 무기가 아우에게 양보하여 卿이 됨. 趙文子가 죽은 뒤 한기는 다시 조문자를 대신하여 晉나라 正卿이 됨.

【旅】5백 명을 '一旅'라 함. 따라서 5백 무(畝)의 토지를 말함.

【卒】1백 명을 '一卒'이라 함. 역시 1백 무의 토지.

【絳】晉나라 도읍. 지금의 山西 翼城縣, 혹 侯馬市.

【韋藩】가죽으로 만든 조끼. 혹은 가죽으로 지붕을 한 수레라고도 함.

【木梚】나무로 만든 드는 기구로 이를 이용하여 어깨에 메고 물건을 나를 수 있음. 木檐.

【尋尺】아주 짧은 길이. 尋은 8尺의 길이.

183(14-19) 鄭子産來聘
정나라 자산이 빙문을 오다

정鄭 간공簡公이 공손성자公孫成子 자산子産을 보내어 빙문을 왔을 때 진晉 평공平公은 마침 병중이었다. 한선자韓宣子가 그를 인도하여 객관을 정해 주었다.

자산이 임금의 병세에 대하여 묻자 한선자가 대답하였다.

"우리 임금의 병은 오래되었습니다. 상사 모든 신들에게 두루 빌었지만 아직 낫지 않는군요. 지금은 그의 꿈에 누런 곰이 침실문을 들어온다고 하는데, 남이 죽인 사람의 원혼인지 아니면 지독한 귀신인지 알 수 없군요!"

자산이 말하였다.

"그대의 임금은 명석하시고 그대는 큰 정치를 하고 계신데 어찌 지독한 귀신이 있겠습니까? 내(僑) 듣기로 옛날 곤鯀이 치수를 담당하면서 임금의 명을 위배하여 우산羽山에서 순舜에게 죽음을 당한 뒤 누런 곰으로 변하여, 우연羽淵이라는 못으로 들어가 하夏나라 때 교사郊祀의 대상으로 신이 되었으며, 하·은·주 삼대를 이어 그렇게 모셔졌다 합니다. 무릇 귀신이 영향을 끼치는 것은 그 혈족이 아니면 그 자신을 이어온 직접 후손에게 나타나는 것입니다. 이 까닭으로 천자는 하늘에서 나왔으니 하느님에게 제사를 드리고, 공후公侯는 자신의 선조 모든 신에게 제사를 올리며, 경卿 이하는 그 직접 혈족을 넘지 않는 것입니다. 지금 주실周室이 쇠미하여 낮아져 이 진晉나라가 실질적으로 그 뒤를 이어가고 있는 셈이니, 혹시 하나라 때의 교사를 거행하지 않아 그런 것은 아닐까요?"

한선자가 이를 보고하여 하나라 때의 교사를 올리면서 하나라 곤의 후손 동백董伯을 시주尸主로 삼았다.

닷새 뒤 평공은 자산을 접견하고 거정莒鼎을 하사하였다.

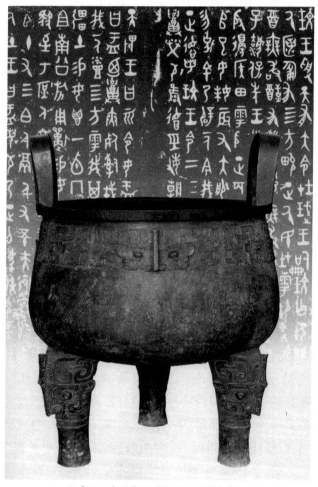

종정문: 〈大盂鼎〉(西周) 陝西 郿縣 출토

鄭簡公使公孫成子來聘, 平公有疾, 韓宣子贊授客館.

客問君疾, 對曰:「寡君之疾久矣, 上下神祇無不徧諭, 而無除. 今夢黃熊入於寢門, 不知人殺乎, 抑屬鬼邪!」

子產曰:「以君之明, 子爲大政, 其何屬之有? 僑聞之, 昔者鯀違帝命, 殛之于羽山, 化爲黃熊, 以入于羽淵, 實爲夏郊, 三代擧之. 夫鬼神之所及, 非其族類, 則紹其同位, 是故天子祀上帝, 公侯祀百辟, 自卿以下不過其族. 今周室少卑, 晉實繼之, 其或者未擧夏郊邪?」

宣子以告, 祀夏郊, 董伯爲尸.

五日, 公見子產, 賜之莒鼎.

【鄭簡公】鄭나라 간공. 이름은 嘉. 僖公의 아들. B.C.565~530년까지 30년간 재위함.

【公孫成子】子產. 이름은 僑. 시호는 成子. 정나라의 유명한 재상.

【來聘】이는 魯 昭公 元年(B.C.541)의 일임.

【韓宣子】晉나라 正卿. 韓獻子(韓厥)의 아들이며 이름은 起. 그 후손이 전국시대 한나라를 세움.

【諭】제사를 지내며 고함.

【鯀】禹임금의 아버지이며 홍수를 다스리다가 실패하여 舜에게 羽山에서 죽음을 당함. 檮杌이라고도 하며 鯀은 鮌으로도 표기함. 堯나라 때의 崇伯으로 치수에 나섰으나, 9년 동안 아무런 실적을 올리지 못하자, 舜이 羽山에서 죽여 없앰. 이가 神으로 화하여 黃熊이 되었다 함.

【羽山】舜이 鯀을 죽인 곳으로 지금의 山東 郯城縣 동북쪽이라 함.

【羽淵】羽山 아래의 깊은 못.

【夏郊】夏나라 때의 郊祀.

【三代】夏·殷·周.

【辟】임금을 말함. 君·王과 같음. 여기서는 백성을 돌보고 공을 세운 임금을 말함.

【董伯】晉나라 대부이며 鮌의 후손.

【尸】尸主. 제사 지낼 때 조상이나 신을 대신하여 그 역할을 하는 것을 '尸'라 함.

【莒鼎】莒나라에서 만든 정. 鼎은 三足兩耳의 의식용 청동기 솥.

참고 및 관련 자료

1.《左傳》昭公 17年

鄭子産聘於晉. 晉侯有疾. 韓宣子逆客, 私焉曰:「寡君寢疾, 於今三月矣, 並走群望, 有加而無瘳. 今夢黃熊入於寢門, 其何厲鬼也?」對曰:「以君之明, 子爲大政, 其何厲之有? 昔堯殛鮌於羽山, 其神化爲黃熊, 以入於羽淵, 實爲夏郊, 三代祀之. 晉爲盟主, 其或者未之祀也乎?」韓子祀夏郊. 晉侯有間, 賜子産莒之二方鼎.

2.《說苑》辨物篇

鄭簡公使公孫成子來聘於晉, 平公有疾, 韓宣子贊授館客, 客問君疾. 對曰:「君之疾久矣, 上下神祇, 無不遍諭也, 而無除. 今夢黃熊入於寢門, 不知人鬼耶? 意屬鬼也?」子産曰:「君之明, 子爲政, 其何厲之有? 僑聞之: 昔鯀違帝命, 殛之于羽山, 化爲黃熊, 以入于羽淵, 是爲夏郊, 三代擧之. 夫鬼神之所及, 非其族類, 則紹其同位, 是故天子祠上帝, 公侯祠百神, 自卿以下不過其族. 今周室少卑, 晉實繼之, 其或者未擧夏郊也?」宣子以告, 祠夏郊, 董伯爲尸, 五日瘳. 公見子産賜之莒鼎.

184(14-20) 叔向論憂德不憂貧
숙향이 덕을 근심할 것이지
가난은 근심할 것이 아님을 논하다

　숙향叔向이 한선자韓宣子를 만나자, 한선자는 자신의 빈한함을 걱정하는 것이었다. 그러자 숙향이 축하를 하였다. 한선자가 이상히 여겨 물었다.

　"나는 경卿이라는 직함만 가지고 있을 뿐 그에 맞는 부富의 실질은 없습니다. 여러 사람들과 함께 하지도 못하고 있으니, 내 이를 근심하고 있습니다. 그런데 그대가 나를 축하한다니 어찌된 영문입니까?"

　숙향은 이렇게 설명하였다.

　"옛날 난무자欒武子, 欒書는 1백 경頃의 농토에 해당하는 봉록도 없었고 그의 집에는 제기祭器조차 성한 것이 없었건만 그 덕행이 널리 알려졌고, 그 법을 잘 따라 제후들에게까지 소문이 퍼질 정도였습니다. 그리하여 제후들은 그와 친하게 사귀려 하였으며, 융적戎狄조차 그에게 의탁하여 진晉나라를 바로 세웠고, 형벌은 조금도 어긋남이 없었습니다. 그리하여 그는 일생 그 많은 어려움을 면할 수 있었던 것입니다. 그러나 그 아들 난환자欒桓子에 이르러서는 교만과 사치로 얼룩졌고, 탐욕에 한계가 없었으며 법을 제멋대로 노략질하여 자기 하고 싶은 대로하였으며, 대금을 빌려 주고 뇌물을 받는 등 횡포를 부렸으니, 이치로 보아 의당 난을 당해야 했지만 아버지 난서의 음덕으로 그나마 일생을 무사히 마칠 수 있었습니다. 다시 그 아들 난회자欒懷子에 이르러서는 아버지 환자의 악행을 고치고 할아버지 무자의 덕행을 잘 닦아 가히 난을 면할 수 있었으나, 아버지가 남긴 죄악을 대신 받아 초楚나라로 망명할 수밖에 없었습니다. 다음으로 극소자郤昭子는 그 부유함이 공실의 반이나 되었으며, 그 집은 삼군三軍의 반이나 되는 세력을 가지고 있었습니다. 그는 그러한 부유함과 총애를 믿고 나라에 교만을 부리다가 그 시신은 조정에 전시되는 치욕을 당하였고, 그 종족은 강읍絳邑에서 멸족되고 말았습니다. 그러한 집안이 그렇게 하지 않았다면 극씨의 여덟 명, 즉 다섯 대부大夫와 세 경卿의 총애가 대단하였건만 하루아침에 멸족되고 나자, 누구 하나 애통해하는 자도 없었습니다. 이는 오직 덕이 없었기 때문이었습니다. 지금 그대는 난무자처럼 가난하지만 능히 그 난무자와 같은 덕을 가졌다고 여깁니다. 그 때문에 축하를 드리는 것입니다. 만약 덕을 제대로 세우지 못함을 근심하는 것이 아니라 재물이 부족함을 두고 걱정을 하신다면 장차 조문을 하기에도 겨를이 없을 터인데 어찌 축하를 해 드릴 수 있겠습니까?"

한선자는 절을 하며 머리를 조아렸다.

"저(起)는 곧 망해야 할 사람이 그대의 힘으로 이렇게 생존하고 있군요. 자기 혼자 감히 이러한 은혜를 독차지하고 있는 것이 아니라, 옛 우리 조상 환숙桓叔으로부터 그 아래가 모두 그대가 내려주신 은덕을 입고 있는 것이군요."

叔向見韓宣子, 宣子憂貧, 叔向賀之, 宣子曰:「吾有卿之名, 而無其實, 無以從二三子, 吾是以憂, 子賀我何故?」

對曰:「昔欒武子無一卒之田, 其宮不備其宗器, 宣其德行, 順其憲則, 使越于諸侯, 諸侯親之, 戎狄懷之, 以正晉國, 行刑不疚, 以免於難. 及桓子驕泰奢侈, 貪慾無藝, 略則行志, 假貸居賄, 宜及於難, 而賴武之德, 以沒其身. 及懷子改桓子行, 而修武之德, 可以免於難, 而難桓之罪, 以亡於楚. 夫郤昭子, 其富半公室, 其家半三軍, 恃其富寵, 以泰于國, 其身尸於朝, 其宗滅於絳.

不然, 夫八郤, 五大夫三卿, 其寵大矣, 一朝而滅, 莫之哀也,
唯無德也. 今吾子有欒武子之貧, 吾以爲能其德矣, 是以賀. 若不
憂德之不建, 而患貨之不足, 將弔不暇, 何賀之有?」

　宣子拜稽首焉, 曰:「起也將亡, 賴子存之, 非起也敢專承之,
其自桓叔以下嘉吾子之賜.」

【叔向】 晉나라의 어진 대부. 羊舌肸.
【韓宣子】 韓起. 韓獻子(韓厥)의 아들. 晉나라 정경.
【欒武子】 欒書.
【一卒之田】 上大夫의 봉록. 1卒은 1백 경(頃)의 농토를 가지고 있어 그에 해당
　하는 봉록을 뜻함. 여기서는 아주 적은 봉록을 비유한 것임.
【宗器】 종묘 제사에 쓰이는 그릇.
【行刑不疚】 형벌을 집행함에 있어서 아주 공정함. '疚'는 자신이 약점이 있어
　제대로 집행하지 못하는 경우를 말함.
【桓子】 欒書의 아들 欒黶.
【懷子】 欒書의 손자이며 欒黶의 아들인 欒盈.
【郤昭子】 郤至. 郤犨・郤錡와 함께 삼극으로 불렸으며, 결국 세 사람 모두 죽음을
　당하여 불행한 최후를 마쳤음.
【五大夫三卿】 '三卿'은 郤錡・郤犨・郤至를 가리키며, 오대부는 역시 극씨 집안
　의 다른 다섯 명의 대부.
【絳】 초기 晉나라의 도읍. 지금의 山西 翼城縣, 혹 侯馬市.
【桓叔】 曲沃의 桓叔. 그가 아들 桓萬을 낳았으며 韓 땅을 食邑으로 받아 韓萬으로
　불림. 그 후손 韓氏가 되었으며 뒤에 戰國시대 韓나라를 세움.

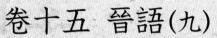

卷十五 晉語(九)

185(15-1) 叔向論三姦同罪
숙향이 세 가지 간악함은 같은 죄임을 논하다

법관 사경백士景伯이 초楚나라에 간 사이, 숙어叔魚가 그 법 집행 업무를 대신하게 되었다. 그 때 마침 형후刑侯와 옹자雍子가 토지를 두고 다툼이 벌어졌는데, 옹자가 자신의 딸을 숙어에게 주면서 소송에 이기도록 해 달라고 부탁하였다. 소송의 판결이 나는 날, 숙어는 형후를 억눌러 옹자 편을 들어 주었다. 그러자 형후는 숙어와 옹자를 조정에서 죽여 버렸다.

한선자韓宣子가 이를 두고 걱정을 하자 숙향叔向이 이렇게 말하였다.

"간악한 짓을 저지른 세 명 모두 같은 죄입니다. 청컨대 살아남은 자는 죽여 버리고 이미 죽은 자는 시신을 전시하십시오."

선자가 말하였다.

"어찌 그런가?"

숙향이 대답하였다.

"숙어(鮒)는 형법을 돈 받고 팔아먹은 자이며, 옹자는 자식을 주어 법을 산 자이며, 형후는 그 관직이 아닌데도 법을 간섭한 자입니다. 무릇 나라의 공정한 법을 그렇게 돌려 팔아먹은 것과 혈친을 끊으면서 승소를 사들인 것, 법관이 아니면서 마구 사람을 죽인 것은, 그 죄는 한결같이 똑같습니다."

형후가 이 소문을 듣고 도망쳐 버렸다.

이에 드디어 형후의 가족을 잡아들였고, 숙어와 옹자의 시신은 저잣거리에 전시하였다.

士景伯如楚, 叔魚爲贊理. 邢侯與雍子爭田, 雍子納其女於叔魚以求直. 及斷獄之日, 叔魚抑邢侯, 邢侯殺叔魚與雍子於朝.

韓宣子患之, 叔向曰:「三姦同罪, 請殺其生者而戮其死者.」

宣子曰:「若何?」

對曰:「鮒也鬻獄, 雍子賈之以其子, 邢侯非其官也而干之. 夫以回鬻國之中, 與絶親以買直, 與非司寇而擅殺, 其罪一也.」

邢侯聞之, 逃.

遂施邢侯氏, 而尸叔魚與雍子於市.

【士景伯】 士彌牟, 晉나라의 법관.

【叔魚】 羊舌鮒. 叔向의 아우.

【贊理】 助理. 代理. 사경백의 형법 처리 업무를 남아 있던 숙어가 대신하게 되었음을 말함.

【邢侯】 楚나라 申公巫臣의 아들. 巫臣이 晉나라로 도망하여 客卿이 되자 晉侯가 그에게 邢邑을 주었음.

【雍子】 원래 楚나라 대부였으나 역시 晉나라로 도망하여 객경이 되었으며, 이에 진나라에서는 그에게 鄐邑을 주었음. 이때 신공무신과 이 축읍을 두고 다투었음.

【直】 勝訴함.

【殺叔魚】 叔向의 어머니가 叔魚가 장차 재물에 탐욕을 부리다가 죽게 될 것임을 예언한 것이 맞았음을 말함. 앞의 〈晉語〉(8) "欒懷子之出"을 볼 것.

【韓宣子】 韓厥. 晉나라 정경.

【叔向】 羊舌肸. 叔魚(羊舌鮒)의 형.

【戮】 사람을 죽여 그 시신을 전시함.

【司寇】 법을 다스리는 최고 책임자.

【施】 붙잡아 구속함.

【尸】 시신을 전시함.

1. 《左傳》昭公 14年

晉邢侯與雍子爭鄐田, 久而無成. 土景伯如楚, 叔魚攝理. 韓宣子命斷舊獄, 罪在
雍子. 雍子納其女於叔魚, 叔魚蔽罪邢侯. 邢侯怒, 殺叔魚與雍子於朝. 宣子問其
罪於叔向. 叔向曰:「三人同罪, 施生戮死可也. 雍子自知其罪, 而賂以買直; 鮒也
鬻獄; 邢侯專殺, 其罪一也. 己惡而掠美爲昏, 貪以敗官爲墨, 殺人不忌爲賊.
夏書曰: '昏‧墨‧賊, 殺', 皐陶之刑也, 請從之.」乃施邢侯而尸雍子與叔魚於市.
仲尼曰:「叔向, 古之遺直也. 治國制刑, 不隱於親. 三數叔魚之惡, 不爲末減.
曰義也夫, 可謂直矣! 平丘之會, 數其賄也, 以寬衛國, 晉不爲暴. 歸魯季孫, 稱其
詐也, 以寬魯國, 晉不爲虐. 刑侯之獄, 言其貪也, 以正刑書, 晉不爲頗. 三言而除
三惡, 加三利. 殺親益榮, 猶義也夫!」

186(15-2) 中行穆子帥師伐狄圍鼓
중항목자가 군사를 이끌고
적을 정벌하여 고 땅을 포위하다

　　중항목자中行穆子가 군대를 이끌고 적狄을 토벌하러 나서서 고국鼓國을 포위하였다. 그런데 고국 성 안의 어떤 사람이 나라를 배반하고 나라를 바치겠다고 하였다. 목자는 받아들이지 않았다. 그러자 군리軍吏가 이렇게 말하였다.

　　"병사 하나 노고롭게 하지 아니하고도 성을 얻을 수 있는데 그대께 서는 어찌 그렇게 하지 않으십니까?"

　　목자는 이렇게 말하였다.

　　"이것은 임금을 섬기는 예가 아니다. 성을 바치겠다고 나선 자라면 틀림없이 우리에게 보상을 받으려 할 것이다. 무릇 성을 지키면서 두 마음을 품는 것은 간사한 행동 중에 큰 것이다. 선량한 사람에게 상을 주고 간사한 사람에게 벌을 내리는 것은 나라의 헌법이다. 성을 바치겠다는 것을 허락하고 그에게 상을 주지 않는다면 이는 내가 신의를 잃는 것이 되며, 만약 그에게 상을 준다면 이는 아주 간사한 사람에게 상을 주는 것이 된다. 간사한 사람에게 오히려 후한 상을 준다면 선량한 사람은 장차 어떻게 할 것인가? 게다가 적인狄人 중에 자신의 임금에 대해 불만이 있다고 해서 성을 바치고 원하는 것을 얻는다면, 우리 진나라에도 그러한 자가 없을 수 있겠는가? 이는 내가 이 고국의 일을 가지고 우리 변방 사람들에게 두 마음을 갖도록 가르치는 셈이 된다. 무릇 임금을 모시는 자라면, 힘을 헤아려 앞으로 나아가되 그렇게 할 수 없으면 물러나면 그만이다. 두 마음을 품고 성을 팔아먹는 자를 전공을 위한답시고 받아들여서는 안 된다."

그리고 군리에게 명하여 성을 향해 공격해 들어갈 것이라 소리치도록 하였다. 그랬더니 아직 전투가 맞붙지도 않았는데 고국 사람들이 항복해 왔다.

목자는 성을 정복하고 나서 고국의 군주 원지苑支를 데리고 돌아오면서, 고국 사람들에게 저마다 자신이 살던 곳으로 돌아가 생업에 임하도록 하고, 원지의 관료가 아닌 자는 따라오지 못하도록 명하였다.

고성의 신하 중에는 숙사리凤沙釐라는 사람이 있었는데 처자를 데리고 따라오는 것이었다. 군리가 그를 잡았더니 그는 이렇게 말하는 것이었다.

"내가 섬길 대상은 임금이지 땅이 아닙니다. 임금을 섬기는 자를 군신君臣이라고 부르지 어찌 토신土臣이라고 부르겠습니까? 지금 우리 임금이 이 나라를 떠나는데 제가 어찌 이 고 땅을 의지하겠습니까?"

목자가 그를 불러 이렇게 말하였다.

"그대 고국에는 이미 새로운 임금을 세워 주었으니, 그대는 한 마음으로 새 임금을 섬기시오. 그대에게 봉록과 작위를 주라 하겠소."

숙사리가 대답하였다.

"저는 적족 고국에 신하가 되겠다고 맹세한 사람이지, 진나라가 세운 고국의 신하가 되겠다고 맹세한 신하가 아닙니다. 신하가 되면서 첫 맹세를 하였으면 그 뒤에는 두 마음을 가져서는 안 되며, 첫 맹세를 하고 그 임금을 위해 죽음을 각오한다고 기록하는 것은 옛날의 법이라 들었습니다. 이리하여 임금은 윗자리에서 훌륭한 이름을 드날리고 신하는 아래에서 그 첫 맹세를 배반하지 않는 것입니다. 제가 어찌 감히 사사로운 이익을 위하여 사구司寇를 번거롭게 하고 옛 법도를 어지럽히겠습니까? 만약 제가 진나라의 신하가 되었다가, 장차 똑같이 배신을 하는 그러한 생각하지 못한 일이 닥친다면 그 땐 어떻게 하시겠습니까?"

목자가 감탄하면서 곁의 좌우들에게 이렇게 말하였다.

"내가 어떻게 덕을 닦고자 힘써야 이러한 신하를 얻을 수 있을까?"

결국 목자는 숙사리를 따라올 수 있도록 허락하였다. 그리고 자신의 전쟁 성과를 경공頃公에게 올린 다음 그 일을 보고하였다. 경공은 이에 하음河陰 땅을 고국 군주에게 주고 숙사리로 하여금 그를 보좌하게 해 주었다.

中行穆子帥師伐狄, 圍鼓.

鼓人或請以城叛, 穆子不受, 軍吏曰:「可無勞師而得城, 子何不爲?」

穆子曰:「非事君之禮也. 夫以城來者, 必將求利於我. 夫守而二心, 姦之大者也; 賞善罰姦, 國之憲法也. 許而弗予, 失吾信也; 若其予之, 賞大姦也. 姦而盈祿, 善將若何? 且夫狄之憾者以城來盈願, 晉豈其無? 是我以鼓教吾邊鄙貳也. 夫事君者, 量力而進, 不能則退, 不以安賈貳.」

令軍吏呼城, 儆將攻之, 未傅而鼓降.

中行伯旣克鼓, 以鼓子苑支來, 令鼓人各復其所, 非僚勿從.

鼓子之臣曰夙沙釐, 以其帑行, 軍吏執之, 辭曰:「我君是事, 非事土也. 名曰君臣, 豈曰土臣? 今君實遷, 臣何賴於鼓?」

穆子召之, 曰:「鼓有君矣, 爾心事君, 吾定而祿爵.」

對曰:「臣委質於狄之鼓, 未委質於晉之鼓也. 臣聞之: 委質爲臣, 無有二心. 委質而策死, 古之法也. 君有烈名, 臣無叛質. 敢卽私利以煩司寇而亂舊法, 其若不虞何!」

穆子歎而謂其左右曰:「吾何德之務而有是臣也?」

乃使行.

旣獻, 言於公, 與鼓子田於河陰, 使夙沙釐相之.

【中行穆子】晉나라 上卿 荀吳. 中行偃의 아들. 中行伯으로도 부름. 시호는 穆子.

【鼓】고대 소국 이름. 姬姓이며 白狄의 별종. 鮮卑에 속했으며 지금의 河北 晉縣 일대에 있었음.

【貳】二心. 복종하지 않음.

【安賈】'安'은 成功. 戰功. '賈'는 '사다'(買)의 뜻. '전투에서 전공을 세우기 위해 성을 팔아먹는 자를 수용하다'의 뜻.

【徹】일러 줌. 《左傳》에 의하면 荀吳가 鼓人에게 叛徒를 죽여 없애고 수비를 강화할 것을 일러 주고 성을 포위한 지 석 달 만에 공격해 들어갔음.

【鼓子苑支】鼓子는 鼓나라의 군주. 춘추시대에는 戎狄蠻夷의 나라 임금에게 子爵의 작호를 붙였음. '苑支'는 '鳶鞮'로도 쓰며 고나라 임금 이름.

【孥】처와 아들 모두를 함께 지칭할 때 쓰는 말.

【鼓有君】고나라에 苑支를 폐하고 대신 새롭게 세워 준 군주. 구체적으로 沙陀 였음.

【委質】'위지'로 읽음. '質'은 '贄'와 같음. 신하가 처음 군왕을 만날 때 바치는 예물을 '委質'라 함. 여기서는 누구에게 신하가 되겠다고 맹세한 것인가를 설명한 것.

【策死】신하가 임금을 처음 뵙고 簡策에 서명하여 죽음으로써 충성을 다할 것을 맹세하는 의식.

【司寇】법 집행이나 獄事를 담당하는 최고 관직. 여기서는 자신을 죽이는 일을 담당한 진나라 司寇가 번거롭게 여기리라는 뜻.

【若不虞】'자신이 진나라 신하가 되어 만약 똑같이 맹세를 저버리고 배반하는 그러한 뜻밖의 일이 벌어진다면'의 의미. '虞'는 '생각지 못한 뜻밖의 일'이라는 뜻.

【田於河陰】河陰은 河南. 田은 봉지. 《左傳》에 의하면 中行穆子 荀吳가 鼓나라를 두 차례 정벌하였음. 첫째는 魯 昭公 15년(B.C.527) 鼓君 苑支를 사로잡았다가 다시 석방하여 鼓君의 지위를 복위시킨 것이며, 다음은 원지가 돌아가 배반하자 다시 魯 昭公 22년(B.C.520) 그 나라를 쳐 멸하고 원지를 잡아 돌아온 다음 大夫 涉佗(沙陀)로 하여금 鼓 땅을 지키도록 하며 새로운 임금을 세운 것임. 여기서는 두 번 정벌의 내용을 합친 것으로 보임.

【言於公】여기서 공은 晉 頃公을 가리킴. 이름은 去疾. B.C.525~512년까지 14년 간 재위함.

【河陰】晉나라 黃河 이남의 지역.

1.《左傳》昭公 15年

晉荀吳帥師伐鮮虞, 圍鼓, 鼓人或請以城叛, 穆子弗許. 左右曰:「師徒不勤, 而可
以獲城, 何故不爲?」穆子曰:「吾聞諸叔向曰:『好惡不愆, 民知所適, 事無不濟.』
或以吾城叛, 吾所甚惡也. 人以城來, 吾獨何好焉. 賞所甚惡, 若所好何? 若其
弗賞, 是失信也, 何以庇民? 力能則進, 否則退, 量力而行. 吾不可以欲城而邇奸,
所喪滋多.」使鼓人殺叛人而繕守備. 圍鼓三月, 鼓人或請降, 使其民見, 曰:
「猶有食色, 姑修而城.」軍吏曰:「獲城而弗取, 勤民而頓兵, 何以事君?」穆子曰:
「吾以事君也. 獲一邑而敎民怠, 將焉用邑? 邑以賈怠, 不如完舊. 賈怠無卒, 棄舊
不祥. 鼓人能事其君, 我亦能事吾君. 率義不爽, 好惡不愆, 城可獲而民知義所,
有死命而無二心, 不亦可乎!」鼓人告食竭力盡, 而後取之. 克鼓而反, 不戮一人,
以鼓子鳶鞮歸.

2.《淮南子》人間訓

中行穆伯攻鼓, 弗能下, 餽聞倫曰:「鼓之嗇夫, 聞倫知之, 請無罷武大夫而鼓可
得也.」穆伯弗應. 左右曰:「不折一戟, 不傷一卒, 而鼓可得也, 君奚爲弗使?」
穆伯曰:「聞倫爲人, 佞而不仁, 若使聞倫下之, 吾可以勿賞乎? 若賞之, 是賞
佞人. 佞人得志, 是使晉國之武, 舍仁而後佞, 雖得鼓, 將何所用之?」

3.《說苑》貴德篇

中行穆子圍鼓, 鼓人有以城反者, 不許, 軍吏曰:「師徒不勤, 可得城, 奚故不受?」
曰:「有以吾城反者, 吾所甚惡也; 人以城來, 我獨奚好焉? 賞所甚惡, 是失賞也,
若所好何? 若不賞, 是失信也, 奚以示民?」鼓人又請降, 使人視之, 其民尚有
食也, 不聽, 鼓人告食盡力竭而後取之, 克鼓而反, 不戮一人.

187(15-3) 范獻子戒人不可以不學
범헌자가 사람은
배우지 않으면 안 된다고 경계하다

범헌자范獻子가 노魯나라에 초빙을 받아 그 곳에 이르러, 구산具山과 오산敖山의 위치를 물어 보았더니 노나라 사람들이 그 향鄕 이름만 들어 대답하는 것이었다.

헌자가 물었다.

"구具자와 오敖자 발음을 쓰지 않소?"

그들은 이렇게 대답하였다.

"선군先君이신 헌공獻公, 무공武公의 함자입니다."

헌자가 귀국하여 아는 사람들에게 두루 이렇게 경계하였다.

"사람은 배우지 아니하면 안 된다. 내 노나라에 갔다가 두 임금의 함자를 말했다가 웃음거리가 되고 말았으니 이는 배우지 못해 저지른 일이다. 사람에게 있어서 배움이란 마치 나무에게 가지와 잎이 있는 것과 같다. 나무에게 가지와 잎이 있으면 사람에게 비를 피하게 해 주고 그늘을 만들어 주는데 하물며 군자에게 있어서의 배움이랴?"

范獻子聘於魯, 問具山・敖山, 魯人以其鄕對.

獻子曰:「不爲具・敖乎?」

對曰:「先君獻・武之諱也.」

獻子歸, 徧戒其所知曰:「人不可以不學. 吾適魯而名其二諱,

爲笑焉, 唯不學也. 人之有學也, 猶木之有枝葉也. 木有枝葉,
猶庇廕人, 而況君子之學乎?」

【范獻子】范宣子의 아들 士鞅. 그가 魯나라에 간 것은 魯 昭公 21년(B.C.521)
  이었음.
【具山, 敖山】 모두 노나라 경내의 산.
【以其鄕對】 산의 이름을 밝히지 않음. '具'자와 '敖'자를 말하지 않기 위한 것임.
  향은 지역. 고대 행정 구역으로 가장 낮은 단위가 鄕, 黨이었음.
【獻, 武】 魯 獻公의 이름이 '具'였으며, 헌공의 아들 武公의 이름이 '敖'였음.
  고대 신하나 가족의 후손이 조상이나 임금의 이름을 避諱하여 직접 부르지
  못하였음.
【唯不學也】 范文子가 魯나라에 초빙을 받아 구산과 오산의 이름을 부른 것은
  避諱에 어긋난 실례임을 말한 것임.
【徧戒】 두루 경계시킴. '徧'은 '遍'과 같음.
【庇廕】 지붕이나 막처럼 비바람을 피하게 해 주고 그늘을 만들어 줌.

188(15-4) 董叔欲爲繫援
동숙이 처갓집 덕을 보려하다

동숙董叔이 범씨范氏의 딸 범기范祁를 아내로 맞고 싶어하자 숙향叔向이
말하였다.

"범씨는 부자인데 어찌 그만 둘 생각을 하지 않는가?"

동숙이 말하였다.

"그러한 집안과 연계되어 타고 오르려 하는 것이오."

그 뒤 어느 날 동기董祁, 范祁가 범헌자范獻子에게 이렇게 하소연하였다.

"우리 집안을 존경하지 않습니다."

헌자는 동숙을 잡아다가 정원의 홰나무에 걸어 버렸다.

그 때 마침 숙향이 그곳을 지나게 되었는데 동숙이 이렇게 구조를
요청하였다.

"그대는 어찌 나를 위해 청탁을 해 주지 않소?"

그러자 숙향은 이렇게 대꾸하였다.

"연계되기를 바라더니 이미 그렇게 묶였고, 타고 오르려 한다 하더니
이미 그렇게 높이 타고 올라있군. 얻고자 하던 것을 모두 얻었는데
다시 그대를 위해 무엇을 청탁해 드린단 말인가?"

董叔將娶於范氏, 叔向曰:「范氏富, 盍已乎?」

曰:「欲爲繫援焉.」

他日, 董祁愬於范獻子:「不吾敬也.」

獻子執而紡於庭之槐, 叔向過之, 曰:「子盍爲我請乎?」
叔向曰:「求繫, 旣繫矣; 求援, 旣援矣. 欲而得之, 又何請焉?」

【董叔】晉나라 大夫. 范宣子의 딸, 즉 范獻子의 여동생 范祁를 아내로 삼고
싶어하였음.
【富】부유해지면 저절로 교만함이 따르게 됨을 의미함.
【盍】'何不'의 合音字. '어찌 ~하지 않으리오'의 반어, 혹 의문문으로 쓰임.
【援】攀援과 같음. 넝쿨식물 등이 다른 나무나 물건을 타고 올라감을 뜻함.
【董祁】范祁. 董叔에게 시집을 가 이름이 董祁로 바뀜.
【不吾敬】'우리 집안을 공경하지 않음'. 대체로 부정문이나 의문문일 경우 술어
목적어가 도치됨.
【紡】높이 매달아 걸어 놓음.
【旣繫矣】동숙이 원하던 대로 連繫(묶여 매달림)됨.

189(15-5) 趙簡子欲有鬪臣
조간자가 싸움에 능한 신하를 가졌으면 하다

조간자趙簡子가 이렇게 말하였다.

"노魯나라 맹헌자孟獻子에게는 투신鬪臣이 다섯 사람이나 있는데, 나는 하나도 없으니 어찌된 일일까요?"

숙향叔向이 말하였다.

"그대가 원치 않아서이지요. 만약 원하기만 한다면 저(胖)도 그러한 투신이 되기를 기다리고 있었을 것입니다."

趙簡子曰:「魯孟獻子有鬪臣五人, 我無一, 何也?」

叔向曰:「子不欲也. 若欲之, 胖也待交捽可也.」

【趙簡子】晉나라 六卿의 하나. 趙文子의 손자이며 景子의 아들. 趙鞅. 자는 志父.
【孟獻子】노나라 대부 仲孫蔑.
【鬪臣】용사. 주인을 위해 용기를 내거나 적극 간언하는 자.
【叔向】羊舌胖.
【捽】부수거나 뽑아 버림. 그러한 투신이 될 수 있음을 말함.

190(15-6) 閻沒叔寬諫魏獻子無受賂
염몰과 숙관이
위헌자는 뇌물을 받지 않았음을 간하다

경양梗陽 사람이 소송을 벌였는데 이기기 어렵다고 여기자, 위헌자魏獻子에게 뇌물을 바치며 청탁하였다. 위헌자가 이를 받으려 하였다. 이에 염몰閻沒이 숙관叔寬에게 이렇게 말하였다.

"함께 가서 간언합시다! 우리 주인께서는 뇌물을 받지 않는 것으로써 제후들에게서 널리 알려져 있습니다. 그런데 지금 경양의 소송을 두고 뇌물을 받으려 하시다니 이는 재앙이 되고 말 것입니다. 불가합니다."

두 사람은 아침 조회에 참가하고는, 그 조회에 끝났음에도 가지 않고 있었다. 위헌자가 아침 식사를 하려다가 정원에 아직 남아 있는 이가 누구인지를 묻자 시종이 대답하였다.

"염몰(閻明)과 숙관(叔褎)입니다."

위헌자는 이들을 불러 함께 식사를 하게 되었다. 식사가 거의 끝나도록 두 사람은 세 번을 탄식을 하는 것이었다. 식사를 마치자 헌자가 물었다.

"사람들은 '밥 먹는 동안만큼은 근심을 잊을 수가 있다'라 하였소. 그대들은 밥 먹는 사이 세 번 탄식을 하던데 무슨 일이오?"

두 사람은 같은 말을 하였다.

"우리들은 모두 소인들로서 탐욕이 많습니다. 음식이 처음 나올 때는 '부족하지 않을까' 근심을 하여 그 때문에 탄식하였습니다. 밥을 먹는 중에는 스스로를 탓하면서 '주인께서 설마 우리에게 부족하게 주시랴?'라고 걱정한 내 자신이 부끄러워 두 번째 탄식을 한 것입니다. 주인께서 이미 다 드시고 났을 때 '우리 소인들의 배도 주인의 마음처럼 배부른 다음에 그칠 줄 알았으면' 하고 그 때문에 세 번째 탄식을 한 것입니다."

위헌자가 말하였다.

"훌륭하오."

그러고는 경양 사람의 뇌물을 사양하였다.

梗陽人有獄, 將不勝, 請納賂於魏獻子, 獻子將許之.

閻沒謂叔寬曰:「與子諫乎! 吾主以不賄聞於諸侯, 今以梗陽之賄殃之, 不可.」

二人朝, 而不退.

獻子將食, 問誰於庭, 曰:「閻明·叔褒在.」

召之, 使佐食. 比已食, 三歎.

旣飽, 獻子問焉, 曰:「人有言曰: 唯食可以忘憂. 吾子一食之間而三歎, 何也?」

同辭對曰:「吾小人也, 貪. 饋之始至, 懼其不足, 故歎. 中食而自咎也, 曰: 豈主之食而有不足? 是以再歎. 主之旣已食, 願以小人之腹, 爲君子之心, 屬饜而已, 是以三歎.」

獻子曰:「善.」

乃辭梗陽人.

【梗陽】魏氏의 읍 이름. 지금의 山西 太原 清徐縣 일대.

【魏獻子】魏舒. 晉나라 六卿의 하나이며 梗陽 대부 魏戊의 부친.《左傳》昭公 28년(B.C.514)에 의하면 경양에 소송이 벌어졌을 때 위무가 이를 판결하지 못하고 위헌자에게 올리자, 경양의 당사자가 女樂隊를 보내고 뇌물을 바침.

【閻沒, 叔寬】둘 모두 晉나라 대부. 魏舒의 직속 부하였을 것으로 봄. 염몰은

이름이 明이며, 숙관은 이름이 襄. 女齊의 아들이어서 女寬으로도 부름.

【佐食】함께 모시고 식사를 함.

【歎】위서가 염몰과 숙관에게 그들이 식사의 기회를 빌어 풍간을 한 것을 높이 여겨 칭찬한 것.

> ### 참고 및 관련 자료

1.《左傳》昭公 28년

冬, 梗陽人有獄, 魏戊不能斷, 以獄上. 其大宗賂以女樂, 魏子將受之. 魏戊謂 閻沒·女寬曰:「主以不賄聞於諸侯, 若受梗陽人, 賄莫甚焉. 吾子必諫!」皆許諾. 退朝, 待於庭. 饋入, 召之. 比置, 三歎. 旣食, 使坐. 魏子曰:「吾聞諸伯叔, 諺曰: ‘唯食忘憂.’ 吾子置食之間三歎, 何也?」同辭而對曰:「或賜二小人酒, 不夕食. 饋之始至, 恐其不足, 是以歎. 中置, 自咎曰: ‘豈將軍食之而有不足?’ 是以再歎. 及饋之畢, 願以小人之腹爲君子之心, 屬厭而已.」獻子辭梗陽人.

191(15-7) 董安于辭趙簡子賞
동안우가 조간자의 상을 사양하다

하읍下邑의 전투에서 동안우董安于의 공이 많았다.

조간자趙簡子가 상을 내리고자 하였으나 그는 사양하였다.

그럼에도 고집스럽게 상을 내리려 하자 그는 이렇게 대답하였다.

"바야흐로 제가 어릴 때 조정에서 글씨 쓰는 일을 담당하여 법령을 베껴 쓰는 일로 그대를 도왔습니다. 그리하여 선대 임금의 조정에서 칭찬을 받았으며 제후들에게 그대를 위해 의義를 세워 주었습니다. 그런데 그대께서는 이를 기억하지 못하고 있습니다. 제가 장성하여 고굉股肱의 원로들을 모시고 사마司馬의 직책을 수행하면서 가혹하고 사특한 일을 제거해 드렸습니다. 그리고 장로가 되어서는 현단玄端, 위모委帽, 필韠, 대帶 등 예복을 갖추어 입고 재인宰人을 따라 사람들로 하여금 두 마음을 갖지 않도록 해 드렸습니다. 그런데 지금 저는 하루아침에 광질狂疾이 걸린 몸으로 겨우 전투에 나선 것을 가지고 '반드시 너에게 상을 내리겠다' 하시니 이는 그 광질을 이유로 나에게 상을 주는 것이니 안 주느니만 못합니다!"

그러고는 뛰쳐 나가 사라져 버렸다. 이에 없던 일로 하였다.

下邑之役, 董安于多.

趙簡子賞之, 辭.

固賞之, 對曰：「方臣之少也, 進秉筆, 贊爲名命, 稱於前世, 立義於諸侯, 而主弗志. 及臣之壯也, 耆其股肱以從司馬, 苟慝

不産. 及臣之長也, 端委韠帶以隨宰人, 民無二心. 今臣一旦爲
狂疾, 而曰『必賞女』, 與余以狂疾賞也, 不如亡!」

　　趨而出, 乃釋之.

【下邑之役】魯 定公 13년(B.C.497) 趙簡子가 邯鄲의 대부 耿午(趙午)를 살해하자,
　　조오의 아들 趙稷이 한단에서 반란을 일으킴. 이에 조오의 외삼촌인 荀寅과
　　순인의 인척 范吉射가 동조하자 조간자는 晉陽으로 도망함.
【董安于】趙簡子의 가신으로 지모가 있었음.《左傳》에 의하면 동안우는 조간자
　　를 세워 주고 그 이듬해 처음 화란을 일으킨 자가 자신이라고 천명하며 목을
　　매어 죽었음.
【耆其股肱】股肱은 나라의 기둥. '耆'는 동사로 '그들을 어른으로 모심.'
【司馬】군사책임자. 동안우가 조간자의 군사책임자가 되어 공적을 쌓음.
【苛慝】가혹하고 사특함.
【端委韠帶】예복을 말함. 端은 玄端, 委는 委帽, 韠은 가죽으로 만든 무릎 덮개,
　　帶는 허리띠.
【狂疾】顚狂病. 앞서 일생을 희생했을 때는 전혀 칭찬이나 상이 없다가 이제
　　늙어 광질이 걸린 몸으로 전투에 참여한 것을 두고 상을 준다는 것에 대해
　　매우 불만을 가졌음을 표현한 것임.

참고 및 관련 자료

1.《左傳》定公 14年

梁嬰父惡董安于, 謂知文子曰:「不殺安于, 使終爲政於趙氏, 趙氏必得晉國,
盍以其先發難也討於趙氏?」文子使告於趙孟曰:「范·中行氏雖信爲亂, 安于則
發之, 是安于與謀亂也. 晉國有命, 始禍者死. 二子旣伏其罪矣, 敢以告.」趙孟
患之. 安于曰:「我死而晉國寧, 趙氏定, 將焉用生? 人誰不死? 吾死莫矣.」乃縊
而死. 趙孟尸諸市, 而告於知氏曰:「主命戮罪人安于, 旣伏其罪矣, 敢以告.」
知伯從趙孟盟, 而後趙氏定, 祀安于於廟.

192(15-8) 趙簡子以晉陽爲保鄣
조간자가 진양을 보장으로 삼다

조간자趙簡子가 윤탁尹鐸으로 하여금 진양晉陽을 다스리도록 하였다. 그러자 윤탁이 이렇게 청하여 물었다.

"누에고치나 비단 등 세금을 잘 거두기 위해서입니까? 아니면 그곳을 방위의 성으로 삼기 위한 것입니까?"

간자가 대답하였다.

"방위의 보장을 삼으려 하는 거요!"

윤탁은 그곳에 이르자 백성의 호수戶數를 줄여 버렸다.

그러자 간자는 자기 아들 양자襄子에게 이렇게 훈계訓誡를 주었다.

"진晉나라에 난이 일어난다면 너는 윤탁이 어리다고 여겨서는 안 되며, 진양이 먼 곳이라 여겨서도 안 된다. 반드시 그곳으로 돌아가 난을 피해야 한다."

趙簡子使尹鐸爲晉陽.

請曰:「以爲繭絲乎? 抑爲保鄣乎?」

簡子曰:「保鄣哉!」

尹鐸損其戶數.

簡子誡襄子曰:「晉國有難, 而無以尹鐸爲少, 無以晉陽爲遠, 必以爲歸.」

【尹鐸】趙簡子의 가신.

【晉陽】趙簡子의 봉읍으로 지금의 山西省 太原市 일대.

【繭絲】누에고치와 비단. 여기서는 부세를 뜻함.

【保鄣】작은 城을 '保'라 하며 '鄣'은 '障'과 같음. 방어 시설을 뜻함.

【損其戶數】진양의 봉읍 호수를 줄여 세금을 적게 거둠으로써 그들의 민심을 사둠.

【襄子】조간자의 아들. 趙無卹.

193(15-9) 郵無正諫趙簡子無殺尹鐸
우무정이 조간자로 하여금
윤탁을 죽이지 말도록 간하다

조간자趙簡子가 윤탁尹鐸에게 진양晉陽을 다스리도록 하면서 말하였다.

"반드시 그 곳 성의 보루를 헐어 버리시오. 내가 그곳에 가서 만약 보루를 보게 된다면 순인苟寅과 범길야范吉射 같은 간사한 자를 다시 보는 것처럼 괴로울 것이오."

윤탁은 진양에 도착하자 도리어 보루와 성벽을 높이 쌓았다. 조간자가 진양에 갔다가 이를 보고 버럭 화를 내었다.

"반드시 윤탁을 죽이고 나서 성 안으로 들어갈 것이다."

대부들이 달랬지만 조간자는 마음을 풀지 못한 채 이렇게 말하였다.

"이는 나의 원수를 빛나게 해 주는 짓이다."

그러자 우무정郵無正이 나서며 이렇게 말하였다.

"옛날 선주先主 문자文子, 趙武께서는 젊어서 조씨 멸족의 난을 만나 모친 희씨姬氏를 따라 공궁公宮에서 피하여 살았습니다. 그러나 효덕孝德이 있어 공족公族으로 선출되었고, 공덕恭德이 있어 지위에 올랐으며, 무덕武德이 있어 정경正卿으로 승진하였으며, 온덕溫德이 있어 그 이름과 명예를 이루셨습니다. 비록 그는 조씨의 세습 지위를 얻지도 못하고 사보師保의 가르침을 받지는 못하였지만, 자신을 기초로 조상의 지위를 회복하셨던 것입니다. 그런가 하면 귀하의 부친 경자景子, 趙成께서도 역시 공궁에서 사시면서 사보의 가르침을 제대로 받지 못하고 선주의 뒤를 이었으나, 역시 능히 자신을 수양하여 선대의 덕업을 계승하였으니 나라 안에는 그를 비방하는 사람 하나 없었습니다. 덕에 순응하도록 아들을 가르치고, 선한 말을 택하여 아들을 가르치며 사보를 선택하여 아들의 성장을 도왔습니다. 지금 주군께서는 그 지위를 이어받아 조부 문자의 전형이 있으시며, 부친 경자의 가르침을 지니고 계시며, 아울러 사보의 가르침과 부형父兄들의 보살핌과 지도가 더해져 있습니다. 그렇건만 주군께서는 이 모든 것을 소홀히 하셔서 이러한 화를 만나신 것입니다. 윤탁은 '즐거운 일을 생각하면 즐거운 것이요, 재난을 떠올리면 두려워지는 것이니 이는 인지상정이다. 성을 증축하여 사보로 삼을 수 있는데, 어찌 더 높이 올릴 수 없다는 것인가?'라고 하더이다. 그래서 더욱 높인 것입니다. 그는 '이를 거울삼아 조씨 집안을 편안하게 할 수 있으리라!'라고 바랐던 것입니다. 만약 그를 처벌한다면, 이는 선한 행동을 한 사람에게 벌을 내리는 것입니다. 선한 행동을 한 사람을 처벌하면 틀림없이 악한 행동을 한 사람에게 상을 주게 될 것이니, 신하가 된 자들은 무엇을 기대하겠습니까?"

간자가 이 말을 듣고 기꺼워하면서 말하였다.

"그대가 아니었더라면 내 사람다운 사람이 되지 못하였을 것이오!"

그래서 화를 면하게 한 공로에 상을 주는 규정으로 윤탁에게 상을 주었다.

당초, 우무정과 윤탁은 서로 원한이 있었다. 윤탁은 상을 가지고 우무정을 찾아가 이렇게 말하였다.

"그대는 나의 죽음을 면하도록 해 주셨으니, 감히 이 상을 그대에게 바치지 않을 수 없습니다."

그러자 우무정은 이를 거절하며 이렇게 말하였다.

"나는 군주를 위하여 한 일이오. 그대를 위하여 한 것이 아닙니다. 원한은 여전히 원한 그대로 남아 있습니다!"

趙簡子使尹鐸爲晉陽, 曰:「必墮其壘培. 吾將往焉, 若見壘培, 是見寓與吉射也.」

尹鐸往而增之.

簡子如晉陽, 見壘, 怒曰:「必殺鐸也而後入.」

大夫辭之, 不可, 曰:「是昭余讎也.」

郵無正進, 曰:「昔先主文子少釁於難, 從姬氏於公宮, 有孝德以出在公族, 有恭德以升在位, 有武德以羞爲正卿, 有溫德以成其名譽, 失趙氏之典刑, 而去其師保, 基於其身, 以克復其所. 及景子長於公宮, 未及教訓而嗣立矣, 亦能纂修其身以受先業, 無謗於國, 順德以學子, 擇言以教子, 擇師保以相子. 今吾子嗣位, 有文之典刑, 有景之教訓, 重之以師保, 加之以父兄, 子皆疏之, 以及此難. 夫尹鐸曰:『思樂而喜, 思難而懼, 人之道也. 委土可以爲師保, 吾何爲不增?』是以修之, 庶曰:『可以鑑而鳩趙宗乎!』若罰之, 是罰善也. 罰善必賞惡. 臣何望矣!」

簡子說, 曰:「微子, 吾幾不爲人矣!」

以免難之賞賞尹鐸.

初, 伯樂與尹鐸有怨, 以其賞如伯樂氏, 曰:「子免吾死, 敢不歸祿.」

辭曰:「吾爲主圖, 非爲子也. 怨若怨焉!」

【趙簡子】 晉나라 六卿의 하나. 趙文子의 손자이며 景子의 아들. 趙鞅. 자는 志父.
【尹鐸】 趙簡子의 가신.
【壘培】 방어용 담장. 보루와 성벽. 趙簡子가 趙午를 죽이자 魯 定公 13년(B.C.497) 荀寅과 范吉射가 난을 일으켜 晉陽을 포위하였으며 그 때 이 보루와 성벽을 쌓았음.
【荀寅】 진나라 대부. 趙午의 외삼촌.
【范吉射】 荀寅의 사위.
【郵無正】 진나라 대부 郵良, 자는 伯樂.
【文子】 趙簡子의 조부인 趙武. 어릴 때 집안이 멸족되는 난을 겪은 적이 있음.

〈晉語〉(6) 155를 참조할 것.

【姬氏】莊姬. 趙朔의 처. 趙文子(趙武)의 어머니이며 成公의 딸. 景公의 누이. 혹 景公의 딸이라고도 함.

【公宮】趙武가 살던 집.

【師保】太師나 保傅. 귀족 자제를 돌보는 직책을 맡은 선생님. 太師·太傅· 太保·少師,·少傅·少保 등의 관직이 있었음.

【景子】趙成. 趙文子의 아들이며 趙簡子의 아버지.

【鳩】'安'과 같음.

【免難之賞】軍功 중에 난을 면하게 한 공로로 상을 주게 되어 있는 규정.

【伯樂】郵無正(郵良)의 字.

> ## 참고 및 관련 자료

1. 《左傳》定公 13年

晉趙鞅謂邯鄲午曰:「歸我衛貢五百家, 吾舍諸晉陽.」午許諾. 歸告其父兄. 父兄皆曰:「不可. 衛是以爲邯鄲, 而實諸晉陽, 絶衛之道也. 不如沈齊而謀之.」乃如之, 而歸之于晉陽. 趙孟怒, 召午, 而囚諸晉陽, 使其從者說劍而入, 涉賓不可. 乃使告邯鄲人曰:「吾私有討於午也, 二三子唯所欲立.」遂殺午. 趙稷·涉賓以邯鄲叛. 夏六月, 上軍司馬籍秦圍邯鄲. 邯鄲午, 荀寅之甥也; 荀寅, 范吉射之姻也, 而相與睦, 故不與圍邯鄲, 將作亂. 董安于聞之, 告趙孟, 曰:「先備諸?」趙孟曰: 「晉國有命, 始禍者死, 爲後可也.」安于曰:「與其害於民, 寧我獨死. 請以我說.」趙孟不可. 秋七月, 范氏·中行氏伐趙氏之宮, 趙鞅奔晉陽, 晉人圍之. 范皋夷無寵於范吉射, 而欲爲亂於范氏. 梁嬰父嬖於知文子, 文子欲以爲卿. 韓簡子與中行文子相惡, 魏襄子亦與范昭子相惡. 故五子謀, 將逐荀寅, 而以梁嬰父代之; 逐范吉射, 而以范皋夷代之. 荀躒言於晉侯曰:「君命大臣, 始禍者死, 載書在河. 今三臣始禍, 而獨逐鞅, 刑已不鈞矣. 請皆逐之.」冬十一月, 荀躒·韓不信·魏曼多奉公以伐范氏·中行氏, 弗克. 二子將伐公. 齊高彊曰:「三折肱知爲良醫. 唯伐君爲不可, 民弗與也. 我以伐君在此矣. 三家未睦, 可盡克也. 克之, 君將誰與? 若先伐君, 是使睦也.」弗聽, 遂伐公. 國人助公, 二子敗, 從而伐之. 丁未, 荀寅· 士吉射奔朝歌. 韓·魏以趙氏爲請. 十二月辛未, 趙鞅入于絳, 盟于公宮.

194(15-10) 鐵之戰趙簡子等三人誇功
철 땅의 전투에서 조간자 등 셋이
자신들의 공을 자랑하다

철鐵 땅의 전투에서 조간자趙簡子가 이렇게 말하였다.

"정鄭나라 군대가 나를 공격하여 나는 부상을 입고 활통에 엎드려 피를 토하면서도 북소리를 조금도 약하게 하지 않았소. 오늘 전투에 나만큼 공을 세운 사람은 없을 것이오."

위장공衛莊公, 蒯聵이 조간자의 오른쪽을 담당하고 있었는데 그는 이렇게 자랑하였다.

"나는 아홉 번이나 오르락내리락하면서 적군을 모두 죽여 없앴습니다. 오늘 전투에서 나보다 나았던 자는 없었으리라 봅니다."

우무정郵無正은 간자의 전차를 몰았는데 그는 이렇게 자랑하였다.

"나는 두 개의 말 가슴 보호대가 장차 끊어지려 하자 이를 붙들어 잡았습니다. 오늘 나의 공은 가장 높은 자의 그 다음쯤은 될 것입니다."

잠시 후 말에 목재를 싣자, 말의 가슴 보호대 두 개가 모두 끊어지고 말았다.

鐵之戰, 趙簡子曰:「鄭人擊我, 吾伏弢嘔血, 鼓音不衰. 今日之事, 莫我若也.」

衛莊公爲右, 曰:「吾九上九下, 擊人盡殪. 今日之事, 莫我加也.」

郵無正御, 曰:「吾兩鞁將絶, 吾能止之. 今日之事, 我上之次也.」

駕而乘材, 兩鞁皆絶.

【鐵之戰】鐵은 衛나라 지명. 지금의 河北 濮陽縣 서북 일대. 魯 哀公 2년(B.C.493) 齊나라가 范氏에게 식량을 보낼 때 鄭나라 罕達, 駟弘이 호송하였으며 범길야 (范吉射)가 이를 맞으러 나가자, 趙簡子가 군대를 이끌고 공격하여 鐵에서 전투가 벌어진 사건임.

【伏弢嘔血】 '弢'는 '韜'와 같으며 활을 담은 자루. 嘔血은 咯血과 같으며 피를 토함.

【衛莊公】춘추 말기의 위나라 임금(B.C.480~478). 이름은 괴외(蒯聵). 그는 衛靈公(B.C.534~493)의 태자로써 당시 晉나라에 망명하여 있었으며 이 전투 에서 趙簡子의 車右가 되어 있었음. 당시 태자 신분이었으나 기록자가 장공이라 한 것임.

【右】車右. 군대 조직의 하나로 임금 곁에서 호위하는 임무를 맡음.

【殪】죽음.

【御】趙簡子의 마부.

【鞅】말의 가슴 부위를 감싼 가죽 보호대. 肚帶.

참고 및 관련 자료

1.《左傳》哀公 2년

秋八月, 齊人輸范氏粟, 鄭子姚·子般送之. 士吉射逆之, 趙鞅禦之, 遇於戚. 陽虎 曰:「吾車少, 以兵車之旆與罕·駟兵車先陳. 罕·駟自後隨而從之, 彼見吾貌, 必有懼心, 於是乎會之, 必大敗之.」從之. 卜戰, 龜焦. 樂丁曰:「詩曰:'爰始爰謀, 爰契我龜.' 謀協, 以故兆詢可也.」簡子誓曰:「范氏·中行氏反易天明, 斬艾 百姓, 欲擅晉國而滅其君. 寡君恃鄭而保焉. 今鄭爲不道, 棄君助臣, 二三子順 天明, 從君命, 經德義, 除詬恥, 在此行也. 克敵者, 上大夫受縣, 下大夫受郡, 士田十萬, 庶人·工·商遂, 人臣隸圉免. 志父無罪, 君實圖之! 若其有罪, 絞縊 以戮, 桐棺三寸, 不設屬辟, 素車·樸馬, 無入于兆, 下卿之罰也.」甲戌, 將戰, 郵無恤御簡子, 衛大子爲右. 登鐵上, 望見鄭師衆, 大子懼, 自投于車下. 子良授 大子綏, 而乘之, 曰:「婦人也.」簡子巡列, 曰:「畢萬, 匹夫也, 七戰皆獲, 有馬 百乘, 死於牖下. 羣子勉之! 死不在寇.」繁羽御趙羅, 宋勇爲右. 羅無勇, 麇之. 吏詰之, 御對曰:「痁作而伏.」衛大子禱曰:「曾孫蒯聵敢昭告皇祖文王·烈祖

康叔・文祖襄公, 鄭勝亂從, 晉午在難, 不能治亂, 使鞅討之. 蒯瞶不敢自佚, 備持矛焉. 敢告無絶筋, 無折骨, 無面傷, 以集大事, 無作三祖羞. 大命不敢請, 佩玉不敢愛.」鄭人擊簡子中肩, 斃于車中, 獲其蜂旗. 大子救之以戈. 鄭師北, 獲溫大夫趙羅. 大子復伐之, 鄭師大敗, 獲齊粟千車. 趙孟喜曰:「可矣.」傅叟曰:「雖克鄭, 猶有知在, 憂未艾也.」初, 周人與范氏田, 公孫尨稅焉, 趙氏得而獻之. 吏請殺之. 趙孟曰:「爲其主也, 何罪?」止而與之田. 及鐵之戰, 以徒五百人宵攻鄭師, 取蜂旗於子姚之幕下, 獻, 曰:「請報主德.」追鄭師, 姚・般・公孫林殿而射, 前列多死. 趙孟曰:「國無小.」旣戰, 簡子曰:「吾伏弢嘔血, 鼓音不衰, 今日我上也.」大子曰:「吾救主於車, 退敵於下, 我, 右之上也.」郵良曰:「我兩靷將絶, 吾能止之, 我, 御之上也.」駕而乘材, 兩靷皆絶.

195(15-11) 衛莊公禱
위 장공의 기도

위 장공衛莊公, 蒯聵이 이렇게 기도하였다.

"조상의 증손 저 괴외가 조앙趙鞅을 돕고자 감히 황조皇祖 문왕文王과 열조烈祖 강숙康叔, 문조文祖 양공襄公, 그리고 소고昭考 영공靈公께 고합니다. 상처를 입는 정도라면 힘줄이나 뼈도 다침이 없도록 해 주시고, 얼굴에 상해를 입지 않도록 해 주시며, 용병을 실패하지 않도록 해 주실 것이며, 두려움으로 전투 의지를 잃는 일이 없도록 해 주시기 바랍니다. 다만 죽지 않기는 감히 바라지 않습니다."

간자가 이를 보고 이렇게 말하였다.

"내 목숨을 그대에게 기탁하겠소."

衛莊公禱, 曰:「曾孫蒯聵以諄趙鞅之故, 敢昭告于皇祖文王·烈祖康叔·文祖襄公·昭考靈公, 夷請無筋無骨, 無面傷, 無敗用, 無隕懼, 死不敢請.」

簡子曰:「志父寄也.」

【衛莊公】춘추 말기의 위나라 임금(B.C.480~478). 이름은 괴외(蒯聵). 衛靈公 (B.C.534~493)의 태자였으며 이때 전투에 참가하였으나 기록상 장공이라 한 것. 【趙鞅】趙簡子.

【皇祖文王】皇祖는 아득한 시조라는 뜻. 周 文王(姬昌)을 가리킴. 衛나라의 시조 康叔은 문왕의 아들이며 무왕의 아우였음.

【烈祖康叔】烈祖는 자기 제후국의 시조. 주 무왕의 아우로써 周公(姬旦)에 의해 衛 땅에 봉해진 강숙을 가리킴.

【文祖襄公】文祖는 文德으로써 중흥을 일으킨 임금을 가리킴. 衛 莊公 蒯聵의 조부. B.C.543~535년까지 9년간 재위함.

【昭考靈公】소고는 아버지를 가리킴. 괴외의 아버지 영공. B.C.534~493년까지 42년간 재위함.

【夷】'痍'와 같음. 전투에서 상처를 입음.

【志父】조간자의 이름은 鞅(趙鞅)이었으나 뒤에 지보(志父)로 이름을 바꿈.

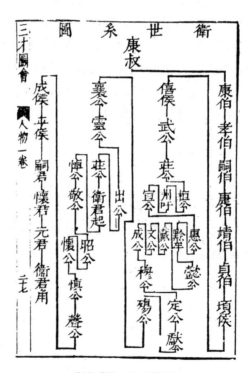

〈衛世系圖〉《三才圖會》

196(15-12) 史黯諫趙簡子田于螻
사암이 조간자의 누 땅 사냥을 간하다

조간자趙簡子가 왕의 사냥터인 누螻의 원림으로 사냥을 나서자, 사암 史黯이 이를 듣고 개를 데리고 그 문에서 기다렸다.

간자가 이를 보고 물었다.

"무슨 일인가?"

사암이 말하였다.

"개 한 마리를 얻었는데 이 원림에서 사냥 시험을 해 보고자 합니다."

간자가 물었다.

"어찌 미리 알리지 않았는가?"

사암은 이렇게 대답하였다.

"임금이 행동하는 데 신하가 따라 주지 않는 것은 불순不順입니다. 주인께서 장차 누 땅에 사냥을 하러 가면서 그곳을 관리하는 자가 그 소식을 듣지 못하였다기에, 제가 감히 번거롭지만 이날 당직을 맡고자 한 것입니다."

간자는 이에 돌아서고 말았다.

趙簡子田于螻, 史黯聞之, 以犬待于門.

簡子見之, 曰:「何爲?」

曰:「有所得犬, 欲試之玆圃.」

簡子曰:「何爲不告?」

對曰:「君行臣不從, 不順. 主將適螻而麓不聞, 臣敢煩當日.」

簡子乃還.

【田】 '畋'과 같음. 사냥.

【蝼】 지명. 晉나라의 園林. 趙簡子가 신하의 신분으로 임금의 원림에서 사냥을 한 것은 예에 어긋난 것이라 하여 史黯이 풍간한 것임.

【史黯】 진나라의 대부. 이름은 墨. 당시 조간자의 史臣(史官)이었음. 다른 기록에는 史黶으로 되어 있음.

【玆囿】 '이 원림에서'의 뜻. 囿는 園林을 가리키는 말.

【麓】 원림을 관리하는 직책. 간자가 군주의 사냥터에 사냥을 하러 가면서 그곳을 관리하는 자에게 알리지도 아니하고 가는 것은 부당하다 여겨, 대신 자신이 당직을 맡고자 한다는 뜻임.

197(15-13) 少室周知賢而讓
소실주가 어짊을 알고 양보할 줄도 알다

소실주少室周가 조간자趙簡子의 수레 오른쪽을 담당하고 있을 때, 우담
牛談이 힘이 장사라는 소리를 듣고, 그와 내기를 해 보겠노라 청하였다.
그러나 결국 그를 이기지 못하자, 소실주는 자신의 오른쪽 지키는
임무를 우담에게 넘겨 주고 말았다.
  간자는 이를 허락하면서 소실주에게는 가재家宰의 임무를 맡겼다.
그러면서 이렇게 말하였다.
  "어진 이를 알고 그에게 양보했으니 가히 교훈으로 삼을 만하다."

  少室周爲趙簡子之右, 聞牛談有力, 請與之戲, 弗勝, 致右焉.
簡子許之, 使少室周爲宰, 曰:「知賢而讓, 可以訓矣.」

【少室周】趙簡子의 가신.
【右】수레의 오른쪽을 담당하는 측근의 중요한 자리.
【牛談】역시 조간자의 가신. 당시의 大力士.
【宰】冢宰, 家宰, 경대부의 집안을 다스리는 최고 책임자.

198(15-14) 史黯論良臣
사암이 양신을 논하다

조간자趙簡子가 말하였다.

"범길야范吉射와 중항인中行寅이 거느렸던 양신良臣을 내가 불러다 쓰고자 한다."

사암史黯 곁에 모시고 있다가 물었다.

"장차 어떻게 쓰시려고요?"

간자가 말하였다.

"양신이란 사람이라면 누구나 데리고 있고 싶어하는 것이다. 그런데 무슨 질문을 하는 것이냐?"

사암이 대답하였다.

"저는 그들이 양신이 아니라고 여겼기 때문입니다. 무릇 임금을 모시는 자는, 임금을 위해 허물을 간언하고 잘하는 일은 칭찬하며, 옳은 일은 추천을 하고 그릇된 것은 제거해 주며, 능한 자에게는 공헌을 하며 어진 이는 진달시키며, 재목이 되는 자를 선택하여 이들을 추천하며, 아침저녁으로 옛 흥패의 고사를 들려 주어 이를 받아들이도록 유도합니다. 문文으로써 인도하며, 순종으로써 실행하며, 힘으로써 근면을 다하며, 죽음으로써 목숨을 바칩니다. 들어 주면 나아가 돕고, 들어 주지 않으면 물러나 있는 것입니다. 그런데 지금 범길야와 중항인이 거느렸던 신하들은 그 모시던 임금을 능히 바로잡아 주지도 못하였으며 그들로 하여금 난에 이르도록 하였습니다. 그들 임금이 밖으로 쫓겨나자, 다시 능히 안정시켜 주지도 못하였고 이를 버렸으니, 어찌 양신이라 할 수 있겠습니까? 만약 그들이 주인을 버리지 않았다면,

주인께서는 어찌 그들을 얻어 쓸 수 있겠습니까? 무릇 저 두 분에게 있어서의 진정한 양신이란, 그래도 그 모시던 주인을 위하여 부지런히 움직이며 밖으로 쫓겨난 주인을 위해 복위를 준비하며 죽은 뒤에야 그치리라 하고 있는 자들일 터이니, 그들이 어느 날 그 주인을 버리고 귀하에게 오겠습니까? 만약 그들이 자신들의 주인을 버리고 귀하께 온다면 그들은 양신이 아닐 것입니다."

간자가 말하였다.

"훌륭하오. 내가 한 말은 진실로 잘못이었소."

趙簡子曰:「吾願得范·中行之良臣.」

史黶侍, 曰:「將焉用之?」

簡子曰:「良臣, 人之所願也, 又何問焉?」

對曰:「臣以爲不良故也. 夫事君者, 諫過而賞善, 薦可而替否, 獻能而進賢, 擇材而薦之, 朝夕誦善敗而納之. 道之以文, 行之以順, 勤之以力, 致之以死. 聽則進, 否則退. 今范·中行氏之臣不能匡相其君, 使至於難; 君出在外, 又不能定, 而棄之, 則何良之爲? 若弗棄, 則主焉得之? 夫二子之良, 將勤營其君, 復使立於外, 死而後止, 何日以來? 若來, 乃非良臣也.」

簡子曰:「善. 吾言實過矣.」

【范, 中行】범길야(范吉射)와 중항인(中行寅). 中行寅은 荀寅을 가리킴.

【替】제거함. 去와 같음.

【君出在外】범길야와 중항인이 朝歌에서 반란을 일으킨 뒤 다시 齊나라로 도망하였음.

1. 《說苑》尊賢篇

趙簡子曰:「吾欲得范‧中行氏良臣.」史默曰:「安用之?」簡子曰:「良臣, 人所願也, 又何問焉?」曰:「君以爲無良臣故也. 夫事君者, 諫過而薦可, 章善而替否, 獻能而進賢; 朝夕誦善敗而納之, 聽則進, 否則退. 今范 中行氏之良臣也, 不能匡相其君, 使至於難; 出在於外, 又不能入. 亡而棄之; 何良之爲; 若不棄, 君安得之. 夫良將營其君, 使復其位, 死而後止, 何日以來, 若未能, 乃非良也.」簡子曰:「善.」

199(15-15) 趙簡子問賢於壯馳玆
조간자가 장치자에게 어짊에 대하여 묻다

조간자趙簡子가 장치자壯馳玆에게 물었다.
"그대가 있던 오吳나라에는 누구의 덕이 뛰어납니까?"
그러자 장치자가 절을 하며 이렇게 말하는 것이었다.
"감히 축하드립니다!"
간자가 물었다.
"아직 내 질문에 대답도 아니해 놓고 축하라니?"
장치자는 이렇게 대답하였다.
"제가 듣기로 국가가 장차 흥하고자 할 때는 군자는 스스로 부족하다고 여깁니다. 그러나 장차 망해갈 때는 마치 자신이 대단한 줄로 여깁니다. 지금 주인께서 진晉나라 국정을 맡은 높은 직책임에도, 저처럼 소인에게까지 물으시며 게다가 어진 이를 찾고 계시니, 저는 이 까닭으로 축하를 드린 것입니다."

趙簡子問於壯馳玆曰:「東方之士孰爲愈?」
壯馳玆拜曰:「敢賀!」
簡之曰:「未應吾問, 何賀?」
對曰:「臣聞之: 國家之將興也, 君子自以爲不足; 其亡也, 若有餘. 今主任晉國之政而問及小人, 又求賢人, 吾是以賀.」

【壯馳娭】 吳나라 사람으로 晉나라 客卿이 되어 있던 자.
【東方】 吳나라 땅은 지금의 蘇州 지역으로 晉나라(山西)에 비해 동쪽이었으므로
이렇게 지칭한 것.
【愈】 덕이 뛰어남.

200(15-16) 竇犨論君子哀無人

두주가 군자의 슬픔에는
누구에게나 공평함을 논하다

조간자趙簡子가 이렇게 탄식하였다.

"참새가 바다에 들어가면 합蛤이라는 조개가 되고, 꿩이 회수淮水에 들어가면 신蜃이라는 조개가 된다더라. 원黿·타鼉·물고기·자라 등 능히 변화하지 않는 것이 없건만 오직 사람만은 능히 변화하지 못하니 슬프도다!"

두주竇犨가 곁에 모시고 있다가 이렇게 말하였다.

"제가 듣기로 군자는 자신을 알아 주는 이가 없는 것을 안타까워할 뿐, 재물이 없는 것은 안타까워하지 않으며, 덕이 없는 것을 불쌍히 여기되 총애를 받지 못함을 안타깝게 여기지 않으며, 이름이 아름답게 퍼지지 못함을 안타깝게 여기되 장수하지 못함을 안타깝게 여기지는 않는다 하더이다. 무릇 범길야范吉射와 중항인中行寅의 경우 서민의 어려움은 돌보지 않고, 진晉나라 국적은 마음대로 휘두르고자 하였습니다. 그리하여 그 자손들은 지금 제齊나라로 쫓겨 가 농사나 짓고 있으며, 종묘에 쓰였던 소는 지금 밭갈이하느라 죽어나고 있습니다. 사람의 변고가 어찌 일어날 날이 없다 하십니까!"

趙簡子歎曰:「雀入于海爲蛤, 雉入于淮爲蜃. 黿鼉魚鼈, 莫不能化, 唯人不能. 哀夫!」

竇犨侍, 曰:「臣聞之: 君子哀無人, 不哀無賄; 哀無德, 不哀無寵;

哀名之不令, 不哀年之不登. 夫范·中行氏不恤庶難, 欲擅晉國, 今其子孫將耕於齊, 宗廟之犧爲畎畝之勤, 人之化也, 何日之有!」

【趙簡子】趙鞅. 晉나라 경.
【蛤】조개의 일종. 얕은 바다의 모래 속에 있음.
【蜃】역시 대합의 다른 이름.
【鼉】악어의 일종으로 흔히 揚子鰐이라고도 함.
【化】뱀이 변하여 鼈黿 등으로 바뀜. 이는 과학적으로 맞지 않으나 고대에는 그렇게 믿었음.
【竇犨】진나라 대부.
【不登】'登'은 '高'의 뜻. 나이가 높아 長壽함을 뜻함.
【范·中行氏】范氏와 中行氏 집안. 구체적으로 범길야(范吉射)와 中行寅의 멸망 과 그 후손의 몰락을 말함.
【犧】종묘 제사에 쓰이는 순색의 소. 여기서는 范吉射와 中行寅을 가리킴.

201(15-17) 趙襄子使新稚穆子伐狄
조양자가 신치목자로 하여금 적을 치게 하다

조양자趙襄子가 신치목자新稚穆子로 하여금 적狄을 치도록 하였더니 그는 그곳 좌읍左邑, 중읍中邑 두 곳의 군대를 이겼다고 거인遽人이 와서 보고를 하는 것이었다.

양자는 곧 식사를 할 참이었는데 밥을 다지면서 얼굴에 두려워하는 낯빛이었다.

곁에 모시고 있던 신하가 물었다.

"신치목자(狗)의 승리는 큰 것입니다. 그런데 주인께서 얼굴에 기뻐하는 표정이 없으니 어찌 된 것입니까?"

양자가 말하였다.

"내 듣기로 덕이 순정하지 않은데 복과 녹이 함께 몰려오는 것을 일러 '행幸'이라 한다 했다. 무릇 요행이란 복이 아니며 덕이 아니라면 즐거워할 것이 못된다. 그런 것을 두고 즐거워했다가는 불행이 닥친다. 내 그 때문에 두려워하는 것이다."

趙襄子使新稚穆子伐狄, 勝左人·中人, 遽人來告, 襄子將食, 尋飯有恐色.

侍者曰:「狗之事大矣, 而主之色不怡, 何也?」

襄子曰:「吾聞之, 德不純而福祿並至, 謂之幸. 夫幸非福, 非德不當雍, 雍爲不幸, 吾是以懼.」

【趙襄子】晉나라 正卿 趙簡子(趙鞅)의 아들이며 趙無卹.

【新稚穆子】晉나라 대부. 이름은 狗.

【左人, 中人】左邑과 中邑의 백성들. 당시 狄國의 두 읍 이름.

【遽人】驛站에서 급히 명령이나 문서 등을 전달하는 사람.

【尋飯】밥을 눌러서 둥그렇게 만듦. 주먹밥을 만듦. '尋'은 '専'의 오기이며 '専'은 '博'의 고대 通用字로 보고 있음.

【幸】僥倖. 뜻밖의 행운이며 화가 뒤따를 것임을 뜻함.

【雍】和樂함을 뜻함. 즐거운 것이라 여김.

202(15-18) 智果論智瑤必滅宗
지과가 지요는 틀림없이
종족을 멸할 것임을 논하다

지선자智宣子가 장차 지요智瑤를 집안의 후계자로 삼고자 하였다.
이에 지과智果가 이렇게 말하였다.

"지소智宵만 못합니다."

선자는 이렇게 말하였다.

"지소는 너무 강퍅합니다."

지과는 이렇게 설명하였다.

"지소의 강퍅함은 얼굴에 나타나지만, 지요의 강퍅함은 마음에
숨겨져 있습니다. 마음속에 강퍅함을 가지고 있으면 나라를 망하게
하지만, 얼굴에 강퍅함을 가지고 있는 것은 해가 되지 않습니다. 지요가
남보다 나은 점은 다섯 가지이며, 남에게 모자란 것이 하나입니다.
아름다운 수염에 큰 키가 뛰어나며, 활쏘기와 말 타기 그리고 힘이
뛰어나며, 기예와 남의 말을 막아서는 재능이 뛰어나며, 교묘하게
꾸미고 변론을 잘하는 데에 뛰어나며, 강하고 과감한 면에서 남보다
뛰어납니다. 이렇게 뛰어나면서 어질지 못한 면에서는 아주 심합니다.
그 남을 능가하는 뛰어난 다섯 가지에다가, 어질지 못한 것으로써
일을 처리한다면 그 누가 그를 대접해 주겠습니까? 만약 지요를 세우신
다면 지씨智氏 집안은 틀림없이 멸종되고 말 것입니다."

지선자는 이를 듣지 않았다.

지과는 그와 다른 족속으로 분리하여 태사太史에게 자신을 보씨輔氏로
바꾸어 주도록 하였다.

뒤에 지과가 망할 때 오직 보씨만이 과연 살아남게 되었다.

智宣子將以瑤爲後, 智果曰:「不如宵也.」

宣子曰:「宵也佷.」

對曰:「宵之佷在面, 瑤之佷在心. 心佷敗國, 面佷不害. 瑤之賢於人者五, 其不逮者一也. 美鬢長大則賢, 射御足力則賢, 伎藝畢給則賢, 巧文辯惠則賢, 彊毅果敢則賢. 如是而甚不仁. 以其五賢陵人, 而以不仁行之, 其誰能待之? 若果立瑤也, 智宗必滅.」

弗聽.

智果別族于太史爲輔氏.

及智氏之亡也, 唯輔果在.

【智宣子】 晉나라 六卿의 하나로 荀躒의 아들. 이름은 甲.
【瑤】 智伯瑤. 智襄子를 가리킴.
【智果】 晉나라 대부로 宣子와 同族.
【宵】 智宵. 智宣子의 서자.
【佷】 '한'으로 읽으며 잔인함. 강퍅(强愎)함.
【別族】 그 동족에서 성을 바꾸어 단절을 표시한 것. 智瑤와 단절하여 성을 輔氏로 바꾸었음.
【太史】 역사 기록이나 성씨 등을 관장하는 임무를 맡은 관리.

203(15-19) 士茁謂土木勝懼其不安人
사줄이 집을 잘 꾸미면 사는 사람이
불안할 것임을 두려워해야 함을 말하다

지양자智襄子가 집을 아름답게 꾸미자 사줄土茁이 밤중인데도 찾아 갔다.

지양자(智伯)가 말을 건넸다.

"집이 아름답지요!"

사줄이 대답하였다.

"아름답기는 아름답습니다만 생각건대 역시 근심이 되는군요."

지백이 물었다.

"근심스럽다니요?"

사줄이 대답하였다.

"저는 기록을 맡은 일로써 그대를 모시고 있습니다. 옛 기록에 이렇게 되어 있지요. '산이 높고 언덕이 준험하면 초목이 자라지 못한다. 송백이 난 땅에는 그 토지가 비옥해지지 않는다'라구요. 지금 이처럼 토목土木이 승하니 저는 남을 편안하게 해 주지 못할까 두렵습니다."

그 집이 완성되고 3년 뒤 지씨는 멸망하고 말았다.

智襄子爲室美, 士茁夕焉.

智伯曰:「室美夫!」

對曰:「美則美矣, 抑臣亦有懼也.」

智伯曰:「何懼?」

對曰:「臣以秉筆事君. 志有之曰:『高山峻原, 不生草木. 松柏之地, 其土不肥.』 今土木勝, 臣懼其不安人也.」

室成, 三年而智氏亡.

【智襄子】춘추시대 晉나라 六卿 중의 智瑤를 가리킴. 智伯으로도 부름.
【士茁】지백의 가신.

참고 및 관련 자료

1.《說苑》貴德篇

智襄子爲室美, 士茁夕焉, 智伯曰:「室美矣夫!」對曰:「美則美矣, 抑臣亦有懼也.」智伯曰:「何懼?」對曰:「臣以秉筆事君, 記有之曰: 高山浚源, 不生草木, 松柏之地, 其土不肥, 今土木勝, 人臣懼其不安人也.」室成三年而智氏亡.

204(15-20) 智伯國諫智襄子
지백국이 지양자에게 간하다

지양자智襄子, 智伯가 정鄭나라를 치고 위衛나라로부터 귀국하여 세 사람의 경卿이 남대藍臺에서 잔치를 열었다. 그 자리에서 지양자는 한강자韓康子를 무시하였고, 위환자魏桓子의 가신 단규段規에게 모욕을 주었다.

지백국智伯國이 이를 듣고 지양자에게 간언하였다.

"주인께서 방비하지 않았다가는 장차 난이 틀림없이 일어나고 말 것입니다."

그러자 지양자가 이렇게 말하였다.

"난이란 장차 내가 일으키면 일으켰지 내가 난을 일으키고 있지 않은데 누가 감히 일으키겠는가!"

그러자 지백국이 이렇게 말하였다.

"그렇지 않습니다. 무릇 극씨郤氏에게 거원車轅의 난이 있었고, 조씨趙氏에게는 맹희孟姬의 참언이 있었으며, 난씨欒氏에게는 숙기叔祁의 고자질이 있었으며, 범씨范氏와 중항씨中行氏에게는 극치亟治의 난이 있었음은 주인께서도 모두 알고 계신 바입니다. 〈하서夏書〉에는 '한 사람이 세 사람에게 과실을 저질렀다고 어찌 원한이 단번에 드러나랴? 그러나 그것이 드러나기 전에 대비해야 한다'라 하였고, 〈주서周書〉에는 '원한이란 큰 데에 있는 것도 아니고, 역시 작은 일에 있는 것도 아니다'라 하였습니다. 무릇 군자란 능히 작은 물건에 신중히 하기 때문에 큰 환난이 없는 것입니다. 지금 주인께서는 하나의 잔치에서 군주(위환자)와 가신에게 치욕을 주셨으면서 이에 대비하지 않으시고 '감히 난을 일으키지 못하리라'라고 하시니 불가한 일이 아니겠습니까? 무릇 그들 중 누가 남을 즐겁게 하지 않을 자가 있겠으며, 누가 남을 두렵게 하지 않을 자가 있겠습니까? 예의봉채蜹蟻蜂蠆같은 작은 벌레도 능히 사람을 해치는데, 하물며 군주나 가신일 경우에야 어찌 그렇게 하지 못하겠습니까!"

지양자는 이를 듣지 않았다.

그로부터 5년, 결국 진양晉陽의 난이 터지고 말았다.

단규가 반기를 들어 제일 먼저 달려들어 지백(지양자)을 군중軍中에서 죽여버렸으며 이로써 드디어 지씨는 멸망하고 말았다.

還自衛, 三卿宴于藍臺, 智襄子戱韓康子而侮段規.

智伯國聞之, 諫曰:「主不備, 難必至矣.」

曰:「難將由我, 我不爲難, 誰敢興之!」

對曰:「異於是. 夫郤氏有車轅之難, 趙有孟姬之讒, 欒有叔祁之愬, 范·中行有亞治之難, 皆主之所知也. 〈夏書〉有之曰:『一人三失, 怨豈在明? 不見是圖.』〈周書〉有之曰:『怨不在大, 亦不在小.』夫君子能勤小物, 故無大患. 今主一宴而恥人之君相, 又弗備, 曰『不敢興難』, 無乃不可乎? 夫誰不可喜, 而誰不可懼? 蜹蟻蜂蠆, 皆能害人, 況君相乎!」

弗聽.

自是五年, 乃有晉陽之難.

段規反, 首難, 而殺智伯于師, 遂滅智氏.

【還自衛】智襄子(智伯)가 鄭나라를 벌한 다음 衛나라로부터 돌아옴.

【三卿】智襄子, 韓康子, 魏桓子를 가리킴.

【藍臺】지명. 晉나라 땅. 지금의 어느 곳인지 구체적으로는 알 수 없음.

【韓康子】韓宣子의 曾孫이며 韓莊子의 아들. 이름은 虎.

【段規】魏桓子의 재상.

【智伯國】인명. 智襄子의 동족이며 晉나라 대부.

【車轅之難】三郤 즉 郤錡・郤犫・郤至 세 사람의 일로 郤犫가 長魚矯와 토지를 두고 다툼이 벌어졌을 때, 극씨는 장어교와 그 부모처자까지 묶어 수레(車轅)에 싣고 돌아오는 치욕을 입혔음. 뒤에 장어교가 晉 厲公의 총애를 받게 되자 직접 이 세 사람의 목을 베어 한을 갚고 말았음.

【孟姬之讒】趙朔의 처 孟姬가 趙嬰과 사통하자, 趙嬰의 형 趙同・趙括이 조영을 멀리 쫓아 버렸다. 이에 맹희가 晉 景公에게 이들이 모반을 꾀하고 있다고 무고하여 결국 조동과 조괄이 피살되었음.

【叔祁之愬】欒盈의 어머니가 家臣과 사통하면서 도리어 欒盈이 모반을 꾀한다고 무고하여 欒氏가 멸족당하였음. 본 책〈晉語〉(8) "平公六年, 箕遺及黃淵・嘉父 作亂"을 볼 것.

【亟治之難】亟治는 范皐夷의 城邑으로 고이가 范吉射에게 총애를 잃자, 난을 일으켜 읍민과 연합하여 범길야와 中行寅을 몰아내었다가 뒤에 모두 피살된 사건.

【夏書】《尙書》夏書 五子之歌의 구절.

【周書】역시《尙書》周書 康誥의 구절.

【蝸蟻蜂蠆】파리・개미・벌・전갈 등.

【晉陽之難】智襄子가 韓・魏의 병사를 몰아 趙나라를 공격하자, 趙襄子가 晉陽 에서 버티며 싸운 사건.

1. 《說苑》貴德篇
智伯還自衛, 三卿燕于藍臺, 智襄子戲韓康子而侮段規, 智果聞之諫曰:「主弗 備難, 難必至.」曰:「難將由我, 我不爲難, 誰敢興之」對曰:「異於是, 夫郤氏有車 轅之難, 趙有孟姬之讒, 欒有叔祁之訴, 范中行有亟治之難, 皆主之所知也. 夏書 有之曰:『一人三失, 怨豈在明, 不見是圖』周書有之曰:『怨不在大, 亦不在小.』 夫君子能勤小物, 故無大患; 今主一謀而媿人君, 相又弗備, 曰:『不敢興難.』 毋乃不可乎? 嘻! 不可不懼, 蝸蟻蜂蠆皆能害人, 況君相乎?」不聽, 自是五年而 有晉陽之難, 段規反而殺智伯于師, 遂滅智氏.

205(15-21) 晉陽之圍
진양의 포위

　진양晉陽이 포위되기 전 장담張談이 조양자趙襄子에게 물었다.

　"선주께서 중한 보물을 갖추어 주신 것은, 국가에 난을 만났을 때 사용하라는 것이었습니다. 어찌 이를 잠시 제후에게 주기를 그토록 아끼십니까?"

　조양자가 말하였다.

　"내 그런 일을 시킬 사람이 없다."

　장담이 말하였다.

　"지地라는 사람이면 가능하지요."

　양자가 말하였다.

　"내게 있어서 불행이란 결점이 많고 우리 부친만큼 훌륭하지도 못하여, 덕이 없으면서도 재물을 제후에게 주어 도움이나 청하고자 한다는 점이다. 무릇 지란 그 자는 나에게 영합하여 제 욕구를 채워 먹고 살아왔다. 이는 나의 결점을 조장하여 내 녹을 먹고자 한 것이었다. 나는 그러한 자와 같이 죽는 것조차도 싫다."

　양자가 나가면서 물었다.

　"우린 어디로 피해야 하나?"

　시종이 이렇게 제안하였다.

　"장자長子가 가깝습니다. 게다가 그곳에 쌓은 성벽도 두텁고 온전하구요."

　양자가 말하였다.

　"백성이 피로에 지친 채 완성해 놓은 곳인데, 게다가 다시 내가 그들에게 나를 위해 죽어 달라고 요구한다면, 그들 중에 누가 나를 위해 나서 주겠는가?"

시종이 다시 이렇게 말하였다.

"그러면 한단邯鄲의 창고가 가득 차 있으니 그곳이면 됩니다."

양자가 말하였다.

"백성의 고혈을 착취하여 그 창고를 채워놓은 것이다. 게다가 그렇게 하기까지 많은 사람이 죽음을 당하였다. 그러한 그들 누가 나를 위해 싸워 주겠는가? 진양晉陽으로 가야 할 것이다! 아버지께서 일러 주신 적이 있으며, 윤탁尹鐸이 너그럽게 다스렸던 곳이니 민심이 나에게 화합해 올 것이다."

그리하여 진양으로 도망하였다. 진晉나라 군대가 포위한 채 분수汾水 의 물길을 터서 들이부어 성이 물에 잠겨 개구리가 들끓었지만 그곳 백성들은 배반할 마음을 갖지 않았다.

晉陽之圍, 張談曰:「先主爲重器也, 爲國家之難也, 盍姑無愛 實於諸侯乎?」

襄子曰:「吾無使也.」

張談曰:「地也可.」

襄子曰:「吾不幸有疾, 不夷與先子, 不德而賄. 夫地也求飮 吾欲, 是養吾疾而干吾祿也, 吾不與皆斃.」

襄子出, 曰:「吾何走乎?」

從者曰:「長子近, 且城厚完.」

襄子曰:「民罷力以完之, 又斃死以守之, 其誰與我?」

從者曰:「邯鄲之倉庫實.」

襄子曰:「浚民之膏澤以實之, 又因而殺之, 其誰與我? 其晉 陽乎! 先主之所屬也, 尹鐸之所寬也, 民心和矣.」

乃走晉陽, 晉師圍而灌之, 沈竈産鼃, 民無叛意.

【晉陽之圍】智襄子(智伯)이 조 양자에게 땅을 내어놓을 것을 요구했을 때 趙襄子가 주지 않자 지백이 韓·魏의 병사를 이끌고 조나라를 공격하자 조양자가 晉陽으로 도망하여 방어함. 진양은 지금의 山西 太原市 북쪽.

【張談】조양자의 아들. 張孟談.

【先主】아버지 趙簡子를 가리킴. 그 아래의 先子도 같음.

【重器】나라의 여러 가지 보물. 이를 다른 제후들에게 주어 智襄子를 막아낼 구원 요청을 하라는 뜻.

【地】조양자의 신하 이름.

【疾】결점. 실책.

【夷】같음. 그와 같음. 그만함.

【長子】晉나라 縣 이름. 지금의 山西 長子縣 서남쪽.

【邯鄲】晉나라의 縣으로 조씨의 근거지였으며, 전국시대 趙나라의 도읍지가 됨. 지금의 河北 邯鄲市.

【浚】'煎'과 같음. 비육을 지져 기름을 짜내듯이 백성의 고혈을 착취함.

【爲屬】'屬'은 '囑'과 같음. 일찍이 簡子가 아들 襄子에게 만약 난을 만나면 晉陽으로 피하여 지킬 것을 일러 준 적이 있음. 192(15-8)를 볼 것.

【尹鐸】趙簡子의 신하. 晉陽에 조간자를 위해 미리 민심을 사 두었던 인물. 192(15-8)를 볼 것.

【晉師】여기서는 지양자가 한·위를 협박하여 함께 연합하여 끌고 온 군대를 말함.

【灌之】진양을 흐르는 汾水를 터서 진양을 물바다로 만들어 결국 진양이 물에 잠겨 개구리가 들끓었음. 《史記》趙世家 및 《戰國策》趙策 등 참조.

참고 및 관련 자료

1. 《史記》趙世家

三國攻晉陽, 歲餘, 引汾水灌其城, 城不浸者三版. 城中懸釜而炊, 易子而食. 群臣皆有外心, 禮益慢, 唯高共不敢失禮. 襄子懼, 乃夜使相張孟同私於韓·魏. 韓·魏與合謀, 以三月丙戌, 三國反滅知氏, 共分其地. 於是襄子行賞, 高共爲上. 張孟同曰:「晉陽之難, 唯共無功.」襄子曰:「方晉陽急, 群臣皆懈, 惟共不敢失人

臣禮, 是以先之.」於是趙北有代, 南幷知氏, 彊於韓‧魏. 遂祠三神於百邑, 使原過主霍泰山祠祀.

2.《戰國策》趙策(一)

知伯從韓‧魏兵以攻趙, 圍晉陽而水之, 城下不沉者三板. 郄疵謂知伯曰:「韓‧魏之君必反矣.」知伯曰:「何以知之?」郄疵曰:「以其人事知之. 夫從韓‧魏之兵而攻趙, 趙亡, 難必及韓‧魏矣. 今約勝趙而三分其地. 今城不沒者三板, 臼竈生鼃, 人馬相食, 城降有日, 而韓‧魏之君無憙(喜)志而有憂色, 是非反如何也?」明日, 知伯以告韓‧魏之君曰:「郄疵言君之且反也.」韓‧魏之君曰:「夫勝趙而三分其地, 城今且將拔矣. 夫三(二)家雖愚, 不棄美利於前, 背信盟之約, 而爲危難不可成之事, 其勢可見也. 是疵爲趙計矣, 使君疑二主之心, 而解於攻趙也. 今君聽讒臣之言, 而離二主之交, 爲君惜之.」趨而出. 郄疵謂知伯曰:「君又何以疵言告韓‧魏之君爲?」知伯曰:「子安知之?」對曰:「韓‧魏之君視疵端而趨疾.」郄疵知其言之不聽, 請使於齊, 知伯遣之. 韓‧魏之君果反矣.

〈정어鄭語〉 총 1권

정鄭

희성姬姓의 제후국으로 서주 말기 주周 선왕宣王이 그 아우 환공桓公, 姬友을 정(鄭, 지금의 陝西 華縣 동쪽)에 봉하였다. 유왕幽王 때 환공은 왕실의 사도司徒였으며 서주가 장차 망할 것임을 알고 그는 스스로 괵虢과 회鄶의 중간 지금의 하남河南 형양滎陽과 신정新鄭 일대로 봉자를 옮겼다. 서주가 멸망하자 환공은 그 난에 죽음을 당하였고 그 아들 무공武公이 주 평왕平王을 모셔 낙읍洛邑으로 천도, 동주東周를 일으키는 일을 도와 공을 세웠다. 그리하여 다시 주나라 경卿의 지위를 회복, 신정을 도읍으로 나라를 부흥시켰다. 장공莊公 때에는 진陳·허許를 치고 송宋나라의 공격을 막아내었으며, 북쪽 융戎을 정벌하는 등 세력을 키워 마침내 종주국 주나라와 인질을 교환하기도 하였으며, 주 환왕桓王의 공격을 저지하여 춘추 초기 작은 패자의 지위에 오르기도 하였다. 뒤에 내부의 정권쟁탈에 휘말려 세력이 약화되었으나 그래도 중원의 가장 중앙에 위치하여 춘추 말기에는 뛰어난 재상 자산子産의 지도력에 힘입어 나라의 안정을 얻을 수 있었다. 그러나 전국시대 이르러 다시 군신들의 정권쟁탈이 벌어져 결국 한韓나라의 잠식을 견디지 못하고 정鄭 강공康公 21년(B.C.375) 한나라에게 병탄되어 나라가 망하고 말았다.

✹ 서주 말부터 환공부터 춘추 말기까지(B.C.806~476)의 정나라 임금 세계는 대략 다음과 같다. ( )안은 재위 기간.

桓公(36) → 武公(27) → 莊公(43) → 厲公(4) → 昭公(2) → 子亹(1) → 子嬰(14) → 厲公(7) → 文公(45) → 穆公(繆公, 22) → 靈公(1) → 襄公(18) → 悼公(2) → 成公(14) → 釐公(5) → 簡公(36) → 定公(15) → 獻公(13) → 成公(17년 이후는 戰國시대로 이어짐)

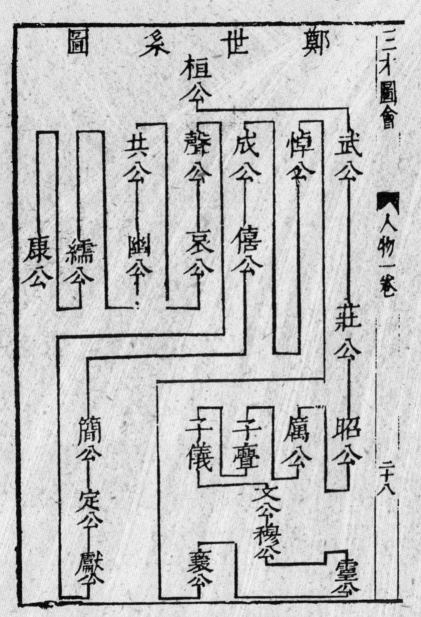

鄭世系圖

〈鄭世系圖〉《三才圖會》

卷十六 鄭語

206(16-1) 史伯爲桓公論興衰
사백이 환공을 위하여 흥망성쇠를 논하다

정鄭 환공桓公은 주周 유왕幽王의 사도司徒로써, 주나라 백성들과 동쪽 사람들에게 크게 민심을 사고 있었다. 그가 사백史伯에게 이렇게 물었다.

"왕실에 변고가 많으니 그 변고가 나에게까지 미칠까 두렵소. 어디 도망하여 죽음을 면할 수는 없겠소?"

사백이 대답하였다.

"왕실이 장차 비천해지고 융적戎狄이 틀림없이 번창하게 될 것이니 그들에 가까이 있어서는 안 될 것이오. 성주成周를 담당하고 있는 나라로 남쪽으로는 형만荊蠻·신申·여呂·응應·등鄧·진陳·채蔡·수隨·당唐이 있고, 북쪽으로는 위衛·연燕·적狄·선우鮮虞·노潞·낙洛·천泉·서徐·포蒲가 있으며, 서쪽으로는 우虞·괵虢·진晉·외隗·곽霍·양楊·위魏·예芮가 있으며, 동쪽으로는 제齊·노魯·조曹·송宋·등滕·설薛·추鄒·거莒가 있어 이들은 왕실의 서자나 친동생, 조카, 외삼촌이 아니면 모두가 만이융적蠻夷戎狄이 세운 나라들입니다. 혈친이 아니면 완고하니 그러한 나라로 들어가서는 안 됩니다. 그러니 제수濟水·낙수洛水·하수河水·영수潁水 사이면 어떨까요! 이곳은 자작子爵이나 남작男爵의 나라로써 그 중 괵虢과 회鄶가 큰 나라이지만 괵숙虢叔은 세력을 믿고 있으며, 회중鄶仲은 험한 지형을 믿고 있습니다. 그러나 그들은 모두가 교만하고 사치스러우며, 태만하고 게으른데다가 탐욕스럽고 모험하기도 좋아합니다. 그대가 만약 주나라에 난이 일어날 것임을 이유로 가족과 재물을 그 나라에 맡긴다면 감히 허락하지 않을 수 없을 것입니다. 그리하여 주나라가 혼란이 일어나 피폐해지고 게다가 저들의 교만과 탐욕을 더한다면 저들은 장차 틀림없이 그대를 배반할 것이며 그 때 그대는 성주의 무리로써 천자를 받든다는 구실로 저들의 죄를 토벌한다면 그들을 이기지 못할 이유가 없습니다.

이 두 읍邑을 이기고 나면, 언鄢·폐弊·보補·주舟·의依·유黝·역歷·화華는 그대의 땅이 되는 것입니다. 그리고 앞에는 화산華山, 뒤에는 하수河水, 오른쪽은 낙수洛水, 왼쪽은 제수濟水로 방비를 삼고, 부산釜山과 귀산騩山을 주산으로 하고, 진수溱水와 유수洧水를 마시며, 전형典刑을 정비하여 지키게 되면 가히 조금은 견고히 견딜 수 있을 것입니다."

환공이 말하였다.

"남쪽은 불가합니까?"

사백이 말하였다.

"무릇 형荊, 楚나라 자작子爵의 군주 웅엄熊嚴이 네 아들을 낳았습니다. 백상伯霜·중설仲雪·숙웅叔熊·계순季紃이지요. 숙웅은 난을 피하여 복복濮 땅으로 가서 만족蠻族이 되었고, 계순이 왕으로 들어섰으나 원씨薳氏가 숙웅을 왕으로 세우려다 난을 일으켰으나 성공하지 못하였습니다. 이는 하늘이 계순의 마음을 열어 준 것입니다. 그는 매우 총명하고 화합을 이루어 선왕의 공덕을 앞지를 정도입니다. 내 듣기로 하늘이 열어 준 왕위는 10대가 흘러도 교체되지 아니한다 하였습니다. 그 자손이 틀림없이 땅을 더욱 넓혀갈 것이니, 그에 가까이 있어서도 안 됩니다. 게다가 그들은 중씨重氏과 여씨黎氏의 후손으로서 여씨는 고신씨高辛氏의 화정火正이었으며, 그는 밝고 돈독한 덕행으로써 천지에 광명과 덕을 폈으며, 그 업적이 사해四海를 비춰 그를 '축융祝融'이라 부르며 그 공이 지대합니다. 무릇 천지에 큰 공을 세운 자는 그 자손이 창성하지 않은 적이 없으니 바로 우虞·하夏·상商, 주나라가 그 예입니다. 우순虞舜의 선조 우막虞幕은 능히 바람의 소리를 잘 듣고 조화를 이루어 만물의 생장을 즐겁게 이루어 준 사람입니다. 그런가 하면 하우夏禹는 능히 물과 땅을 다스려 만물이 제자리를 잡아 번성하도록 한 자이며, 상商나라 시조 설契은 능히 오교五教를 화합으로 이끌어 백성을 보호한 자이며, 주나라 시조 희기姬棄는 능히 온갖 곡물과 채소를 심고 가꾸어 백성의 의식을 해결해 주었던 사람입니다. 이들 후손은 모두 왕공王公이나 후백侯伯이 되었습니다. 축융 역시 능히 천지의 광명을 밝게 드러내어 밝혀 좋은 곡식을 부드럽게

자라게 하고 재용을 훌륭하게 키워낸 자로써 그 후손 여덟 개 성씨가
주나라 말기에 후백이 되었습니다. 즉 전대에 만물을 제정하는 것을
도운 자로써 곤오昆吾는 하나라 때 백伯이 되었고, 대팽大彭과 시위豕韋는
상나라 때 백이 되었으며, 우리 주나라 때에는 아직 없습니다. 기성己姓
으로 곤오씨, 소씨蘇氏·고씨顧氏·온씨溫氏·동씨董氏가 있으며, 동성董姓
으로는 종이씨鬷夷氏와 환룡씨豢龍氏가 있었으나 하나라 때 사라지고 없습
니다. 팽성彭姓으로는 팽조씨彭祖氏·시위씨豕韋氏·제계씨諸稽氏가 있었
으나 상나라 때 사라지고 말았습니다. 그리고 독성禿姓의 주인舟人은 주
나라 때 사라지고 없습니다. 운성妘姓으로는 오씨鄔氏·회씨鄶氏·노씨
路氏·핍양씨偪陽氏가 있으며, 조성曹姓으로는 추씨鄒氏·거씨莒氏가 있으며
이들은 모두 채복采服이나 위복衛服으로 멀리 변방에 있으며 간혹 왕실에
있기도 하고 또는 먼 이적夷狄 지역에 있어 숫자에 넣어 줄 만하지는
못하며, 게다가 뚜렷하게 이름난 사람도 없으니 틀림없이 흥하게 되지는
못할 것입니다. 짐성斟姓은 그 후손이 없습니다. 축융의 후손으로 흥성할
자는 초나라의 미성芈姓일 것입니다! 미성 중에 기월씨夔越氏는 천명을
받기에 부족합니다. 만蠻 땅의 미성은 만족蠻族이 되었으나 오직 형
(荊, 초)만은 덕을 밝히고 있으니 주나라가 쇠하면 틀림없이 그들이 흥할
것입니다. 강성姜姓의 제齊나라와 영성嬴姓의 진秦나라 그리고 미성의 형
(초)나라는 실로 여러 희씨姬氏와 번갈아 가면서 흥패를 거듭할 것입니다.
강성의 제나라는 백이伯夷의 후손이며, 영성의 진나라는 백예伯翳의 후손
입니다. 백이는 능히 신에게 예를 다하여 요堯를 보좌한 자이며, 백예는
능히 온갖 사물을 특징을 밝혀 순舜을 보좌하였던 사람입니다. 그들
후손은 모두가 제사를 끊어지지 않게 하였으나 아직 흥성한 자는 없으니
주나라가 쇠약해지면 장차 나타날 것입니다.”
환공이 다시 물었다.
“사謝 땅 서쪽 구주九州는 어떻습니까?”
사백이 대답하였다.
“그곳 백성들은 답탐沓貪하고 잔인합니다. 가까이 할 수 없습니다.

사와 겹郟 땅 사이에 있는 나라 총재나 임금은 사치와 교만이 심하고 그 백성들은 그 임금을 마구 대합니다. 주나라의 덕교德敎가 아직 그곳에 미치지 못하였기 때문입니다. 그 임금을 바꾸고 주나라의 덕교로 가르친다면 쉽게 가질 수 있으며 또한 길이 활용할 수 있을 것입니다."

환공이 물었다.

"주나라는 피폐해질까요?"

사백이 대답하였다.

"아마 틀림없이 피폐해질 것입니다. 〈태서泰誓〉에 '백성이 원하는 바는 하늘은 반드시 그들을 따라 준다'라 하였습니다. 지금 왕은 고명한 신하들은 버리고 참언과 사특한 이들의 말을 좋아합니다. 그리고 후덕한 관상을 가진 자는 미워하고 완악한 어린아이 같은 고집쟁이를 가까이 하고 있습니다. 화和는 버리고 '동同'만 취하여 등용하고 있습니다. '화'란 만물을 살리는 것인데, '동'만 들어 쓴다면 이어갈 수가 없습니다. 나른 것으로써 다른 것을 화평하게 하는 것을 일러 '화'라 하는 것이니 그 때문에 만물이 풍요롭게 자라 그 돌아갈 곳으로 찾아가는 것입니다. 그러나 '동'으로써 '동'을 보충한다면 모든 것이 버려지고 맙니다. 그 때문에 선왕들께서는 토土로써 금목수화金木水火와 섞이게 하여 온갖 만물을 성취시켰던 것입니다. 이로써 오미五味가 조화를 이루면 입맛에 맞는 것이요, 그로써 사지四支가 강건해져서 몸을 보위하는 것입니다. 그리고 육률六律이 화음을 이루어 귀에 밝게 들리면, 칠체七體를 바르게 하여 마음을 사용할 수 있게 되는 것으로써 팔삭八索을 평온히 하여 성인成人이 되고, 구기九紀를 세워 순덕純德을 확립하며, 십수十數를 합하여 백체百體를 가르치며, 천품千品을 만들어 내고, 만방萬方을 갖추며, 억사億事를 계획하고, 조물兆物을 재료로 삼으며, 경입經入을 거두어들이며, 해극姟極까지 행해 볼 수 있게 되는 것입니다. 이 까닭으로 왕자王者는 구해九畡의 땅에 살면서 경입經入을 거두어 조민兆民을 먹여 살리는 것으로써, 주周나라의 교훈으로 능히 이들을 활용하여 화락和樂을 하나같이 해 내는 것입니다. 이와 같이 하면 '화'가 이르러 올 것입니다. 이에 선왕들은 그 후비后妃를 이성異姓에서 취하며 재물을 천하 사방에서 구하며, 신하를 선발하고 간언하는 백공의 말을 청취하며 재물 늘리기를 강구하여 화동和同을 구분하기에 힘썼던 것입니다. 똑같은 하나의 소리라면 들을 필요가 없을 것이며, 똑같은 물건이라면 그 특징을 드러낼 수 없을 것이며, 똑같은 한 가지 맛이라면 그 맛을 알 수 없을 것입니다. 물건이 같다면 선택할 수가 없기 때문입니다. 그런데 지금 유왕은 이와 같은 조화는 버리고 오로지 같은 것만을 허락하고 있습니다. 하늘이 장차 그의 총명함을 빼앗아 갈 것인데 피폐해지지 않고 싶어한들 그렇게 될 수 있겠습니까?

무릇 괵석보虢石父는 아첨과 교묘한 말로 남을 따르는 자인데, 유왕은 그를 경사卿士로 세웠으니 이는 자신에게 오로지 같다고만 하는 자와 함께 하는 것이며, 정식 빙례를 치른 신후申后를 버리고 내첩內妾 포사襃姒를 왕비로 세웠으니 이는 궁하고 꽉 막힌 자를 좋아하는 것이며, 주유侏儒나 척시戚施 따위를 임금 곁에 두고 있으니 이는 완악한 어린 것을 가까이 하는 것입니다. 그런가 하면 주나라 법통은 밝혀지지 아니하고, 부인들의 말이 행해지고 있으니 이는 참소와 간특함을 등용하는 것이며, 경사의 직위를 옳게 세우지 아니하고 요상한 자를 등용하고 요행만 자라는 자를 곁에 두니, 이는 어둡고 우매한 행동을 하는 것입니다. 이러한 인물들을 데리고는 나라를 오래 이끌 수 없습니다. 게다가 선왕宣王 때에 이러한 동요童謠가 퍼졌습니다.

'뽕나무 활과 기초箕草로 만든 화살통, 이를 팔러 다니는 자가 주나라 를 망하게 하리라.'

선왕이 이 소문을 들었더니 마침 이러한 물건을 팔고 다니는 부부가 있어 왕은 사람을 시켜 잡아 죽여 버리도록 하였습니다. 이때 왕부王府의 소첩 하나가 여아를 낳았는데 왕의 자식이 아니었습니다. 그는 겁을 먹고 그 어린 여아를 갖다 버렸습니다. 한편 부부가 도망을 가다가 이 아이를 거두어 포襃나라로 달아났습니다. 하늘의 명이 이처럼 오래되었는 데 어찌 나라가 지탱될 수 있겠습니까? 〈훈어訓語〉에 이렇게 되어 있지요.

'하夏나라가 쇠퇴해지자, 포나라 사람들의 신神이 두 마리의 용으로 변하여 함께 하나라 왕의 뜰에 나타나 '나는 포나라의 두 임금이다'라고 말하는 것이었다. 하나라 왕이 걸桀이 이를 죽여 없앨 것인지, 아니면 그대로 둘 것인지 점을 쳐 보았더니 모두가 길하지 않았다. 이에 다시 점을 쳤더니 그 용의 침을 받아 보관하면 길하다고 나왔다. 이에 포폐布幣를 바치고 제문을 지어 고하였더니 그 용은 사라지고 그 침만 남았다. 궤짝을 만들어 그 침을 보관하고 교제郊祭를 올렸다.'

은殷나라를 지나 주周나라에 이르면서 이를 펴 보지 않았습니다. 그런데 여왕厲王의 말기에 이를 열어 들여다보았더니 침이 궁정까지 흘러나왔는데 제거할 수가 없었습니다. 여왕은 부인들을 시켜 치마를 입지 않은 채 떠들썩하게 소리를 내도록 하였습니다. 그랬더니 그 침이 현원玄黿으로 변하더니 왕부로 들어가는 것이었습니다. 왕부에는 동첩童妾으로 아직 젖니도 갈지 않은 여아가 있었는데 이 현원과 맞닥뜨리게 되었습니다. 이윽고 그 아이가 계년笄年이 되자 태기가 나타난 것입니다. 그리하여 선왕 때에 아이를 낳았는데 아비가 없다하여 기르기를 포기하고 두려워 그만 내다 버린 것입니다. 활과 화살통을 팔던 부부가 길에서 죽음을 당하려 할 때 마침 부부는 밤에 그 아이의 애처로운 울음소리에 아이를 거두어 달아났으며 포나라 땅으로 도망하게 되었던 것입니다. 포나라 사람들은 자신들이 군주 포후褒姁가 주나라에 죄를 지어 옥에 갇히자, 이 여인을 주왕에게 바쳤고 왕은 드디어 그를 곁에 두게 되었으며, 임금이 홀딱 빠진 여자가 바로 이 여자인 것입니다. 드디어 그를 후비로 올려 주었고 백복伯服까지 낳았습니다. 하늘이 이를 태어나게 한 지가 이미 오래되었으며, 그 해독 또한 큰 것으로 준비해 두었다가 장차 주나라 왕이 덕을 일탈하기를 기다려 이에 함께 보태 준 것입니다. 독이 센 술이나 고기는 사람을 죽이는 힘도 그만큼 심하고 빠른 것입니다. 지금 신申과 증繒 두 나라는 서융西戎에서 막 강대해진 나라이고 왕실은 바야흐로 소란스러워지며, 유왕幽王은 하고 싶은 대로 다하고 있으니 어찌 어렵지 않겠습니까? 유왕이 신후 소생의 태자를 죽이고 포사 소생의 백복을 태자로 삼으면 태자는 외갓집 신나라로 도망할 것이고, 유왕은 틀림없이 신나라에게 태자를 돌려보낼 것을 요구할 것이며 신나라 사람들은 그를 넘겨 주지 않을 것이며, 결국 유왕은 신나라를 칠 것입니다. 만약 신나라를 치면 증나라는 서융을 모아 주나라를 쳐들어 올 것이며, 주나라는 지켜낼 수가 없게 될 것입니다! 증나라와 서융은 바야흐로 신나라를 고맙게 여기고 있고, 신나라와 여呂나라는 지금 막 강성해지고 있으니 그들도 태자를 지극히 사랑할 것임은 쉽게 알 수 있습니다. 유왕의 군사가 만약 그들 나라에 들어가게 된다면, 여나라 군대가 달려와 태자를 구제할 것임은 틀림없는 사실입니다. 유왕이 노하면 괵공虢公 석보는 왕의 의견을 따를 것이며 그렇게 되면 주나라의 존망은 불과 3년을 넘기지 못할 것입니다! 그대께서 만약 그 난을 피하고자 하신다면 피할 곳을 속히 정하시기 바랍니다. 아마 시간이 없지 않을까 두렵습니다!"

환공이 물었다.

"만약 주나라가 쇠망한다면 여러 희씨姬氏 가운데 누가 흥하겠습니까?"

사백이 말하였다.

"제가 듣기로 무왕武王은 그 아버지 문왕文王의 공적을 밝혀 빛내었다 하였으니 문왕의 복이 다하고 나면 무왕의 후손이 뒤를 잇지 않을까요! 무왕의 아들로서 응후應侯와 한후韓侯는 지금 남아 있지 않으니 아마 진晉일 것입니다! 그 나라는 험한 지형을 가지고 있고 이웃은 모두 작은 나라이니 여기에 만약 덕을 베풀어 더한다면 가히 크게 펴나갈 수 있을 것입니다."

환공이 물었다.

"강씨姜氏의 제齊나라와 영씨嬴氏의 진秦나라는 누가 흥할 것 같습니까?"

사백이 대답하였다.

"무릇 나라가 크고 덕이 있는 자가 빨리 흥할 것입니다. 진중秦仲과 제후齊侯는 강씨와 영씨로써 준걸들이며 게다가 나라도 크니 장차 흥하지 않겠습니까?"

환공은 기꺼워하며 이에 동쪽 나라에 처자와 재산을 맡기자, 괵나라와 회나라가 이를 받아 주었다. 이렇게 하여 10읍邑이 모두 정 환공의 재물과 가족의 기탁처가 되었다.

桓公爲司徒, 甚得周衆與東土之人, 問於史伯曰:「王室多故, 余懼及焉, 其何所可以逃死?」

史伯對曰:「王室將卑, 戎狄必昌, 不可偪也. 當成周者, 南有荊蠻·申·呂·應·鄧·陳·蔡·隨·唐; 北有衛·燕·狄·鮮虞·潞·洛·泉·徐·蒲; 西有虞·虢·晉·隗·霍·楊·魏·芮; 東有齊·魯·曹·宋·滕·薛·鄒·莒, 是非王之支子母弟甥舅也, 則皆蠻夷戎狄之人也. 非親則頑, 不可入也. 其濟·洛·河·潁之間乎! 是其子男之國, 虢·鄶爲大, 虢叔恃勢, 鄶仲恃險, 是皆有驕侈怠慢之心, 而加以貪冒. 君若以周難之故, 寄孥與賄焉, 不敢不許. 周亂而弊, 是驕而貪, 必將背君, 君若以成周之衆, 奉辭伐罪, 無不克矣. 若克二邑, 鄢·弊·補·舟·依·𩏂·歷·華, 君之土也. 若前華後河, 右洛左濟, 主芣·騩而食溱·洧, 修典刑以守之, 是可以少固.」

公曰:「南方不可乎?」

對曰:「夫荊子熊嚴生子四人: 伯霜·仲雪·叔熊·季紃. 叔熊逃難於濮而蠻, 季紃是立, 薳氏將起之, 禍又不克. 是天啓之心也. 又甚聰明和協, 蓋其先王. 臣聞之, 天之所啓, 十世不替. 夫其子孫必光啓土, 不可偪也. 且重·黎之後也, 夫黎爲高辛氏火正, 以淳耀敦大, 天明地德, 光照四海, 故命之曰『祝融』, 其功大矣.

夫成天地之大功者, 其子孫未嘗不章, 虞·夏·商·周是也. 虞幕能聽協風, 以成樂物生者也. 夏禹能單平水土, 以品處庶類者也. 商契能和合五教, 以保于百姓者也. 周棄能播殖百穀蔬, 以衣食民人者也. 其後皆爲王公侯伯. 祝融亦能昭顯天地之光明, 以生柔嘉材者也, 其後八姓於周未有侯伯. 佐制物於前代者, 昆吾爲夏伯矣, 大彭·豕韋爲商伯矣. 當周未有. 己姓昆吾, 蘇·

顧·溫·董, 董姓鬷夷·豢龍, 則夏滅之矣. 彭姓彭祖·豕韋·諸稽,
則商滅之矣. 禿姓舟人, 則周滅之矣. 妘姓鄔·鄶·路·偪陽, 曹姓
鄒·莒, 皆爲采衛, 或在王室, 或在夷狄, 莫之數也. 而又無令聞,
必不興矣. 斟姓無後. 融之興者, 其在羋姓乎! 羋姓蔞越不足命也.
蠻羋蠻矣, 唯荊實有昭德, 若周衰, 其必興矣. 姜·嬴·荊羋, 實與
諸姬代相干也. 姜, 伯夷之後也; 嬴, 伯翳之後也. 伯夷能禮於神
以佐堯者也, 伯翳能議百物以佐舜者也. 其後皆不失祀而未有
興者, 周衰其將至矣.」

公曰:「謝西之九州, 何如?」

對曰:「其民沓貪而忍, 不可因也. 唯謝·郟之間, 其冢君侈驕,
其民怠沓其君, 而未及周德; 若更君而周訓之, 是易取也, 且可
長用也.」

公曰:「周其弊乎?」

對曰:「殆於必弊者也.〈泰誓〉曰:『民之所欲, 天必從之.』
今王棄高明昭顯, 而好讒慝暗昧; 惡角犀豐盈, 而近頑童窮固.
去和而取同. 夫和實生物, 同則不繼. 以他平他謂之和, 故能豐
長而物歸之; 若以同裨同, 盡乃棄矣. 故先王以土與金木水火雜,
以成百物. 是以和五味以調口, 剛四支以衛體, 和六律以聰耳,
正七體以役心, 平八索以成人, 建九紀以立純德, 合十數以訓
百體. 出千品, 具萬方, 計億事, 材兆物, 收經入, 行姟極. 故王者
居九畡之田, 收經入以食兆民, 周訓而能用之, 和樂如一. 夫如是,
和之至也. 於是乎先王聘后於異姓, 求財於有方, 擇臣取諫工
而講以多物, 務和同也. 聲一無聽, 物一無文, 味一無果. 物一不講.
王將棄是類也而與剸同. 天奪之明, 欲無弊, 得乎?

夫虢石父讒諂巧從之人也，而立以爲卿士，與剸同也；棄聘后而立內妾，好窮固也；侏儒戚施，實御在側，近頑童也；周法不昭，而婦言是行，用讒慝也；不建立卿士，而妖試幸措，行暗昧也．是物也，不可以久．且宣王之時有童謠曰：『檿弧箕服，實亡周國．』於是宣王聞之，有夫婦鬻是器者，王使執而戮之．府之小妾生女而非王子也，懼而棄之．此人也，收以奔褒．天之命此久矣，其又何可爲乎？〈訓語〉有之曰：『夏之衰也，褒人之神化爲二龍，以同于王庭，而言曰：‘余，褒之二君也．’夏后卜殺之與去之與止之，莫吉．卜請其漦而藏之，吉．乃布幣焉而策告之，龍亡而漦在，櫝而藏之，傳郊之．』及殷·周，莫之發也．及厲王之末，發而觀之，漦流于庭，不可除也．王使婦人不幃而譟之，化爲玄黿，以入于王府．府之童妾未旣齓而遭之，旣笄而孕，當宣王時而生．不夫而育，故懼而棄之．爲弧服者方戮在路，夫婦哀其夜號也，而取之以逸，逃于褒．褒人褒姁有獄，而以爲入於王，王遂置之，而嬖是女也，使至於爲后而生伯服，天之生此久矣，其爲毒也大矣，將使候淫德而加之焉．毒之酋腊者，其殺也滋速．申·繒，西戎方彊，王室方騷，將以縱欲，不亦難乎？王欲殺太子以成伯服，必求之申，申人弗畀，必伐之．若伐申，而繒與西戎會以伐周，周不守矣！繒與西戎方將德申，申·呂方彊，其隩愛太子亦必可知也，王師若在，其救之亦必然矣．王心怒矣，虢公從矣，凡周存亡，不三稔矣！君若欲避其難，其速規所矣，時至而求用，恐無及也！」

公曰：「若周衰，諸姬其孰興？」

對曰：「臣聞之，武實昭文之功，文之祚盡，武其嗣乎！武王之子，應·韓不在，其在晉乎！距險而隣於小，若加之以德，可以大啓．」

公曰:「姜·嬴其孰興?」

對曰:「夫國大而有德者近興, 秦仲·齊侯, 姜·嬴之儁也, 且大, 其將興乎?」

公說, 乃東寄帑與賄, 虢·鄶受之, 十邑皆有寄地.

【桓公】鄭 桓公. 鄭나라에 처음 봉을 받은 임금. 周 厲王의 막내아들이며 주 宣王의 아우. 이름은 友(姬友). 선왕 때 정에 봉해짐. 그는 주 幽王 8년 때 주나라 司徒 벼슬을 하고 있었음.

【東土】당시 西周 말기로써 도읍이 鎬京이었으며, 東土는 장차 平王이 도읍을 옮길 洛邑(洛陽) 지역을 말함.

【史伯】주나라의 太史. 史官.

【戎狄】당시 鎬京의 서쪽 이민족 戎과 북쪽 이민족 狄.

【成周】洛陽 일대를 말함. 周公이 洛邑에 東都를 건설하고 成周라 불렀음.

【荊蠻·申·呂·應·鄧·陳·蔡·隨·唐】荊蠻은 楚나라 鬻熊의 후대이며 羋姓. 申은 伯夷의 후예. 周 宣王 때 謝(지금의 河南 唐河縣 남쪽)에 봉해졌음. 呂는 姜姓으로 四嶽의 후예. 지금의 河南 南陽 서쪽. 應은 姬姓으로 周 武王의 아들이 지금의 河南 魯山 동쪽에 봉해졌던 나라. 鄧은 曼姓으로 지금의 湖北 襄樊市에 있던 소국. 陳은 嬀姓으로 舜의 후손이며 宛丘(지금의 河南 淮陽)에 있던 나라. 蔡는 역시 姬姓으로 지금의 河南 上蔡에 봉을 받았던 나라. 隨는 姬姓으로 지금의 湖北 隨州市 일대에 봉을 받았던 나라. 唐은 祁姓의 唐과 姬姓의 당이 있었으며 기성은 周 成王 때 망했고, 희성은 지금의 湖北 隨州 서북쪽 唐城鎭에 있던 나라임.

【衛·燕·狄·鮮虞·潞·洛·泉·徐·蒲】衛는 姬姓으로 周 武王의 아우 康叔이 봉해져 지금의 河南 淇縣, 滑縣, 濮陽, 沁陽 등으로 옮겨 다녔던 나라. 燕은 召公 奭(姬奭, 周公의 아우)이 薊(지금의 北京)에 봉을 받았던 나라. 狄은 北狄. 鮮虞는 狄의 姬姓을 이어온 이민족. 潞·洛·泉·徐·蒲 등은 모두가 赤狄이며 隗姓이었음.

【虞·虢·晉·隗·霍·楊·魏·芮】虞는 姬姓으로 古公亶甫의 아들 虞仲의 후손임. 지금의 山西 平陸. 虢은 姬姓으로 東虢과 西虢이 있었으며 虢叔의 후손. 지금의

陝西 寶鷄. 여기서는 西虢을 가리킴. 晉은 姬姓으로 周 成王(姬誦)의 아우 唐叔虞가 봉해진 것. 지금의 山西 남부였으며 翼(山西 翼城), 絳(翼城 동쪽), 新田(山西 曲沃 서남) 등지로 옮겨 다녔음. 隗는 韋昭 주에 姬姓의 나라였다 함. 霍 역시 姬姓으로 周 武王의 아우 叔處가 봉해졌던 곳이며 지금의 山西 霍縣 서남. 楊은 姬姓으로 지금의 山西 洪洞縣 동북. 魏 역시 姬姓으로 山西 芮城. 芮 역시 姬姓으로 陝西 大荔 근처.

【齊·魯·曹·宋·滕·薛·鄒·莒】齊는 姜姓으로 지금의 山東 동북. 姜太公이 봉을 받았던 나라. 魯는 山東 서부로 周公(姬旦)이 봉을 받았던 曲阜 일대. 曹는 姬姓으로 周 武王의 아우 叔振鐸이 봉을 받아 陶丘(지금의 山東 定陶 서남)를 근거로 했던 나라. 宋은 商이라고도 하며 子姓. 紂王의 庶兄 微子啓가 봉을 받았던 나라로 商丘(지금의 河南)에 있던 異姓 제후국. 滕은 姬姓으로 周 文王의 아들 錯叔繡가 봉을 받았으며 지금의 山東 滕縣 서남 일대. 薛은 任姓으로 奚仲이 夏나라 때 車正을 지내어 수레를 만들던 집안의 후손이며 지금의 山東 滕縣 동남 일대. 鄒는 曹姓으로 鄒(지금의 山東 鄒縣)에 도읍했던 나라. 莒는 己姓으로 介根(지금의 山東 膠州 서남)에 도읍하였다가 莒(山東 莒縣)로 옮겨간 나라.

【夷】원본에는 '荊'으로 되어 있으나 이는 '夷'가 맞음.

【虢·鄶】虢은 東虢을 가리키며 虢仲의 후예. 지금의 河南 滎陽 일대. 鄶는 妘姓이며 祝融의 후손으로 지금의 河南 密縣 동북 일대.

【鄢·弊·補·舟·依·䰾·歷·華】鄢은 고대 읍 이름. 지금의 河南 偃師 서남. 그 외의 지명도 지금의 偃師·滎陽·密縣 근처에 분포하였던 옛 성읍 이름. 韋昭 주에는 지금의 河南 新鄭 일대였다고 하였음.

【茅·騩】부(茅)와 귀(騩)는 모두 산 이름. 茅山과 騩山.

【溱·洧】둘 모두 물 이름. 溱水와 洧水.

【荊子】楚나라는 子爵이었으므로 '荊子'라 부른 것.

【叔熊】楚나라의 먼 조상. 濮으로 피난하였음.

【蓮氏】蔿氏로도 쓰며 楚나라 대부. 叔熊을 일으켜 왕으로 세우고자 하였음.

【重·黎】黃帝 顓頊氏 시대의 관직 이름. 重은 하늘의 변화를 맡아 살피고, 黎는 땅의 변화를 살피는 임무였음. 초나라는 이들이 조상이라고 여겼음.

【高辛氏】帝嚳을 말하며 黃帝의 증손, 堯의 아버지. 黎는 顓頊 이후 火正을 맡았음. 火正은 불을 관장하는 직책.

【虞幕】虞舜의 먼 조상.

【五教】五義와 같음. 父義(仁)·母慈·兄友·弟恭·子孝의 다섯 가지 인륜.

【八姓】祝融의 후손을 말함. 己·董·彭·禿·妘·曹·斟·羋 등 여덟 성.

【前代】夏·商·周.

【昆吾】祝融의 후손. 이름은 樊. 己姓, 昆吾에 봉해졌음.

【大彭】彭祖. 이름은 籛, 彭姓.

【豕韋】彭姓으로써 豕韋 땅에 봉해진 자. 殷나라가 쇠한 뒤 이들은 모두 商伯이 되었음.

【昆吾·蘇·顧·溫·董】이 다섯 나라는 모두 곤오의 후예임.

【豢夷·豢龍】董姓으로 己姓의 후예이며, 龍을 잘 다루는 것으로써 舜을 섬겨 董姓을 받았고 豢龍氏라 하였음. 鬷川을 받았으며 夏나라 때 따로 豢夷를 食邑으로 받았다가 孔甲 이전에 망하였음.

【諸稽】大彭(彭祖)의 후예.

【禿姓舟人】禿姓은 彭祖의 한 갈래이며 舟人은 나라 이름.

【鄢·鄶·路·偪陽】鄶는 祝融의 후손 妘姓이며 鄶 땅에 봉을 받았음. 그 뒤에 다시 鄢·路·偪陽을 받아 이름이 분화되었음.

【鄒·莒】曹姓 역시 祝融의 후손으로 鄒, 莒에 봉을 받은 지파.

【采衛】采는 采服. 王城으로부터 2천 5백 리 밖. 衛는 衛服. 왕성으로부터 3천리 밖을 말함.

【斟姓】曹姓의 별파.

【羋姓】楚나라 선조의 族姓.

【夔越】夔는 음은 알 수 없음. 임시로 '기'로 읽음. 羋姓의 別國으로 熊繹의 6세손 熊摯의 후예. 越은 아주 멀리 떨어져 있음을 말함.

【蠻羋】叔熊을 가리킴.

【姜·嬴·荊羋】姜은 齊나라, 嬴은 秦나라, 荊羋는 楚나라를 각각 가리킴.

【伯夷】炎帝 神農氏의 후손으로 商代 孤竹國의 왕자. 四嶽의 후손이라 함.

【伯翳】舜임금 때 인물로 少昊 金天氏의 후예이며 伯益이라고도 부름.

【謝】宣王의 외삼촌 申伯의 나라. 지금의 河南 唐河縣에 있었음.

【九州】2천 5백가를 1州로 하였으며, 謝西의 九州는 謝邑 서쪽 아홉 개 주를 말함.

【沓貪】탐욕스러움을 나타내는 雙聲連綿語로 여겨짐. 그 아래의 '忿沓'도 같은 유형의 어휘임.

【郟】鄭나라 읍 이름. 지금의 河南 郟縣.

【角犀豐盈】관상학의 이론 중 顴이 풍성한 骨相을 말함. 현명하고 충정한 사람의 상이라 함.

【頑童窮固】덕이 없는 것을 '頑', 총명하지 못한 것을 '童', 불초함을 '窮', 몽폐함을 '固'라 한다 함.

【去和而取同】선을 함께 하고 서로 구제함을 '和'라 하고, 악을 함께 하여 조장하는 것을 '同'이라 한다 함.

【五味】酸·苦·甘·辛·鹹의 다섯 가지 맛.

【六律】律呂 중의 여섯 가지 律. 音律. 黃鍾·大簇·姑洗·蕤賓·夷則·無射.

【七體】七竅와 같음. 耳目口鼻의 7개 구멍. 그 중 目은 마음을 살피고, 耳는 마음들 들으며, 口는 마음의 내용을 말하며, 鼻는 마음의 향내를 맡는 역할을 하는 것으로 보았음.

【八索】八體와 같으며《易》의 八卦에 상응함. 乾은 머리, 坤은 배, 震은 발, 巽은 팔, 離는 눈, 兌는 입, 坎은 귀, 艮은 손에 해당한다 함.

【九紀】九臟. 몸 속의 아홉 가지 臟器. 五臟(心·肝·脾·肺·腎)에 胃·膀胱·腸·膽을 더한 것.

【姟】숫자의 단위. 亥와 같음. 본문 앞에서부터 五味·四支·六律·七體·八索·九紀·十數·百體·千品·萬方·億事·兆物·經入·亥極으로 단위를 높여 표현한 것임.

【九畡】九州의 끝. 아주 먼 곳.

【有方】방향이 있는 곳. 즉 천지사방을 뜻함.

【虢石父】괵나라 군주.

【聘后】聘禮를 치른 정식 왕후. 여기서는 申后를 가리킴.

【內妾】'內'은 '納'과 같으며 첩으로 들어온 여인. 여기서는 褒姒를 가리킴.

【戚施】등이 굽은 배우. 임금을 즐겁게 하는 궁중 藝人들을 말함.

【宣王】厲王의 아들이며 幽王의 아버지. 이름은 靖(靜).

【此人】檿弧와 箕服(화살통)을 파는 사람. 檿弧는 뽕나무로 만든 활이며 箕服은 箕草로 만든 화살 통.

【襃】‘褒’로도 쓰며 나라 이름. 姒姓이며 지금의 陝西 勉縣 동남쪽이었음.

【訓語】《周書》를 말함.

【夏后】夏나라 말왕 桀임금.

【鼗】‘시’로 읽으며 침.

【玄黿】검은색의 도마뱀. 도룡뇽. 자라. 혹은 團魚라고도 함. 용의 침이 변하여 생긴 파충류.

【齔】어린 나이로 이를 가는 때. 7, 8세쯤의 나이를 말함.

【笄】비녀를 꽂는 笄禮의 나이. 15세의 여자.

【逸】피하여 숨거나 감춤.

【襃姁】‘포후’로 읽으며 포나라 임금.

【酋腊】‘酋’는 ‘오래도록 익히다’의 뜻이며 ‘腊’은 말린 고기의 독.

【申, 繒, 西戎】申은 姜姓으로 申后의 고국. 申나라 군주는 申后의 아버지이며 幽王의 태자 宜臼의 외할아버지. 繒는 姒姓으로 申과 이웃한 나라. 西戎의 申과 가까운 서쪽 이민족의 나라.

【太子】申后가 낳은 宜臼.

【陳愛】아주 지극히 사랑함을 말함.

【稔】‘年’과 같은 뜻. 곡식이 한 번 익고 난 다음까지의 기간.

【武實昭文】武는 武王(姬昌), 文은 文王(姬發).

【應韓】應은 應侯. 韓은 韓侯. 모두 武王의 후손.

【秦仲】周 宣王의 대부로 嬴姓이었으며 秦나라의 선대.

【齊侯】齊 莊公. B.C.794~731년까지 64년간 재위함.

【帑】‘孥’와 같음. 처자와 가족 전체를 의미함.

【十邑】虢과 鄶, 그리고 鄔, 弊 등 8개 읍. 韋昭 주에 “十邑·謂虢·鄶·鄔·弊·補·舟·依·柔·歷·華也. 後桓公之子武公, 竟取十邑之地而居之, 今河南新鄭是也”라 함.

참고 및 관련 자료

1. 《左傳》僖公 24년

鄭之入滑也, 滑人聽命. 師還, 又卽衛. 鄭公子士·洩堵兪彌帥師伐滑. 王使伯服·

游孫伯如鄭請滑. 鄭伯怨惠王之入而不與厲公爵也, 又怨襄王之與衛滑也. 故不聽王命, 而執二子. 王怒, 將以狄伐鄭. 富辰諫曰:「不可. 臣聞之, 大上以德撫民, 其次親親, 以相及也. 昔周公弔二叔之不咸, 故封建親戚以蕃屛周. 管・蔡・郕・霍・魯・衛・毛・聃・郜・雍・曹・滕・畢・原・酆・郇, 文之昭也. 邘・晉・應・韓, 武之穆也. 凡・蔣・邢・茅・胙・祭, 周公胤也. 召穆公思周德之不類, 故糾合宗族于成周而作詩, 曰:'常棣之華, 鄂不韡韡. 凡今之人, 莫如兄弟.' 其四章曰:'兄弟鬩于牆, 外禦其侮.' 如是, 則兄弟雖有小忿, 不廢懿親. 今天子不忍小忿以棄鄭親, 其若之何? 庸勳・親親・暱近・尊賢, 德之大者也. 即聾・從昧・與頑・用嚚, 姦之大者也. 弃德・崇姦, 禍之大者也. 鄭有平・惠之勳, 又有厲・宣之親, 弃嬖寵而用三良, 於諸姬爲近, 四德具矣. 耳不聽五聲之和爲聾, 目不別五色之章爲昧, 心不則德義之經爲頑, 口不道忠信之言爲嚚. 狄皆則之, 四姦具矣. 周之有懿德也, 猶曰'莫如兄弟', 故封建之. 其懷柔天下也, 猶懼有外侮; 扞禦侮者, 莫如親親, 故以親屛周. 召穆公亦云. 今周德既衰, 於是乎又渝周弃召, 以從諸姦, 無乃不可乎? 民未忘禍, 王又興之, 其若文・武何? 王弗聽, 使頽叔・桃子出狄師. 夏, 狄伐鄭, 取櫟. 王德狄人, 將以其女爲后. 富辰諫曰:「不可. 臣聞之曰:'報者倦矣, 施者未厭.' 狄固貪惏, 王又啓之. 女德無極, 婦怨無終, 狄必爲患.」王又弗聽. 初, 甘昭公有寵於惠后, 惠后將立之, 未及而卒. 昭公奔齊, 王復之, 又通於隗氏. 王替隗氏. 頽叔・桃子曰:「我實使狄, 狄其怨我.」遂奉大叔以狄師攻王. 王御士將禦之, 王曰:「先后其謂我何? 寧使諸侯圖之.」王遂出, 及坎欿, 國人納之. 秋, 頽叔・桃子奉大叔以狄師伐周, 大敗周師, 獲周公忌父・原伯・毛伯・富辰. 王出適鄭, 處于氾. 大叔以隗氏居于溫.

2.《史記》周本紀

三年, 幽王嬖愛襃姒. 襃姒生子伯服, 幽王欲廢太子. 太子母申侯女, 而爲后. 後幽王得襃姒, 愛之, 欲廢申后, 并去太子宜臼, 以襃姒爲后, 以伯服爲太子. 周太史伯陽讀史記曰:「周亡矣.」昔自夏后氏之衰也, 有二神龍止於夏帝庭而言曰:「余, 襃之二君.」夏帝卜殺之與去之與止之, 莫吉. 卜請其漦而藏之, 乃吉. 於是布幣而策告之, 龍亡而漦在, 櫝而去之. 夏亡, 傳此器殷. 殷亡, 又傳此器周. 比三代, 莫敢發之, 至厲王之末, 發而觀之. 漦流于庭, 不可除. 厲王使婦人裸而譟之. 漦化爲玄黿, 以入王後宮. 後宮之童妾既齓而遭之, 既笄而孕, 無夫而生子, 懼而棄之. 宣王之時童女謠曰:「檿弧箕服, 實亡周國.」於是宣王聞之, 有夫婦賣是器者, 宣王使執而戮之. 逃於道, 而見鄉者後宮童妾所棄妖子出於路者, 聞其

夜啼, 哀而收之, 夫婦遂亡, 奔於褒. 褒人有罪, 請入童妾所棄女子者於王以贖罪. 棄女子出於褒, 是爲褒姒. 當幽王三年, 王之後宮見而愛之, 生子伯服, 竟廢申后及太子, 以褒姒爲后, 伯服爲太子. 太史伯陽曰:「禍成矣, 無可奈何!」褒姒不好笑, 幽王欲其笑萬方, 故不笑. 幽王爲烽燧大鼓, 有寇至則擧烽火. 諸侯悉至, 至而無寇, 褒姒乃大笑. 幽王說之, 爲數擧烽火. 其後不信, 諸侯益亦不至. 幽王以虢石父爲卿, 用事, 國人皆怨. 石父爲人佞巧善諛好利, 王用之. 又廢申后, 去太子也. 申侯怒, 與繒·西夷犬戎攻幽王. 幽王擧烽火徵兵, 兵莫至. 遂殺幽王驪山下, 虜褒姒, 盡取周賂而去. 於是諸侯乃卽申侯而共立故幽王太子宜臼, 是爲平王, 以奉周祀.

3.《十八史略》卷一

崩, 子幽王宮涅立. 初夏后氏之世, 有二龍降于庭, 曰:「予, 褒之二君.」卜藏其漦, 歷夏殷, 莫敢發, 周人發之, 漦化爲黿, 童妾遇之而孕, 生女, 棄之. 宣王時有童謠, 曰:『檿弧箕服, 實亡周國.』適有鬻是器者, 宣王使執之, 其人逃, 於道見棄女, 哀其夜號而取之, 逸於褒. 至幽王之時, 褒人有罪, 入是女於王, 是爲褒姒. 王嬖之, 褒姒不好笑, 王欲其笑, 萬方不笑. 故王與諸侯約, 有寇至, 則擧烽火, 召其兵來援, 乃無故擧火, 諸侯悉至, 而無寇, 褒姒大笑. 王廢申后及太子宜臼, 以褒姒爲后, 其子伯服爲太子. 宜臼奔申, 王求殺之, 弗得, 伐申, 申侯召犬戎攻王. 王擧烽火徵兵, 不至, 犬戎殺王驪山下.

4.《列女傳》孽嬖傳「周幽褒姒」

褒姒者, 童妾之女, 周幽王之后也. 初, 夏之衰也, 褒人之神化爲二龍, 同於王庭而言曰:「余, 褒之二君也.」夏后卜殺之與去, 莫吉. 卜請其漦, 藏之而吉. 乃布幣焉, 龍忽不見. 而藏漦櫝中, 乃置之郊. 至周, 莫之敢發也. 及周厲王之末, 發而觀之, 漦流於庭, 不可除也. 王使婦人裸而譟之, 化爲玄蚖, 入後宮, 宮之童妾未毀而遭之, 旣笄而孕, 當宣王之時産. 無夫而乳, 懼而棄之. 先是有童謠曰:「檿弧箕服, 寔亡周國.」宣王聞之, 後有人夫妻賣檿弧箕服之器者, 王使執而戮之. 夫妻夜逃, 聞童妾遭棄而夜號, 哀而取之, 遂竄於褒. 長而美好, 褒人姁有獄, 獻之以贖, 幽王受而嬖之, 遂釋褒姁, 故號曰褒姒. 旣生子伯服, 幽王乃廢后申侯之女, 而立褒姒爲后, 廢太子宜咎, 而立伯服爲太子. 幽王惑於褒姒, 出入與之同乘, 不恤國事, 驅馳弋獵不時, 以適褒姒之意, 飲酒流湎, 倡優在前, 以夜續晝. 褒姒不笑, 幽王乃欲其笑, 萬端, 故不笑. 幽王爲烽燧大鼓, 有寇至則擧. 諸侯悉至而無寇, 褒姒乃大笑. 幽王欲悅之, 數爲擧烽火, 其後不信, 諸侯不至. 忠諫

者誅, 唯褒姒言是從. 上下相諛, 百姓離. 申侯乃與繒西夷犬戎共攻幽王, 幽王舉烽燧徵兵, 莫至. 遂殺幽王於驪山之下, 虜褒姒, 盡取周賂而去. 於是諸侯乃即申侯, 而共立故太子宜咎, 是爲平王. 自是之後, 周與諸侯無異. 詩曰:『赫赫宗周, 褒姒滅之.』此之謂也. 頌曰:『褒神龍變, 寔生褒姒. 興配幽王, 廢后太子. 舉燧致兵, 笑寇不至. 申侯伐周, 果滅其祀.』

5.《新序》雜事(一)

禹之興也, 以塗山; 桀之亡也, 以末喜. 湯之興也, 以有莘; 紂之亡也, 以妲己. 文武之興也, 以任姒; 幽王之亡也, 以褒姒缸. 是以詩正關雎, 而春秋褒伯姬也.

6.《太平御覽》881.

夏之衰也, 褒人之神降化爲二龍而同于王庭, 而言曰:「余褒之二君也.」夏后卜殺之.「與去之, 與止止, 莫吉.」卜請其漦, 而藏之吉, 乃布幣焉, 而策告之. 龍亡其漦, 在櫝而藏之.

7.《史記》鄭世家

鄭桓公友者, 周厲王少子而宣王庶弟也. 宣王立二十二年, 友初封于鄭. 封三十三歲, 百姓皆便愛之. 幽王以爲司徒. 和集周民, 周民皆說, 河雒之閒, 人便思之. 爲司徒一歲, 幽王以褒后故, 王室治多邪, 諸侯或畔之. 於是桓公問太史伯曰:「王室多故, 予安逃死乎?」太史伯對曰:「獨雒之東土, 河濟之南可居.」公曰:「何以?」對曰:「地近虢・鄶, 虢・鄶之君貪而好利, 百姓不附. 今公爲司徒, 民皆愛公, 公誠請居之, 虢・鄶之君見公方用事, 輕分公地. 公誠居之, 虢・鄶之民皆公之民也.」公曰:「吾欲南之江上, 何如?」對曰:「昔祝融爲高辛氏火正, 其功大矣, 而其於周未有興者, 楚其後也. 周衰, 楚必興. 興, 非鄭之利也.」公曰:「吾欲居西方, 何如?」對曰:「其民貪而好利, 難久居.」公曰:「周衰, 何國興者?」對曰:「齊・秦・晉・楚乎? 夫齊, 姜姓, 伯夷之後也, 伯夷佐堯典禮. 秦, 嬴姓, 伯翳之後也, 伯翳佐舜懷柔百物. 及楚之先, 皆嘗有功於天下. 而周武王克紂後, 成王封叔虞于唐, 其地阻險, 以此有德與周衰並, 亦必興矣.」桓公曰:「善」於是卒言王, 東徙其民雒東, 而虢・鄶果獻十邑, 竟國之.

207(16-2) 平王之末秦晉齊楚代興
평왕 말기에 진·진·제·초가 대신 흥하다

주周 유왕幽王 8년, 정鄭 환공桓公은 조정의 사도司徒의 업무를 보고 있었고, 9년에는 왕실이 소란해지기 시작하였으며 11년에 환공은 죽음을 당하고 말았다.

평왕平王 말년에 이르러 진秦·진晉·제齊·초楚 등의 나라가 대신하여 흥성하기 시작하였다. 그리하여 진秦 장공莊公과 양공襄公이 이 틈에 주周나라 토지를 차지하였고, 진문후晉文侯가 이때에 천자를 보좌하여 안정시켰으며, 제齊 장공莊公과 희공僖公이 이때에 작게나마 패자의 노릇을 하였으며, 초楚나라 분모蚡冒가 그 틈에 비로소 남쪽 복濮 땅을 열었다.

幽王八年而桓公爲司徒, 九年而王室始騷, 十一年而斃.

及平王之末, 而秦·晉·齊·楚代興, 秦景·襄於是乎取周土, 晉文侯於是乎定天子, 齊莊·僖於是乎小伯, 楚蚡冒於是乎始啓濮.

【幽王八年】周 幽王은 이름이 宮湦이며 西周 마지막 임금. 8년은 B.C.774년에 해당함.
【桓公】鄭 桓公. 周 厲王의 막내아들이며 宣王의 아우.
【十一年】幽王이 申을 치자 申과 繒 두 나라는 西戎을 불러들여 유왕을 공격, 결국 유왕을 驪山에서 죽였으며 桓公도 이때 죽음.

【平王】西周가 申侯와 西戎에 의해 멸망하자, 태자 宜臼(宜咎)가 洛邑으로 도읍을 옮겨 나라를 다시 일으켰음. 이때부터 東周가 시작됨. B.C.770~723년까지 51년간 재위함.

【秦景襄】 '景'은 '莊'이어야 함. 秦나라 莊公과 襄公이 周나라를 도왔음을 말함. 장공은 秦仲의 아들이며 襄公의 아버지. 이 일로 진나라는 주나라로부터 영토를 인정받았으며, 平王이 동천할 때 양공이 도와 다시 西周의 酆과 鎬 땅을 물려받아 비로소 제후의 반열에 오르게 되었음.

【晉文侯】춘추 초기 晉나라의 영명한 군주. 이름은 仇. 周 평왕을 도와 洛邑에 도읍으로 정하도록 협조하였음. B.C.780~746년까지 35년간 재위함.

【莊僖】齊나라 莊公과 僖公. 장공은 이름은 贖(購)이며 희공은 이름이 祿父.

【小伯】 '伯'은 '霸'와 같음. 패는 춘추시대 제후국 중에 무력이 센 자가 다른 제후들을 불러 회맹을 하여 맹주가 됨. 이때 제나라에서 회의를 소집하여 미약하나마 주도적으로 선도하였음을 말함.

【盆冒】楚나라 군주. 季紃의 손자이며 若敖의 아들 熊率.

【濮】남만의 나라 이름. 叔熊이 이곳으로 피난하였음. 그 때 비로소 초나라에 의해 남만이 복속되기 시작하였다는 말.

참고 및 관련 자료

1.《史記》周本紀

幽王以虢石父爲卿, 用事, 國人皆怨. 石父爲人佞巧善諛好利, 王用之. 又廢申后, 去太子也. 申侯怒, 與繒·西夷犬戎攻幽王. 幽王擧烽火徵兵, 兵莫至. 遂殺幽王驪山下, 虜襃姒, 盡取周賂而去. 於是諸侯乃卽申侯而共立故幽王太子宜臼, 是爲平王, 以奉周祀. 平王立, 東遷于雒邑, 辟戎寇. 平王之時, 周室衰微, 諸侯彊幷弱, 齊·楚·秦·晉始大, 政由方伯.

〈초어楚語〉 총 2권

초楚

　미성羋姓의 제후국으로 춘추 오패의 초楚 장왕莊王을 낳았고, 전국시대에는 칠웅七雄에 드는 등 대국의 면모를 이끌었던 남방 대국이었다. 형荊으로도 칭하며 장강長江 유역의 풍부한 물산을 근거로 발전하였다. 원래 미성은 축융祝融 팔성八姓의 하나이며 시조는 계련季連이다. 계련의 후손 중에 육웅鬻熊이 주周 문왕文王의 스승이었으며, 그 뒤로 웅씨熊氏를 성씨로 하였다가 육웅의 증손 웅역熊繹이 형산(荊山, 지금의 湖北 南漳, 保康 일대)을 개척하고, 주 성왕成王을 섬겨 자남子男의 작위를 받고 단양(丹陽, 지금의 湖北 秭歸)을 도읍 삼아 나라를 일으켰다. 서주 때에는 제대로 힘을 펴지 못하여 만이로 취급을 받았으며, 주 소왕昭王이 두 번이나 정벌한 적이 있었다. 주 이왕夷王 때 왕실이 약해지자 웅역의 후대 웅거熊渠가 사방에서 정벌 세력을 키워 나갔다. 그 뒤 주 선왕宣王 때 내란을 겪기도 하였으며 웅엄熊嚴과 웅상熊霜 웅순熊徇, 웅의熊儀 등을 거쳐 약오씨若敖氏가 발흥하여 초나라의 귀족으로 자리를 잡아 치적을 남기기 시작하였다.

　춘추시대에 들어서자 약오의 손자 분모蚡冒가 중원으로 진출하기 시작하였고, 웅통熊通이 영(郢, 지금의 湖北 江陵 紀南城)으로 도읍을 옮겨 B.C.704년 자립하여 왕호王號를 칭하였으며 이가 초 무왕武王이다. 뒤를 이은 문왕文王 때부터 강성하게 발전, 강한江漢 일대의 소국을 차례로 복속시키고 북상하여 신申·식息·등鄧 등을 정벌하여 중원 세력과 맞닿게 되었다.

　춘추 중기에 이르러 성왕成王이 여러 차례 정鄭나라를 정벌하고 제후국들과 연합을 꾀하였으며, 제齊 환공桓公이 죽고 송宋 양공襄公을 제압, 드디어 대국의 면모를 과시하였다. 그러나 진晉 문공文公에게 성복城濮에서 크게 패하여 일시 좌절을 맛보았으나 다시 이웃 소국을 차례로 겸병하였으며, 목왕穆王 때는 강江·육六 등을 멸하여 안정을 얻게 되었다. 그 다음 드디어 장왕莊王이 들어서자 명실 공히 패자로 자리를 굳히고 B.C.660 주나라를 압박, 구정九鼎의 경중을 묻는 등 무력을 과시하였고, B.C.597년에는 진晉나라를 필邲에서 대파하고 송나라를 포위하기도 하였다. 그러나 공왕共王 때부터 점차 세력이 약화되어 언릉鄢陵에서 진晉나라에게 패하는 등 추락의 길로 접어들었다.

춘추말기에는 장기간의 내란에 휩싸이게 된다. 공왕의 다섯 아들 중 강왕康王이 들어섰으나 그가 죽고 겹오郟敖가 이었다가, 자위子圍와 자석子晳·기질棄疾 등이 왕위 다툼에 쉴 날이 없었으며, 자위가 결국 겹오를 살해하고 영왕靈王으로 들어섰다. 그러나 기질과 자비子比, 자석이 영왕이 외출한 틈을 이용 영왕의 태자 녹祿을 살해하고 자비를 왕으로 세우는 등 혼란을 거듭하여 영왕은 신해申亥의 집에서 굶어죽는 상황이 벌어지고 말았다. 뒤에 기질이 다시 자비를 죽이자 자석은 스스로 자립하여 평왕平王이 되었지만, 그는 포학한 성격을 고치지 못한 채 태자太子 건建의 부인을 겁탈하고 오사伍奢 집안을 핍박하는 등 횡포를 부렸다. 결국 오사의 아들 오자서伍子胥가 오吳나라로 망명하여 오왕 합려闔閭를 획책 초나라를 쳐들어오도록 하는 지경에 이르렀다. 다시 초나라는 백거柏擧 전투에서 오나라에게 일격을 당하여 더욱 피폐해졌으며, 소왕昭王을 거쳐 자혜子惠가 들어서자, 태자 건의 아들 승勝이 백공白公이 되어 영윤令尹 자서子西와 사마자기司馬子期를 백주에 조정에서 죽이고 혜왕惠王을 위협하는 등 백공지란을 거쳐 초나라는 겨우 춘추시대를 넘기게 된다.

전국시대에 이르러 초나라는 다시 세력을 키워 전국칠웅에 드는 등 남방 대국으로 자리를 잡게 되며, 본《국어》에서는 이 춘추시대 백공의 난 전후까지의 기록을 담고 있다.

★ 서주 말부터 춘추 말, 전국 혜왕까지(B.C.841~432)의 초나라 임금 세계는 대략 다음과 같다. ( )안은 재위 기간.

熊勇(10) → 熊嚴(10) → 熊霜(6) → 熊徇(22) → 熊鄂(9) → 若敖(27) → 霄敖(6) → 蚡冒(17) → 武王(51) → 文王(13) → 堵敖囏(5) → 成王(46) → 穆王(12) → 莊王(23) → 共王(恭王, 31) → 康王(15) → 郟敖(4) → 靈王(12) → 平王(13) → 昭王(27) → 惠王(57 이후 戰國시대가 됨)

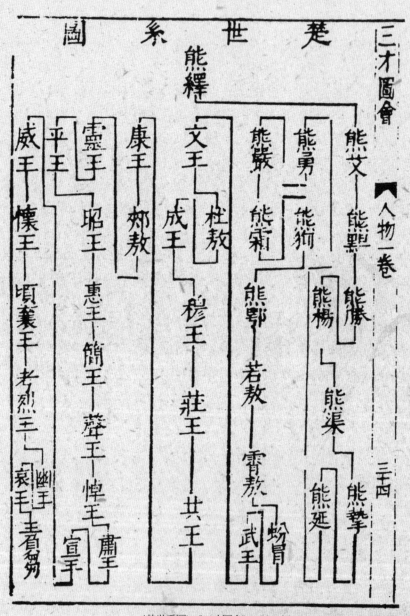

楚世系圖

熊繹

熊艾—熊䵣—熊勝

熊當男—二熊狌

熊嚴—熊霜

熊楊

熊鄂—若敖

雪敖—蚡冒—武王

熊渠

熊摯

熊延

文王—杜敖

成王—穆王—莊王—共王

康王—郟敖

靈王

平王—昭王—惠王—簡王—聲王—悼王—肅王—宣王

威王—懷王—頃襄王—考烈王—幽王—哀王—負芻男

〈楚世系圖〉《三才圖會》

卷十七 楚語(上)

208(17-1) 申叔時論傅太子之道
신숙시가 태자의 사부로서의 도리를 논하다

초楚 장왕莊王이 사미士亹로 하여금 태자太子 잠箴의 스승이 되도록
부탁을 하자 사미는 이렇게 사양하였다.

"신은 재주가 모자라 태자에게 아무런 보탬을 줄 수 없습니다."

장왕이 말하였다.

"그대의 선함을 바탕으로 태자를 선하게 지도하면 될 것이오."

사미는 이렇게 대답하였다.

"무릇 선은 태자 본인에게 있습니다. 태자가 선을 실행하고자 하면
선한 사람이 이를 것이며, 선을 실행하지 아니하고자 하면 선인이
곁에 있다 해도 그를 쓸 줄 모르게 됩니다. 그러므로 요堯에게는 단주
丹朱라는 아들이, 순舜에게는 상균商均이, 계啓에게는 오관五觀이, 탕湯
에게는 태갑太甲이, 문왕文王에게는 관숙管叔과 채숙蔡叔 같은 아들이
있었습니다. 이 다섯 왕은 모두가 큰 덕을 가지고 있었건만 그러한
못난 아들들이 있었습니다. 이것이 어찌 아들들이 선하지 않기를
바라서 그렇게 된 것이겠습니까? 아버지로서도 어쩔 수 없었기에 그렇게
된 것입니다. 만약 백성이 번거롭게 굴면 그들은 가르쳐 고칠 수 있으나,
만이융적蠻夷戎狄의 경우 그들이 문화를 접하지 아니한 지가 오래되어
우리 중국 사람으로서는 그를 쓸 수가 없는 것입니다."

장왕은 그래도 마침내 그를 사부로 삼았다.

이에 사미는 신숙시申叔時에게 자문을 구하였다.

숙시는 이렇게 일러 주었다.

"그에게 춘추春秋를 가르쳐 선을 선양하고, 악을 억누르는 방법을
통해 그 마음을 권면하도록 경계시키십시오. 그에게 세계世系를 가르쳐

명덕을 밝히고, 유혼幽昏을 폐기하는 방법을 통해 그 행동에 두려움을 느껴야 함을 경계시키십시오. 그에게 시詩를 가르쳐 선왕이 덕을 드러내고 넓힐 수 있도록 인도하는 방법을 통해 그 뜻을 밝게 빛나도록 하십시오. 그에게 예禮를 가르쳐 그로 하여금 상하의 법칙을 알도록 하시고, 그에게 악樂을 가르쳐 더러움을 씻어내고 뜬 기분을 가라앉히도록 하며, 그에게 법령法令을 가르쳐 만물의 관직을 알도록 해 주며, 그에게 언어言語를 가르쳐 덕을 밝히고, 선왕이 덕을 백성에게 밝히고자 힘썼던 것을 알도록 해 주며, 그에게 옛 관련 기록을 가르쳐 흥망성쇠에 대해 두려움과 경계를 가져야 함을 알도록 해 줄 것이며, 그에게 훈전訓典을 가르쳐 그로 하여금 가족과 민족에 대하여 행동이 의義에 부합되어야 함을 알도록 해 주십시오.

이렇게 했는데도 따르지 않거나 그릇된 행동을 하고도 개전改悛함이 없거든, 문장과 시를 통해 행동하며 현량한 사람을 찾아 그 곁에 날개로 삼아주며, 개전은 하되 두려움을 모르거든, 스승이 직접 나서서 더 많은 전형典刑을 가르쳐 그가 납득하도록 하며, 순박함과 독실함에 힘쓰고 근신하도록 하여 흔들림이 없도록 견고하게 해 주십시오. 공부를 하면서 철저함이 없거든, 시사施舍를 설명하여 충忠으로 나아가게 인도하고, 장구長久한 이치를 설명하여 신信으로 나아가게 인도하며, 도량度量을 설명하여 의義로 나아가도록 인도하며, 등급等級을 설명하여 예禮로 나아가게 인도하며, 공검恭儉을 설명하여 효孝로 나아가게 인도하며, 경계敬戒를 설명하여 사事로 나아가게 인도하며, 자애慈愛를 설명하여 인仁으로 나아가게 인도하며, 소리昭利를 설명하여 문文으로 인도하며, 제해除害를 설명하여 무武로 나아가게 인도하며, 정의精意를 밝혀 벌罰이 무엇인지 알게 하며, 정덕正德을 밝혀 상賞에 대하여 일러 주며, 재숙齊肅을 밝혀 자리에 임하여 그 빛을 내도록 해 주면 됩니다. 이렇게 하고도 성취함이 없으면 그 이상은 어쩔 수 없습니다.

그리고 무릇 시詩를 외워 그를 도와 주고, 위의威儀로써 선후를 삼도록 하며, 체모體貌로써 좌우에서 보좌하도록 하고, 밝은 행동을 가진 자를

그 곁에 날개로 삼아 주며, 절의節義를 만들어 행동의 표준으로 삼도록
하며, 공경恭敬으로써 일에 임하여 감독하며 근면勤勉으로써 늘 권하며,
효순孝順으로써 납득시키며, 충신忠信으로써 계발시키며, 덕음德音
으로써 남을 칭찬할 줄 알도록 하시오. 이렇게 가르침이 갖추어졌는데도
따르지 않는다면, 그는 사람이 아니니 어찌 흥기시킬 수 있겠소이까!
무릇 그대는 그가 왕위에 오르면 즉시 물러나며, 그렇게 물러나야
남으로부터 존경을 받을 것이오. 그렇지 않으면 종신토록 부끄러워
낯을 들 수가 없게 된다오."

莊王使士亹傅太子葴, 辭曰:「臣不才, 無能益焉.」

王曰:「賴子之善善之也.」

對曰:「夫善在太子. 太子欲善, 善人將至; 若不欲善, 善則
不用. 故堯有丹朱, 舜有商均, 啓有五觀, 湯有太甲, 文王有管・蔡.
是五王者, 皆有元德也, 而有姦子. 夫豈不欲其善? 不能故也.
若民煩, 可教訓. 蠻夷戎狄, 其不賓也久矣, 中國所不能用也.」

王卒使傅之.

問於申叔時, 叔時曰:「教之春秋, 而爲之聳善而抑惡焉, 以戒
勸其心; 教之世, 而爲之昭明德而廢幽昏焉, 以休懼其動; 教之詩,
而爲之導廣顯德, 以耀明其志; 教之禮, 使知上下之則; 教之樂,
以疏其穢而鎭其浮; 教之令, 使訪物官; 教之語, 使明其德, 而知
先王之務用明德於民也; 教之故志, 使知廢興者而戒懼焉; 教之
訓典, 使知族類, 行比義焉.

若是而不從, 動而不悛, 則文詠物以行之, 求賢良以翼之, 悛而
不攝, 則身勤之, 多訓典刑以納之, 務愼惇篤以固之. 攝而不徹,
則明施舍以導之忠, 明久長以導之信, 明度量以導之義, 明等

級以導之禮, 明恭儉以導之孝, 明敬戒以導之事, 明慈愛以導
之仁, 明昭利以導之文, 明除害以導之武, 明精意以導之罰, 明正
德以導之賞, 明齊肅以耀之臨. 若是而不濟, 不可爲也.

且夫誦詩以輔相之, 威儀以先後之, 體貌以左右之, 明行以
宣翼之, 制節義以動行之, 恭敬以臨監之, 勤勉以勸之, 孝順以
納之, 忠信以發之, 德音以揚之, 教備而不從者, 非人也, 其可興乎!
夫子踐位則退, 自退則敬, 否則赧.」

【莊王】楚 莊王. 이름은 侶(旅). 春秋五霸의 하나이며 楚 成王의 손자, 穆王의
　　아들. B.C.613~591년까지 23년간 재위.
【士亹】楚나라 대부.
【太子箴】뒤에 恭王(共王)이 됨. '箴'은 혹 '審'으로도 씀.
【丹朱】堯임금의 아들로 이름은 朱이며 丹 땅에 봉해짐. 그는 불초하여 요임금이
　　그에게 왕위를 넘겨 주지 않고 舜에게 넘겨 주었음.《史記》五帝本紀 참조.
【商均】舜임금의 아들. 이름은 均이며 商 땅에 봉해졌음. 역시 덕이 모자라
　　순임금이 그에게 왕위를 넘겨 주지 못하고 대신 禹에게 넘겨 주었음.
【啓】禹임금의 아들. 중국 최초의 왕조인 夏王朝를 계승하였음.
【五觀】啓의 다섯 번째 막내아들이며 동시에 太康의 아우. '武觀'으로도 표기함.
　　불초하여 啓가 河水 서쪽으로 축출하였으며, 뒤에 그곳에서 반란을 일으킴.
【太甲】湯임금의 손자. 불초하여 伊尹이 桐宮으로 추방하였다가 다시 불러왔음.
【管蔡】管叔鮮과 蔡叔度. 文王의 아들이며 武王의 아우. 周公(姬旦)의 아우.
　　무왕이 죽고 成王(姬誦)이 즉위하여 주공이 섭정하자, 殷나라 紂의 아들 武庚과
　　함께 반란을 일으켜 주공이 東征하였음.
【申叔時】申公. 楚나라의 어진 대부.
【春秋】역사 기록을 말함. 이를 교재로 삼아 선악을 구별할 수 있도록 해 줌.
【踐位】왕위에 오름. 가르친 태자가 뒤에 왕이 되어 제위에 오름.
【赧】부끄럽거나 두려워 얼굴이 붉어짐.

209(17-2) 子囊議恭王之諡
자낭이 공왕의 시호를 논의하다

초楚 공왕恭王이 병이 들자 대부들을 불러 이렇게 말하였다.

"내 덕이 없어 선군 장왕莊王의 업적을 잃었고, 우리 초나라 군사를 언릉鄢陵 전투에서 대패하도록 하였으니, 이는 모두 나의 죄라 하겠소. 만약 내 머리와 목을 그대로 보전한 채 죽게 된다면, 오직 봄가을 올리는 제사에 선군들을 따라 그 시호를 정하되 '영靈'자나 '여厲'자를 넣어 이름을 지어 주시오."

대부들이 그렇게 해 드리겠노라 허락하였다.

왕이 죽어 장례를 치를 때 영윤 자낭子囊이 시호를 의논하게 되었다.

대부들이 말하였다.

"왕께서 생전에 명하신 말씀이 있었습니다."

자낭이 말하였다.

"안 되오. 무릇 임금을 섬기는 자는 먼저 그 훌륭한 점을 먼저로 하고 그 허물은 따르지 않는 법입니다. 이 혁혁한 초나라에 임금으로 임하셨으며, 저 남해까지 정벌하여 위무하셨고, 그 교훈에 제하諸夏에 까지 미쳤으니 그분의 영광은 대단한 것입니다. 이러한 영광이 있으면서도 그 허물을 스스로 아셨으니, '공恭'자를 넣어 시호로 삼는 것이 어찌 옳지 않겠소? 만약 선군이 훌륭했다고 여기신다면 청컨대 '공'자로 합시다."

이리하여 대부들이 모두 그의 의견을 따르게 되었다.

恭王有疾, 召大夫曰:「不穀不德, 失先君之業, 覆楚國之師, 不穀之罪也. 若得保其首領以歿, 唯是春秋所以從先君者, 請爲『靈』若『厲』.」

大夫許諾.

王卒, 及葬, 子囊議諡.

大夫曰:「王有命矣.」

子囊曰:「不可. 夫事君者, 先其善不從其過. 赫赫楚國, 而君臨之, 撫征南海, 訓及諸夏, 其寵大矣. 有是寵也, 而知其過, 可不謂『恭』乎? 若先君善, 則請爲『恭』.」

大夫從之.

【恭王】楚나라 군주. 共王으로도 표기함. 이름은 箴. 혹은 箴. B.C.590~560년까지 31년간 재위함.

【不穀】왕이 자기 자신을 낮추어 부르는 겸칭. 寡人과 같음.

【先君】楚나라가 가장 흥성했을 때인 莊王 시절을 말함. 楚莊王은 春秋五霸의 하나였음. B.C.613~591년까지 23년간 재위함.

【覆楚國】鄢陵之戰을 말함. 魯 成公 16년(B.C.575) 晉나라와 楚나라가 언릉에서 싸워 초나라 군대가 대패한 사건.

【春秋】春季의 禘와 秋季의 祫 등 제사를 말함. 종묘의 제사를 일컫는 말.

【靈若厲】〈諡號法〉에 "亂而不損曰靈, 殺戮不辜曰厲"라 함. 모두가 좋지 않은 의미를 담고 있는 시호라는 뜻.

【子囊】公子 貞. 恭王의 아우이며 楚나라 令尹이었음.

【南海】남방 일대.

【諸夏】중원 일대을 일컫는 말.

【恭】〈諡號法〉에 "旣過能改曰恭"이라 함.

1.《左傳》襄公 13年

楚子疾, 告大夫曰:「不穀不德, 少主社稷. 生十年而喪先君, 未及習師保之教訓
而應受多福, 是以不德, 而亡師于鄢; 以辱社稷, 爲大夫憂, 其弘多矣. 若以大夫
之靈, 獲保首領以歿於地, 唯是春秋宠夳之事‧所以從先君於禰廟者, 請爲'靈'
若'厲'. 大夫擇焉.」莫對. 及五命, 乃許. 秋, 楚共王卒. 子囊謀諡. 大夫曰:「君有
命矣.」子囊曰:「君命以共, 若之何毁之? 赫赫楚國, 而君臨之, 撫有蠻夷, 奄征
南海, 以屬諸夏, 而知其過, 可不謂共乎? 請諡之'共'.」大夫從之.

210(17-3) 屈建祭父不薦芰
굴건이 아버지 제사에 마름을 올리지 않다

굴도屈到는 마름을 즐겨 먹었다.

그가 병이 들자 종로宗老를 불러 이렇게 부탁하였다.

"나의 제사에 반드시 마름을 올려 주시오."

장례가 끝나고 상복을 벗는 제사에 종로가 마름을 올리려 하자 아들 굴건屈建이 이를 치우라고 명하였다.

그러자 종로가 말하였다.

"선인께서 부탁하신 것입니다."

굴건子木이 이렇게 말하였다.

"그렇지 않소. 선인께서는 초楚나라의 국정을 이어받아 그 형법을 제정할 때는 그 기준을 민심에 두었고, 이를 왕부王府에 보관하여 두었소. 그 법은 위로는 선왕의 훌륭하신 점에 비교할 만하고, 아래로는 후세에 교훈이 될 표준들이오. 비록 초나라가 지금 이렇게 미약해졌지만, 우리 법을 칭찬하지 아니하는 제후가 없소. 그 법에 제사를 정하되 나라 임금은 소를 잡아 올리고, 대부는 양을 잡아 올리며, 사士는 돼지나 개를 제물로 쓰며, 서인은 물고기를 구워 바치며, 변두籩豆나 포해脯醢는 신분의 귀천에 관계없이 누구나 올릴 수 있도록 되어 있소. 다만 진기한 물건은 상으로 차릴 수 없으며, 많은 사치는 부릴 수 없도록 하였소. 선인께서 사사롭게 당신이 좋아하는 것이라 하여 나라의 법전을 어기려 하지는 않을 것이오."

그리하여 드디어 마름은 사용하지 않았다.

屈到嗜芰.

有疾, 召其宗老而屬之, 曰：「祭我必以芰.」

及祥, 宗老將薦芰, 屈建命去之.

宗老曰：「夫子屬之.」

子木曰：「不然. 夫子承楚國之政, 其法刑在民心而藏在王府, 上之可以比先王, 下之可以訓後世, 雖微楚國, 諸侯莫不譽. 其祭典有之曰：國君有牛享, 大夫有羊饋, 士有豚犬之奠, 庶人有魚炙之薦, 籩豆·脯醢則上下共之. 不羞珍異, 不陳庶侈. 夫子不以其私欲干國之典.」

遂不用.

【屈到】 子夕. 屈蕩의 아들이며 초나라의 卿.

【芰】 물풀의 일종. 세발 마름. 菱角. 먹을 수 있음.

【宗老】 집안의 제사와 기도 등을 담당하는 가신.

【祥】 상례에서 상복을 벗을 때의 제사. 大祥과 小祥이 있음.

【屈建】 子木. 屈到의 아들.

【牛享】 소를 희생으로 하여 제사를 올림. '大牢'라 함.

【羊饋】 제사에 양을 올림. '小牢'라 함.

【籩豆·脯醢】 '籩豆'는 籩器에 담은 과실, 乾果類. 豆는 제사에 올려놓는 祭肉類. 脯醢는 말린 고기류와 삭힌 젓갈류.

【羞】 제사 음식을 陳設함. 뒤의 '陳'자도 같은 뜻임.

211(17-4) 蔡聲子論楚材晉用
채성자가 초나라 인재를
진나라에서 쓰고 있음을 논하다

초거椒擧가 신공자모申公子牟의 딸을 아내로 맞이하였는데, 마침 자모가 죄를 짓고 도망을 하였다. 초楚 강왕康王이 초거가 그를 도망가게 도와 주었다고 여기자, 초거도 할 수 없이 정鄭나라로 도망하였다가 장차 진晉나라로 갈 참이었다.

채성자蔡聲子가 마침 진나라에 가는 길에 정나라를 경유하게 되었는데, 이때 초거를 만나 구슬을 선물로 주면서 그를 모시고 식사 대접을 하였다.

"그대는 많이 드시오. 그대와 나의 선대는 둘 모두 그대를 도울 것이오. 오히려 진晉나라 임금을 섬기면 능히 그로 하여금 제후의 맹주가 되게 할 수도 있을 것이오."

초거가 사양하면 말하였다.

"이는 나의 원하는 바가 아니라오. 만약 내 뼈를 고국 초나라로 돌아가게 해 줄 수만 있다면 죽어도 썩지 않을 것이오."

성자가 말하였다.

"그대는 밥이나 많이 드시오. 내 그대를 돌아갈 수 있도록 해 드리겠소."

초거는 내려서서 세 번 절을 하며 그에게 승마를 주어 고마움을 표하였고 성자는 이를 받았다.

성자는 귀국하여 영윤令尹 자목子木, 屈建을 만나 그와 말을 나누게 되었다. 자목이 물었다.

"그대는 비록 진晉나라와 형제이기는 하지만 우리 초나라와도 생질간이오. 진나라와 초나라는 어느 나라가 더 훌륭하던가요?"

성자가 대답하였다.

"진晉나라 경卿들의 재능은 그대 초나라만 못하지만 그들의 대부는 초나라보다 똑똑하오. 그 대부들은 모두 경 벼슬 정도의 재능을 가지고 있지요. 마치 기杞나무나 재梓나무 또는 피혁皮革이 초나라에서 나는 훌륭한 물건이지만, 이를 모두 진나라에 보내놓은 것과 같소. 이러한 훌륭한 재목이 나기는 초나라에서 나지만 능히 제대로 쓰지 못하는 것과 같소."

자목이 물었다.

"저들에게도 공족과 생질, 외삼촌 등 뛰어난 이들이 많은데 어찌 우리가 재목을 보내놓은 것과 같다 하오?"

성자가 대답하였다.

"지난 날 영윤 자원子元이 피살될 때 혹자가 성왕成王에게 자원의 아들 왕손계王孫啓를 무고하였소. 그 때 왕은 그렇지 않을 것이라 하고 있을 때, 왕손계는 진晉나라로 도망하였고 진나라에서는 그를 등용하여 썼소. 그러다가 성복城濮의 전투에서 진나라는 장차 싸움을 그치고 돌아갈 생각이었는데, 그 때 왕손계가 군사 회의에 참가하여 선진先軫에게 이렇게 말하였지요. '이번 전투는 오직 영윤 자옥子玉의 욕망에 의해 벌어진 것으로 초왕의 뜻을 거역하고 나선 것입니다. 그 때문에 다만 동궁東宮과 서광西廣의 군대만이 전투에 참여하게 된 것입니다. 제후의 군대로써 그들을 따라 나선 이들은 마음이 떠난 자가 반이나 됩니다. 약오씨若敖氏의 군대도 이미 떠났으니 초나라는 틀림없이 패할 것인데 어찌 우리가 물러선다는 것입니까!' 이에 선진이 그의 의견을 들어 초나라 군대를 대패시켰으니 이는 그대 귀국 출신의 왕손계가 한 일입니다.

다음으로 옛날 장왕莊王이 바야흐로 어린 나이일 때 신공申公 자의보子儀父, 鬪克를 태사太師로 삼고, 왕자王子 섭燮을 사부師傅로 삼았는데,

사숭師崇과 자공子孔으로 하여금 군사를 이끌고 서舒나라를 정벌하도록 하였지요. 그들이 나라를 떠나 있는 사이, 왕자 섭과 자의보는 사숭과 자공에게 죄를 뒤집어씌워 그들 집을 몰수하였소. 그들의 군사가 돌아오자 자의보와 왕자 섭이 장왕을 납치하여 여읍廬邑으로 가자, 여읍의 대부 즙戢이 두 사람을 죽이고 장왕을 복위시켰소. 그 때 어떤 사람이 석공신析公臣을 장왕에게 참소하자, 장왕이 머뭇거리고 있는 사이 석공은 역시 진晉나라로 달아났으며 진나라에서 이를 등용하였소. 그가 진나라에서 초나라를 퇴패시킬 모책을 짜게 되었고, 이로 인해 초나라로 하여금 동하東夏 지역의 관할권을 잃게 하였소. 이 역시 귀국 출신 석공이 한 일이요.

또 지난 날 옹자雍子의 부형이 옹자를 공왕恭王에게 참언을 하자, 왕이 머뭇거리고 있는 사이 옹자는 진晉나라로 도망하였으며, 진나라에서 이를 등용하여 썼소. 그러자 언릉鄢陵의 전투에서 진나라는 사실 싸움을 그만두고 돌아갈 생각이었을 때, 옹자가 군사회의에 참가하여 난서欒書에게 이렇게 말하였지요. '초나라 군사는 대적해 볼 만한 상대입니다. 그 군대에는 왕족王族들 뿐입니다. 만약 우리가 중군中軍과 하군下軍을 바꾸어 맞서게 한다면, 초나라는 틀림없이 신나게 여길 것입니다. 그리하여 만약 초나라 군대가 모두 모여 우리 중군을 집중하여 공격할 때, 우리의 상군과 하군이 그들의 좌군과 우군을 깨뜨릴 수 있습니다. 그런 다음 우리의 상군·하군·신군新軍의 뛰어난 자를 뽑아 그들 왕족의 군대를 공격하게 되면 틀림없이 대패시킬 수 있습니다.' 난서가 이를 따라 결국 초나라 군사를 대패시켰으며, 왕은 직접 눈을 맞아 상처를 입고 말았으니 이는 역시 귀국 출신 옹자가 한 일입니다.

그리고 또 지난 날 진陳나라 공자公子 하하夏가 어숙御叔을 위하여 정鄭나라 목공穆公의 첩 요자姚子의 딸을 아내로 맞아 주었습니다. 이 하희夏姬가 자남子南 하징서夏徵舒를 낳았습니다. 자남의 어머니 하희는 진陳나라를 엉망으로 만들어 결국 나라를 망하게 하였으며, 나아가 자신의 아들 자남을 제후들 앞에서 육시戮屍당하게 하였습니다. 그 난을 평정한 장왕이 이윽고 하씨의 아내 하희를 데리고 와서 신공무신申公巫臣, 屈巫에게 주었다가, 다시 이를 자반子反에게 주었으나 최종으로 양로襄老에게 주었습니다. 그러나 양로가 필邲 땅의 전투에서 죽자, 무신과 자반이 이 하희를 차지하고자 싸움을 벌였고 해결이 나지 않은 상태였습니다. 그 때 공왕恭王이 마침 무신을 제齊나라에 사신으로 보냈는데, 무신은 그 때 하희를 데리고 그만 진晉나라로 달아나 버렸습니다. 진나라에서는 무신을 등용하였고 그를 통해 오吳나라가 진나라와 외교를 맺게 되었으며, 무신은 자신의 아들 호용狐庸을 오나라에 보내어 행인(行人, 외교관)의 벼슬을 시켰습니다. 호용은 이에 오나라 군사에게 활쏘기와 전차 몰기 등을 가르치고 훈련시킨 다음, 이들을 안내하여 귀국 초나라를 쳐들어갔습니다. 그리하여 지금까지도 귀국의 우환으로 남아 있으니, 이는 바로 귀국 출신 신공무신이 한 일입니다.

지금 초거가 자모의 딸을 취하여 아내로 삼았는데, 자모가 죄를 짓고 도망하여 집정執政들이 사실인지를 가리지 못하고 있는 터에 '네가 그를 도망하도록 하였다'라고 하시니, 그 때문에 초거는 겁을 먹고 정나라로 도망한 것입니다. 그리하여 그는 얼굴을 붉힌 채 목을 빼고 남쪽 고국을 바라보며 '아마 나의 죄가 아닌 것으로 판명될 거야'라고 기다리고 있다가 그조차 기대할 수 없게 되자, 드디어 진晉나라로 도망하고자 하고 있는 것이며, 진나라에서 또 다시 그를 등용하게 될 것입니다. 그가 만약 진나라에서 초나라를 괴롭힐 모책을 세운다면 이 역시 틀림없이 초나라를 패배시키기에 충분할 것입니다!"

자목이 초연愀然한 표정을 지으며 말하였다.

"그 사람 지금 어떤 상황입니까? 그를 부르면 돌아올까요?"

성자가 대답하였다.

"도망다니는 자가 생명을 얻었는데 어찌 오지 않겠습니까?"

자목이 말하였다.

"만약 오지 않으면 그 땐 어떻게 합니까?"

성자가 대답하였다.

"그는 한 곳에 머물러 살지 않을 것입니다. 봄가을 사방 나라를 다니며 사신의 임무를 띠고 사방 제후나라를 오갈 것입니다. 그 때 동양東陽의 도적을 매수하여 그로 하여금 초거를 죽여 없애면 될 것이 아닙니까? 그렇게 하지 않고는 그는 오지 않을 것입니다."

자목이 말하였다.

"안 됩니다. 내가 초나라의 경으로써 도적을 사서 진晉나라에서 사람 하나를 죽여 없앤다면 이는 이롭지 못한 행동입니다. 그대는 나를 위해 그를 불러 주시오. 내 그에게 옛날 재산의 두 배를 준다고 일러 주시오."

이에 초명椒鳴을 보내어 그 아버지를 모셔오도록 하여 그의 작위와 재산을 회복시켜 주었다.

椒擧娶於申公子牟, 子牟有罪而亡, 康王以爲椒擧遣之, 椒擧奔鄭, 將遂奔晉.

蔡聲子將如晉, 過之於鄭, 饗之以璧侑曰:「子尙良食, 二先子其皆相子, 尙能事晉君以爲諸侯主.」

辭曰:「非所願也. 若得歸骨於楚, 死且不朽.」

聲子曰:「子尙良食, 吾歸子.」

椒擧降三拜, 納其乘馬, 聲子受之.

還見令尹子木, 子木與之語, 曰:「子雖兄弟於晉, 然蔡吾甥也, 二國孰賢?」

對曰:「晉卿不若楚, 其大夫則賢, 其大夫皆卿材也. 若杞梓·皮革焉, 楚實遺之, 雖楚有材, 不能用也.」

子木曰:「彼有公族甥·舅, 若之何其遺之材也?」

對曰:「昔令尹子元之難, 或譖王孫啓成王, 王弗是, 王孫啓奔晉,

晉人用之. 及城濮之役, 晉將遁矣, 王孫啓與於軍事, 謂先軫曰: 『是師也, 唯子玉欲之, 與王心違, 故唯東宮與西廣寔來. 諸侯之從者, 叛者半矣, 若敖氏離矣, 楚師必敗, 何故去之!』先軫從之, 大敗楚師, 則王孫啓之爲也.

昔莊王方弱, 申公子儀父爲師, 王子燮爲傅, 使師崇·子孔帥師以伐舒. 燮及儀父施二帥而分其室. 師還至, 則以王如廬, 廬戢殺二子而復王. 或譖析公臣於王, 王弗是, 析公奔晉, 晉人用之. 寔讒敗楚, 使不規東夏, 則析公之爲也.

昔雍子之父兄譖雍子於恭王, 王弗是, 雍子奔晉, 晉人用之. 及鄢之役, 晉將遁矣, 雍子與於軍事, 謂欒書曰: 『楚師可料也, 在中軍王族而已. 若易中下, 楚必歆之. 若合而臽吾中, 吾上下必敗其左右, 則三萃以攻其王族, 必大敗之.』欒書從之, 大敗楚師, 王親面傷, 則雍子之爲也.

昔陳公子夏爲御叔娶於鄭穆公, 生子南. 子南之母亂陳而亡之, 使子南戮於諸侯. 莊王既以夏氏之室賜申公巫臣, 則又畀之子反, 卒於襄老. 襄老死于邲, 二子爭之, 未有成. 恭王使巫臣聘於齊, 以夏姬行, 遂奔晉. 晉人用之, 寔通吳·晉. 使其子狐庸爲行人於吳, 而教之射御, 導之伐楚. 至于今爲患, 則申公巫臣之爲也.

今椒舉娶於子牟, 子牟得罪而亡, 執政弗是, 謂椒舉曰: 『女實遺之.』彼懼而奔鄭, 緬然引領南望, 曰: 『庶幾赦吾罪.』又不圖也, 乃遂奔晉, 晉人又用之矣. 彼若謀楚, 其亦必有豊敗也哉!」

子木愀然, 曰:「夫子何如, 召之其來乎?」

對曰:「亡人得生, 又何不來爲?」

子木曰:「不來, 則若之何?」

對曰:「夫子不居矣, 春秋相事, 以還軫於諸侯. 若資東陽之盜
使殺之, 其可乎? 不然, 不來矣.」

子木曰:「不可. 我爲楚卿, 而賂盜以賊一夫於晉, 非義也. 子爲
我召之, 吾倍其室.」

乃使椒鳴召其父而復之.

【椒擧】 伍擧. 伍參의 아들이며 伍奢의 아버지. 伍子胥의 할아버지. 椒 땅을 식읍
 으로 얻어 椒擧라 부른 것임.
【申公子牟】 公子 牟. 申公에 봉해졌었음.
【康王】 恭王의 아들이며 이름은 昭. B.C.559~545년까지 15년간 재위함.
【蔡聲子】 蔡나라의 公孫歸生. 자는 子家, 伍擧의 친구였음.
【侑】 侑食. 陪食. 모시고 식사를 함.
【二先子】 伍擧의 부친 伍參과 聲子의 부친 蔡國太師 子朝.
【令尹子木】 子木은 屈建을 가리킴. 당시 초나라 영윤이었음.
【兄弟】 蔡(시조 蔡叔度)나라와 晉나라는 같은 姬姓이었음.
【晉卿】 당시 晉나라 正卿은 趙武(趙文子)였음. 聲子가 '진경은 초나라 영윤만
 못하다'(晉卿不如楚)라 한 것은 자목을 즐겁게 하기 위한 것이었음.
【令尹子元】 楚 武王의 아들이며 文王의 아우. 초나라 영윤을 지냈으며 이름은
 善. 그 때문에 '王子善'이라고도 함. 그는 文王의 아내로 과부가 된 息嬀를
 유혹하고자 그의 거처 곁에 집을 짓는 등 일을 꾸몄으나 申公鬪班에게 발각되어
 살해되고 말았음.
【申】 고대 나라 이름으로 伯夷의 후손. 지금의 河南 南陽市. 姜姓이며 楚나라가
 병탄하여 縣으로 삼았음. 그 땅을 봉 받은 이를 흔히 '申公'이라 불렀음.
【王孫啓】 子元의 아들이며 楚 武王의 손자. 그 때문에 '王孫'이라 부른 것.
【成王】 文王의 아들이며 이름은 惲. B.C.671~626년까지 46년간 재위함.
【城濮之役】 魯 僖公 28년 晉나라와 楚나라가 城濮(지금의 山東 范縣과 河北
 濮陽縣 사이)에서 싸운 전투. 춘추시대 가장 큰 전투의 하나였음.

【先軫】당시 晉나라 中軍主帥.

【子玉】당시 楚나라 令尹이었던 得臣.

【東宮】태자의 직속 군대.

【西廣】楚나라 二廣의 하나로 《左傳》에 의하면 若敖氏 종실을 직접 따르는 군졸 약 6백여 명이 있었다 함.

【若敖氏】초나라 임금. B.C.790~764년까지 27년간 재위하였으며 楚 武王의 선조. '敖'는 '豪'와 같으며 초나라 말의 君主, 酋長이라는 뜻. 시호가 없어 '若 (지명)에 묻은 추장, 군주'라는 뜻으로 廟號를 삼은 것.

【莊王】楚 莊王. 成王의 손자이며 穆王의 아들로 이름은 旅(侶). 춘추오패의 하나. B.C.613~591년까지 23년간 재위함.

【方弱】막 弱冠(20)이 된 나이.

【申公子儀父】子儀父는 鬪克. 자는 子儀. 申 땅에 봉해졌음. 申公鬪班의 아들이며 당시 大司馬를 지냈음.

【王子燮】'燮'은 '變'으로도 표기하며 초나라 공자.

【師崇】潘崇. 일찍이 楚나라 太子 商臣(뒤에 穆王, 莊王의 아버지)의 선생이었음.

【子孔】若敖의 증손. 이름은 嘉. 초나라 令尹을 지냄.

【舒】나라 이름. 偃姓이며 여섯 나라로 나뉘어 있었으며, 종주국은 지금의 安徽 舒城縣에 있었음. 魯 文公 14년(B.C.613)에 정벌한 舒나라는 舒蓼로 지금의 舒城縣과 廬江縣 사이에 있었음.

【二帥】潘崇과 子孔.

【廬】초나라 읍. 지금의 湖北 南漳縣 동쪽.

【戢黎】廬邑의 대부. 鬪克과 王子 燮을 죽임.

【析公臣】초나라 대부.

【東夏】蔡國과 沈國을 가리킴. 魯 成公 6년(B.C.585) 晉과 楚가 繞角(지금의 河南 魯山縣 동쪽)에서 싸울 때 석공은 초나라가 약함을 알고 있었으며, 진나라는 이에 밤에 북을 울리며 공격하여 초나라를 대패시켰음. 晉나라는 다시 蔡나라와 沈나라를 쳐서 그 임금을 포로로 하였음. 이에 鄭나라도 감히 초나라 편을 들지 못하였음.

【雍子】楚나라 대부.

【恭王】莊王의 아들이며 이름은 審(箴). B.C.590~560년까지 31년간 재위함.

【鄢之役】魯 成公 16년(B.C.575) 晉나라와 楚나라가 鄢陵에서 싸운 전투.

【中下】中軍과 下軍.

【三萃】당시 晉나라는 四軍이었으며 中軍이 공격에 나서고 뒤를 이어 上軍과 下軍, 新軍이 공격해 들어감.

【面傷】이 싸움에서 楚 恭王은 呂錡가 쏜 화살에 눈을 맞아 실명하였음.

【陳公子夏】陳나라 공자. 宣公의 아들이며 御叔의 부친. 그는 어숙에게 鄭 穆公의 少妃 姚子의 딸 夏姬를 처로 삼아 주었음.

【子南】陳나라 대부 夏徵舒를 가리킴. 御叔과 夏姬 사이에 난 아들. 어숙이 일찍 죽어 과부가 된 夏姬는 陳 靈公 및 대부 孔寧, 儀行父 등과 사통하였으며, 靈孔은 의행보와 서로 '하징서가 그대를 닮았다'고 희롱을 하는 등 음란함의 극치를 보였음. 이에 하징서는 결국 陳 靈公을 쏘아 죽였으며, 이듬해(魯 宣公 11년, B.C.598) 楚 莊王이 하징서의 난을 평정한다는 구실로 군대를 파견하여 진나라를 멸망시키고 하징서를 栗門에서 거열형에 처하고 진나라를 하나의 縣으로 삼았음.

【申公巫臣】申 땅에 봉해진 屈巫. 자는 子靈. 초 장왕이 진나라를 정벌한 후 夏姬를 첩으로 들이려 하자, 무신이 이를 적극 반대하며 저지하였음.

【子反】초나라 司馬였던 公子 側. 그 역시 하희를 차지하고 싶어하였으나 굴무가 저지함.

【襄老】초나라 連尹. 魯 宣公 12년, 邲 땅에서 벌어진 전투에서 화살에 맞아 죽었음.

【聘於齊】屈巫가 夏姬의 계략에 따라 鄭나라로부터 襄老의 시신을 가져오겠다는 구실로 출국하면서 齊나라 사신으로 갈 때 夏姬을 데리고 도망함.

【吳晉】굴무가 다시 晉나라로 도망하자 子反이 그 가족을 모두 죽였음. 이에 굴무는 吳나라로 사신으로 가겠다고 나섰으며, 吳王 壽夢이 그를 만나보고 의견을 들어 그 때부터 吳나라와 晉나라가 친한 사이가 되었음.

【狐庸】굴무의 아들. 뒤에 행인(외교 통역관)이 되었음.

【東陽】초나라 북쪽의 읍 이름.

【椒鳴】伍擧(椒擧)의 아들. 伍奢의 아우.

참고 및 관련 자료

1. 《左傳》襄公 26年

初, 楚伍參與蔡大師子朝友, 其子伍擧與聲子相善也. 伍擧娶於王子牟, 王子牟爲申公而亡, 楚人曰:「伍擧實送之.」伍擧奔鄭, 將遂奔晉. 聲子將如晉, 遇之於鄭郊, 班荊相與食, 而言復故. 聲子曰:「子行也, 吾必復子.」及宋向戌將平晉·楚, 聲子通使於晉, 還如楚. 令尹子木與之語, 問晉故焉, 且曰:「晉大夫與楚孰賢?」對曰:「晉卿不如楚, 其大夫則賢, 皆卿材也. 如杞梓·皮革, 自楚往也. 雖楚有材, 晉實用之.」子木曰:「夫獨無族·姻乎?」對曰:「雖有, 而用楚材實多. 歸生聞之, 善爲國者, 賞不僭而刑不濫. 賞僭, 則懼及淫人; 刑濫, 則懼及善人. 若不幸而過, 寧僭, 無濫. 與其失善, 寧其利淫. 無善人, 則國從之. 詩曰'人之云亡, 邦國殄瘁', 無善人之謂也. 故夏書曰'與其殺不辜, 寧失不經', 懼失善也. 商頌有之曰: '不僭不濫, 不敢怠皇. 命于下國, 封建厥福', 此湯所以獲天福也. 古之治民者, 勸賞而畏刑, 恤民不倦. 賞以春夏, 刑以秋冬. 是以將賞, 爲之加膳, 加膳則飫賜, 此以知其勸賞也. 將刑, 爲之不擧, 不擧則徹樂, 此以知其畏刑也. 夙興夜寐, 朝夕臨政, 此以知其恤民也. 三者, 禮之大節也. 有禮, 無敗. 今楚多淫刑, 其大夫逃死於四方, 而爲之謀主, 以害楚國, 不可救療, 所謂不能也. 子儀之亂, 析公奔晉, 晉人寘諸戎車之殿, 以爲謀主. 繞角之役, 晉將遁矣, 析公曰: '楚師輕窕, 易震蕩也. 若多鼓鈞聲, 以夜軍之, 楚師必遁.' 晉人從之, 楚師宵潰. 晉遂侵蔡, 襲沈, 獲其君, 敗申·息之師於桑隧, 獲申麗而還. 鄭於是不敢南面. 楚失華夏, 則析公之爲也. 雍子之父兄譖雍子, 君與大夫不善是也, 雍子奔晉, 晉人與之鄐, 以爲謀主. 彭城之役, 晉·楚遇於靡角之谷. 晉將遁矣, 雍子發命於軍曰: '歸老幼, 反孤疾, 二人役, 歸一人. 簡兵蒐乘, 秣馬蓐食, 師陳焚次, 明日將戰.' 行歸者, 而逸楚囚, 楚師宵潰. 晉降彭城而歸諸宋, 以魚石歸. 楚失東夷, 子辛死之, 則雍子之爲也. 子反與子靈爭夏姬, 而雍害其事, 子靈奔晉, 晉人與之邢, 以爲謀主, 扞禦北狄, 通吳於晉, 教吳叛楚, 教之乘車, 射御·驅侵, 使其子狐庸爲吳行人焉. 吳於是伐巢·取駕·克棘·入州來. 楚罷於奔命, 至今爲患, 則子靈之爲也. 若敖之亂, 伯賁之子賁皇奔晉, 晉人與之苗, 以爲謀主. 鄢陵之役, 楚晨壓晉軍而陳. 晉將遁矣, 苗賁皇曰: '楚師之良在其中軍王族而已, 若塞井夷竈, 成陳以當之, 欒·范易行以誘之, 中行·二郤必克二穆, 吾乃四萃於其王族, 必大敗之.' 晉人從之, 楚師大敗, 王夷·師熸, 子反死之. 鄭叛·吳興, 楚失諸侯, 則苗賁皇之爲也.」子木曰:

「是皆然矣.」聲子曰:「今又有甚於此者. 椒舉娶於申公子牟, 子牟得戾而亡, 君大夫謂椒舉, '女實遣之.' 懼而奔鄭, 引領南望, 曰: '庶幾赦余.' 亦弗圖也. 今在晉矣. 晉人將與之縣, 以比叔向. 彼若謀害楚國, 豈不爲患?」子木懼, 言諸王, 益其祿爵而復之. 聲子使椒鳴逆之.

212(17-5) 伍擧論臺美而楚殆
오거가 누대가 아름다우니
초나라가 위태로울 것임을 논하다

초楚 영왕靈王이 장화대章華臺라는 누대를 짓고 오거伍擧와 함께 올라 이렇게 감탄하였다.

"누대가 아름답도다!"

그러자 오거가 이렇게 말하였다.

"제가 듣기로 나라의 임금은 하늘의 총애를 입는 것을 아름다움(美)으로 여기며, 백성을 편안히 하는 것을 즐거움(樂)으로 여기며, 덕스러운 말을 듣는 것을 귀 밝음(聰)으로 여기며, 멀리 사람이 오도록 함을 눈 밝음(明)으로 여긴다 하더이다. 토목으로 높이 짓고, 붉은 단청으로 칠한 것을 두고 '아름다움'이라 여기거나, 금석포죽金石匏竹의 악기를 크게 벌여놓고 시끄럽게 하는 것을 두고 '즐거움'으로 여긴다는 말은 들어 본 적이 없습니다. 그리고 장대한 것을 관람하고, 사치로운 것을 구경하며 여색에 빠져 음란한 것을 '눈 밝음'이라거나 음악의 미세한 청탁淸濁을 잘 가려내는 것을 귀 밝음이라 여긴다는 말도 들어 본 적이 없습니다.

선군先君이신 장왕莊王이 지으셨던 포거대匏居臺라는 누각은 그 높이가 그저 나라의 길흉을 나타내는 구름을 바라볼 정도였고, 그 크기는 그저 잔칫상을 들여놓을 정도였으며, 그에 쓴 나무는 나라 비축에 방해가 되지 않는 것으로 하였으며, 그 비용도 나라의 창고에 부담이 가지 않게 하였으며, 백성을 동원함에도 그 농사철이나 생업에 방해가 되지 않게 하였으며, 감독을 맡은 관원도 조정에서의 일상 업무를 바꾸지 않아도 되게 하였습니다. 그리고 누구를 그 잔치에 부를 것인가를

문자 송공宋公과 정백鄭伯 정도였으며, 누구를 그 잔치 진행에 보좌로 삼을지를 묻자 그저 화원華元과 사비駟騑 정도였으며, 누구를 그 일에 도울 자로 삼을지를 묻자 그저 진후陳侯·재후蔡侯·허남許男·돈자頓子 정도였고, 그들은 자신들의 대부들이 모시는 것으로 하였습니다. 선군 께서는 이렇게 함으로써 난을 제거하고 적을 이겼으되 제후들 누구 에게도 미움을 사지 않았던 것입니다. 그런데 임금께서 지금 이 누대를 짓느라 백성은 피로에 지쳤고 재용은 바닥이 났으며 농사는 실패하였 으며, 관리는 번거롭다 여기고 있는데도 거국적으로 이 공사를 끌어 몇 년이 지난 지금에야 완성되었습니다. 그리하여 제후들을 불러 낙성 식을 자랑하고 싶어하셨지만, 제수들 모두 거절하며 누구하나 온 이가 없습니다. 그 뒤 태재太宰 계강啓疆을 노魯나라 임금에게 보내어, 오기를 청하되 촉蜀의 전투를 들먹거리며 겁을 주어 겨우 그를 불러올 수 있었습니다. 그리하여 훤출한 남자 녀석을 도우미로 삼고 수염을 기른 멋있는 장정을 진행자로 하고 겨우 낙성식을 치렀으니 저로서는 아름 다운 줄 모르겠습니다.

무릇 아름답다 하는 것은 상하, 내외, 대소, 원근에 관계없이 누구 에게나 해로움이 없는 것으로 그 때문에 아름답다 하는 것입니다. 만약 눈으로 보기에 아름다운 것을 위해, 백성의 재물을 줄이고 재용을 궁핍 하게 한다면, 이는 백성의 이익을 모아 자신의 욕심을 채움으로써 백성을 수척하게 하는 것이니 어찌 아름다운 것이 되겠습니까? 무릇 나라의 임금이란 백성과 함께 살아가야 하는 것입니다. 백성이 수척해 지는 데 임금이 어찌 살이 찔 수 있겠습니까? 게다가 사사로운 욕심을 채우기 위하여 사치를 넓혀 간다면 덕의德義는 그만큼 줄어드는 것입니다. 덕의가 실행되지 않으면 가까운 자는 소란을 피우며 떠나갈 것이요, 먼 곳의 사람들은 거부하고 명령을 위반할 것입니다. 천자天子같은 귀한 신분으로도 오직 공후公侯를 자신의 보좌로 삼고, 백자남伯子男의 작위는 군사를 이끄는 책임을 맡깁니다. 그가 아름답다는 이름을 갖게 된 것은, 바로 원근 가지고 그 덕을 넓혀 나가 대소에 관계없이 편안함을 누리도록 해 주기 때문입니다. 만약 백성의 이익을 긁어모아 자신의 사욕을 채우고자 백성들로 하여금 재력을 소모하고, 자신들이 누려야 할 안락을 잊으라 한다면 마음이 멀어질 것이며, 그들의 왕에 대한 증오심은 더욱 심해질 것인데 무엇을 눈으로 관람할 것이 있겠습니까?

그 때문에 선왕께서 대사臺榭를 지으실 때에는 사榭는 군사 훈련을 할 정도의 높이를 넘지 않게 하였고, 대臺는 구름의 상징을 살필 정도의 높이를 넘지 않게 한 것입니다. 따라서 '사'는 군사 열병의 크기를 척도로 하였고, '대'는 멀리 관찰할 수 있는 높이를 기준으로 하였던 것입니다. 그 장소도 농사짓는 농토를 빼앗지 않았으며, 그 계획도 나라의 재용을 궁핍하지 않게 하였으며, 그 공사도 관청의 업무에 번거롭지 않게 하였으며, 그 시기도 농사나 생업의 시간을 빼앗지 않도록 하였습니다. 척박한 땅을 가려 그러한 곳에 짓고 성을 쌓을 때 쓰고 남은 목재로써 그 공사에 사용하였으며, 관료의 한가한 틈을 이용하여 현장에서 감독하도록 하였으며, 네 계절 중 농사짓지 않는 농한기를 이용하여 백성을 동원하였던 것입니다. 그 때문에 〈주시周詩〉에 '영대靈臺를 짓기 시작하여, 이렇게 쌓아가고 저렇게 얽어가네. 백성들이 달려드니 며칠 만에 완성했네. 시작할 때 너무 조급히 굴지 말게. 서민들이 자식처럼 달려와서 도와주리. 왕께서 영유靈囿에 오시니, 우록麀鹿이 엎드려 백성의 노고 생각하게 하네'라 하였던 것입니다. 무릇 대사를 짓는 일이란 장차 백성들로 하여금 이익을 얻도록 하기 위함이지, 그것으로 인해 궁핍하게 하기 위한 것인지는 저로서는 모르겠습니다. 만약 임금께서 이 누대를 두고 아름답다 하신 것을 정당하다고 여기신다면, 초나라는 위태로워질 것입니다!"

靈王爲章華之臺, 與伍擧升焉, 曰:「臺美夫!」
對曰:「臣聞國君服寵以爲美, 安民以爲樂, 聽德以爲聰, 致遠以爲明. 不聞其以土木之崇高, 彤鏤爲美, 而以金石匏竹之昌大·

囂庶爲樂; 不聞其以觀大·視侈·淫色以爲明, 而以察清濁爲聰.

　先君莊王爲匏居之臺, 高不過望國氛, 大不過容宴豆, 木不妨守備, 用不煩官府, 民不廢時務, 官不易朝常. 問誰宴焉, 則宋公·鄭伯; 問誰相禮, 則華元·駟騑; 問誰贊事, 則陳侯·蔡侯·許男·頓子, 其大夫侍之. 先君以是除亂克敵, 而無惡於諸侯. 今君爲此臺也, 國民罷焉, 財用盡焉, 年穀敗焉, 百官煩焉, 擧國留之, 數年乃成. 願得諸侯與始升焉, 諸侯皆距無有至者. 而後使太宰啓疆請於魯侯, 懼之以蜀之役, 而僅得以來. 使富都那豎贊焉, 而使長鬣之士相焉, 臣不知其美也.

　夫美也者, 上下·內外·小大·遠近皆無害焉, 故曰美. 若於目觀則美, 縮於財用則匱, 是聚民利以自封而瘠民也, 胡美之爲? 夫君國者, 將民之與處; 民實瘠矣, 君安得肥? 且夫私欲弘侈, 則德義鮮少; 德義不行, 則邇者騷離而遠者距違. 天子之貴也, 唯其以公侯爲官正, 而以伯子男爲師旅. 其有美名也, 唯其旅令德於遠近, 而小大安之也. 若斂民利以成其私欲, 使民蒿焉忘其安樂, 而有遠心, 其爲惡也甚矣, 安用目觀?

　故先王之爲臺榭也, 榭不過講軍實, 臺不過望氛祥. 故榭度於大卒之居, 臺度於臨觀之高. 其所不奪穡地, 其爲不匱財用, 其事不煩官業, 其日不廢時務. 瘠磽之地, 於是乎爲之; 城守之木, 於是乎用之; 官僚之暇, 於是乎臨之; 四時之隙, 於是乎成之. 故〈周詩〉曰:『經始靈臺, 經之營之. 庶民攻之, 不日成之. 經始勿亟, 庶民子來. 王在靈囿, 麀鹿攸伏.』夫爲臺榭, 將以敎民利也, 不知其以匱之也. 若君謂此臺美而爲之正, 楚其殆矣!」

【靈王】楚 恭王의 庶子이며 康王의 아우. 이름은 虔. 자는 子圍. 公子 시절엔 公子圍, 영윤 시절에는 令尹圍라 불렸음. 강왕이 죽은 뒤 郟敖가 들어서자 이를 죽이고 왕위를 탈취였음. B.C.540∼529년까지 12년간 재위함.

【章華之臺】章華臺. 혹 章華宮이라고도 하며 靈王이 지금의 湖北 監利縣 (혹 江陵縣 동쪽이라고도 함)에 세운 화려한 누대(궁궐).《左傳》에는 '章華之宮' 이라 하였음.

【伍擧】초나라 대부. 椒 땅을 식읍으로 받아 椒擧라고도 함. 伍子胥의 先代.

【彤鏤】'彤'은 붉은 옻칠을 하여 장식함 것이며, '鏤'는 꽃무늬를 조각하여 파서 넣은 것.

【金石匏竹】각종 악기. 金은 鐘. 石은 石磬, 匏는 笙簧이나 竽 등, 죽(竹)은 피리 등 관악기.

【莊王】春秋五霸의 하나. 恭王의 아버지이며 靈王의 조부. 이름은 여(旅).

【匏居之臺】匏居臺. 누대 이름.

【國氛】나라의 흉조.

【宋公, 鄭伯】당시 송나라와 정나라는 초나라에 굴복하여 그 때문에 이 잔치에 참가한 것임.

【華元】宋나라 卿으로 華御事의 아들.

【騑騑】鄭 穆公의 아들이며 이름은 騑, 자는 子駟.

【陳蔡許頓】모두 각 나라 임금이며 작위(公·侯·伯·子·男)가 각기 달라 陳侯, 蔡侯, 許男, 頓子라 부른 것. 頓은 지금의 河南 商水縣에 있다가 뒤에 項城縣 西南으로 옮긴 고대 小國.

【始升】처음 올라봄. 여기서는 落成式을 말함.

【啓疆】薳啓疆. 楚나라 경.

【魯侯】魯 昭公을 가리킴. 이때는 소공 7년(B.C.535)의 일이었음.

【蜀之役】蜀은 魯나라 땅으로 지금의 山東 泰安縣 서쪽, 혹은 汶上縣 서쪽이라고도 함. 魯 宣公 18년(B.C.591) 魯나라가 楚나라와 수교를 맺기 위해 사신을 보냈을 때 마침 楚 莊王이 7월에 죽었고, 10월에는 魯 宣公마저 죽어 흐지부지 되고 말았음. 이듬해 魯 成公이 즉위하여 초나라를 버리고 晉나라와 결맹을 맺고자 하자 초나라에 새로 들어선 恭王이 크게 노하여 成公 2년(B.C.589) 노나라를 공격, 촉 땅까지 이르렀음. 이때 薳啓疆이 노 소공에게 다시 초나라와 우호관계를 맺기를 건의하면서 협박하자 소공은 겁을 먹고 장화대 낙성식에 참가하게 된 것임.

【富都那豎】‘富’는 풍성한 용모. ‘都’는 아름다운 모습. ‘富都’는 ‘등치가 크고 훤출하여 외모가 멋진 사람’을 일컫는 疊韻連綿語로 여겨짐. 豎는 小臣. ‘녀석’의 낮춤말.

【長鬣之士】鬣은 원래 말의 갈기. 여기서는 수염이 아름다운 남자를 말함.

【氛祥】吉凶과 같음.

【穡地】농지. 농토.

【周詩】《詩經》大雅 靈臺의 구절. 文王이 백성들과 함께 하고자 靈臺라는 園囿를 건설하자, 백성들이 자신들의 일처럼 달려와 완성을 보았으며, 이로써 임금과 백성이 다 같이 화락함을 누렸다는 내용임.

참고 및 관련 자료

1. 《左傳》昭公 7年

楚子成章華之臺, 願與諸侯落之. 大宰薳啓彊曰:「臣能得魯侯.」薳啓彊來召公, 辭曰:「昔先君成公命我先大夫嬰齊曰: ‘吾不忘先君之好, 將使衡父照臨楚國, 鎭撫其社稷, 以輯寧爾民.’ 嬰齊受命于蜀. 奉承以來, 弗敢失隕, 而致諸宗祧. 日我先君共王引領北望, 日月以冀, 傳序相授, 於今四王矣. 嘉惠未至, 唯襄公之辱臨我喪. 孤與其二三臣悼心失圖, 社稷之不皇, 況能懷思君德? 今君若步玉趾, 辱見寡君, 寵靈楚國, 以信蜀之役, 致君之嘉惠, 是寡君旣受旣矣, 何蜀之敢望? 其先君鬼神實嘉賴之, 豈唯寡君? 君若不來, 使臣請問行期, 寡君將承質幣而見于蜀, 以請先君之旣.」公將往, 夢襄公祖. 梓愼曰:「君不果行. 襄公之適楚也, 夢周公祖而行. 今襄公實祖, 君其不行.」子服惠伯曰:「行! 先君未嘗適楚, 故周公祖以道之; 襄公適楚矣, 而祖以道君. 不行, 何之?」三月, 公如楚. 鄭伯勞于師之梁. 孟僖子爲介, 不能相儀. 及楚, 不能答郊勞.

2. 《史記》楚世家

靈王三年六月, 楚使使告晉, 欲會諸侯. 諸侯皆會楚于申. 伍擧曰:「昔夏啓有鈞臺之饗, 商湯有景亳之命, 周武王有盟津之誓, 成王有岐陽之蒐, 康王有豐宮之朝, 穆王有塗山之會, 齊桓有召陵之師, 晉文有踐土之盟, 君其何用?」靈王曰:「用桓公.」時鄭子産在焉. 於是晉·宋·魯·衛不往. 靈王已盟, 有驕色. 伍擧曰:「桀爲有仍之會, 有緡叛之. 紂爲黎山之會, 東夷叛之. 幽王爲太室之盟, 戎·翟叛之. 君其愼終!」

213(17-6) 范無宇論國爲大城未有利者
범무우가 나라가 큰 성을 쌓음이
이롭지 않음을 논하다

　　초楚 영왕靈王이 점령한 나라 진陳·채蔡·불갱不羹 세 곳에 성을 쌓으려고 복부僕夫 자석子晳으로 하여금 범무우范無宇에게 이렇게 의견을 물어 보도록 하였다.

　　"내 중원을 굴복시키지 못하고 있으며 그들이 오직 진晉나라만 섬기는 이유가 무엇이겠소? 이는 진나라는 그들로부터 가깝고 우리는 멀리 있기 때문일 것이오. 지금 내 중원에 가까운 세 나라에 성을 쌓아 천 승乘의 강한 지역으로 만들면, 우리도 역시 진나라와 대등하게 될 것이오. 거기에 우리 초나라의 많은 군사를 더한다면 제후들이 우리에게 오겠지요?"

　　범무우가 이렇게 설명하였다.

　　"뜻을 어떻게 세우는가에 달려 있지, 나라가 큰 성을 쌓는다고 해서 이로운 것은 아닙니다. 옛날 정鄭나라에는 경성京城·역성櫟城이 있었고, 위衛나라에는 포성蒲城·척성戚城이 있었으며, 송宋나라에는 소성蕭城·몽성蒙城이 있었고, 노魯나라에는 변성弁城·비성費城이 있었으며, 제齊나라에는 거구성渠丘城이 있었고, 진晉나라에는 곡옥曲沃, 그리고 진秦나라에는 징성徵城과 아성衙城이 있었습니다. 그러나 정나라 공숙단共叔段이 경성에서 장공莊公을 괴롭혀 정나라는 하마터면 이겨내지 못할 뻔하였고, 역성을 차지하고 있던 여공厲公 돌突은 자의子儀의 그 임금 지위를 사라지게 하였으며, 위나라 포성의 영식甯殖과 척성의 손림보孫林父가 위 헌공獻公을 축출하였으며, 송나라 소성과 몽성을 지키던 공자公子 포鮑가 송 소공昭公을 죽여 버렸으며, 노나라 변성과 비성을 지키던 계무자

季武子는 노 양공襄公을 약화시켰으며, 제나라 거구를 지키던 옹름雍廩은 임금 공손무지公孫無知를 죽였으며, 진나라 곡옥을 지키던 난영欒盈은 제齊나라 군사를 끌어들여 하마터면 진晉 평공平公이 죽음을 당할 뻔하였으며, 진秦나라 징성과 아성을 지키던 공자 침鍼이 환공桓公과 경공景共을 위협하였습니다. 이러한 사실들은 제후들의 역사 기록에 모두 남아 있으며, 이는 성을 쌓았다가 도리어 불리한 일을 당했던 사례들입니다.

게다가 성읍城邑이란 사람의 몸과 같습니다. 머리가 있고 목과 팔다리로부터 손과 엄지, 털과 혈맥이 있으며 큰 것은 능히 작은 것을 조종합니다. 그 때문에 변화를 주어 행동을 해도 피로하지 않은 것입니다, 땅에는 고하가 있고, 하늘에는 어둡고 밝은 구분이 있으며, 백성에게는 임금과 신하가 있고, 나라에는 도시와 변방이 있는 것이 예로부터 이어온 제도입니다. 선왕께서 그들이 통솔을 받지 않을까 걱정하여 그 때문에 의義로써 제도를 삼고, 복장으로써 구분을 삼았으며, 예禮로써 행동을 구별하였으며, 이름으로써 변별을 삼았으며, 글로써 기록을 하였으며, 말로써 이를 설명하였던 것입니다. 이것이 이윽고 허물어진 이유는 바로 사물의 질서를 바꾸었기 때문입니다. 무릇 변경이라는 곳은 나라의 꼬리입니다. 비유하건대 소나 말이 여름날이 되어 모기와 등애가 달라붙는데, 꼬리가 그 역할을 못한다면 저는 역시 그러한 것을 걱정하는 것입니다. 그것이 아니라면 이 세 개의 성으로 인해 혹 제후들이 마음속으로 두렵게 여기지나 않을까요?”

자석이 이를 영왕에게 보고하자 영왕은 이렇게 말하였다.

“이는 천도를 조금 아는 정도, 어찌 백성을 다스리는 법도를 아는 것이겠는가? 그의 말은 허탄하도다.”

그러자 우윤右尹 자혁子革이 곁에 모시고 있다가 이렇게 말하였다.

“백성이란 하늘이 내린 것입니다. 하늘의 도를 안다면 틀림없이 백성을 알 것입니다. 이 말에 어찌 두려움을 느끼지 않을 수 있겠습니까!”

3년, 진·채와 불갱 사람들이 공자 기질棄疾을 나라로 들여보내 왕으로 삼았으며, 영왕은 죽음을 당하고 말았다.

靈王城陳·蔡·不羹, 使僕夫子晳問於范無宇, 曰:「吾不服諸夏而獨事晉何也? 唯晉近我遠也. 今吾城三國, 賦皆千乘, 亦當晉矣. 又加之以楚, 諸侯其來乎?」

對曰:「其在志也, 國爲大城, 未有利者. 昔鄭有京·櫟, 衛有蒲·戚, 宋有蕭·蒙, 魯有弁·費, 齊有渠丘, 晉有曲沃, 秦有徵·衙. 叔段以京患莊公, 鄭幾不克, 櫟人實使鄭子不得其位, 衛蒲·戚實出獻公, 宋蕭·蒙實弑昭公, 魯弁·費實弱襄公, 齊渠丘實殺無知, 晉曲沃實納齊師, 秦徵·衙實難桓·景, 皆志於諸侯, 此其不利者也.

且夫制城邑若體性焉, 有首領股肱, 至于手拇毛脉, 大能掉小, 故變而不勤. 地有高下, 天有晦明, 民有君臣, 國有都鄙, 古之制也. 先王懼其不帥, 故制之以義, 旌之以服, 行之以禮, 辯之以名, 書之以文, 道之以言. 旣其失也, 易物之由. 夫邊境者, 國之尾也, 譬之如牛馬, 處暑之旣至, 蟁蝱之旣多, 而不能掉其尾, 臣亦懼之. 不然, 是三城也, 豈不使諸侯之心惕惕焉?」

子晳復命, 王曰:「是知天咫, 安知民則? 是言誕也.」

右尹子革侍, 曰:「民, 天之生也. 知天, 必知民矣. 是其言可以懼哉!」

三年, 陳·蔡及不羹人納棄疾而弑靈王.

【靈王】楚 靈王. B.C.540~529년까지 12년간 재위하였음.
【陳】嬀姓이며 도읍은 宛丘. 지금의 河南 淮陽縣. 魯 昭公 8년(B.C.534) 楚나라에게 병탄되었다가 다시 나라를 일으켰음.
【蔡】武王의 아우 蔡叔度가 봉을 받았던 나라로 처음 上蔡(지금의 河南 上蔡縣)에 도읍을 정하였다가 平侯 때 新蔡(지금의 河南 新蔡縣)로 천도하였으며,

다시 昭侯 때 州來(지금의 安徽 鳳臺縣)로 옮겨 下蔡라 하였음. 魯 昭公 11년
(B.C.531) 楚나라에게 망함.

【不羹】 周나라 때 小國으로 西不羹과 東不羹 두 나라가 있었음. 서불갱은 지금의
河南 襄城縣 동남쪽에 있었으며, 동불갱은 舞陽縣 북쪽에 있었음. 靈王이 이
세 곳에 성을 쌓은 것은 魯 昭公 11년이 일임.

【僕夫子晳】 僕晳夫. 초나라 대부.

【范無宇】 芋尹 申無宇. 초나라 대부.

【鄭】 姬姓의 나라. 도읍은 新鄭(지금의 河南 新鄭市).

【京】 지명. 정나라 땅. 지금의 河南 滎陽縣 동남쪽.

【櫟】 지명. 역시 정나라 땅. 지금의 河南 禹縣. 두 곳 모두 정나라 도읍 신정과는
90리 거리에 있었음.

【衛】 姬姓의 나라로 도읍은 朝歌. 지금의 河南 淇縣. 뒤에 曹(河南 滑縣)로
옮겼다가 다시 楚丘(滑縣 동쪽), 帝丘(河南 濮陽縣) 등으로 옮겨 다녔음.

【蒲】 같은 지명이 두 곳이 있었으며 衛나라 蒲 땅은 지금의 河南 長垣縣을
가리킴.

【戚】 衛나라 땅으로 지금의 河南 濮陽縣 북쪽.

【宋】 子姓으로 도읍은 商丘. 지금의 河南 商丘市.

【蕭】 宋나라 땅으로 蕭同이라고도 부르며, 子姓의 작은 나라로 춘추시대 송나라
의 附庸國이었음. 지금의 安徽 蕭縣 서북.

【蒙】 蒙澤이 아닌가 하며 지금의 河南 商丘 동북쪽.

【魯】 姬姓이며 周公 旦이 봉을 받았던 나라. 도읍은 曲阜(지금의 山東 曲阜).

【弁】 卞. 노나라 읍으로 지금의 山東 泗水縣 동쪽 50리.

【費】 노나라 費 땅은 두 곳이었으며, 하나는 지금의 山東 魚臺縣 서남. 하나는
山東 費縣 서북으로 당시 季氏의 私邑이었음. 본문은 계씨의 사읍인 비 땅을
가리킴.

【齊】 姜姓으로 姜太公(呂尙)이 봉을 받았던 나라. 도읍은 營丘. 지금의 山東
淄博市 臨淄鎭.

【渠丘】 제나라 지명으로 臨淄 근처.

【晉】 姬姓으로 처음 翼(지금의 山西 翼城縣)을 도읍으로 하였다가 絳(지금의
山西 翼城縣 侯馬市)으로 옮김.

【曲沃】 지금의 山西 聞喜縣.

【秦】 嬴姓으로 초기 도읍은 雍(지금의 陝西 鳳翔縣)이었음.

【徵】 진나라 땅으로 지금의 陝西 澄城縣 서남쪽.

【郃】 진나라 땅. 지금의 陝西 白水縣 동북쪽.

【叔段】 共叔段. 鄭 莊公의 친동생. 장공의 아버지 武公(掘突)이 申나라 출신의 여자를 아내로 맞았으며 이를 武姜이라 불렀음. 무강은 장공과 공숙의 어머니로서 맏이 장공을 낳을 때 심히 난산을 하여 아이 이름을 '寤生'(다리부터 나온 아이)이라 불렀으며, 자신이 죽을 뻔한 것 때문에 매우 증오하였음. 그러나 뒤이어 낳은 숙단은 순산을 하여 심히 총애하였음. 장공이 왕위에 오르자 아우를 미워하던 장공은 아우 숙단을 京 땅을 봉하여 경성대숙이라 불렀으나 사이가 벌어진 숙단은 모반을 꾀하였고 어머니 무강이 내응함. 장공은 경 땅 토벌에 나섰고, 이에 숙단은 鄢(지금의 河南 鄢陵縣) 땅으로 피신하였다가 다시 共(지금의 河南 輝縣)으로 도망함. 《左傳》隱公 원년 참조.

【櫟人】 莊公의 아들인 鄭 厲公(公突)을 가리킴. 莊公에게는 太子 忽, 子突, 子亹, 子儀 등 여러 아들이 있었으며 魯 桓公 12년(B.C.700) 장공이 죽자 정나라 사람들이 둘째 아들 子突(公突)을 임금으로 추대함(厲公. B.C.700~697년 재위). 이에 태자 홀은 국외로 망명하였다가 3년 뒤 정나라에 내란이 일어나 厲公은 櫟 땅으로도 도망하자, 그 틈에 귀국하여 왕위에 올랐음. 이가 昭公임(B.C.696~695년 재위). 그러나 2년 뒤 정나라 卿 高渠彌가 사냥 중에 틈을 노려 昭公(忽)을 죽이고 공자 亹를 세웠으나(시호는 없음) 그 해 가을 子亹가 다시 齊侯에게 首丘에서 살해되자, 정나라 대부 祭仲이 陳나라로부터 공자 儀를 귀국시켜 왕으로 세움. 그러나 이 역시 시호가 없어 그저 '鄭子'라고 불렀으며 14년 뒤(B.C.680) 櫟읍에 도망가 있던 鄭 厲公(子突)이 鄭나라 대부 傅瑕와 모의하여 子儀를 죽이고 돌아와 다시 임금 지위를 찾아 임금으로서 7년간(B.C.679~673) 재위하였음.

【蒲戚】 衛나라 땅으로 蒲는 위나라 대부 甯殖(甯惠子)의 식읍이며, 戚은 孫林父(孫文子)의 식읍이었음. 魯 襄公 14년(B.C.559) 이 두 사람이 衛 獻公을 축출하였음.

【弑昭公】 蕭 땅과 蒙 땅을 식읍으로 가지고 있던 宋나라 公子 鮑는 송 소공의 庶弟였으며 昭公(B.C.619~611 재위)은 이름은 杵臼, 成公의 막내아들임. 즉위하자 무도하게 굴어 공자 포가 이를 시해하고 왕위에 오름. 이가 宋 文公임. B.C.610~589년까지 22년간 재위함.

【弱襄公】魯나라 季氏가 사읍 弁(卞)을 근거로 노나라 공실을 약화시킴. 襄公
(B.C.572~542년까지 31년간 재위)은 魯나라 군주로 季武子가 변 땅을 강점하고
三軍을 편성, 양공을 위협함.

【殺無知】魯 莊公 8년(B.C.686) 齊나라 公孫無知가 襄公을 죽이자 이듬해 渠丘
땅의 대부 雍廩이 무지를 죽임. 이듬해 公子 小白이 귀국하여 왕위에 올라
이가 齊 桓公(B.C.685~643년까지 43년간 재위)이 됨.

【納齊師】晉나라 欒盈이 誣告를 입어 제나라고 도망하였다가 魯 襄公 23년
(B.C.550) 제나라 군사를 이끌고 자신의 식읍 曲沃으로 돌아와 다시 곡옥의
군사를 이끌고 당시 도읍 絳을 공격, 진 平公의 살해함.

【難桓景】秦나라 公子 鍼은 桓公의 아들이며 景公의 아우로 桓公에게 총애를
받았으며 徵 땅을 식읍으로 받았었음. 그는 魯 昭公 元年(B.C.541) 晉나라 군사
에게 투항했으며 그 때 끌고 간 수레가 1천 승이나 되었음.

【都鄙】도읍과 변방의 작은 읍. 鄙는 변방을 말함.

【右尹子革】右尹은 관직 이름이며 子革은 楚나라 대부. 옛 鄭大夫 子然의 아들
然丹.

【棄疾】楚 恭王의 아들이며 靈王의 아우. 뒤에 平王이 됨. B.C.528~516년까지
13년간 재위함.

【弑靈王】魯 昭公 11년(B.C.531) 楚 靈王이 陳, 蔡, 不羹에 성을 쌓을 때(001
참조) 公子 棄疾을 蔡公으로 삼았음. 13년 靈王의 아우 公子 比와 公子 黑肱,
그리고 공자 기질이 진, 채, 불갱 등의 군대를 이끌고 초나라를 공격하자, 靈王은
자살하고 말았음. 세 공자는 입성한 뒤 公子 比를 왕으로 삼았으나 뒤에 공자
棄疾은 다시 이를 죽이고 스스로 왕위에 올랐음. 이가 平王임.

참고 및 관련 자료

1. 《左傳》昭公 11년
楚子城陳·蔡·不羹. 使棄疾爲蔡公. 王問於申無宇曰:「棄疾在蔡何如?」對曰:
「擇子莫如父, 擇臣莫如君. 鄭莊公城櫟而寘子元焉, 使昭公不立. 齊桓公城穀而
寘管仲焉, 至于今賴之. 臣聞五大不在邊, 五細不在庭. 親不在外, 羈不在內.
今棄疾在外, 鄭丹在內, 君其少戒!」王曰:「國有大城, 何如?」對曰:「鄭京·櫟實

殺曼伯, 宋蕭·亳實殺子游, 齊渠丘實殺無知, 衛蒲·戚實出獻公. 若由是觀之,
則害於國. 末大必折, 尾大不掉, 君所知也.」

2.《史記》楚世家

靈王聞太子祿之死也, 自投車下, 而曰:「人之愛子亦如是乎?」侍者曰:「甚是.」
王曰:「余殺人之子多矣, 能無及此乎?」右尹曰:「請待於郊以聽國人.」王曰:
「衆怒不可犯.」曰:「且入大縣而乞師於諸侯.」王曰:「皆叛矣.」又曰:「且奔諸侯
以聽大國之慮.」王曰:「大福不再, 祇取辱耳.」於是王乘舟將欲入鄢. 右尹度王
不用其計, 懼俱死, 亦去王亡.

靈王於是獨傍偟山中, 野人莫敢入王. 王行遇其故鋗人, 謂曰:「爲我求食, 我已
不食三日矣.」鋗人曰:「新王下法, 有敢饟王從王者, 罪及三族, 且又無所得食.」
王因枕其股而臥. 鋗人又以土自代, 逃去. 王覺而弗見, 遂飢弗能起. 芋尹申無宇
之子申亥曰:「吾父再犯王命, 王弗誅, 恩孰大焉!」乃求王, 遇王飢於釐澤, 奉之
以歸. 夏五月癸丑, 王死申亥家, 申亥以二女從死, 并葬之.

214(17-7) 左史倚相徽申公子亹
좌사의상이 신공자미에게 경고하다

좌사左史 의상倚相이 조정에서 신공자미申公子亹를 뵙기를 청했지만 자미는 나오지 않는 것이었다.

좌사 의상이 그를 비방하자 거백擧伯이 이를 자미에게 고해 바쳤다.

자미는 노하여 문을 뛰쳐나오며 이렇게 말하였다.

"그대는 나를 원로라 대접해 주지는 않고 나를 더 바랄 게 없다고 포기하더니 게다가 험담까지 하다니!"

좌사 의상이 이렇게 말하였다.

"그대가 늙었기 때문에 내 그대를 만나 경계해야 할 일을 일러 주려 한 것이었다오. 만약 그대가 지금 한창 때라면 그대는 온갖 일을 경영하느라 바쁠 것이며, 나는 동부서주하며 순서대로 일을 받아 그렇게 해도 미처 처리하지 못할 텐데 무슨 겨를에 그대를 만나볼 수 있겠소? 옛날 위衛 무공武公은 나이 아흔다섯에도 도리어 나라에 이렇게 경계를 시켰다오. '경卿이하 장사長士에 이르기까지 진실로 조정에서 일하는 자는 나를 늙었다고 하여 포기하지 말라. 모름지기 조정에서 공손과 삼감으로써 하되 조석으로 나를 경계시켜 달라. 나를 비판하는 한두 마디라도 듣거든 반드시 외우고 기억하였다가 나에게 들려 주어 나를 훈도하도록 하라'라고 말입니다. 그리하여 그의 수레에는 여분旅賁의 규간規諫이 있었고, 위저位宁에는 관사官師들이 법전을 갖추고 대기하였으며, 의궤倚几에는 송훈誦訓의 간언이 있었으며, 거침居寢에는 설어褻御의 잠언이 있었으며, 임사臨事에는 고사瞽史의 훈도가 있었고, 연거宴居에는 사공師工의 송誦이 있었던 것입니다. 사관은 기록함을 게을리 하지 않았고, 장님(瞍)은 옛 고전을 외어 주는 일을 놓치지 않으면서 임금을 훈도하고 제어하였던 것입니다. 이에 〈의懿〉를 지어 스스로 경계를 삼으며, 그가 죽을 때에 그를 일러 '예성무공睿聖武公'이라 극찬하였던 것입니다. 그런데 그대가 예성睿聖이 되지 못한다고 나에게 무슨 해가 되겠습니까? 그러나 〈주서周書〉에 '문왕文王은 해가 기울도록 공무에 바빠 식사할 겨를도 없었다. 그 은혜가 힘없는 백성에게 미쳤으니 오직 정사를 공경스럽게 보았던 것이로다'라 하였습니다. 그러한 문왕조차도 감히 교만하게 굴지 않았던 것입니다. 지금 그대는 초楚나라의 원로로써 자신만 편안하기를 바라면서 간언하는 자를 가로막고 있으니 임금인들 무슨 일을 할 수 있겠습니까? 만약 언제나 이와 같이 한다면 초나라는 제대로 다스려지지 않을 것입니다!"

자미는 두려움을 느끼며 이렇게 말하였다.

"나(史老)의 과실이오."

그러고는 급히 나와 의상을 만나 보았다.

左史倚相廷見申公子亹, 子亹不出, 左史謗之, 擧伯以告.
子亹怒而出, 曰:「女無亦謂我老耄而舍我, 而又謗我!」
左史倚相曰:「唯子老耄, 故欲見以交儆子. 若子方壯, 能經營百事, 倚相將奔走承序, 於是不給, 而何暇得見? 昔衛武公年數九十有五矣, 猶箴儆於國, 曰:『自卿以下至於師長士, 苟在朝者, 無謂我老耄而舍我, 必恭恪於朝, 朝夕以交戒我; 聞一二之言, 必誦志而納之, 以訓導我.』在輿有旅賁之規, 位宁有官師之典, 倚几有誦訓之諫, 居寢有褻御之箴, 臨事有瞽史之導, 宴居有師工之誦. 史不失書, 矇不失誦, 以訓御之, 於是乎作〈懿〉戒以自儆也. 及其沒也, 謂之睿聖武公. 子實不睿聖, 於倚相何害? 〈周書〉曰:『文王至於日中昃, 不皇暇食. 惠於小民, 唯政之恭.』文王猶不敢驕. 今子老楚國而欲自安也, 以禦數者, 王將何爲?

若常如此, 楚其難哉!」

子亹懼, 曰:「老之過也.」

乃驟見左史.

【倚相】楚나라 사람으로 史官이었으며 많은 책을 읽어 左史의 벼슬을 지냈음.
【申公子亹】申公은 식읍 이름을 딴 관직이며 동시에 작위를 부여한 명칭. 子亹는 그의 자이며 이름은 史老. 흔히 申公史老로도 부름. 초나라 國老, 長老, 元老로 대우를 받고 있었음.
【舉伯】楚나라 대부.
【耄】80세를 모(耄)라 함.
【衛武公】衛나라 僖侯(釐侯)의 아들이며 이름은 和. B.C.812~758년까지 55년간 재위함.
【旅賁】수레 곁에서 호위하는 용사. 임금이 출행할 때면 호위 용사까지 規諫을 하였음을 말함.
【位宁】뜰 좌우에서 경비하는 것을 ‘位’라 하며, 문 앞 가까이에서 경비하는 것을 ‘저’(宁)라 함. 궁전을 경비하는 이들은 그 관직의 직분에 따른 常法이 있었음을 말함.
【倚几】임금이 잠시 쉬면서 기대는 의자나 팔 받침대.
【誦訓】고대 전적에서 귀감이 될 글들을 곁에서 읊어 주거나 들려 줌.
【居寢】일상 생활. 起居와 같음.
【褻御】아주 가까이 모시고 있는 신하.
【鼓史】鼓는 樂師(太師). 史는 史官(太史). 일을 시행할 때마다 그에 맞는 옛고사나 훈고를 제공하여 결정에 도움을 주는 일을 함.
【宴居】평상시. 아무 일이 없이 있을 때.
【師工】師는 樂師. 工은 瞽矇을 가리키며 눈으로 보지는 못하지만 음으로 들어 세상 이치를 판별하는 사람. 주로 임금 곁에서 규간하는 일을 맡았음.
【懿】《詩經》大雅 抑을 가리킴.
【睿聖】‘깊고 밝으며 성스럽다’는 뜻. 諡號法에 “威强睿德曰武”라 함.
【周書】《尙書》周書 無逸篇의 구절.

215(17-8) 白公子張諷靈王宜納諫

백공자장이 영왕이 의당 간언을
받아들여야 함을 풍자하다

영왕靈王이 포학한 정치를 자행하자 백공白公 자장子張이 그 때마다 들어가 간언을 하였다.

영왕은 자장이 미워 사로史老에게 이렇게 말하였다.

"제 자장으로 하여금 간언을 그치게 하고자 하오. 어찌하면 되겠소?"

사로가 말하였다.

"그의 간언을 받아들이는 것은 어렵지요. 그러나 그의 간언을 그치게 하기는 쉽습니다. 만약 그가 간언을 하거든 임금께서는 이렇게 말하십시오. '나는 왼손에는 귀신을 잡고 있고, 오른손에는 귀신의 궁궐을 잡고 있다. 모든 잠언과 간언이라면 내 모두 들어 보았다. 그런데 또 더 들을 게 있다는 거냐?'라고 말입니다."

백공이 다시 나타나 간언하자, 영왕은 사로가 일러 준 대로 말하였다.

그러자 백공은 이렇게 말하였다.

"옛날 은殷 무정武丁 능히 덕을 잘 닦았고 신명과도 통하였습니다. 그는 하내河內로 들어왔다가 그 하내에서 다시 박亳으로 옮겨 도읍을 정한 다음 3년이 되도록 말을 하지 않은 채 나라를 다스릴 방도만을 생각하고 있었습니다. 경사卿士들이 이를 걱정하여 '왕께서 말씀을 통해 명령을 내리셔야지요. 만약 말씀을 아니 하시면 명령 받을 방법이 없습니다'라고 하였지요. 그러자 무정은 글로 써서 '내 사방 천하를 통치하긴 하나 내 덕이 아직 그에 미치지 못한 것을 두려워하여 이 때문에 말을 하지 아니하는 것이다'라 하였습니다. 이렇게 하고 다시 사람을 시켜 꿈에 본 형상을 그림으로 그려 널리 사방의 현인을 찾아

마침내 부열傳說을 얻게 되자, 그를 공公으로 승급을 시킨 다음 아침저녁으로 규간規諫을 하도록 임무를 맡겼습니다. 그리고 '내가 만약 쇠라면 너는 숫돌이 되어다오. 내가 만약 건너야 할 물이라면 너는 배가 되어다오. 내가 만약 하늘이 되어 가뭄이 들거든

부열(傅說)《三才圖會》

너는 풍성히 쏟아지는 비가 되어다오. 너의 마음을 열어 나의 마음을 비옥하게 해 다오. 만약 약이 제대로 효과가 없으면 눈이 아물거리는 병이 든 자에게 쓴다 해도 그 병을 고칠 수 없다. 맨발로 뛰어다니며 그 땅을 살피지 않는다면 그 발은 상처를 입고 말 것이다'라 하였습니다. 무정처럼 신명한 분으로써 그 성스러움은 뛰어나고 넓으며, 그 지혜는 어떤 결점도 없건만 오히려 스스로 나라를 잘 다스릴 수 없으리라 여겨 3년을 침묵하며 생각에 잠겼었습니다. 그리고 이윽고 도를 터득하고 나서도 오히려 자신 마음대로 하지 아니하고 꿈에 본 형상을 그림으로 그려 성인을 찾았습니다. 그리고 다시 훌륭한 보필을 얻고 나서도 황폐하게 실책을 저지르거나 훌륭한 일을 잊을까 두려워 아침저녁으로 자신을 규간해 줄 것을 요구하면서 '반드시 나를 수양하도록 해 다오. 나를 포기하지 말라'라고 할 정도였습니다. 지금 임금께서는 혹 그 무정에 미치지 못하는 것이 있을 텐데, 규간하는 자를 증오하고 있으니 어렵지 않겠습니까!

　제齊 환공桓公과 진晉 문공文公은 모두가 맏아들 태자가 아니었습니다. 그러나 그들은 제후 여러 나라를 망명하면서도 감히 일탈에 빠지지 않았고, 마음으로는 늘 덕음德音을 닮고자 하여 그 덕으로써 나라를 갖게 되었습니다. 그리하여 간언하는 신하를 가까이하며 참언하는 신하는 멀리하고, 많은 사람들이 의견을 내는 것을 자신에게 알려 주도록

하였습니다. 이 까닭으로 그들이 귀국하여 막 나라를 맡았을 때는, 그 땅이 사방 불과 1동同의 넓이도 갖추지 못했으나, 결국 1천 리의 땅으로 넓어져 제후들을 불러 회맹하여 지금에 이르도록 훌륭한 임금이라 부르고 있는 것입니다. 제 환공과 진 문공은 모두 그렇게 규간을 받아들였는데, 임금께서는 그러한 뛰어난 두 임금과 같이 되겠다 근심하는 기색도 없이 자신의 안일만을 추구하고 있으니 이래서야 불가한 것 아닙니까? 〈주시周詩〉에 '몸소 실천하고 몸소 나서지 않으면 백성들은 그를 믿지 않는다'라 하였습니다. 저는 우리 백성들이 임금을 믿지 않을까 두려워 그 때문에 감히 말을 하지 않을 수 없었던 것입니다. 그렇지 않았다면 어찌 그토록 임금을 몰아붙이는 말을 하여 죄를 얻고자 했겠습니까?"

영왕이 괴로워하면서 이렇게 말하였다.

"그대는 다시 그렇게 말해 주시오. 내 비록 그 말을 다 들어 줄 수는 없겠지만 내 그것을 귀마개로 쓰기를 간절히 원하오."

백공이 말하였다.

"임금께서 다 들어 주실 것으로 여겨 말씀드린 것입니다. 그렇게 하지 않을 것이라면 파포巴浦에서 나는 서犀·리犛·시兕·상象으로 만든 귀마개는 다 써보지 않았습니까? 그런데 다시 규간을 귀마개로 쓸 수 있겠습니까?"

그러고는 급히 나가 집으로 돌아와서는 문을 걸고 나가지 않았다.

그로부터 7개월 뒤 건계乾谿의 반란이 일어났으며, 영왕은 그 난에 죽음을 당하고 말았다.

靈王虐, 白公子張驟諫.

王患之, 謂史老曰:「吾欲已子張之諫, 若何?」

對曰:「用之寔難, 已之易矣. 若諫, 君則曰:『余左執鬼中, 右執殤宮, 凡百箴諫, 吾盡聞之矣, 寧聞他言?』」

白公又諫，王如史老之言．

對曰：「昔殷武丁能聳其德，旨於神明，以入於河，自河徂亳，於是乎三年，默以思道．卿士患之，曰：『王言以出令也，若不言，是無所稟令也．』武丁於是作書，曰：『以余正四方，余恐德之不類，茲故不言．』如是而又使以象夢，旁求四方之賢，得傅說以來，升以爲公，而使朝夕規諫，曰：『若金，用女作礪．若津水，用女作舟．若天旱，用女作霖雨．啓乃心，沃朕心．若藥不暝眩，厥疾不瘳．若跣不視地，厥足用傷．』若武丁之神明也，其聖之睿廣也，其智之不疚也，猶自謂未乂，故三年默以思道．既得道，猶不敢專制，使以象旁求聖人．既得以爲輔，又恐其荒失遺忘，故使朝夕規誨箴諫，曰：『必交修余，無余棄也．』今君或者未及武丁，而惡規諫者，不亦難乎！

齊桓・晉文，皆非嗣也．還軫諸侯，不敢淫逸，心類德音，以德有國．近臣諫，遠臣謗，輿人誦，以自詰也．是以其入也，四封不備一同，而至於有畿田，以屬諸侯，至於今爲令君．桓・文皆然，君不度憂於二令君，而欲自逸也，無乃不可乎？〈周詩〉有之曰：『弗躬弗親，庶民弗信．』臣懼民之不信君也，故不敢不言．不然，何急其以言取罪也？」

王病之，曰：「子復語．不穀雖不能用，吾憖置之於耳．」

對曰：「賴君用之也，故言．不然，巴浦之犀・犛・兕・象，其可盡乎？其又以規爲瑱也？」

遂趨而退，歸，杜門不出．

七月，乃有乾谿之亂，靈王死之．

【靈王】 楚 靈王. B.C.540~529년까지 12년간 재위하였음.

【白公子張】 초나라 대부. 이름은 子張. 봉지가 白 땅이었음.

【史老】 앞 편에서 말한 申公子亹를 가리킴.

【殤宮】 사람을 요절시키는 귀신이 사는 곳. 이 두 구절은 자신은 귀신도 부리고 그 어떤 사물도 손바닥에 쥐고 있듯이 제압할 수 있다는 뜻.

【殷武子】 殷 高宗, 武丁. 傳說을 얻어 나라를 중흥시켰던 임금.

【神明】 무정(고종)이 꿈에 계시를 받아 부열을 얻은 일.

【徂亳】 '徂'는 '往'와 같음. '亳'은 殷나라 도읍으로 지금의 河南 商丘. 혹은 河南 偃師市 서쪽이라고도 함.

【象夢】 꿈에 본 모습을 그림으로 그림.

【傳說】 은 고종 무정이 꿈에 본 모습을 그려 찾아낸 인물. 傅巖(죄인으로 성벽에 매달려 일을 하고 있는 자)을 당하고 있어 그 성을 '傅'로 하였음. 뒤에 근 고종을 도와 큰 정치로 중흥을 일으킴. 《史記》 殷本紀 참조.

【津水】 물을 건넘.

【跣】 맨발로 다님.

【乂】 '治'와 같음.

【同】 사방 1백 리의 땅 넓이를 말함.

【畿田】 사방 1천 리의 넓이.

【周詩】 《詩經》 小雅 節南山의 구절.

【懋】 '은'으로 읽으며 '아주 간절히 願하다'의 뜻.

【巴蒲】 지명. 초나라 땅. 이 지역에서 犀(물소)·犛(犛牛, 牦牛)·兕(코뿔소)·象(코끼리) 등이 나며 그 뿔이나 뼈, 상아로 만든 좋은 귀마개(瑱)를 말함.

【瑱】 귀마개. 남의 말을 듣지 않으려고 귀에 대는 옥으로 만든 장식물. 여기서는 '진귀한 동물의 뼈나 뿔, 상아로 만든 귀마개도 다 써보고 싫증 내고 있는데 자신의 간언을 어찌 다시 쓸 수 있겠는가'의 뜻.

【乾溪之亂】 魯 昭公 13년(B.C.529) 楚 靈王이 東征할 때, 그 아우 蔡公 棄疾 등이 그 기회를 틈타 회군하여, 영왕이 乾溪에 머물렀을 때 반란을 일으키자 영왕이 자살한 사건. 본 〈楚語〉 213, 228 등 참조.

216(17-9) 左史倚相儆司馬子期唯道是從
좌사의상이 사마자기에게
오직 도를 따르면 된다고 경고하다

사마자기司馬子期가 첩을 정처로 삼고자 하여 좌사左史 의상倚相을 방문하여 말하였다.

"저에게 첩이 있는데 아주 유순하여 비녀를 꽂아 정처로 삼고자 합니다. 그래도 되겠습니까?"

의상이 대답하였다.

"옛날 선대부先大夫 자낭子囊께서는 왕명을 어기고 시호를 지었고, 자석子夕은 마름을 좋아하였지만 그 아들 자목子木은 양고기로 제사에 올리며 마름 풀은 치워 버렸습니다. 이를 두고 군자는 '비록 임금과 아버지의 유언을 위배하였지만 도리에는 맞는다'라 하였습니다. 곡양수穀陽豎는 자신의 아들 자반子反의 노고를 너무 아름답게 보고 그에게 술을 주었으나, 결국 그는 언릉鄢陵에서 죽음을 당하고 말았습니다. 그런가 하면 우윤芉尹 신해申亥는 영왕靈王의 욕심을 다 채워 주어, 결국 영왕은 건계乾谿에서 죽고 말았습니다. 군자들은 이를 두고 '비록 아버지와 임금에게 순종했지만, 정도에는 어긋나는 행동이었다'라고 평했습니다. 군자의 행동이란 그 정도를 실행해야 하는 것이 기준입니다. 그 때문에 진퇴와 주선周旋에 오직 정도만을 좇아가는 것입니다. 무릇 자목은 능히 약오若敖의 욕구를 거역하여 정도로서 제사에 마름 풀을 치워버렸으니, 지금 그대는 초楚나라를 경영하는 자로써 마름 풀을 제사상에 올려드리는 일과 같은 것을 실행하여 정도를 범하고자 하니 그것이 옳은 일이겠습니까?"

이에 자기는 포기하였다.

司馬子期欲以妾爲內子, 訪之左史倚相, 曰:「吾有妾而願, 欲筓之, 其可乎?」

對曰:「昔先大夫子囊違王之命諡; 子夕嗜芰, 子木有羊饋而無芰薦. 君子曰:『違而道.』穀陽豎愛子反之勞也, 而獻飮焉, 以斃於鄢; 芋尹申亥從靈王之欲, 以隕於乾谿. 君子曰:『從而逆.』君子之行, 欲其道也, 故進退周旋, 唯道是從. 夫子木能違若敖之欲, 以之道而去芰薦, 吾子經營楚國, 而欲薦芰以干之, 其可乎?」

子期乃止.

【司馬子期】楚 平王의 아들이며 子西의 아우. 이름은 結. 당시 대부였음.

【筓之】비녀를 꽂아 줌. 여기서는 正妻로 세워 주었음을 의미함.

【子囊】楚나라 영윤. 이 고사는 209(17-2)를 참조할 것.

【子夕】초나라 卿 屈到. 菱角을 좋아하여 죽을 때 자신의 제사에 이를 반드시 올릴 것을 유언으로 남겼음. 이 고사는 210(17-3)을 참조할 것.

【穀陽豎】子反의 부하. 魯 成公 16년(B.C.575) 晉나라와 楚나라가 鄢陵에서 전투를 벌일 때, 楚 恭王이 눈을 다쳐 물러났다가 이튿날 子反을 불러 다시 싸울 것을 요구하였으나, 곡양수가 자반에게 술을 먹여 취하게 하여 공왕이 만날 수 없게 되자, 공왕이 "초나라가 패하는 것은 하늘의 뜻"이라 하고 물러났으며, 자반은 결국 자결하고 말았음.《史記》에는 豎陽穀으로 되어 있음.

【子反】초나라 대장군 公子側.

【芋尹申亥】申無宇의 아들. 魯 昭公 13년(B.C.526) 楚 公子 比와 公子 黑肱, 그리고 公子 棄疾 등이 陳·蔡·不羹 등 나라 병사를 이끌고 초나라에서 난을 일으켜 진입하여 靈王과 乾谿에서 전투를 벌였음. 申亥의 아버지 申無宇가 두 번이나 영왕의 명령을 거역하였지만, 영왕은 그를 죽이지 않았음. 이에 신해는 영왕에게 감격하여 왕을 자신의 집으로 피신시켰으며, 영왕은 그의 집에서 목을 매어 자결하고 말았음. 본 책 〈楚語〉(上) "靈王城陳·蔡·不羹"를 볼 것.

【若敖】子夕. 楚나라 卿 屈到. 若敖氏는 鬪伯比의 일족을 말함. 若敖는 鬪伯比의 부친으로, 운(鄖, 鄅)나라 여자를 얻어 백비를 낳았으며, 백비가 어머니를 따라 운국에 이르렀을 때 운국 공주와 사통하여 아들을 낳았는데 이가 子文임. 자문은 태어나자 어머니가 사통하여 낳은 것이 두려워 이를 雲夢澤에 버렸음. 뒤에 운국 임금이 그곳에 사냥을 나갔다가 사내아이가 호랑이 젖을 물고 있는 것을 보고 데려다 길렀으며, 이름을 누오도(穀於菟. 초나라 말로 '호랑이 젖을 먹고 자란 아이'라는 뜻)로 지은 것임. 그 자문(누오도)이 죽고, 그 아들 투초(鬪椒, 子越)가 楚나라에서 난을 일으키자 楚 莊王이 이 씨족을 멸하였음. 그 때 자문의 손자 箴尹(관직 이름) 克黃은 마침 제나라에 사신으로 가 있었으나 돌아와 이를 알고 스스로 구속될 것을 청하자, 장왕이 "자문이 선행을 지은 것은 이런 후손을 남기기 위한 것"이라 하면서 이름을 圭로 바꾸어 주고 직무를 이어가도록 하였음. 그 극황의 자손이 昭王 때 鄅公이 되었음.

【薦葑】 '첩을 정처로 세우는 것은 마치 마름 풀을 제사에 올리는 것과 같다'는 뜻.

참고 및 관련 자료

1. 《左傳》成公 16년

晉侯將伐鄭. 范文子曰:「若逞吾願, 諸侯皆叛, 晉可以逞. 若唯鄭叛, 晉國之憂, 可立俟也.」欒武子曰:「不可以當吾世而失諸侯, 必伐鄭.」乃興師. 欒書將中軍, 士燮佐之; 郤錡將上軍, 荀偃佐之; 韓厥將下軍; 郤至佐新軍. 荀罃居守. 郤犨如衛, 遂如齊, 皆乞師焉. 欒黶來乞師. 孟獻子曰:「晉有勝矣.」戊寅, 晉師起. 鄭人聞有晉師, 使告于楚, 姚句耳與往. 楚子救鄭. 司馬將中軍, 令尹將左, 右尹子辛將右. 過申, 子反入見申叔時, 曰:「師其何如?」對曰:「德・刑・詳・義・禮・信, 戰之器也. 德以施惠, 刑以正邪, 詳以事神, 義以建利, 禮以順時, 信以守物. 民生厚而德正, 用利而事節, 時順而物成, 上下和睦, 周旋不逆, 求無不具, 各知其極. 故詩曰:'立我烝民, 莫匪爾極.' 是以神降之福, 時無災害, 民生敦庬, 和同以聽, 莫不盡力以從上命, 致死以補其闕, 此戰之所由克也. 今楚內棄其民, 而外絶其好; 瀆齊盟, 而食話言; 奸時以動, 而疲民以逞. 民不知信, 進退罪也. 人恤所底, 其誰致死? 子其勉之! 吾不復見子矣.」姚句耳先歸, 子駟問焉. 對曰:「其行速,

過險而不整. 速則失志, 不整, 喪列. 志失・列喪, 將何以戰? 楚懼不可用也.」
五月, 晉師濟河. 聞楚師將至, 范文子欲反, 曰:「我偽逃楚, 可以紓憂. 夫合諸侯,
非吾所能也, 以遺能者. 我若羣臣輯睦以事君, 多矣.」武子曰:「不可.」六月,
晉・楚遇於鄢陵. 范文子不欲戰. 郤至曰:「韓之戰, 惠公不振旅; 箕之役, 先軫不
反命; 邲之師, 荀伯不復從, 皆晉之恥也. 子亦見先君之事矣. 今我辟楚, 又益
恥也.」文子曰:「吾先君之亟戰也, 有故. 秦・狄・齊・楚皆彊, 不盡力, 子孫將弱.
今三彊服矣, 敵楚而已. 惟聖人能外內無患. 自非聖人, 外寧必有內憂, 盍釋楚以
爲外懼乎?」甲午晦, 楚晨壓晉軍而陳. 軍吏患之. 范匄趨進, 曰:「塞井夷竈,
陳於軍中, 而疏行首. 晉・楚唯天所授, 何患焉?」文子執戈逐之, 曰:「國之存亡,
天也, 童子何知焉?」欒書曰:「楚師輕窕, 固壘而待之, 三日必退. 退而擊之,
必獲勝焉.」郤至曰:「楚有六間, 不可失也. 其二卿相惡, 王卒以舊, 鄭陳而不整,
蠻軍而不陳, 陳不違晦, 在陳而囂, 合而加囂. 各顧其後, 莫有鬪心; 舊不必良,
以犯天忌. 我必克之.」楚子登巢車, 以望晉軍. 子重使大宰伯州犁侍于王後. 王曰:
「騁而左右, 何也?」曰:「召軍吏也.」「皆聚於中軍矣.」「合謀也.」「張幕矣.」
曰:「虔卜於先君也.」「徹幕矣.」曰:「將發命也.」「甚囂, 且塵上矣.」曰:「將塞
井夷竈而爲行也.」「皆乘矣, 左右執兵而下矣.」曰:「聽誓也.」「戰乎?」曰:「未可
知也.」「乘而左右皆下矣.」曰:「戰禱也.」伯州犁以公卒告王. 苗賁皇在晉侯
之側, 亦以王卒告. 皆曰:「國士在, 且厚, 不可當也.」苗賁皇言於晉侯曰:「楚之良,
在其中軍王族而已. 請分良以擊其左右, 而三軍萃於王卒, 必大敗之.」公筮之.
史曰:「吉. 其卦遇復≡≡≡≡, 曰:‘南國蹙, 射其元王, 中厥目.’國蹙・王傷, 不敗,
何待?」公從之. 有淖於前, 乃皆左右相違於淖. 步毅御晉厲公, 欒鍼爲右. 彭名御
楚共王, 潘黨爲右. 石首御鄭成公, 唐苟爲右. 欒・范以其族夾公行. 陷於淖. 欒書
將載晉侯. 鍼曰:「書退! 國有大任, 焉得專之? 且侵官, 冒也; 失官, 慢也; 離局,
姦也. 有三罪焉, 不可犯也.」乃掀公以出於淖. 癸巳, 潘尫之黨與養由基蹲甲而
射之, 徹七札焉. 以示王, 曰:「君有二臣如此, 何憂於戰?」王怒曰:「大辱國!
詰朝爾射, 死藝.」呂錡夢射月, 中之, 退入於泥. 占之, 曰:「姬姓, 日也; 異姓,
月也, 必楚王也. 射而中之, 退入於泥, 亦必死矣.」及戰, 射共王中目. 王召養
由基, 與之兩矢, 使射呂錡, 中項, 伏弢. 以一矢復命. 郤至三遇楚子之卒, 見楚子,
必下, 免冑而趨風. 楚子使工尹襄問之以弓, 曰:「方事之殷也, 有韎韋之跗注,
君子也. 識見不穀而趨, 無乃傷乎?」郤至見客, 免冑承命, 曰:「君之外臣至從寡
君之戎事, 以君之靈, 間蒙甲冑, 不敢拜命. 敢告不寧, 君命之辱. 爲事之故,

敢肅使者.」三肅使者而退. 晉韓厥從鄭伯, 其御杜溷羅曰:「速從之? 其御屢顧, 不在馬, 可及也.」韓厥曰:「不可以再辱國君.」乃止. 郤至從鄭伯, 其右茀翰胡曰: 「諜輅之, 余從之乘, 而俘以下.」郤至曰:「傷國君有刑.」亦止. 石首曰:「衛懿公唯 不去其旗, 是以敗於熒.」乃內旌於弢中. 唐苟謂石首曰:「子在君側, 敗者壹大. 我不如子, 子以君免, 我請止.」乃死. 楚師薄於險, 叔山冉謂養由基曰:「雖君 有命, 爲國故, 子必射.」乃射, 再發, 盡殪. 叔山冉搏人以投, 中車, 折軾. 晉師 乃止. 囚楚公子茷. 欒鍼見子重之旌, 請曰:「楚人謂夫旌, 子重之麾也, 彼其子 重也. 日臣之使於楚也, 子重問晉國之勇, 臣對曰:'好以眾整.'曰:'又何如?' 臣對曰:'好以暇.'今兩國治戎, 行人不使, 不可謂整; 臨事而食言, 不可謂暇. 請攝飲焉.」公許之. 使行人執榼承飲, 造于子重, 曰:「寡君乏使, 使鍼御持矛, 是以不得犒從者, 使某攝飲.」子重曰:「夫子嘗與吾言於楚, 必是故也. 不亦 識乎?」受而飲之, 免使者而復鼓. 旦而戰, 見星未已. 子反命軍吏察夷傷, 補卒乘, 繕甲兵, 展車馬, 雞鳴而食, 唯命是聽. 晉人患之. 苗賁皇徇曰:「蒐乘·補卒, 秣馬·利兵, 脩陳·固列, 蓐食·申禱, 明日復戰!」乃逸楚囚. 王聞之, 召子反謀. 穀陽豎獻飲於子反, 子反醉而不能見. 王曰:「天敗楚也夫! 余不可以待.」乃宵遁. 晉入楚軍, 三日穀. 范文子立於戎馬之前, 曰:「君幼, 諸臣不佞, 何以及此? 君其 戒之! 周書曰:'惟命不于常.'有德之謂.」楚師還, 及瑕, 王使謂子反曰:「先大夫 之覆師徒者, 君不在. 子無以爲過, 不穀之罪也.」子反再拜稽首曰:「君賜臣死, 死且不朽. 臣之卒實奔, 臣之罪也.」子重使謂子反曰:「初隕師徒者, 而亦聞之矣. 盍圖之!」對曰:「雖微先大夫有之, 大夫命側, 側敢不義? 側亡君師, 敢忘其死?」 王使止之, 弗及而卒. 戰之日, 齊國佐·高無咎至于師, 衛侯出于衛, 公出于壞隤. 宣伯通於穆姜, 欲去季·孟而取其室. 將行, 穆姜送公, 而使逐二子. 公以晉難告, 曰:「請反而聽命.」姜怒, 公子偃·公子鉏趨而過, 指之曰:「女不可, 是皆君也.」 公待於壞隤, 申宮·儆備·設守, 而後行, 是以後. 使孟獻子守于公宮.

2.《史記》晉世家

六年春, 鄭倍晉與楚盟, 晉怒. 欒書曰:「不可以當吾世而失諸侯.」乃發兵. 厲公 自將, 五月度河. 聞楚兵來救, 范文子請公欲還. 郤至曰:「發兵誅逆, 見彊辟之, 無以令諸侯.」遂與戰. 癸巳, 射中楚共王目, 楚兵敗於鄢陵. 子反收餘兵, 拊循欲 復戰, 晉患之. 共王召子反, 其侍者豎陽穀進酒, 子反醉, 不能見. 王怒, 讓子反, 子反死. 王遂引兵歸. 晉由此威諸侯, 欲以令天下求霸.

卷十八 楚語(下)

217(18-1) 觀射父論絶地天通
관야보가 땅을 잘라
하늘에 통하게 하였다는 뜻을 논하다

초楚 소왕昭王이 관야보觀射父에게 이렇게 물었다.

"〈주서周書〉에 중씨重氏와 여씨黎氏가 하늘과 땅이 서로 통할 수 없도록 하였다 하였는데 어찌 된 일입니까? 만약 그렇게 하지 않았다면 사람들이 능히 하늘에 오를 수 있었다는 것입니까?"

관야보가 대답하였다.

"그러한 뜻이 아닙니다. 옛날에는 사람과 신이 함께 섞여 살지 않았습니다. 백성은 백성들 중에 정신이 깨끗하고 두 가지 생각을 갖지 않은 자이며 또한 능히 재숙齊肅하고 충정衷正하며, 그 지혜가 위아래로 항상 의義에 견줄 만하며, 그 성스러움이 빛을 널리 밝게 비출 수 있으며, 그 밝음이 누구에게나 비춰 줄 수 있는 자이며, 그리고 그 총명함이 능히 무엇을 듣고 통철通徹하는 자라면 이러한 자에게 명신明神이 내려 강림합니다. 그 중 남자를 격覡, 여자를 무巫라 합니다. 이를 시켜 신이 처하는 위치와 그 선후 순서를 제정하도록 하며 신을 위한 희생, 제기, 제사의 때, 복장 등을 만들고 그러한 뒤에 선성先聖의 후손 중에 빛나는 공덕이 있는 자이며 동시에 능히 산천의 신 이름과 고조高祖의 왕묘王廟, 종묘의 일들, 소목昭穆을 정리한 세계世系, 재계齋戒와 경건함의 부지런한 정도, 예절禮節의 마땅함, 위의威儀의 법칙, 용모의 뛰어남, 충신忠信의 바탕, 인혈禋絜의 복장에 밝고 게다가 명신에게 공경을 다할 수 있는 자가 태축太祝의 임무를 맡게 되는 것입니다.

그리고 성명名姓이 있는 집안 후손으로, 능히 사시四時의 만물 생장에 대하여 잘 알며 제사에서의 희생물, 옥백玉帛의 종류, 채복采服의 의전儀典,

이기彝器의 수량, 신주의 차례에 대한 헤아림, 거섭居攝의 지위, 제단의 장소, 상하 신의 존비, 씨성氏姓의 근원 등에 대하여 밝게 하는 자로써 마음속으로 옛 전적을 훤히 알고 있는 자가 종백宗伯의 임무를 맡게 되는 것입니다.

이에 천지와 신, 그리고 백성, 만물의 유형에 따라 관직을 두었으니 이것이 바로 오관五官이며, 각기 그 순서에 따라 일을 맡아 서로 혼란이 없었습니다.

백성은 이로써 능히 충신忠信할 수 있었고, 신은 이로써 능히 덕을 밝힐 수 있었으니, 이처럼 백성과 신은 그 업무가 달라 공경하되 모독을 주는 일은 없었습니다. 그 때문에 신은 아름다운 생산품을 내려주었고, 백성은 그 물건으로 삶을 향유할 수 있었으며, 재앙이 이르지 않았고 구하여 쓰는 것에 궁핍함이 없었던 것입니다.

그러다가 소호씨少皞氏 시대가 쇠미하자, 구려九黎가 덕을 혼란시켜 백성들과 신이 뒤섞여 살게 되었으며, 지방의 공물을 바칠 수 없게 되었습니다. 무릇 사람마다 제사를 제 맘대로 지내고 집집마다 무사巫史 가 될 수 있었으며, 서로 근거를 삼을 길이 없게 되었던 것입니다. 백성들은 제사에 가산을 탕진하게 되었고 그럼에도 복을 받을 수는 없었습니다. 증향烝享의 제사에 법칙이 없었고, 백성과 신이 동등한 지위가 되고 말았습니다. 백성들은 재계나 맹서 따위를 모독하여, 신에 대한 경외심 따위는 없어지고 말았습니다. 그러자 신은 백성의 법칙을 친압하게 되었고, 그 제사도 정결함이란 사라지고 말았습니다. 좋은 곡식은 내려주지 않았고, 향유할 물질도 없어졌습니다. 재앙은 해마다 찾아왔으며, 사람의 기운을 더 이상 끝까지 써 볼 수도 없게 되었습니다.

전욱顓頊이 이러한 상태를 이어받자, 이에 남정南正 중씨重氏로 하여금 하늘에 관한 것은 신에게 귀속시키고, 화정火正 여씨黎氏에게 명하여 땅에 해당하는 것은 백성에게 귀속시켜 옛날 정상을 회복하도록 하여, 서로 침범하거나 모독할 수 없도록 하였으니 이를 일러 '절지천통絶地 天通'이라 한 것입니다.

그 뒤, 삼묘三苗가 구려九黎의 흉한 덕을 이어받아 천하를 어지럽히자, 요堯가 다시 중씨와 여씨의 후손을 찾아 옛날 업무를 잊지 않고 있던 자로 하여금 옛 제도를 회복하도록 하였습니다. 그로부터 하夏·상商에 이르러 다시 중씨와 여씨의 후손이 천지의 차이를 서술하여 그 주관해야 할 담당을 구별하였습니다. 주周나라는 정백휴보程伯休父가 그 후손이었으며, 선왕宣王 때에 그 관직의 업무를 잃자 사마씨司馬氏로 변경되었습니다. 휴보의 후손은 여전히 신과 조상을 존경하여 백성으로부터 위엄을 얻었으며, 그로 인해 '중씨는 하늘을 관장하고 여씨는 땅을 관장한다'라 하였던 것입니다. 그러다가 유왕幽王 때에 세상의 혼란을 만나 더 이상 바로잡지 못하게 되었습니다. 그렇지 않다면 무릇 하늘과 땅이란 생겨날 때부터 지금까지 서로 떨어져 있어 변화가 없는 것인데, 어찌 서로 붙어 있을 수 있다는 것입니까?"

昭王問於觀射父, 曰:「《周書》所謂重·黎寔使天地不通者, 何也? 若無然, 民將能登天乎?」

對曰:「非此之謂也. 古者民神不雜. 民之精爽不攜貳者, 而又能齊肅衷正, 其智能上下比義, 其聖能光遠宣朗, 其明能光照之, 其聰能聽徹之, 如是則明神降之, 在男曰覡, 在女曰巫.

是使制神之處位次主, 而爲之牲器時服, 而後使先聖之後之有光烈, 而能知山川之號·高祖之王·宗廟之事·昭穆之世·齊敬之勤·禮節之宜·威儀之則·容貌之崇·忠信之質·禋絜之服, 而敬恭明神者, 以爲之祝.

使名姓之後, 能知四時之生·犧牲之物·玉帛之類·采服之儀·彝器之量·次主之度·居攝之位·壇場之所·上下之神·氏姓之出, 而心率舊典者爲之宗.

於是乎有天地神民類物之官, 是謂五官, 各司其序, 不相亂也.

民是以能有忠信, 神是以能有明德, 民神異業, 敬而不瀆, 故神
降之嘉生, 民以物享, 禍災不至, 求用不匱.

及少皞之衰也, 九黎亂德, 民神雜糅, 不可方物. 夫人作享,
家爲巫史, 無有要質. 民匱於祀, 而不知其福. 烝享無度, 民神同位.
民瀆齊盟, 無有嚴威. 神狎民則, 不蠲其爲. 嘉生不降, 無物以享.
禍災薦臻, 莫盡其氣.

顓頊受之, 乃命南正重司天以屬神, 命火正黎司地以屬民,
使復舊常, 無相侵瀆, 是謂絕地天通.

其後, 三苗復九黎之德, 堯復育重・黎之後, 不忘舊者, 使復
典之. 以至於夏商, 故重・黎世敍天地, 而別其分主者也. 其在周,
程伯休父其後也, 當宣王時, 失其官守, 而爲司馬氏. 寵神其祖,
以取威於民, 曰:『重寔上天, 黎寔下地.』遭世之亂, 而莫之能
禦也. 不然, 夫天地成而不變, 何比之有?』

【昭王】 楚 平王(熊居, 棄疾)의 아들이며, 이름은 熊軫(壬). B.C.515~489년까지
　27년간 재위.

【觀射父】 楚나라 대부.

【周書】《尙書》呂刑篇. 周 穆王이 재상 甫侯에게 짓도록 한 것임.

【高祖】 나라를 세운 시조를 말함. 사당에 모셔진 선조.

【昭穆】 고대 宗法制度로써 宗廟에 위패를 배열하는 규정. 始祖는 중앙에, 二世
　이후 짝수 선조는 왼쪽에 배치하며 이를 '昭'라 함. 그리고 三世 이후 홀수의
　선조는 오른쪽에 배치하며 이를 '穆'이라 함.

【禋絜】 '禋'은 연기를 피워 올리는 제사. '絜'은 '潔'과 같으며 여러 제사를 통칭
　하여 이른 말.

【祝】 太祝. 기도, 占卜・逐鬼・驅疫 등을 담당한 관직.

【宗】 宗伯. 종묘의 제사를 관장하는 직책.

【五官】 天・地・民・神・物 다섯 가지를 각기 맡아 관장하는 직책.

【少皥】 少昊 金天氏. 黃帝의 아들.

【九黎】 고대 남방에 거주하던 부락 족속.

【方物】 각 지방의 특산물. 조공품으로 바치는 물건들.

【巫史】 巫는 接神을 주관하며, 史는 역사의 기록을 담당함.

【烝享】 '烝'은 '蒸'과 같으며 겨울 제사. '享'은 모든 제사를 통칭하여 이른 말.

【蠲】 깨끗함. '潔'과 같음.

【顓頊】 상고시대 제왕의 이름. 高陽氏 부락의 수령.

【南正重】 南正은 하늘의 일을 맡은 신하. 重은 그 이름.

【火正黎】 火正은 땅을 맡은 신하. 黎는 그 이름.

【三苗】 고대 남방의 九黎 이후에 나타난 족속. 帝嚳 高辛氏 때 黃帝 자손들과 맞서 다투었음.

【程伯休父】 程(郢, 지금의 陝西 咸陽市 동쪽) 땅에 봉해진 伯爵으로 이름이 휴보(休父)였음.

【遭世之亂】 西周 말 幽王 때의 혼란을 말함.

【何比之有】 '어찌 하늘과 땅이 서로 비등하게 마주 접근할 수 있겠는가?'의 뜻이며 구체적으로는 '백성과 신명은 서로 뒤섞여 있을 수 없음'을 의미함.

218(18-2) 觀射父論祀牲
관야보가 제사와 희생에 대하여 논하다

자기子期가 평왕平王의 제사를 지내면서 희생으로 소 한 마리를 사용하였으며, 그 사용한 고기를 조두俎豆에 올려 소왕昭王에게 드렸다. 그러자 소왕이 관아보觀射父에게 물었다.

"제사에서 희생은 어떤 것이 있으며, 얼마의 양이 필요합니까?"

관야보가 대답하였다.

"사제祀祭에는 거제擧祭에 비해 더욱 풍성하여야 합니다. 천자가 거제를 올릴 때는 태뢰大牢로 하며 사제는 그 세 배인 회會로써 합니다. 제후의 거제에는 특우特牛로 하지만 사제는 태뢰로써 합니다. 경卿의 경우 거제는 소뢰少牢로 하고 사제는 특우로 하며, 대부의 경우 거제는 특생特牲으로 하고 사제는 소뢰로 하며, 사士의 경우 거제는 구운 생선으로 하며 사제는 특생으로 합니다. 그리고 서인은 거제는 채소로 하고 사제는 구운 생선으로 합니다. 상하에 이렇게 질서가 있어 백성은 태만하게 할 수 없는 것입니다."

왕이 말하였다.

"그 크기는 어떻습니까?"

관야보가 대답하였다.

"교체郊禘의 제사에는 그 소의 뿔이 견율繭栗 크기를 넘지 않으며, 증상烝嘗의 제사에는 뿔이 손으로 잡을 정도의 크기를 넘어서지 않는 것을 씁니다."

소호 금천씨와 전욱 고양씨 《三才圖會》

왕이 말하였다.

"그 작기는 어느 정도입니까?"

관야보가 대답하였다.

"무릇 신령은 정명精明한 눈으로 백성에게 임합니다. 그러므로 갖출 제물을 빠짐없이 갖추되 풍성하고 큰 것을 요구하는 것이 아닙니다. 이 까닭으로 선왕이 사제를 올릴 때는 일순一純·이정二精·삼생三牲· 사시四時·오색五色·육률六律·칠사七事·팔종八種·구제九祭·십일十日· 십이진十二辰으로써 신령에게 바치고, 백성百姓·천품千品·만관萬官· 억추億醜·조민兆民·경입經入·해수晐數의 단위로 바치며, 덕행을 밝혀 이를 널리 현양하며, 음악의 조화로써 덕을 상징하여 어느 신령에게나 이르지 않음이 없도록 고하면, 복을 받지 못하는 것이 없게 되는 것입니다. 모피는 제물이 갖추어졌음을 표시하는 것이며, 선혈은 제물이 신선함을 알려드리는 것이며, 정성을 들여 털을 뽑고 선혈을 취하여 갖추어 봉헌하는 것이 엄숙한 공경이 되는 것입니다. 그 공경은 백성의 힘이 참아낼 수 없을 정도로 오래 끌어서는 안 됩니다. 그 때문에 엄숙하고 똑바르게 그 희생을 길러 그에 맞게 일의 과정을 이어받아 처리할 뿐입니다."

왕이 물었다.

"추환芻豢의 기간은 어느 정도입니까?"

관야보가 대답하였다.

"멀어야 4개월을 넘지 않으며 가까이는 열흘을 넘기지 않습니다."

왕이 말하였다.

"사제는 그만 둘 수 없습니까?"

관야보가 말하였다.

"사제는 효덕을 밝히고 백성을 증식시키며, 나라를 위무하고 백성을 안정시키기 위한 것으로써 폐기할 수 없습니다. 무릇 백성의 풍기風氣가 일단 방종하게 되면 정체되고 말며, 정체됨이 오래가면 떨쳐 일어날 수 없으며 모든 생명이 번식할 수 없습니다. 따르지 않는 백성을 이용하고,

번식하지 아니하는 것을 살리려 한다면 나라를 지켜낼 수가 없습니다. 이 까닭으로 선왕先王께서는 일제日祭·월향月享·시류時類·세사歲祀의 제사를 올렸고, 제후는 그 중 일제는 지내지 않으며, 경이나 대부는 월향을 지내지 않으며, 사士와 서인은 시제時祭를 지내지 않습니다. 천자는 모든 신령과 자연 만물을 두루 제사를 올리며, 제후는 천지와 삼진三辰, 그리고 자신의 봉토 안의 산천에 제사를 올리며, 경과 대부는 그 예법에 규정된 대상에게 제사를 올리고, 사士와 서인은 자신들의 조상에 대한 제사 이외에는 올릴 수 없습니다. 해와 달이 용미龍尾의 별자리에 모일 때면 흙의 기운이 수장收藏되고 천기가 상승하기 시작하며, 백물百物이 제 집을 마련하여 생명을 비축하며, 온갖 신령들이 자주 움직이게 됩니다. 천자와 제후 나라의 경대부들은 이에 증제蒸祭와 상제嘗祭를 올리며, 일반 가정에서는 상제와 사제에 맞추어 부부가 좋은 길일을 택하여 그 희생을 경건하게 자성粢盛을 올리며, 그 제단을 깨끗이 소제하고 그 제복을 갖추어 입고 예주醴酒를 이 정결하게 양조하여 그들의 자녀와 족인을 이끌고 그 시향時享의 순서를 따라 경건하게 종축宗祝의 안내에 따라 제사를 올립니다. 그 때 제문을 순서에 따라 읽어 선조들의 뜻을 밝히되 엄숙하고 깨끗하게 하여 마치 조상이 친히 임하여 있는 듯이 합니다. 이때에는 그 주향州鄉의 친구와 인척, 가까운 형제와 친척이 모두 함께 모입니다. 그리하여 온갖 고통을 서로 막아주고 참언이나 사악한 일들을 모두 없애 서로의 친분과 화합을 확인하며, 그 친밀감과 사랑을 다지고 위아래를 안정시키며, 그 같은 족성族姓임을 알리고 혈연을 공고히 합니다. 위의 지도자는 이로써 백성을 경건하게 하며, 아래 백성은 이로써 윗사람에게 할 의무를 밝히는 것입니다. 천자의 체교禘郊에는 천자가 반드시 그 희생의 소를 활로 쏘는 의식을 치르며, 천자의 왕후王后는 반드시 스스로 그 자성을 찧는 행사를 거칩니다. 그리고 제후의 종묘 제사에서는 반드시 제후가 직접 그 희생의 소를 활로 쏘며 양을 베고 돼지를 치는 의식을 갖습니다. 그 때 제후의 부인夫人 은 반드시 그 자성을 직접 찧는 행사를 합니다. 그러니 하물며 그 아래 신분에 해당하는 사람이라면 어찌 누가 감히 전전긍긍하여 온갖 신령을 모시지 않을 수가 있겠습니까? 천자가 친히 체교의 제사에 쓰일 자성을 방아로 찧고, 왕후가 직접 제복을 마름질하는데, 공公 이하로부터 서인에 이르기까지 누가 감히 엄숙하고 경건한 태도로써 신령에게 온 힘을 바치지 않겠습니까? 백성은 이 제사를 치르는 것으로써 공고해지는 것이니 이와 같은 제사를 어찌 가히 그만 둘 수 있겠습니까?"

왕이 물었다.

"소위 '일순'·'이정'·'칠사'란 어떤 것입니까?"

관야보가 대답하였다.

"성왕聖王은 단면端冕을 단정히 하여 그 마음을 순일하게 가져 위배됨이 없도록 하며, 신하들과 정물精物을 제사에 임합니다. 그리하여 신령에게 가특苟慝함이란 없도록 하는 것을 일러 '일순'이라 합니다. 다음으로 옥과 백帛 두 가지를 정밀하게 하여 하늘·땅·사람 및 사시의 의무에 다 하는 것이 바로 '칠사'입니다.

소왕이 물었다.

"'삼사'란 무엇입니까"

관야보가 대답하였다.

"하늘의 일로 무武를 보이며, 땅의 일로 문文을 상징하며 사람의 일로 충신忠信을 삼는 것입니다."

왕이 물었다.

"소위 '백성'·'천품'·'만관'·'억추'·'조민'·'경입'·'해수'라는 것은 무엇을 말하는 것입니까?"

관야보가 대답하였다.

"백성으로서 자신의 관직에 철저한 사람은 백의 숫자로 헤아릴 수 있습니다. 왕공의 자제로서 바탕이 우수하고 언어가 우수하며 일정한 관직에 철저한 자는, 그 사물의 능통함에 맞추어 성姓을 하사하여 그 관직을 감독할 수 있도록 해 주어 생겨난 것이 '백성'입니다. 그 성씨별로 품질의 생산이나 관리에 철저하여, 왕으로서는 백성의

열 배가 되니 이들이 '천품'이 되는 것입니다. 그리고 천지인과 신령,
만물 다섯 가지를 맡은 관직은 만 가지 업무에 소속되어 있으니 이것이
'만관'입니다. 그리고 관직에는 이 만 가지를 다시 열 가지 유형類型으로
나눌 수 있으니 이것이 '억추'입니다. 천자는 구해九畡의 농토에서 나는
수입을 가지고 이로써 '조민'을 먹여 살리고 있으며, 왕은 그곳의 수입이
경經가지가 되니 이것이 '경입'이며, 이로써 만관을 먹여 살리고 있는
것입니다."

子期祀平王, 祭以牛, 俎於王, 王問於觀射父, 曰:「祀牲何及?」
對曰:「祀加於舉. 天子舉以大牢, 祀以會; 諸侯舉以特牛, 祀以
太牢; 卿舉以少牢, 祀以特牛; 大夫舉以特牲, 祀以少牢; 士食
魚炙, 祀以特牲; 庶人食菜, 祀以魚. 上下有序, 則民不慢.」
王曰:「其大小何如?」
對曰:「郊禘不過繭栗, 烝嘗不過把握.」
王曰:「何其小也?」
對曰:「夫神以精明臨民者也, 故求備物, 不求豐大. 是以先王
之祀也, 以一純‧二精‧三牲‧四時‧五色‧六律‧七事‧八種‧
九祭‧十日‧十二辰以致之, 百姓‧千品‧萬官‧億醜‧兆民‧
經入‧畡數以奉之, 明德以昭之, 和聲以德之, 以告徧至, 則無
不受休. 毛以示物, 血以告殺, 接誠拔取以獻具, 爲齊敬也. 敬不
可久, 民力不堪, 故齊肅以承之.」
王曰:「芻豢幾何?」
對曰:「遠不過三月, 近不過浹日.」
王曰:「祀不可以已乎?」

對曰:「祀所以昭孝息民‧撫國家‧定百姓也, 不可以已. 夫民氣縱則底, 底則滯, 滯久則不振, 生乃不殖. 其用不從, 其生不殖, 不可以封. 是以古者先王日祭‧月享‧時類‧歲祀. 諸侯舍日, 卿‧大夫舍月, 士‧庶人舍時. 天子徧祀羣神品物, 諸侯祀天地‧三辰及其土山川, 卿‧大夫祀其禮, 士‧庶不過其祖. 日月會于龍貙, 土氣含收, 天明昌作, 百嘉備舍, 羣神頻行. 國於是乎蒸嘗, 家於是乎嘗祀, 百姓夫婦擇其令辰, 奉其犧牲, 敬其粢盛, 絜其糞除, 愼其采服, 禋其酒醴, 帥其子姓, 從其時享, 虔其宗祀, 道其順辭, 以昭祀其先祖, 肅肅濟濟, 如或臨之. 於是乎合其州鄉朋友婚姻, 比爾兄弟親戚. 於是乎弭其百苛, 殄其讒慝, 合其嘉好, 結其親暱, 億其上下, 以申固其姓. 上所以敎民虔也, 下所以昭事上也. 天子禘郊之事, 必自射其牲, 王后必自舂其粢; 諸侯宗廟之事, 必自射牛‧刲羊‧擊豕, 夫人必自舂其盛. 況其下之人, 其誰敢不戰戰兢兢, 以事百神? 天子親舂禘郊之盛, 王后親繰其服, 自公以下至於庶人, 其誰敢不齊肅恭敬, 致力於神? 民所以攝固者也, 若之何其舍之也?」

王曰:「所謂一純‧二精‧七事者, 何也?」

對曰:「聖王正端冕, 以其不違心, 帥其羣臣精物以臨享祀, 無有苛慝於神者, 謂之一純. 玉‧帛爲二精. 天‧地‧民及四時之務爲七事.」

王曰:「三事者, 何也?」

對曰:「天事武, 地事文, 民事忠信.」

王曰:「所謂百姓‧千品‧萬官‧億醜‧兆民, 經入‧畡數者, 何也?」

對曰:「民之徹官百. 王公之子弟之質能言能聽徹其官者, 而物賜之姓, 以監其官, 是爲百姓. 姓有徹品, 十於王謂之千品. 五物之官, 陪屬萬爲萬官. 官有十醜, 爲億醜. 天子之田九垓, 以食兆民, 王取經入焉, 以食萬官.」

【子期】 平王의 아들인 公子 結. 楚나라 大司馬를 지내어 司馬子期로도 불림.

【平王】 공왕의 아들이며 이름은 熊居. 즉위 전에 公子 棄疾로 불렸으며 靈王에 의해 蔡公에 봉해짐. 魯 昭公 13년(B.C.529) 靈王을 엎고 자립하여 왕이 됨. B.C.528~516년까지 13년간 재위함.

【昭王】 平王의 뒤를 이은 초나라 왕. 이름은 熊壬. B.C.515~489년까지 27년간 재위함.

【擧】 매월 초하루와 보름에 諸神과 祖上神에게 올리는 풍성한 제물.

【大牢】 太牢. 소·양·돼지 세 종류의 희생을 잡아 올리는 제사나 잔치, 혹은 연회나 대접.

【會】 태뢰의 세 몫. 세 곱절.

【特牛】 서너 살 된 수소. 한 마리 전체.

【少牢】 양과 돼지를 잡아 치르는 제사나 연회, 혹 대접.

【特牲】 돼지 한 마리.

【郊禘】 郊祀와 禘祭. 郊祭는 교외에서 치르는 제천의식. 禘祭는 천자와 제후가 5년마다 한 번씩 조상신에게 지내는 제사.

【繭栗】 소의 뿔이 처음 돋을 때의 모습이 고치나 밤톨 만하다는 뜻에서 붙인 이름.

【烝嘗】 烝은 蒸으로도 쓰며 겨울 제사. 嘗은 가을 제사.

【把握】 소의 뿔이 손으로 잡을 정도의 크기로 자란 상태.

【一純】 마음을 하나로 순수하게 가짐.

【二精】 옥과 비단이 정결한 상태.

【三牲】 소·양·돼지 등 제사에 사용하는 제물. 犧牲.

【四時】 춘하추동의 각종 제사와 업무들.

【五色】 黑白靑赤黃의 五行에 대응된 색깔.

【六律】律呂 중의 여섯 가지 律. 音律. 黃鍾·大簇·姑洗·蕤賓·夷則·無射.

【七事】天地人과 春夏秋冬의 각기 상징적인 사물이나 의미.

【八種】八音을 말함. 만든 재료에 따른 여덟 가지 악기. 金·石·絲·竹·匏·土· 革·木으로 만든 각종 악기.

【九祭】九州를 상징하여 지내는 제사.

【十日】天干 10가지를 말함. 즉 甲·乙·丙·丁·戊·己·庚·辛·壬·癸.

【十二辰】地支 12가지. 子·丑·寅·卯·辰·巳·午·未·申·酉·戌·亥.

【百姓】百族. 온갖 族類를 갖추어 이를 신령에게 보고함.

【億醜】'億類'와 같음. 수 億가지 물류. 종류. 만물의 각가지 유형. 억은 수의 단위.

【畡數】천자가 소유하고 있는 아홉 畡의 농토. 해는 수의 단위. 앞의 兆民의 兆와 經入의 經도 수의 단위임.

【芻豢】'芻'는 초식 가축의 먹이인 꼴. '豢'은 곡식, 가축의 먹이로서의 穀類. 여기서는 희생으로 쓸 가축을 잘 사육함을 의미함.

【浹日】10일을 협(浹)이라 함.

【日祭】날마다 祖와 考에게 드리는 제사.

【月享】달마다 曾祖, 高祖에게 올리는 제사.

【時類】춘하추동 사계절 宗廟와 祧廟에서 遠祖에게 올리는 제사. 周禮에 천자는 三昭三穆과 太祖의 사당을 합하여 七廟를 두며 그 중 后稷과 文王, 武王의 위패는 바꿀 수 없음. 그 나머지 넷은 후대로 내려가면서 주 왕실과 각 제후에 따라 자신의 高祖와 曾祖·祖父·父親의 위패를 모셔 이를 '親廟'라 불렀음. 武王 이후와 高祖 이전의 조상은 遠祖라 하여 그 신주를 바꾸어 모실 수 있으며 이를 '祧廟'라 불렀음.

【歲祀】1년에 한 번씩 올리는 제사. 단선(壇墠)에서 치르며 '壇'은 높게 만든 것, '墠'은 평평한 맨 땅을 말함.

【龍尾】尾은 꼬리. 별자리 이름. 매년 12월에 日月이 이 별자리에 모일 때 제를 올림.

【粢盛】천자가 가을 수확한 곡물을 조상의 사당에 올리는 것으로 六粢(六穀)가 있었음. 즉 黍·稷·稻·粱·麥·苽임.

【億】'安'과 같음.

【端冕】주나라 때 쓰던 큰 禮帽. 검은 색이어서 玄端이라고도 부름.

【五物】天·地·人·神·物을 일컫는 말.

219(18-3) 子常問蓄貨聚馬鬪且論其必亡

자상이 재물과 말을 축척하기를 묻자
투저가 반드시 망하게 될 것임을 논하다

투저鬪且가 조정에서 영윤令尹 자상子常을 만나자, 자상이 그와 말을 나누면서 화제가 모두 어떻게 하면 많이 재물을 축적하고 말을 많이 모을 수 있는가의 내용이었다.

투저는 집으로 돌아와 그 아우에게 이렇게 말하였다.

"우리 초나라는 망하리로다! 그렇지 않으면 영윤이 재앙을 면하지 못하리라. 내 영윤을 만났더니 영윤이라는 직책을 가진 자가 재물 모으기와 보석 모으기를 질문하기에 바빠, 마치 배고픈 시랑 모습 같았다. 거의 틀림없이 망할 징조였다. 무릇 옛날에는 재물을 모으되 백성의 의식에 방해되지 아니하도록 하였고, 말을 모으되 백성의 재용에 해가 되지 않도록 하였다. 임금의 말은 그저 군대에 충당할 정도면 되었고, 공경(公, 임금)의 말은 임무를 해낼 수 있는데 맞으면 되었다. 결코 이를 초과하지 않았던 것이다. 임금의 재물은 국빈으로 온 사신과 천자에게 바칠 정도면 그만이요, 대부의 재물은 각기 그 용도에 공급할 정도면 되었으며 이를 초과하지 않았다. 무릇 재물과 마우馬郵란 백성에게서 가져와 백성이 그만큼 잃게 되는 것이다. 백성이 잃는 것이 많으면 이반離叛할 마음이 생겨날 것이니, 장차 무엇으로써 봉토를 지켜낼 수 있다는 것인가?

옛날 투자문鬪子文은 세 번이나 영윤 자리를 거치면서 사양하였지만 그의 집에는 하루치 식량도 쌓아놓은 것이 없었다. 이는 백성을 안타깝게 여겼기 때문이었다. 성왕成王이 투자문이 아침을 먹고 나면 저녁거리가 없다는 말을 듣고, 이에 매일 조회에 건포乾脯 한 묶음과 말린 밥 한 광주리를 준비하여 자문으로 하여금 우선 배를 채우게 하였다. 이러한 행사가 지금까지 이어지고 있다. 성왕이 매번 자문에게 봉록을 더 주려 할 때마다 자문은 반드시 도망하였으며, 왕이 그만하겠다고 하자 그런 연후에야 자리에 복귀하였다. 어떤 사람이 자문에게 '사람이란 나면서부터 부유함을 구하는 것인데, 그대는 자꾸 도망을 가니 어찌 된 것입니까?'라고 묻자 그는 '무릇 정치에 종사하는 자는 백성을 감싸 주어야 합니다. 백성들 중에 삶을 제대로 이어가지 못하는 자가 많은데, 내가 그들로부터 부를 취한다면 이는 백성을 노고롭게 하여 내 배를 채우는 것이니, 그렇게 되면 내가 죽을 날이 기다릴 시간도 없을 것입니다. 나는 죽음으로부터 도망가는 것이지 부유함으로부터 도망가는 것이 아닙니다'라고 하였단다. 그 때문에 장왕莊王 때에 그의 집안 약오씨若敖氏가 멸족을 당하였지만, 자문子文의 후손만은 살아남아 지금까지 운읍鄖邑에 살고 있으면서 초나라의 양신良臣으로 추앙을 받고 있는 것이다. 이것은 그 선대가 백성을 긍휼히 여기고 자신의 부는 뒤로 미루었기 때문이 아니겠는가?

자상은 지금 선대부先大夫, 子囊의 후손으로 이 초나라 임금을 돕고 있지만, 사방에 그 이름이 아름답다 칭해지지도 않고 있다. 백성들은 파리하고 굶주리기가 날로 심해지고 있다. 그리고 사방 국경에는 보루堡壘가 이어져 가득하고, 길에는 죽은 시신이 서로 마주 볼 지경이며, 도적 떼는 가는 곳마다 나쁜 짓을 할 기회를 엿보고 있어 백성은 어디 기댈 데가 없다. 이렇게 엄중한 시기에 그들을 구제할 생각은 아니하고, 재물 쌓기에 싫증을 내지 않고 있으니 백성에게 원한을 심는 것이 이렇게 빠르다. 그에게 재물이 많이 쌓이는 만큼 백성의 원한도 두터워 질 것이니, 망하지 아니하고 무엇을 기다린다는 것인가?

무릇 민심을 구휼하는 것은 마치 큰 냇물을 막는 것과 같다. 이 물이 한 번 터지면 그 피해는 틀림없이 엄청날 것이다. 자상이 성왕이나 영왕만큼이라도 어질단 말이냐? 성왕은 목왕穆王을 예로 대우하지 않았다가 죽음에 이르러 곰발바닥 요리를 먹고 싶다고 애원하였지만, 목왕은 그 조차 들어주지 않아 굶어 죽고 말았다. 그런가 하면 영왕은 백성을 거들떠보지도 않다가, 온 나라 사람들이 모두 그를 버리기를 마치 자신의 발자국 지우듯이 하였다. 자상의 정치는 그 무례함과 백성 거들떠보지 않기가 성왕이나 영왕보다 더 심하니, 그 홀로 무슨 힘으로 미래를 기다린다는 말이냐!"

만 1년 뒤, 백거柏擧의 전투가 벌어졌고, 이때 자상은 정鄭나라로, 소왕昭王은 수隨나라로 도망칠 수밖에 없었다.

鬪且廷見令尹子常, 子常與之語, 問蓄貨聚馬.

歸以語其弟, 曰:「楚其亡乎! 不然, 令尹其不免乎. 吾見令尹, 令尹問蓄聚積實, 如餓豺狼焉, 殆必亡者也.

夫古者聚貨不妨民衣食之利, 聚馬不害民之財用, 國馬足以行軍, 公馬足以稱賦, 不是過也. 公貨足以賓獻, 家貨足以共用, 不是過也. 夫貨・馬郵則闕於民, 民多闕則有離叛之心, 將何以封矣?

昔鬪子文三舍令尹, 無一日之積, 恤民之故也. 成王聞子文之朝不及夕也, 於是乎每朝設脯一束・糗一筐, 以羞子文. 至於今秩之. 成王每出子文祿, 必逃, 王止而後復. 人謂子文曰:『人生求富, 而子逃之, 何也?』對曰:『夫從政者, 以庇民也. 民多曠者, 而我取富焉, 是勤民以自封也, 死無日矣. 我逃死, 非逃富也.』故莊王之世, 滅若敖氏, 唯子文之後在, 至於今處鄖, 爲楚良臣. 是不先恤民而後己之富乎?

今子常, 先大夫之後也, 而相楚君無令名於四方. 民之羸餒, 日已甚矣. 四境盈壘, 道殣相望, 盜賊司目, 民無所放. 是之不恤,

而蓄聚不厭, 其速怨於民多矣. 積貨滋多, 蓄怨滋厚, 不亡何待?

夫民心之慍也, 若防大川焉, 潰而所犯必大矣. 子常其能賢於成·靈乎? 成不禮於穆, 願食熊蹯, 不獲而死. 靈不顧於民, 一國棄之, 如遺迹焉. 子常爲政, 而無禮不顧甚於成·靈, 其獨何力以待之!」

期年, 乃有柏擧之戰, 子常奔鄭, 昭王奔隨.

【鬪且】楚나라 大夫. '且'는 '저'로 읽음.

【子常】子囊의 손자이며 이름은 囊瓦.

【鬪子文】투누오도(鬪穀於菟). 자는 자문. 鬪伯比의 아들이며 楚나라 大夫. 누오도(穀於菟)는 초나라 말로 '호랑이 젖을 먹고 자랐다'는 뜻임. 아래 '若敖氏' 주를 볼 것.

【成王】楚 文王의 아들이며 이름은 頵. B.C.671~626년까지 46년간 재위함.

【糗】'구'로 읽으며 말린 밥. 乾糧이라고도 함.

【莊王】楚 莊王. 이름은 侶(旅). 春秋五霸의 하나이며 楚 成王의 손자, 穆王의 아들. B.C.613~591년까지 23년간 재위.

【若敖氏】鬪伯比의 일족을 말함. 若敖는 鬪伯比의 부친으로 운(邙, 鄖)나라 여자를 얻어 백비를 낳았으며, 백비가 어머니를 따라 운국에 이르렀을 때 운국 공주와 사통하여 아들을 낳았는데 이가 子文임. 자문은 태어나자 어머니가 사통하여 낳은 것이 두려워 이를 雲夢澤에 버렸음. 뒤에 운국 임금이 그곳에 사냥을 나갔다가 사내아이가 호랑이 젖을 물고 있는 것을 보고 데려다 길렀으며, 이름을 누오도(穀於菟. 초나라 말로 '호랑이 젖을 먹고 자란 아이'라는 뜻)로 지은 것임. 그 자문(누오도)이 죽고 그 아들 투초(鬪椒, 子越)가 楚나라에서 난을 일으키자 楚 莊王이 이 씨족을 멸하였음. 그 때 자문의 손자 箴尹(관직 이름) 克黃은 마침 제나라에 사신으로 가 있었으나 돌아와 이를 알고 스스로 구속될 것을 청하자, 장왕이 "자문이 선행을 지은 것은 이런 후손을 남기기 위한 것"이라 하면서 이름을 生로 바꾸어 주고 직무를 이어가도록 하였음. 그 극황의 자손이 昭王 때 郹公이 되었음.

【郹】 고대 나라 이름. 지금의 湖北 安陸縣. 혹 沔陽縣, 또는 郹縣이라고도 하며
雲夢澤에 가까이에 있었음.

【先大夫】 子囊을 가리킴.

【靈】 楚 靈王. B.C.540~529년까지 12년간 재위함.

【穆】 楚 穆王 商臣. 아버지 成王을 시살하고 왕위에 올랐음. B.C.625~614년까지
12년간 재위함.

【熊蹯】 곰 발바닥. 商臣은 원래 成王의 태자였으나 성왕이 다시 뜻을 바꾸어
庶子인 王子 職을 태자로 삼고자 하였음. 이를 '成不禮於穆'이라 한 것임. 이에
상신은 魯 文公 원년(B.C.626) 10월 궁궐 병사들로 하여금 성왕을 포위하도록
하고 죽이려 하였음. 이때 성왕은 태자에게 곰 발바닥 요리를 먹은 다음 죽고
싶다고 하였지만, 상신은 이를 허락하지 않았고 성왕은 결국 목을 매어 자살하
였음. 성왕이 죽어 아직 시신을 거두지도 못하였을 때 상신이 나쁜 의미의
시호인 '靈'(시호법에 '亂而不損曰靈'이라 함)자를 주어 '靈王'이라 하자 시신이
눈을 감지 못하였음. 다시 시호를 '成'(시호법에 '安民立政曰成'이라 함)자를
써서 '成王'이라 한 것임. 그 때에야 시신이 눈을 감았다고 함.

【柏擧之戰】 柏擧는 지금의 湖北 麻城縣 북쪽. 蔡 昭侯가 楚王을 접견하러 오면서
패옥을 선물로 가져왔는데 子常이 이를 갖고 싶어하였고, 唐 成公이 접견하러
왔을 때 명마 1필을 가져왔는데 이 역시 자상이 갖고 싶어하였음. 채후와 당후가
이를 주지 않자 자상이 이들을 초나라에 가둔 채 3년을 끌자 그들은 할 수
없이 옥과 말을 주고야 풀려났음. 이에 분을 품은 채후와 당공이 귀국하여
吳나라와 연합, 楚나라를 공격하여 백거에서 전투를 벌여 초나라가 크게 패하
였음. 魯 定公 4년(B.C.506)의 일.

【隨】 고대 姬姓의 나라. 혹 神農氏의 후손으로 姜姓이라고도 함. 지금의 湖北
隨州市 일대.

참고 및 관련 자료

1. 《左傳》 定公 4年
沈人不會于召陵, 晉人使蔡伐之. 夏, 蔡滅沈. 秋, 楚爲沈故, 圍蔡. 伍員爲吳行人
以謀楚. 楚之殺郤宛也, 伯氏之族出. 伯州犁之孫嚭爲吳大宰以謀楚. 楚自昭王

卽位, 無歲不有吳師, 蔡侯因之, 以其子乾與其大夫之子爲質於吳. 冬, 蔡侯·吳子·
唐侯伐楚. 舍舟于淮汭, 自豫章與楚夾漢, 左司馬戌謂子常曰:「子沿漢而與之
上下, 我悉方城外以毀其舟, 還塞大隧·直轅·冥阨. 子濟漢而伐之, 我自後
擊之, 必大敗之.」旣謀而行. 武成黑謂子常曰:「吳用木也, 我用革也, 不可久也,
不如速戰.」史皇謂子常, 「楚人惡子而好司馬, 若司馬毀吳舟于淮, 塞成口而入,
是獨克吳也. 子必速戰! 不然, 不免.」乃濟漢而陳, 自小別至于大別. 三戰, 子常
知不可, 欲奔. 史皇曰:「安, 求其事; 難而逃之, 將何所入? 子必死之, 初罪必
盡說.」十一月庚午, 二師陳于柏擧. 闔廬之弟夫槩王晨請於闔廬曰:「楚瓦不仁,
其臣莫有死志. 先伐之, 其卒必奔; 而後大師繼之, 必克.」弗許. 夫槩王曰:「所謂
'臣義而行, 不待命'者, 其此之謂也. 今日我死, 楚可入也.」以其屬五千先擊子常
之卒. 子常之卒奔, 楚師亂, 吳師大敗之. 子常奔鄭. 史皇以其乘廣死. 吳從楚師,
及淸發, 將擊之. 夫槩王曰:「困獸猶鬬, 況人乎? 若知不免而致死, 必敗我. 若使
先濟者知免, 後者慕之, 蔑有鬬心矣. 半濟而後可擊也.」從之, 又敗之. 楚人爲食,
吳人及之, 奔. 食而從之, 敗諸雍澨. 五戰, 及郢. 己卯, 楚子取其妹季芊畀我以出,
涉雎. 鍼尹固與王同舟, 王使執燧象以奔吳師. 庚辰, 吳入郢, 以班處宮. 子山處
令尹之宮, 夫槩王欲攻之, 懼而去之, 夫槩王入之. 左司馬戌及息而還, 敗吳師于
雍澨, 傷. 初, 司馬臣闔廬, 故恥爲禽焉, 謂其臣曰:「誰能免吾首?」吳句卑曰:
「臣賤, 可乎?」司馬曰:「我實失子, 可哉!」三戰皆傷, 曰:「吾不可用也已.」句卑
布裳, 刜而裹之, 藏其身, 而以其首免. 楚子涉雎, 濟江, 入于雲中. 王寢, 盜攻之,
以戈擊王, 王孫由于以背受之, 中肩. 王奔鄖. 鍾建負季芊以從. 由于徐蘇而從.
鄖公辛之弟懷將弒王, 曰:「平王殺吾父, 我殺其子, 不亦可乎?」辛曰:「君討臣,
誰敢讎之? 君命, 天也. 若死天命, 將誰讎? 詩曰'柔亦不茹, 剛亦不吐. 不侮矜寡,
不畏彊禦', 唯仁者能之. 違彊陵弱, 非勇也; 乘人之約, 非仁也; 滅宗廢祀, 非孝也;
動無令名, 非知也. 必犯是, 余將殺女.」鬬辛與其弟巢以王奔隨. 吳人從之, 謂隨
人曰:「周之子孫在漢川者, 楚實盡之. 天誘其衷, 致罰於楚, 而君又竄之, 周室
何罪? 君若顧報周室, 施及寡人, 以獎天衷, 君之惠也. 漢陽之田, 君實有之.」
楚子在公宮之北, 吳人在其南. 子期似王, 逃王, 而己爲王, 曰:「以我與之,
王必免.」隨人卜與之, 不吉, 乃辭吳曰:「以隨之辟小, 而密邇於楚, 楚實存之.
世有盟誓, 至于今未改. 若難而棄之, 何以事君? 執事之患不唯一人, 若鳩楚竟,
敢不聽命?」吳人乃退. 鑢金初宦於子期氏, 實與隨人要言. 王使見, 辭, 曰:「不敢

以約爲利.」王割子期之心以與隨人盟. 初, 伍員與申包胥友. 其亡也, 謂申包胥
曰:「我必復楚國.」申包胥曰:「勉之! 子能復之, 我必能興之.」及昭王在隨, 申包
胥如秦乞師, 曰:「吳爲封豕·長蛇, 以荐食上國, 虐始於楚. 寡君失守社稷, 越在
草莽, 使下臣告急, 曰: '夷德無厭, 若鄰於君, 疆場之患也. 逮吳之未定, 君其取
分焉. 若楚之遂亡, 君之土也. 若以君靈撫之, 世以事君.'」秦伯使辭焉, 曰:「寡人
聞命矣. 子姑就館, 將圖而告.」對曰:「寡君越在草莽, 未獲所伏, 下臣何敢
卽安?」立, 依於庭牆而哭, 日夜不絕聲, 勺飲不入口七日. 秦哀公爲之賦無衣.
九頓首而坐. 秦師乃出.

220(18-4) 藍尹亹避昭王而不載
남윤미가 소왕을 피하며 배에 실어주지 않다

오왕吳王 합려闔廬가 군사를 이끌고 초楚나라로 들어갔다. 초楚 소왕昭王은 도망하여 성구成臼의 나루에 이르러 대부 남윤미藍尹亹가 자신의 처자를 함께 태우고 건너고 있는 것을 보게 되었다.

소왕이 말하였다.

"나를 태워 건네라."

그러자 남윤미가 이렇게 대답하였다.

"선왕 이후로 그 어느 왕도 나라를 이렇게 망친 자는 없었소. 임금 당신에 이르러 이렇게 되었으니 망해야 하오. 임금 그대의 죄요."

그러고는 왕을 버리고 건너가 버렸다.

난이 끝나고 왕이 귀국하자 남윤미가 찾아와 뵙기를 청하는 것이었다. 소왕이 그를 잡아들이려 하자 자서子西가 이렇게 말하였다.

"청컨대 그가 무슨 말을 하는지 들어 봅시다. 무슨 이유가 있겠지요."

왕이 사람을 시켜 이렇게 말을 전하도록 하였다.

"성구의 나루터에서 너는 나를 버렸다. 그런데 지금 감히 찾아오다니 무슨 배짱이냐?"

남윤미는 이렇게 말하였다.

"지난 날 자상子常, 囊瓦은 오직 옛날 원한을 자꾸 키워 결국 백거柏擧에서 패하고 말았습니다. 그 때문에 임금께서는 이 자리에 있을 수 있는 것입니다. 그런데 지금 다시 그러한 과오를 답습하고 있으니 잘못된 것이 아닙니까? 제가 성구에서 임금을 버리고 피신한 것은 임금을 경계시키기 위함이었습니다. 거의 지금은 개전하여 고쳤겠지요? 지금 제가 감히 뵙고자 하는 것은 임금의 덕이 어떻게 달라졌나

보고자 하는 것입니다. 지난 날 그 두렵던 난을 기억하여 과거의 악행을
거울로 삼고 있습니까? 임금께서 만약 그 사건을 거울삼지 아니하고
도리어 악을 키워 나간다면 이는 임금으로서 나라는 가지고 있으면서
나라를 사랑하지 않는 것이니, 제가 죽음에 대하여 어찌 안타까움을
가지고 있겠습니까? 다시 말해 죽는 일은 사패司敗에게 맡기면 그뿐일
텐데요! 임금께서는 잘 고려해 보시기를 바라오!"

자서가 말하였다.

"그의 지위를 회복시켜 지난날의 실패를 잊지 않도록 하시지요."

소왕은 이에 그를 접견하였다.

吳人入楚, 昭王出奔, 濟於成臼, 見藍尹亹載其孥.

王曰:「載予.」

對曰:「自先王莫墜其國, 當君而亡之, 君之過也.」

一遂去王.

王歸, 又求見, 王欲執之, 子西曰:「請聽其辭, 夫其有故.」

王使謂之曰:「成臼之役, 而棄不穀, 今而敢來, 何也?」

對曰:「昔瓦唯長舊怒, 以敗於柏擧, 故君及此. 今又效之, 無乃
不可乎? 臣避於成臼, 以儆君也, 庶悛而更乎? 今之敢見, 觀君
之德也, 曰: 庶憶懼而鑒前惡乎? 君若不鑒而長之, 君實有國而
不愛, 臣何有於死? 死在司敗矣! 惟君圖之!」

子西曰:「使復其位, 以無忘前敗.」

王乃見之.

【吳人】吳王 闔廬(闔閭)를 가리킴.

【成臼】나루 이름. 지금의 湖北 漢川縣 臼水. 臼成하라고도 하며 지금의 湖北
京山과 鍾祥 일대라 함.

【藍尹亹】 초나라 대부.

【孥】 처자를 함께 일컫는 말.

【王歸】 신포서가 秦나라에게 구원을 청하여 秦·楚가 연합하여 오나라를 치자, 오나라는 퇴패하고 昭王은 귀국함.

【子西】 公子 申. 平王의 아들이며 昭王의 庶兄. 당시 令尹이었으며 이에 따라 흔히 令尹子西로 부름.

【瓦】 子常의 이름. 囊瓦.

【柏擧】 柏擧는 지금의 湖北 麻城縣 북쪽. 蔡 昭侯가 楚王을 접견하러 오면서 패옥을 선물로 가져왔는데 子常(囊瓦)이 이를 갖고 싶어하였고, 唐 成公이 접견하러 왔을 때 명마 1필을 가져왔는데 이 역시 자상이 갖고 싶어하였음. 채후와 당후가 이를 주지 않자 자상이 이들을 초나라에 가둔 채 3년을 끌자 그들은 할 수 없이 옥과 말을 주고야 풀려났음. 이에 분을 품은 채후와 당공이 귀국하여 뭇나라와 연합, 楚나라를 공격하여 백거에서 전투를 벌여 초나라가 크게 패하였음. 魯 定公 4년(B.C.506)의 일.

【司敗】 관직 이름으로 司寇와 같음.

참고 및 관련 자료

1. 《左傳》 定公 5年

楚子入于郢. 初, 鬪辛聞吳人之爭宮也, 曰「吾聞之, '不讓, 則不和; 不和, 不可以遠征.' 吳爭於楚, 必有亂; 有亂, 則必歸, 焉能定楚?」王之奔隨也, 將涉於成臼. 藍尹亹涉其帑, 不與王舟. 及寧, 王欲殺之. 子西曰:「子常唯思舊怨以敗, 君何效焉?」王曰: 「善. 使復其所, 吾以志前惡.」王賞鬪辛·王孫由于·王孫圉·鍾建·鬪巢·申包胥·王孫賈·宋木·鬪懷. 子西曰:「請舍懷也.」王曰:「大德滅小怨, 道也.」申包胥曰:「吾爲君也, 非爲身也. 君旣定矣, 又何求? 且吾尤子旗, 其又爲諸?」遂逃賞. 王將嫁季芈, 季芈辭曰:「所以爲女子, 遠丈夫也. 鍾建負我矣.」以妻鍾建, 以爲樂尹. 王之在隨也, 子西爲王輿服以保路, 國于脾洩. 聞王所在, 而後從王. 王使由于城麇, 復命. 子西問高厚焉, 弗知. 子西曰:「不能, 如辭. 城不知高厚, 小大何知?」對曰:「固辭不能, 子使余. 人各有能有不能. 王遇盜於雲中, 余受其戈, 其所猶在.」袒而示之背, 曰:「此余所能也, 脾洩之事, 余亦弗能也.」

221(18-5) 鄖公辛與弟懷或禮於君或禮於父
운공신과 아우 투회가 혹은 임금에게 예를 다하고, 혹은 아버지에게 예를 다하다

오吳나라가 초楚나라로 밀고 들어왔을 때, 소왕昭王은 운鄖나라로 피신하였다. 운공鄖公, 鬪辛의 아우 투회鬪懷가 소왕을 죽여 버릴 참이었다. 운공이 이를 저지하자 투회는 이렇게 말하였다.

"소왕의 아버지 평왕平王이 우리 아버지를 죽였습니다. 왕이란 자기 나라에 있을 때는 임금이지만 밖으로 나왔을 때는 원수입니다. 원수를 보고 죽여 없애지 않는다면 자식 된 사람이 아닙니다."

운공이 말하였다.

"무릇 임금을 섬기는 것이란, 나라 안팎이라 하여 그를 처단 대상으로 결정할 수 있는 것이 아니며, 국력이 강한가의 여부에 따라 거행할 수 있는 것이 아니다. 진실로 임금으로 인정했으면 존비尊卑에 관계없이 한결같아야 하는 것이다. 게다가 자신보다 지위가 낮은 자에게 원한이 있는 것을 원수라 하는 것이지, 그렇지 않은 경우는 원수라 할 수 없다. 아랫사람이 윗사람을 죽이는 것을 '시弒'라 하며, 윗사람이 아랫사람을 죽이는 것을 '토討'라 한다. 하물며 임금으로서 신하를 죽인 일임에랴! 임금이 신하를 죽인 것인데 어찌 원수로 여겨 일을 저지르려 하느냐? 만약 모든 사람들이 임금을 원수로 여긴다면 어찌 상하의 구별이 있겠느냐? 우리 아버지께서는 임금을 잘 섬긴 것으로 그 이름이 제후들에게 알려져 있으며, 투백비鬪伯比 이래로 허물을 저질러 본 적이 없었단다. 그런데 지금 네가 그러한 재앙을 저지른다니 안 된다."

투회는 이를 듣지 않고 이렇게 말하였다.

"돌아가신 아버지를 생각하면 아무것도 고려할 것이 없습니다."

운공은 할 수 없이 왕을 수隨나라로 도망가도록 하였다.

일이 끝나고 왕이 귀국하여 운공과 투회에게 모두 상을 내리자 자서가 이렇게 간언하였다.

"임금의 두 신하인 운공 투신과 그 아우 투회는 하나는 상을 받아야 하고 하나는 죽음을 내려야 합니다. 그런데 임금께서 둘 모두에게 같은 상을 내리시니 많은 신하들이 두려워하고 있습니다."

그러자 소왕은 이렇게 말하였다.

"자기子期의 두 아들을 말하는 것이오? 내 알고 있소. 그 중 하나는 임금을 예로 모셨고, 그 하나는 아버지를 예로 모셨으니 이를 균등하게 상을 내리는 것이 역시 불가합니까?"

吳人入楚, 昭王奔鄖, 鄖公之弟懷將弒王, 鄖公辛止之.

懷曰:「平王殺吾父, 在國則君, 在外則讎也. 見讎弗殺, 非人也.」

鄖公曰:「夫事君者, 不爲外內行, 不爲豐約擧, 苟君之, 尊卑一也. 且夫自敵以下則有讎, 非是不讎. 下虐上爲弒, 上虐下爲討, 而況君乎! 君而討臣, 何讎之爲? 若皆讎君, 則何上下之有乎? 吾先人以善事君, 成名於諸侯, 自鬪伯比以來, 未之失也. 今爾以是殃之, 不可.」

懷弗聽, 曰:「吾思父, 不能顧矣.」

鄖公以王奔隨.

王歸而賞及鄖·懷, 子西諫曰:「君有二臣, 或可賞也, 或可戮也. 君王均之, 羣臣懼矣.」

王曰:「夫子期之二子耶? 吾知之矣. 或禮於君, 或禮於父, 均之, 不亦可乎?」

【鄖】 고대 나라 이름. 뒤에 楚나라에 합병되었으며 지금의 湖北 安陸縣.

【鄖公辛】 이름은 鬪辛. 楚나라 영윤 子文의 현손 蔿成然의 아들. 昭王 때 鄖公에 봉해짐. 蔿成然은 자가 子期였음. 그 조상이 鬪伯比였으며 초나라에 훌륭한 정치를 베풀어 성망이 있었음.

【懷】 鬪懷. 鄖公 鬪辛의 아우이며 子期(蔿成然)의 아들.

【平王殺吾父】 楚 平王(B.C.528~516)은 昭王의 아버지. 鬪辛과 鬪懷 형제의 아버지인 蔿成然이 平王을 세운 공이 있었으나, 뒤에 평왕에게 미움을 사서 피살당함.

【豐約擧】 豐은 풍성함. 約은 衰弱함. 擧는 행동. 국가의 강약을 두고 행동을 결정함.

【敵】 상대가 됨. 匹敵이 됨.

【鬪伯比】 令尹 子文의 부친. 子文은 투누오도(鬪穀於菟). 鬪伯比의 아들이며 楚나라 대부. 누오도(穀於菟)는 초나라 말로 '호랑이 젖을 먹고 자랐다'는 뜻으로 그 후손이 대대로 초나라에 큰 임무를 맡아 덕망이 있었음.

【隨】 고대 나라 이름. 지금의 湖北 隨州市.

【子期】 蔿成然의 字.

⌈ 참고 및 관련 자료 ⌋

1. 《左傳》 定公 4年

鬪辛與其弟巢以王奔隨. 吳人從之, 謂隨人曰:「周之子孫在漢川者, 楚實盡之. 天誘其衷, 致罰於楚, 而君又竄之, 周室何罪? 君若顧報周室, 施及寡人, 以獎天衷, 君之惠也. 漢陽之田, 君實有之」 楚子在公宮之北, 吳人在其南. 子期似王, 逃王, 而己爲王, 曰:「以我與之, 王必免」 隨人卜與之, 不吉, 乃辭吳曰:「以隨之辟小, 而密邇於楚, 楚實存之. 世有盟誓, 至于今未改. 若難而棄之, 何以事君? 執事之患不唯一人, 若鳩楚竟, 敢不聽命?」 吳人乃退. 鑢金初官於子期氏, 實與隨人要言. 王使見, 辭, 曰:「不敢以約爲利」 王割子期之心以與隨人盟. 初, 伍員與申包胥友. 其亡也, 謂申包胥曰:「我必復楚國」 申包胥曰:「勉之! 子能復之, 我必能興之」 及昭王在隨, 申包胥如秦乞師, 曰:「吳爲封豕·長蛇, 以荐食上國, 虐始於楚. 寡君失守社稷, 越在草莽, 使下臣告急, 曰: '夷德無厭, 若鄰於君, 疆場之患也. 逮吳之未定, 君其取分焉. 若楚之遂亡, 君之土也. 若以君靈撫之,

世以事君.」秦伯使辭焉, 曰:「寡人聞命矣. 子姑就館, 將圖而告.」對曰:「寡君越在草莽, 未獲所伏, 下臣何敢卽安?」立, 依於庭牆而哭, 日夜不絶聲, 勺飲不入口七日. 秦哀公爲之賦無衣. 九頓首而坐. 秦師乃出.

222(18-6) 藍尹亹論吳將斃
남윤미가 오나라는 장차 망할 것임을 논하다

영윤 자서子西가 조정에서 탄식을 하자 남윤미藍尹亹가 물었다.

"내 듣기로 군자는 오직 홀로 있을 때는, 옛날의 흥패를 생각하거나 빈상殯喪을 슬퍼할 때만 탄식을 하며, 그 외의 일에는 탄식을 하지 않는다 하더이다. 군자란 정치에 임해서는 의義를 생각하며, 식사를 할 때는 예禮를 생각하며, 함께 잔치를 할 때는 낙樂을 생각하며, 즐거움에 처했을 때는 선善을 염두에 줄 뿐 탄식이란 없습니다. 그런데 지금 그대는 정사에 임하여 탄식을 하시니 무슨 까닭입니까?"

자서는 이렇게 말하였다.

"오왕 합려闔廬는 능히 우리 군사를 깨뜨렸소. 그 합려가 죽고 뒤를 이은 부차夫差가 그에 못지않게 지독하다고 듣고 있소. 내 이 때문에 탄식을 한 거요."

남윤미가 말하였다.

"그대는 정치에서 덕이 제대로 닦이지 않을까 걱정할 일이지 오나라는 걱정할 것이 없습니다. 무릇 옛날 합려는 입으로는 맛있는 음식을 탐내지 않았으며, 귀로는 좋은 음악을 즐기려 들지 않았으며, 눈으로는 음란한 여색을 보려하지 않았고, 자신은 편안함에 안주하려 들지 않았습니다. 그리하여 아침저녁으로 뜻을 부지런히 하면서, 백성의 고통을 불쌍히 여기면서 훌륭한 말 한 마디만 들어도 놀란 듯이 자신을 다스렸고, 선비 하나만 얻어도 마치 상을 받은 듯이 여겼습니다. 과실이 있으면 반드시 고쳤으며, 옳지 못한 일이 있으면 반드시 두려워하였습니다.

이 까닭으로 민심을 얻어 자신의 뜻을 성취시킬 수 있었던 것입니다. 그러나 지금 내 듣기로 부차는 백성의 노동력을 모두 착취하여 자신이 좋아하는 것을 이루고 있으며, 방종하게 과실을 저지르면서도 간언은 가로막고 있습니다. 하룻밤만 자는 곳일지라도 대사臺榭와 피지陂池를 만들어 즐기며, 육축六畜 중에 자신이 좋아하는 것은 반드시 그 놀이에 끌고 다닌다 합니다. 부차는 먼저 자신에게 실패를 안겨 준 것인데 어찌 남에게 무슨 짓을 할 능력이 되겠습니까? 그대가 덕을 닦아 오나라를 기다리기만 하면 오나라는 장차 멸망하고 말 것입니다."

子西歎於朝, 藍尹亹曰:「吾聞君子唯獨居思念前世之崇替, 與哀殯喪, 於是有歎, 其餘則否. 君子臨政思義, 飮食思禮, 同宴思樂, 在樂思善, 無有歎焉. 今吾子臨政而歎, 何也?」

子西曰:「闔廬能敗吾師. 闔廬卽世, 吾聞其嗣又甚焉, 吾是以歎.」

對曰:「子患政德之不修, 無患吳矣. 夫闔廬口不貪嘉味, 耳不樂逸聲, 目不淫於色, 身不懷於安, 朝夕勤志, 卹民之贏, 聞一善若驚, 得一士若賞, 有過必悛, 有不善必懼, 是故得民以濟其志. 今吾聞夫差好罷民力以成私好, 縱過而翳諫, 一夕之宿, 臺榭陂池必成, 六畜玩好必從. 夫差先自敗也已, 焉能敗人? 子修德以待吳, 吳將斃矣.」

【子西】楚나라 令尹. 公子 申.

【藍尹亹】초나라 대부.

【崇替】흥망이나 성쇠.

【闔廬能敗吾師】吳王 闔廬가 柏擧의 전투에서 楚軍을 대패시킴. 闔廬는 闔閭로도 쓰며 이름은 光. B.C.514~496년까지 19년간 재위함.

【卽世】세상을 떠남. 합려가 죽고 부차가 뒤를 이었음을 말함.

【其嗣】그 嗣子. 오왕 夫差를 가리킴. 부차는 합려의 아들로 B.C.495~473년까지 23년간 재위하였으며 오나라 마지막 임금.

【逸】긴장하지 아니하고 안일함에 빠지거나 제멋대로 행동함을 뜻함.

【羸】병들어 나약하거나 파리(罷羸)함.

【悛】잘못을 후회하고 개전(改悛)함.

【翳】그늘을 만듦. 여기서는 가리고 막아 간언을 듣지 않으려 함.

【臺榭陂池】臺榭는 누대 따위의 아름다운 건축물. 陂池는 그 둘레를 물이나 못으로 만들어 즐김을 말함.

【六畜】원래는 가축을 의미하지만, 여기서는 부차 자신이 좋아하는 애완동물. 즉 개나 말 따위.

참고 및 관련 자료

1. 《左傳》 哀公 元年

吳師在陳, 楚大夫皆懼, 曰:「闔廬惟能用其民, 以敗我於柏擧. 今聞其嗣又甚焉. 將若之何?」子西曰:「二三子恤不相睦, 無患吳矣. 昔闔廬食不二味, 居不重席, 室不崇壇. 器不彤鏤, 宮室不觀, 舟車不飾, 衣服財用, 擇不取費. 在國, 天有菑癘, 親巡孤寡, 而共其乏困. 在軍, 熟食者分, 而後敢食. 其所嘗者, 卒乘與焉. 勤恤其民而與之勞逸, 是以民不罷勞, 死知不曠. 吾先大夫子常易之, 所以敗我也. 今聞夫差次有台榭陂池焉, 宿有妃嬙嬪御焉. 一日之行, 所欲必成, 玩好必從. 珍異是聚, 觀樂是務, 視民如讎, 而用之日新. 夫先自敗也已, 安能敗我?」

2. 《說苑》 權謀篇

吳王夫差破越, 又將伐陳. 楚大夫皆懼, 曰:「昔闔廬能用其衆, 故破我於柏擧. 今聞夫差又甚焉.」子西曰:「二三子恤不相睦也, 無患吳矣, 昔闔廬食不貳味, 處不重席, 擇不取費. 在國, 天有災, 親戚乏困而供之; 在軍, 食熟者半而後食. 其所嘗者, 卒乘必與焉. 是以民不罷勞, 死知不曠. 今夫差, 次有臺榭陂池焉; 宿有妃嬙嬪御焉. 一日之行, 所欲必成, 玩好必從, 珎異是聚, 夫差先自敗己, 焉能敗我?」

223(18-7) 王孫圉論國之寶
왕손어가 나라의 보물을 논하다

　왕손어王孫圉가 진晉나라를 방문하였다. 진晉 정공定公이 그에게 연회를 베풀어 주었는데, 조간자趙簡子가 명옥鳴玉을 울리며 그 연회를 돕고 있었다. 조간자가 왕손어에게 물었다.

　"초나라에 백형白珩이 아직 있습니까?"

　왕손어가 대답하였다.

　"있습니다."

　조간자가 말하였다.

　"그것이 초나라의 보물이 된 지 얼마나 되었습니까?"

　왕손어가 말하였다.

　"우리 초나라에서는 그것을 보물로 삼은 적이 없습니다. 초나라에서 보물로 여기는 것은 관야보觀射父라는 사람이 있습니다. 그는 언변이 뛰어나 제후들과 교제에서 아무도 우리 임금에 대하여 입방아를 찧을 수 없도록 하고 있습니다. 또 좌사左史 의상倚相이 있습니다. 그는 선대의 전장제도를 잘 익혀 온갖 만물의 질서를 잘 정리, 아침저녁으로 우리 임금께 흥망성쇠의 역사를 헌책하여 우리 임금으로 하여금 선왕의 업적을 잊지 않도록 하고 있으며, 또 위아래로 여러 신명(神明)을 기쁘게 하고 신명이 바라는 것과 바라지 않는 것에 대하여 순응함으로써 신명으로 하여금 우리 초나라에 원통함을 갖지 않도록 하고 있습니다. 또 늪으로써 운련도주雲連徒洲라는 곳이 있는데 그곳에서는 금목죽전金木竹箭 등이 납니다. 그곳에서 나는 거북·진주·물소 뿔·상아·피혁皮革·우모羽毛 등은 비축해 두면, 의외의 사건이 발생했을 때 군용으로 쓸 수 있고, 폐백幣帛으로 만들어 두면 제후의 빈객이 와서 잔치를 열 때 예물로 쓸 수도 있습니다. 이처럼 제후들 사이의 만남에서 우호를 다지는 예물로 쓰고 이로써 좋은 말로써 서로 외교를 돈독히 해 두면, 뜻밖의 일에는 방비가 되고, 신명은 나라를 도와 주어 우리 임금은 제후들에게 죄를 면하게 될뿐더러 나라 백성들은 보장을 받을 수 있습니다. 이러한 것들이 초나라의 보물입니다. 방금 말한 백형 같은 것은 선왕先王의 노리개일 뿐, 어찌 나라의 보물이 될 수 있겠습니까?

제가 듣기로 나라의 보물에는 여섯 가지가 있을 따름이라고 하더이다. 명석한 사람이 제도를 만들고 온갖 사물을 토론하여 이를 나라 다스리는 보좌로 삼으면 그것을 보물로 삼을 수 있고, 옥으로 만든 그릇은 제사에 오곡五穀을 담아 보호하여 나라에 홍수와 가뭄이 없게 해 주니 그것을 보물로 삼을 수 있으며, 거북은 그 껍질로 길흉 여부를 점쳐 기준으로 삼을 수 있으니 보물로 삼을 수 있고, 진주는 족히 화재를 막아 주는 것이니 보물로 삼을 수 있으며, 금속은 무기를 만들어 병란兵亂을 방어할 수 있으니 보물로 삼을 만하며, 산림山林과 수택藪澤은 재용財用을 갖추어 주고 있으니 보물로 삼을 수 있는 것입니다. 소리만 시끄러운 그대의 명옥 따위는, 우리 초나라가 비록 만이의 나라이지만 보물이 될 수 없습니다."

王孫圉聘於晉, 定公饗之, 趙簡子鳴玉以相, 問於王孫圉曰:
「楚之白珩猶在乎?」

對曰:「然.」

簡子曰:「其爲寶也, 幾何矣?」

曰:「未嘗爲寶. 楚之所寶者, 曰觀射父, 能作訓辭, 以行事於諸侯, 使無以寡君爲口實. 又有左史倚相, 能道訓典, 以敍百物, 以朝夕獻善敗於寡君, 使寡君無忘先王之業; 又能上下說於鬼神,

順道其欲惡, 使神無有怨痛於楚國. 又有藪曰雲連徒洲, 金木竹箭之所生也. 龜·珠·角·齒·皮·革·羽·毛, 所以備賦, 以戒不虞者也; 所以共幣帛, 以賓享於諸侯者也. 若諸侯之好幣具, 而導之以訓辭, 有不虞之備, 而皇神相之, 寡君其可以免罪於諸侯, 而國民保焉. 此楚國之寶也. 若夫白珩, 先王之玩也, 何寶之焉?

圉聞國之寶六而已. 聖能制議百物, 以輔相國家, 則寶之; 玉足以庇陰嘉穀, 使無水旱之災, 則寶之; 龜足以憲臧否, 則寶之; 珠足以禦火災, 則寶之; 金足以禦兵亂, 則寶之; 山林藪澤足以備財用, 則寶之. 若夫譁囂之美, 楚雖蠻夷, 不能寶也.」

【王孫圉】楚나라 대부.
【定公】晉나라 임금. 景公의 아들이며 이름은 午. B.C.511~476년까지 36년간 재위하였으며, 춘추시대 진나라 마지막 임금.
【趙簡子】趙鞅.
【鳴玉】고대 대부들이 옷에 걸고 다니는 옥으로, 움직일 때마다 소리가 나도록 되어 있음.
【白珩】佩玉의 일종으로 초나라의 진귀한 보물.
【觀射父】楚나라의 대부.
【左史倚相】초나라의 학자이며 史官.
【雲連徒洲】雲夢澤을 가리킴.
【幣具】예물.
【譁囂】조간자가 차고 있는 佩玉이 시끄럽게 찰랑거리는 소리를 냄. 폄훼하여 시끄러운 소리라고 표현한 것.

224(18-8) 魯陽文子辭惠王所與梁

노양문자가 혜왕의 양 땅 하사를 사양하다

초楚 혜왕惠王이 양梁 땅을 노양문자魯陽文子에게 주려하자 문자는 이렇게 사양하였다.

"양 땅은 험하기도 하려니와 국경에 있어 자손 중에 배반의 마음을 가질 자가 있을까 두렵습니다. 무릇 임금을 섬김에는 유감이 없어야 합니다. 유감이 있으면 윗사람을 범할까 두렵습니다. 윗사람을 범하면 두 가지 마음을 가질까 두렵구요. 대체로 뜻이 가득 찼으면서도 윗사람을 범하지 아니하고, 유감을 가졌으면서도 두 마음을 가지지 않을 자라면 저는 능히 평생을 두고 그렇게 해 낼 수 있지만, 그 외의 것은 알 수 없습니다. 비록 제가 머리와 목을 온전히 하여 죄를 짓지 않고 천수를 누린다 해도, 제 자손이 양 땅의 험함을 믿고 어떤 짓을 하여 저에 대한 제사가 끊어지지나 않을까 두렵습니다."

혜왕이 말하였다.

"그대의 어짊에 자손까지 잊지 않으시니 그 교훈이 초나라에까지 널리 미쳤소. 감히 그대의 뜻을 따르지 않을 수 있겠소!"

그러고는 노양魯陽 땅을 주었다.

惠王以梁與魯陽文子, 文子辭, 曰:「梁險而在境, 懼子孫之有貳者也. 夫事君無憾, 憾則懼偪, 偪則懼貳. 夫盈而不偪, 憾而不貳者, 臣能自壽, 不知其他. 縱臣而得全其首領以沒, 懼子孫之以梁之險, 而乏臣之祀也.」

王曰:「子之仁, 不忘子孫, 施及楚國, 敢不從子!」
與之魯陽.

【惠王】 초나라 昭王의 아들이며 이름은 章. B.C.488~B.C.477년까지 14년간 재위
함. 춘추시대 초나라 마지막 임금.

【梁】 춘추시대 周나라 읍이었으나 뒤에 초나라가 차지함. 지금의 河南 汝陽縣
臨汝鎭. 초나라 도읍과는 너무 먼 거리이며 洛陽과 가까웠음. 魯 哀公 4년
(B.C.491) 초나라가 량 땅을 습격하여 초나라 땅이 되었으며 이를 魯陽文子에게
주려 한 것임.

【魯陽文子】 平王의 손자이며 司馬子期의 아들. 본문에서처럼 梁 땅을 사양하고
魯陽 땅을 식읍으로 받아 '노양문자'라 부른 것임. 魯陽公이라고도 부름.

【貳】 두 가지 마음을 가짐. 배반할 뜻을 갖게 됨을 말함.

【壽】 평생을 살면서 지켜냄. 목숨이 다할 때까지 그러한 일이 없도록 지켜냄.

【乏臣之祀】 멸족을 의미함. 제사를 이어갈 수 없도록 함.

【魯陽】 원래 魯나라 읍이었으나 춘추시대 楚나라가 차지하고 있었음. 지금의
河南 魯山縣.

섭공자고가 백공 승이 틀림없이
초나라에 난을 일으킬 것임을 논하다

영윤 자서子西가 사람을 보내어 왕손승王孫勝을 불러오도록 하였다. 그러자 섭공葉公 심제량沈諸梁, 子高이 이를 듣고 자서를 만나 이렇게 물었다.

"듣자하니 그대께서 왕손승을 불러온다는 데 사실이오?"

자서가 말하였다.

"그렇소."

자고가 말하였다.

"장차 그를 어떻게 등용할 셈이오?"

자서가 말하였다.

"내 들기로 그는 정직하고 강하다 하니, 그를 변경을 지키는 자리에 앉힐까 하오."

자고가 말하였다.

"안 됩니다. 그는 사람됨이 겉으로는 성실한 척하나 믿음이 없고, 남을 사랑하는 척하나 인자하지 못하며 남을 속이려 들며 지혜롭지 못하며, 과감한 듯이 하나 용기가 없으며, 곧은 듯하나 충정衷情하지 못하며, 말로 둘러대기를 발하나 선량하지 않습니다. 말을 하면 실행을 하되 자신을 위해 하지 않으니 이는 겉으로 성실한 척하는 것이요, 남을 사랑하는 척하면서 긴 장래를 내다보지 못하니 이는 어질지 않은 것이요, 자신의 모책을 위해 남의 장점을 가로막으니 이는 속이는 것이며, 강인한 척하면서 의로운 자를 범하니 이는 과감한 것이요, 곧으면서 남의 사정을 돌아보지 않으니 이는 불충不衷한 것이며, 말솜씨에 뛰어나면서 덕은 내팽개치기 일쑤이니 이는 선량한 것이 아닙니다. 이 여섯 가지 덕목을 모두 갖추고 있는 척하면서 사실은 그렇지 않은 자인데 장차 어디에 쓰려 하십니까?

그는 아버지가 우리 초楚나라에서 죽음을 당했다 하여 그 마음에 울분을 가지고 있으며 또한 마음이 정결하지도 못합니다. 그의 울분은 옛 원한을 잊지 않는 것이며 그는 정결한 마음으로 덕을 고치기는커녕 원수를 갚을 생각만 하고 있습니다. 그렇다면 그가 남을 사랑하는 척하는 것만으로도 사람을 얻기에 충분하고, 그가 겉으로 성실한 척하는 것만으로도 일을 실행할 수 있으며, 그가 속임수를 쓰는 것만으로도 모책을 짜기에 충분하며, 그가 곧은 척하는 것만으로도 무리를 인솔하기에 충분하며, 그가 말솜씨가 뛰어난 것만으로도 남의 공을 가리기에 충분하며, 그의 마음이 정결하지 않은 것만으로도 난을 일으키기에 충분합니다. 거기에 불인不仁을 더하고 이를 불의不義로써 누가 받쳐 준다면 그는 욕망을 잠재울 수 없게 되지요.

무릇 왕손승의 원한을 샀던 사람들은 지금 세상에 남아있지 않습니다. 그가 와서 만약 아무런 총애를 받지 못한다면 그의 노기는 속도를 더할 것이며, 그가 총애를 받는다면 탐욕을 부리기에 싫증을 내지 않을 것입니다. 이미 사람도 얻어놓았겠다 큰 이익으로 화려하게 유혹하고 '불인'이 그를 키우며, 옛 원한에 대한 생각이 그 마음을 다그치면 진실로 나라의 재앙이 될 것이며, 그는 그대로 안주하지 않을 것입니다. 그대의 직책으로 이를 막지 아니하면 누가 막겠습니까? 왕손승은 장차 옛 원한을 생각하며 큰 총애를 얻고자 할 것이며, 행동으로 사람을 얻고 원한을 품은 채 술책을 마련할 것이니, 만약 과연 그가 그렇게 한다면 그 해악은 기다리기만 하면 나타날 것입니다. 내 그대와 사마司馬를 아끼기 때문에 감히 이를 말씀드리지 않을 수 없는 것입니다."

자서가 말하였다.

"덕을 베풀면 그 원망을 잊겠지요! 내가 잘 대해 주면 안녕을 얻을 것입니다."

자고가 말하였다.

"그렇지 않습니다. 내 듣기로 오직 인자仁者만이 좋아할 수 있고, 미워할 수 있으며, 높여 줄 수 있고, 낮춰 줄 수 있다 하였습니다. 그리하여 좋아해도 달려들지 않으며, 미워해도 원망하지 않으며, 높여 주어도 교만하게 굴지 아니하며, 낮춰주어도 두려워하지 않는 것입니다. 어질지 못한 자는 그렇지 않습니다. 남이 좋아해 주면 달려가 매달리고 미워하면 원망하고 높여 주면 교만해지며, 낮춰 주면 두려워하는 것입니다. 교만하게 굴면 욕심을 갖게 되고, 두려워하면 미워하게 되는 것이니, 이 욕심과 미움·원망·매달림은 사기와 음모를 낳는 뿌리가 됩니다. 그대는 장차 어쩔 셈입니까? 만약 불러오되 그를 낮추면 그는 마음에 차지 않아 두려워할 것이요, 그를 높여 주면 노기를 품고 원망할 것입니다. 그렇게 되면 속임수와 모략의 마음을 잠시도 안정시키지 않을 것입니다. 한 가지만 옳지 않은 마음을 가진 자가 있어도 오히려 나라를 망치는 법인데, 지금 왕손승은 대여섯 가지를 하나처럼 가지고 있으니 틀림없이 무슨 일을 벌이고자 할 것인데 어렵지 않겠습니까? 내 듣기로 국가가 장차 패망하려면 반드시 간악한 자를 등용하게 된다 하였는데, 그 병이 될 맛을 즐기고 있는 자는 바로 그대를 두고 하는 말이 아닌지요?

누군들 재앙이 없을 수 있겠습니까! 그러나 능한 자는 서둘러 이를 제거하는 것입니다. 옛 원한에 의해 종족이 멸망한다면 이는 국가의 재앙입니다. 관문과 열쇠, 울타리를 쳐서 이를 멀리하고 막아도 오히려 다가올까 걱정을 해야 하는 것으로써 이는 하루라도 경계하지 않을 수 없는 것입니다. 만약 그를 불러들여 가까이 한다면 죽을 날이 얼마 없을 것입니다. 사람들의 말에 '이리의 야심이란 원한으로 남을 적해함을 말한다'라 하였습니다. 그런데 그런 마음을 가진 자를 어찌 선하게 대한다고 될 일이겠습니까? 만약 그대가 내 말을 믿지 못한다면 어찌 약오씨若敖氏와 자간子干·자석子晳의 집안사람을 찾아 그들을 가까이 하지 않습니까? 어찌 왕손승을 등용하는 것보다 안전하지 않겠습니까?

옛날 제齊나라 추마수驟馬繡는 호공胡公을 죽여 구수具水에 던져 버렸고, 병촉邴歜과 염직閻職은 의공懿公을 유죽圉竹에서 찔러 죽였으며, 진晉나라 장어교長魚矯는 삼극三郤을 사榭에서 죽였으며, 노魯나라 어인圉人 낙犖은 자반子般을 차次에서 죽였습니다. 이는 누구 때문입니까? 옛 원한 때문이 아닙니까? 이는 그대도 들어 알고 있는 바일 것입니다. 사람은 선패善敗의 사례를 많이 들어 이를 자신을 보호할 경계로 삼아야 합니다. 지금 그대께서는 이런 사례를 듣고도 버리시니 귀를 막고 계시는 것과 같습니다. 내 그대에게 말해 준들 무슨 보탬이 되겠습니까? 나는 피하면 그뿐이라는 것을 이제야 알겠군요."

자서가 웃으면서 이렇게 말하였다.

"그대는 왕손승을 너무 높이 보고 있군요."

그리하여 그의 의견을 따르지 아니하고, 드디어 왕손승을 백공白公으로 삼았다.

자고는 병을 핑계로 채읍蔡邑으로 물러나 한가롭게 살고 있었다.

그런데 드디어 백공의 난이 일어나자 자서와 자기子期가 죽음을 당하고 말았다.

섭공 자고는 이를 듣고 이렇게 말하였다.

"나는 그가 내 말을 듣지 않은 것이 너무 안타깝다. 그가 초나라를 덕으로 다스려 초나라가 능히 균형을 이루고 평정을 얻어 선왕의 업적을 회복시킬 수 있었던 것은 그대 덕분이로다. 그러나 내가 작은 원망 때문에 그의 큰 덕을 방치한다는 것은 나의 의로움이 아니로다. 내 장차 들어가 난을 일으킨 자를 죽여 없애리라."

그리하여 방성方城 밖의 사람들까지 인솔하여 들어가 백공을 죽이고 왕실을 안정시켰으며, 자서와 자기의 집안 일족으로 난에 죽은 자들의 장례를 치러 주었다.

子西使人召王孫勝, 沈諸梁聞之, 見子西曰:「聞子召王孫勝, 信乎?」

曰:「然.」

子高曰:「將焉用之?」

曰:「吾聞之, 勝直而剛, 欲置之境.」

子高曰:「不可. 其爲人也, 展而不信, 愛而不仁, 詐而不智, 毅而不勇, 直而不衷, 周而不淑. 復言而不謀身, 展也; 愛而不謀長, 不仁也; 以謀蓋人, 詐也; 彊忍犯義, 毅也; 直而不顧, 不衷也; 周言棄德, 不淑也, 是六德者, 皆有其華而不實者也, 將焉用之?

彼其父爲戮於楚, 其心又狷而不絜. 若其狷也, 不忘舊怨, 而不以絜愆德, 思報怨而已, 則其愛也足以得人, 其展也足以復之, 其詐也足以謀之, 其直也足以帥之, 其周也足以蓋之, 其不絜也足以行之, 而加之以不仁, 奉之以不義, 蔑不克矣.

夫造勝之怨者, 皆不在矣. 若來而無寵, 速其怒也. 若其寵之, 毅貪無厭, 旣能得人, 而耀之以大利, 不仁以長之, 思舊怨以修其心, 苟國有釁, 必不居矣. 非子職之, 其誰乎? 彼將思舊怨而欲大寵, 動而得人, 怨而有術, 若果用之, 害可待也. 余愛子與司馬, 故不敢不言.」

子西曰:「德其忘怨乎! 余善之, 夫乃其寧.」

子高曰:「不然. 吾聞之, 唯仁者可好也, 可惡也, 可高也, 可下也好之不偪, 惡之不怨, 高之不驕, 下之不懼. 不仁者則不然. 人好之則偪, 惡之則怨, 高之則驕, 下之則懼. 驕有欲焉, 懼有惡焉, 欲惡怨偪, 所以生詐謀也. 子將若何? 若召而下之, 將戚而懼; 爲之上者, 將怒而怨. 詐謀之心, 無所靖矣. 有一不義, 猶敗國家,

今壹五六, 而必欲用之, 不亦難乎? 吾聞國家將敗, 必用姦人, 而嗜其疾味, 其子之謂乎?

　夫誰無疾眚! 能者早除之. 舊怨滅宗, 國之疾眚也, 爲之關籥蕃籬而遠備閑之, 猶恐其至也, 是之爲日惕. 若召而近之, 死無日矣. 人有言曰:『狼子野心, 怨賊之人也.』其又何善乎? 若子不信我, 盍求若敖氏與子干·子晳之族而近之? 安用勝也, 其能幾何?

　昔齊騶馬繻以胡公入於具水, 邴歜·閻職戕懿公於囿竹, 晉長魚矯殺三郤於榭, 魯圉人犖殺子般於次, 夫是誰之故也? 非唯舊怨乎? 是皆子之所聞也. 人求多聞善敗, 以監戒也. 今子聞而棄之, 猶蒙耳也. 吾語子何益? 吾知逃也已.」

　子西笑曰:「子之尚勝也.」

　不從, 遂使爲白公.

　子高以疾閒居於蔡.

　及白公之亂, 子西·子期死.

　葉公聞之, 曰:「吾怨其棄吾言, 而德其治楚國, 楚國之能平均以復先王之業者, 夫子也. 以小怨寘大德, 吾不義也, 將入殺之.」

　帥方城之外以入, 殺白公而定王室, 葬二子之族.

【王孫勝】平王의 손자이며 太子 建의 아들. 이름이 勝이었음. 태자 건이 초 평왕이 즉위하기 전에 대부의 직책으로 蔡나라에 사신으로 갔을 때 蔡邑 封人의 딸 평거(姘居)와의 사이에 승을 낳았음. 평왕이 즉위하자 태자 건은 귀국하여 태자로 책봉되었고, 伍擧의 아들 伍奢(伍子胥의 아버지)를 태자의 太傅로, 費無極을 태자의 少傅로 삼았음. 태자건은 비무극을 무척 싫어하였으며, 마침 비무극이 평왕에게 청하여 태자를 위하여 정식 아내를 맞아 줄 것을 요구,

秦나라에서 미녀를 구하게 되었음. 비무극이 이 일을 처리하기 위하여 진나라에 이르러 그 미녀를 보고 돌아와, 평왕에게 그 미녀는 평왕이 직접 차지하도록 권하고 태자는 멀리 城父(지금의 河南 寶豊縣)로 보내어 그 땅을 지키는 임무를 맡김. 태자 건이 성보(城父)로 떠난 뒤 비무극은 다시 평왕에게 태자를 참언하여 '오사와 함께 군대를 길러 그 지역을 차지한 다음 모반하려 한다'고 함. 평왕은 태자가 자신이 미녀를 가로 챈 것에 대하여 원한을 품고 있다고 여기던 터라, 비무극의 참언을 곧이듣고 태자의 스승 伍奢와 그 아들 伍尙을 체포하고 아울러 성보 사마인 분양에게 명하여 태자를 죽여 없애도록 명령을 내렸음. 분양은 태자가 참소를 입고 있음을 알고 그를 미리 풀어 주고는 놓쳤다고 보고하였으며, 태자는 이 길로 망명길에 들어서서 우선 宋나라로 피했으며, 뒤에 다시 鄭나라로 들어감. 그곳에서 그는 晉나라와 비밀리에 정나라를 습격할 것을 모의하다가 이 일이 발각되어 정나라에서 피살되고 말았음. 이때 태자 건의 아들 勝은 吳나라로 도망하였고, 그 곳에서 미리 초나라로부터 압박을 피해 오나라로 망명해 와 있던 伍子胥를 만나게 된 것임. 본 편은 초나라 令尹 子西가 승을 吳나라로부터 귀국시키고자 하는 일을 기록한 것임.

【沈諸梁】《論語》에 보이는 葉公. 자는 子高. 沈尹戌의 아들. 심윤술은 莊王의 손자(혹 증손)로 沈邑의 尹을 역임하였으며, 그 아들 諸梁이 공작을 세습하고 葉 땅을 채읍으로 한 것임. 葉은 지명으로 楚나라 읍이며 지금의 河南 葉縣 남쪽.

【展】誠實함.

【顧】꺼림(諱).

【大寵】평왕으로부터 크게 총애를 받는 자. 令尹과 司馬 등을 가리킴.

【司馬】司馬子西의 아우 司馬子期.

【籥】열쇠.

【若敖氏】鬪伯比의 일족을 말함. 若敖는 鬪伯比의 부친으로 운(邧, 鄖)나라 여자를 얻어 백비를 낳았으며, 백비가 어머니를 따라 운국에 이르렀을 때 운국 공주와 사통하여 아들을 낳았는데 이가 子文임. 자문은 태어나자 어머니가 사통하여 낳은 것이 두려워 이를 雲夢澤에 버렸음. 뒤에 운국 임금이 그곳에 사냥을 나갔다가 사내아이가 호랑이 젖을 물고 있는 것을 보고 데려다 길렀으며, 이름을 누오도(穀於菟. 초나라 말로 '호랑이 젖을 먹고 자란 아이'라는 뜻)로 지은 것임. 그 자문(누오도)이 죽고, 그 아들 투초(鬪椒, 子越)가 楚나라에서

난을 일으키자 楚 莊王이 이 씨족을 멸하였음. 그 때 자문의 손자 箴尹(관직
이름) 克黃은 마침 제나라에 사신으로 가 있었으나 돌아와 이를 알고 스스로
구속될 것을 청하자, 장왕이 "자문이 선행을 지은 것은 이런 후손을 남기기
위한 것"이라 하면서 이름을 生로 바꾸어 주고 직무를 이어가도록 하였음.
그 극황의 자손이 昭王 때 郎公이 되었음.

【子干, 子晳】楚 恭王의 庶子인 王子 比와 왕자 黑肱. 그들은 그 형인 靈王을
축출하였으며, 다시 그 아우 平王에게 죽음을 당하였음.

【驂馬繻】齊나라 대부.

【胡公】齊나라 임금. 姜太公의 현손이며, 이름은 靖(靜). 호공이 추마수를 심히
학대하자, 추마수는 호공을 죽여 그 시신을 具水에 던져 버렸음. 《史記》齊太公
世家에 "哀公之同母少弟山怨胡公, 乃與其黨率營丘人襲攻殺胡公而自立, 是爲
獻公"라 함.

【具水】齊나라 경내의 물 이름.

【邴歜, 閻職】齊 懿公의 신하이며 懿公은 齊 桓公의 아들. 이름은 商人. B.C.612~
609년까지 4년간 재위. 魯 文公 14년(B.C.613) 상인의 형 昭公(潘)이 죽자 그
아들 舍가 들어섰으나, 어리고 약하여 상인이 소공의 묘에서 그를 죽이고 자립
하여 왕이 되었음. 이가 의공이며 의공은 공자 시절에 병촉의 부친과 토지를
두고 싸움을 벌이다 패소한 적이 있었는데, 즉위하자 곧바로 병촉의 아버지
무덤을 파고 그 시신을 꺼내어 다리를 잘라 버리고는 병촉을 자신의 馬夫로
삼아 버렸음. 그런가 하면 염직의 아내를 빼앗고는 염직으로 하여금 자신의
수레를 모시는 신하로 삼는 등 횡포를 부렸음. 이에 魯 文公 18년(B.C.609)
5월 두 사람이 의공을 모시고 申池로 놀이를 나섰을 때, 병촉이 염직과 함께
의공을 죽여 시신을 대나무 숲에 묻고는 도망쳐 버렸음. 《史記》衛康叔世家에
"二十六年, 齊邴歜弑其君懿公"라 함.

【長魚矯】晉나라 대부. 郤犨와 토지 다툼에서 극주가 그의 부모와 처자까지
묶어 수레에 싣고 보복을 한 적이 있음. 뒤에 晉 厲公이 郤氏 집안을 滅하려
하자, 장어교는 제일 앞장서서 극씨의 정원 누대(榭)에 이르러 직접 郤錡·郤犨·
郤至 세 사람을 처단하였음.

【圉人犖】圉人은 말을 기르는 일을 담당한 사람. 락(犖)은 그의 이름. 노나라
稷門을 들어올릴 정도의 힘이 센 장사였다 함.

【子般】魯 莊公의 태자. 어인 犖에게 이유 없이 화풀이로 채찍질을 하자, 장공이

稷門을 들어 올려 내 던질 정도의 장사이니 조심할 것을 경계한 적이 있음. 장공이 죽고 자반이 즉위하자, 어인이 慶父共仲의 명을 받아 黨氏 집안에 있던 자반을 찾아가 죽여 버렸음.

【次】 그가 머물러 있는 곳.

【白公】 王孫勝이 받은 직위. 白은 지명으로 吳나라에 가까운 읍으로 지금의 河南 息縣 동쪽. 王孫勝(太子 建의 아들)이 귀국하여 백공에 봉해졌음. 승은 백공에 봉해진 다음, 鄭나라를 쳐서 아버지의 원수로 갚고자 요구하여 子西의 허락을 얻어 내었지만, 출병하기 전에 마침 晉나라가 이미 정나라를 공격하고 있었는데, 楚나라가 도리어 靜나라와 결맹을 맺고 晉나라에 맞서자, 백공 승은 분을 품고 내란을 일으켜 子西와 子期 등을 죽여 버렸음. 이를 '白公之亂'이라 하며 섭공자고가 이를 평정하였음.

【蔡】 채나라. 楚나라에게 망하여, 葉公이 이 땅을 겸하여 다스리고 있었음.

【夫子】 子西를 가리킴.

【方城】 산 이름. 혹은 지명. 초나라 북쪽의 군사요충지.

【定王室】 葉公子高는 앞서 令尹과 司馬를 겸하고 있었으며, 楚나라를 안정시킨 뒤 子西의 아들 子寧을 영윤으로, 子期의 아들 子寬을 사마로 임명하고 자신은 종신토록 葉城에 머물며 생을 마쳤음.

【二子之族】 子西와 子期가 피살될 때 함께 피해를 입은 가족과 친척들.

참고 및 관련 자료

1. 《左傳》 哀公 16年

楚大子建之遇讒也, 自城父奔宋; 又辟華氏之亂於鄭. 鄭人甚善之. 又適晉, 與晉人謀襲鄭, 乃求復焉. 鄭人復之如初. 晉人使諜於子木, 請行而期焉. 子木暴虐於其私邑, 邑人訴之. 鄭人省之, 得晉諜焉, 遂殺子木. 其子曰勝, 在吳, 子西欲召之. 葉公曰:「吾聞勝也詐而亂, 無乃害乎?」子西曰:「吾聞勝也信而勇, 不爲不利. 舍諸邊竟, 使衛藩焉.」葉公曰:「周仁之謂信, 率義之謂勇. 吾聞勝也好復言, 而求死士, 殆有私乎! 復言, 非信也; 期死, 非勇也. 子必悔之.」弗從. 召之, 使處吳竟, 爲白公. 請伐鄭, 子西曰:「楚未節也. 不然, 吾不忘也.」他日, 又請, 許之, 未起師. 晉人伐鄭, 楚救之, 與之盟. 勝怒, 曰:「鄭人在此, 讎不遠矣.」

勝自厲劍, 子期之子平見之, 曰:「王孫何自厲也?」曰:「勝以直聞, 不告女, 庸爲直乎? 將以殺爾父.」平以告子西. 子西曰:「勝如卵, 余翼而長之. 楚國, 第我死, 令尹・司馬, 非勝而誰?」勝聞之, 曰:「令尹之狂也! 得死, 乃非我.」子西不悛. 勝謂石乞曰:「王與二卿士, 皆五百人當之, 則可矣.」乞曰:「不可得也.」曰:「市南有熊宜僚者, 若得之, 可以當五百人矣.」乃從白公而見之. 與之言, 說. 告之故, 辭. 承之以劍, 不動. 勝曰:「不爲利諂・不爲威惕・不洩人言以求媚者, 去之.」吳人伐愼, 白公敗之. 請以戰備獻, 許之, 遂作亂. 秋七月, 殺子西・子期于朝, 而劫惠王. 子西以袂掩面而死. 子期曰:「昔者吾以力事君, 不可以弗終.」抉豫章以殺人而後死. 石乞曰:「焚庫・弑王. 不然, 不濟.」白公曰:「不可. 弑王, 不祥; 焚庫, 無聚, 將何以守矣?」乞曰:「有楚國而治其民, 以敬事神, 可以得祥, 且有聚矣, 何患?」弗從. 葉公在蔡, 方城之外皆曰:「可以入矣.」子高曰:「吾聞之, 以險徼幸者, 其求無饜, 偏重必離.」聞其殺齊管脩也, 而後入. 白公欲以子閭爲王, 子閭不可, 遂劫以兵. 子閭曰:「王孫若安靖楚國, 匡正王室, 而後庇焉, 啓之願也, 敢不聽從? 若將專利以傾王室, 不顧楚國, 有死不能.」遂殺之, 而以王如高府. 石乞尹門. 圍公陽穴宮, 負王以如昭夫人之宮. 葉公亦至, 乃北門, 或遇之, 曰:「君胡不胄? 國人望君如望慈父母焉, 盜賊之矢若傷君, 是絕民望也, 若之何不胄?」乃胄而進. 又遇一人曰:「君胡胄? 國人望君如望歲焉, 日日以幾, 若見君面, 是得艾也. 民知不死, 其亦夫有奮心, 猶將旌君以徇於國; 而又掩面以絕民望, 不亦甚乎!」乃免胄而進. 遇箴尹固帥其屬, 將與白公. 子高曰:「微二子者, 楚不國矣. 棄德從賊, 其可保乎?」乃從葉公. 使與國人以攻白公, 白公奔山而縊. 其徒微之. 生拘石乞而問白公之死焉. 對曰:「余知其死所, 而長者使余勿言.」曰:「不言, 將烹.」乞曰:「此事克則爲卿, 不克則烹, 固其所也, 何害?」乃烹石乞. 王孫燕奔頦黃氏. 沈諸梁兼二事, 國寧, 乃使寧爲令尹, 使寬爲司馬, 而老於葉.

2.《史記》楚世家

惠王二年, 子西召故平王太子建之子勝於吳, 以爲巢大夫, 號曰白公. 白公好兵而下士, 欲報仇. 六年, 白公請兵令尹子西伐鄭. 初, 白公父建亡在鄭, 鄭殺之, 白公亡走吳, 子西復召之, 故以此怨鄭, 欲伐之. 子西許而未爲發兵. 八年, 晉伐鄭, 鄭告急楚, 楚使子西救鄭, 受賂而去. 白公勝怒, 乃遂與勇力死士石乞等襲殺令尹子西・子綦於朝, 因劫惠王, 置之高府, 欲弑之. 惠王從者屈固負王亡走昭王夫人宮. 白公自立爲王. 月餘, 會葉公來救楚, 楚惠王之徒與共攻白公, 殺之. 惠王乃復位. 是歲也, 滅陳而縣之.

3.《史記》伍子胥列傳

伍子胥初所與俱亡故楚太子建之子勝者. 在於吳. 吳王夫差之時, 楚惠王欲召勝歸楚. 葉公諫曰:「勝好勇而陰求死士, 殆有私乎!」惠王不聽. 遂召勝, 使居楚之邊邑鄢, 號爲白公. 白公歸楚三年而吳誅子胥. 白公勝既歸楚, 怨鄭之殺其父, 乃陰養死士求報鄭. 歸楚五年, 請伐鄭, 楚令尹子西許之. 兵未發而晉伐鄭, 鄭請救於楚. 楚使子西往救, 與盟而還. 白公勝怒曰:「非鄭之仇, 乃子西也.」勝自礪劍, 人問曰:「何以爲?」勝曰:「欲以殺子西.」子西聞之, 笑曰:「勝如卵耳, 何能爲也.」其後四歲, 白公勝與石乞襲殺楚令尹子西・司馬子綦於朝. 石乞曰:「不殺王, 不可.」乃劫(之)王如高府. 石乞從者屈固負楚惠王亡走昭夫人之宮. 葉公聞白公爲亂, 率其國人攻白公. 白公之徒敗, 亡走山中, 自殺. 而虜石乞, 而問白公尸處, 不言將亨. 石乞曰:「事成爲卿, 不成而亨, 固其職也.」終不肯告其尸處. 遂亨石乞, 而求惠王復立之.

〈오어吳語〉 총 1권

오吳

춘추 말기에 패자를 이루었던 희성姬姓의 제후국으로, 고공단보古公亶父의 아들 태백泰伯, 太伯과 중옹仲雍, 虞仲이 아우 계력季歷을 통해 문왕文王, 姬昌에게 왕통을 잇게 하고자 남쪽으로 도망하여 세운 나라이다. 무왕이 뒤에 그 후손 주장周章을 오군吳君으로 세워 장강長江 하류 일대를 다스리도록 하였다. 그로부터 오나라는 희미하게 이어오다가 춘추 중기에 이르러 비로소 초楚나라와 접촉이 시작되었으며, 그 뒤 진晉나라가 초나라를 칠 때 이 오나라를 연합함으로써 군비를 개혁하기에 이르렀다. 오나라는 이때부터 급격히 성장하여 그 지역의 풍부한 구리와 주석을 활용 신흥 무기를 개발하고, 병제兵制를 개혁, 천하에 무력을 떨치게 되었다. 그러다가 B.C.585년 태백의 19세손인 수몽壽夢에 이르러 비로소 왕을 칭하게 되었고, 그 아들 제번諸樊이 오(吳, 지금의 江蘇 蘇州) 고소성姑蘇城을 도읍으로 하고, 합려闔廬, 闔閭가 오자서伍子胥와 손무孫武 등을 기용하여 재위 9년째에 초나라와의 싸움에 크게 이겨 초나라 도읍 영郢까지 점령하였으며, 이듬해 마침 월나라가 오나라 국경을 들어오고 진秦나라가 초나라를 구원하기에 나섰고, 게다가 합려의 아우 부개왕夫槪王이 반란을 일으키자 할 수 없이 퇴각한 큰 전쟁과 변혁을 치르게 되었다. 그러다가 합려 19년 오나라가 월나라 정벌에 나섰으나 크게 패하여 합려는 상처를 입고 죽었으며, 태자 부차夫差가 뒤를 이어 왕위에 올라 절치부심 월나라 보복에 나서게 된다. 오왕 부차는 즉위 2년(B.C.494) 다시 월나라를 쳐 대승을 거두었으며, 회계(會稽, 지금의 浙江 紹興)에서 월왕 구천句踐의 화해를 허락하였다. 부차는 이에 월나라에 대하여 안심을 품고 그를 뒤로한 채 중원으로의 진출을 꾀하여, 노魯나라와 제齊나라 정벌에 나서고자 성을 쌓고 장강과 회수淮水를 준설 하는 등 공사를 벌였으며, 뒤에 황지黃池에서 제후들을 모아 회맹하면서 진晉나라와 패자를 다투는 사이 월왕 구천 기습을 받아 도읍이 위태로워지고 태자가 포로가 되자 급거 귀국하였으나, 결국 23년 도성이 함락되고 부차는 자살하여 나라가 망하고 말았다.

춘추 말기 오나라와 월나라와의 쟁패는 역사상 그 유례를 찾을 수 없을 정도로 극적인 전개와 반전을 거듭하여 수많은 일화와 고사를 남겼으며, 춘추오패에도 역시 합려와 구천이 오르내리는 등 신흥 국가의 급격한 부상과 순식간의 멸망을 잘 보여 주는 역사적 사례로도 널리 회자되고 있다.

◉ 수몽부터 춘추시대 말기까지(B.C.585~473)의 오나라 임금 세계는 대략 다음과 같다. ( )안은 재위 기간.

壽夢(25) → 諸樊(13) → 餘祭(17) → 餘昧(4) → 僚(12) → 闔閭(19) → 夫差(23)

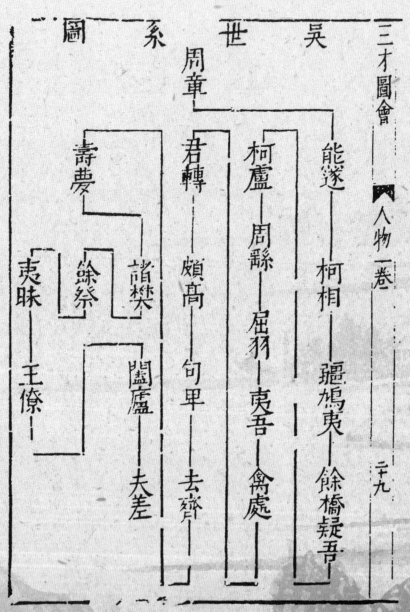

〈吳世系圖〉《三才圖會》

卷十九 吳語

226(19-1) 越王句踐命諸稽郢行成於吳
월왕 구천이 제계영에게 오나라에 가서
화친을 성사시키도록 명하다

오왕吳王 부차夫差가 군사를 일으켜 월越나라를 치자, 월왕越王 구천句踐도 군사를 일으켜 이에 맞섰다.

그러자 월나라 대부大夫 문종文種이 이렇게 모책을 올렸다.

"무릇 오나라와 우리 월나라가 누가 살아남느냐 하는 것은 오직 하늘에 달려 있습니다. 왕께서는 맞서 싸우지 마십시오. 신서申胥와 화등華登은 오나라에 복종할 군사를 뽑아 군대로 만들어 일찍이 한 번도 꺾어본 적이 없습니다. 한 사람이 활을 잘 쏘면 백 명이 활을 겨누며 그 자세를 배우는 훈련을 하고 있으니, 우리가 이길 수 있는지는 아직 확정할 수 없습니다. 무릇 모책이란 모름지기 평소 그 성공이 확실하게 보인 이후에야 실천해 나가는 것이며, 목숨을 아무 곳에나 걸어서는 안 됩니다. 왕께서는 군사를 갖추고 겸손한 말로 화친을 청하여 그들 백성을 즐겁게 하며, 오나라 왕으로 하여금 자신의 야심을 더욱 키워 나가도록 기다리느니만 못합니다. 우리는 이를 위해 하늘에 점을 쳐보아 하늘이 만약 오나라를 버렸다면 틀림없이 우리의 화친이 성사될 것입니다. 오나라 왕은 우리와의 화친만으로는 만족하지 않을 것이며 장차 틀림없이 제후국에게 패자가 되겠다는 야망을 넓혀 나갈 것입니다. 그리하여 이윽고 그 백성을 피폐하게 하고, 하늘이 흉년으로 그들의 식량까지 빼앗는다면, 우리는 편안히 그들의 타다 남은 여신餘燼을 수용하면 될 것이니, 그렇게 되면 오나라에는 더 이상 천명이 없게 되는 것입니다."

월왕 구천이 그 의견을 허락하고, 이에 제계영諸稽郢에게 명하여 오나라에 가서 화친을 성사시키되 다음과 같이 말하도록 하였다.

"우리 임금 구천이 아래 신하 저 제계영으로 하여금 감히 왕께 드러나게 예물을 펼쳐 예를 갖추지는 못하지만, 감히 왕의 아래 집사에게 사사롭게 이렇게 말을 전하도록 하셨습니다. 지난 날 우리 월나라가 재앙을 입어 그대 천왕에게 죄를 졌었습니다. 천왕께서는 친히 수레를 몰아 달려오셔서 마음으로

吳王夫差

는 구천을 완전히 고아로 만들겠다고 하셨으나, 다시 생각을 고쳐 너그럽게 용서해 주셨습니다. 천왕의 우리 월나라에 대하여 죽은 자를 살려 주시고 백골에 다시 살이 돋게 해 주신 것입니다. 우리 임금 구천께서는 감히 하늘이 내렸던 재앙을 잊지 못하고 있는데, 어찌 감히 천왕께서 내려주신 은혜를 잊을 수 있겠습니까! 지금 구천은 다시 재앙을 만났고 덕행도 없는데, 풀에 묻혀 사는 시골뜨기가 감히 천왕의 대덕을 잊겠으며, 게다가 변방의 작은 원한을 두고 오나라 아래 집사들에게 거듭 죄를 짓는 일을 하겠습니까? 우리 왕 구천은 몇몇 늙은 가신을 이끌고 친히 무거운 죄를 지었음을 인정하고, 변경에서 와서 지금 머리를 조아리고 왕의 용서를 기다리고 있습니다.

왕께서 지금 이러한 저희들의 염원을 잘 살피지 않으신 채, 크게 화를 내시며 군대를 이끌고 장차 우리 월나라를 정벌하고자 하십니다. 월나라는 진실로 귀국에 공물을 바치고 있는 하나의 읍에 불과합니다.

임금께서 채찍으로써 부리려 하지 않으시고, 욕되게 군사를 몰아 우리로 하여금 방어명령을 내리도록 하십니다. 구천은 다음과 같은 조건으로 화친의 맹약을 맺기를 청합니다.

하나의 적녀嫡女를 드려 왕의 기추를 잡고, 왕궁에서 여러 성씨의 궁녀 중 하나로써 왕을 모시도록 하겠습니다. 그리고 하나의 적남嫡男을 보내어 반이槃匜를 받들고 임금을 따라다니며 수종을 하는 신하로 삼도록 해 드리겠습니다. 그리고 봄가을로 공물을 헌납하여 왕의 창고를 채우기에 게으름이 없도록 하겠습니다. 천왕께서 어찌 욕되게 군사를 동원하여 저희를 제재하려 드십니까? 우리가 앞서 약속한 것은 역시 천자가 제후에게 징수하는 예에 맞추어 해드리는 것입니다.

무릇 속담에 '여우가 먹을 것을 묻어 두었다가, 다시 이를 파먹으니 이 까닭으로 더 이상 공을 이룸이 없는 것이다'라 하였습니다. 천왕께서 지금 우리 월나라를 봉지로 증식시키면 그로써 천하에 소문이 밝게 드러날 것인데, 도리어 이를 멸망시켜 없애 버린다면 이것이야말로 천왕께 아무런 성과 없는 노고로움만 될 뿐입니다. 비록 사방 제후들이 오나라를 모시고자 해도 어떻게 실리 있게 오나라를 모실 수 있겠습니까? 오직 천왕만이 이익도 얻고 의義도 헤아릴 수 있을 것입니다!"

吳王夫差起師伐越, 越王句踐起師逆之.

大夫種乃獻謀曰:「夫吳之與越, 唯天所援, 王其無庸戰. 夫申胥·華登簡服吳國之士於甲兵, 而未嘗有所挫也. 夫一人善射, 百夫決拾, 勝未可成也. 夫謀必素見成事焉, 而後履之, 不可以援命. 王不如設戎, 約辭行成, 以喜其民, 以廣侈吳王之心. 吾以卜之於天, 天若棄吳, 必許吾成而不吾足也, 將必寬然有伯諸侯之心焉. 旣罷弊其民, 而天奪之食, 安受其燼, 乃無有命矣.」

越王許諾, 乃命諸稽郢行成於吳, 曰:「寡君句踐使下臣郢不敢
顯然布幣行禮, 敢私告於下執事曰: 昔者越國見禍, 得罪於天王.
天王親趨玉趾, 以心孤句踐, 而又宥赦之. 君王之於越也, 繄起
死人而肉白骨也. 孤不敢忘天災, 其敢忘君王之大賜乎! 今句踐
申禍無良, 草鄙之人, 敢忘天王之大德, 而思邊垂之小怨, 以重
得罪於下執事? 句踐用帥二三之老, 親委重罪, 頓顙於邊.

今君王不察, 盛怒屬兵, 將殘伐越國. 越國固貢獻之邑也, 君王
不以鞭箠使之, 而辱軍士使寇令焉. 句踐請盟: 一介嫡女, 執箕
帚以晐姓於王宮; 一介嫡男, 奉槃匜以隨諸御; 春秋貢獻, 不解
於王府. 天王豈辱裁之? 亦征諸侯之禮也.

夫諺曰:『狐埋之而狐搰之, 是以無成功.』今天王既封殖越國,
以明聞於天下, 而又刈亡之, 是天王之無成勞也. 雖四方之諸侯,
則何實以事吳? 敢使下臣盡辭, 唯天王秉利度義焉!」

【吳王夫差】 闔廬(闔閭)의 아들이며 越王 句踐과 여러 차례 공방전을 벌인 끝에
　　결국 멸망을 길을 걸은 오나라 마지막 왕이며, 이로써 춘추시대가 대강 끝을
　　맺게 됨. B.C.495∼473년까지 23년간 재위함. 그 謀臣으로 太宰 伯嚭와 伍子胥가
　　있었음. 吳나라는 원래 周 太王의 아들 泰伯(太白)이 왕위를 거절하고 남쪽으로
　　내려와 아직 미개지였던 오나라를 일으켜 시조가 되었음. 지금의 江蘇 대부분과
　　安徽, 浙江 일부분이었으며 도읍은 吳(지금의 江蘇 蘇州市 姑蘇城).《史記》
　　吳太白世家 참조.
【越】 고대 나라 이름으로 姒姓이며, 시조는 夏나라 때 少康의 庶子 無餘. 會稽
　　(지금의 浙江 紹興)였으며, 魯 定公 14년(B.C.496) 吳나라가 월나라를 쳐 오나라
　　가 패배하여 합려가 상처를 입고 죽었으며, 3년 뒤(노 애공 원년. B.C.494)
　　부차가 다시 공격하여 원수를 갚음. 이때 월왕 구천은 夫椒에서 크게 패하여
　　會稽散으로 들어가 겨우 수비하고 있었음.

【句踐】越나라의 영명한 군주. 吳나라와 공방전으로 吳越之爭, 臥薪嘗膽 등의
고사를 남김. 允常의 아들. 그 謀臣으로 文種과 范蠡가 있었으며 끝내 오나라를
멸하고 남방을 통일, 춘추시대 마지막 패자로 자리를 잡았었음.《史記》越王句踐
世家 참조.

【大夫種】월왕 구천의 謀臣이었던 월나라 대부 文種. 자는 少禽, 혹 子禽.

【申胥】伍員. 伍子胥를 가리킴. 楚나라 伍擧의 후손이며 伍奢의 아들. 楚 平王이
오사의 집안을 괴롭히자, 魯 昭公 20년(B.C.522) 伍子胥만이 吳나라로 망명하여
夫差를 왕위에 올려놓는 등 오나라 왕통을 휘젓는 한편, 자신의 원수인 초나라
에게 앙갚음을 하고자 활약하다가 결국 참훼를 입어 죽음을 당함. 그가 오나라에
왔을 때 오왕이 申 땅을 봉지로 주어 오나라에 있을 때는 申胥라 부른 것임.
《史記》伍子胥列傳 참조.

【華登】宋나라 출신으로 송 司馬 華費遂의 아들. 吳나라로 망명하여 대부가 됨.

【決拾】결은 활쏘기 자세의 하나이며 '拾'은 가죽으로 만든 활통을 팔에 걸고
있는 모습.

【約辭行成】'約'은 '卑'. '行成'은 화친을 청함의 뜻. '겸손한 말투로 오나라에게
화친을 청하다'의 뜻.

【諸稽郢】越나라 대부.

【行成於吳】《左傳》에는 "大夫種因吳太宰嚭以行成"이라 하였음.

【天王】오왕을 높여 부르는 말. 오왕 闔廬가 월왕 允常이 죽자, 그 기회를 틈타
월나라를 공격하였다가 句踐의 활에 다리를 맞아 중상을 입고 죽었음.

【玉趾】옥같은 발. 여기서는 합려가 직접 나서서 수레를 타고 오나라 정벌에
나섰던 일을 추켜세운 말. 魯 定公 14년(B.C.496) 오왕 합려가 군사를 이끌고
월나라를 정벌한 사건.

【申禍無良】申은 거듭(重)의 뜻이며, 良은 善의 뜻. 거듭 하늘의 재앙을 만났고
게다가 덕행도 없음.

【邊垂之小怨】오왕이 월나라 국경을 넘어선 것은 그저 작은 원망일 뿐이라고
표현한 것임. 오나라가 월나라를 쳐들어간 것은 당연한 것으로 여긴다는 겸사.

【頓顙】顙은 이마. 이마를 땅에 닿도록 숙임. 굴복하여 머리를 조아림.

【鞭箠】채찍이나 회초리. 월나라는 오나라의 변방 읍에 불과하니, 그저 채찍
정도만으로 잘못을 질책해도 될 것을 군사까지 동원하였다고 표현한 것.

【寇令】적을 방어하기 위해 내리는 軍令.

【嫡女】왕의 친 딸.

【箕箒】원래 키와 빗자루. 흔히 남의 아내나 첩이됨을 일컫는 말.

【眩姓】'眩'는 '갖추다, 여럿, 가지가지'의 뜻. 왕의 궁궐에 서로 성씨가 다른 여러 여인들을 모아 궁녀로 삼고 있었음을 말함. 여기서는 월왕 구천의 딸을 보내어 성씨가 고르게 분포된 궁궐의 궁녀, 즉 오왕의 궁녀 역할을 하도록 하겠다는 뜻.

【狐埋】여우는 의심이 많아 먹이를 땅에 묻었다가 다시 이를 옮기고자 또 다른 굴을 팜.

참고 및 관련 자료

1.《左傳》定公 14年

吳伐越, 越子句踐禦之, 陳于檇李. 句踐患吳之整也, 使死士再禽焉, 不動. 使罪人三行, 屬劍於頸, 而辭曰:「二君有治, 臣奸旗鼓. 不敏於君之行前, 不敢逃刑, 敢歸死.」遂自剄也. 師屬之目, 越子因而伐之, 大敗之. 靈姑浮以戈擊闔廬, 闔廬傷將指, 取其一屨. 還, 卒於陘, 去檇李七里. 夫差使人立於庭, 苟出入, 必謂己曰:「夫差! 而忘越王之殺而父乎?」則對曰:「唯. 不敢忘!」三年乃報越.

227(19-2) 吳王夫差與越荒成不盟
오왕 부차가 월나라와 대충 화친을 맺으며 맹약 의식도 하지 않다

오왕吳王 부차夫差가 여러 대부들에게 이렇게 고하였다.

"내 장차 제齊나라를 정복하여, 큰 뜻을 펴고자 하여 월越나라가 요구하는 화해를 허락하고자 하오. 내 뜻을 더 이상 거스르지 않도록 하오. 월나라의 경우 이미 회개하고 있으니, 내 그들에게 더 이상 무엇을 요구하겠소? 만약 그들이 그래도 회개하지 않는다면 제나라를 치고 돌아와, 그 때 다시 군사를 일으키면 될 것이오."

그러자 신서申胥, 伍子胥가 이렇게 간언하였다.

"허락해서는 안 됩니다. 무릇 월나라는 충심으로 우리 오나라를 좋게 여기는 것이 아니며, 게다가 우리 오나라 군사의 강함을 겁내는 것도 아닙니다. 대부大夫 문종文種은 용감하면서 지략이 뛰어나 장차 돌아가면 우리 오나라를 수중의 놀잇감으로 여기면서 자신의 뜻을 펴 나갈 것입니다. 진실로 임금께서 성을 뒤엎는 정복욕에 승리를 좋아하심을 알고, 그 때문에 그 언사를 완약하게 하여 왕께서 하고 싶은 뜻을 마음대로 펼 수 있도록 하며, 왕으로 하여금 중원 여러 나라들을 치는 데 빠져들다가 결국 스스로 상처를 입고 말도록 유도하고 있습니다. 그리하여 우리 오나라 군사가 둔하고 피폐해지며, 백성은 이반하고 나라는 날로 초췌해지도록 한 다음, 그 때 우리의 타다 남은 잔불을 편안히 받아먹고자 하는 것입니다. 무릇 월왕越王 구천句踐은 믿음을 중히 여기는 것으로써 백성을 사랑하여 사방에서 그에게 되돌아오고 있으며, 해마다 풍년이 들고 곡식은 때맞추어 여물어 주어 날이 갈수록 국운이 상승하고 있습니다. 그래도 지금 우리는 그들과 전투를 벌여 승리할 수 있습니다. 그런데 작은 도마뱀일 때 이를 죽여 없애지 않았다가 그것이 큰 뱀으로 자란 후에는 장차 어찌 대적할 수 있겠습니까?"

그러자 오왕 부차는 이렇게 말하였다.

"대부께서는 어찌 월나라의 융성함만을 거론하고 있소? 월나라가 일찍이 그토록 큰 걱정거리가 된 적이 있소? 만약 월나라가 없다면 내 어디에다 봄가을로 우리 군사의 대단함을 자랑할 수 있겠소?"

그러고는 그 화친 맹약을 허락하였다.

장차 회맹이 시작되자, 월왕이 저계영諸稽郢을 사신으로 보내어 이렇게 말을 전했다.

"맹약을 맺는 것이 유익하다고 여기십니까? 지난 번 맹약에서 입에 바른 피가 아직 마르지 않았으니 믿음이 족한 결맹이었다고 여길 수 있습니다. 그러나 맹약이 아무런 이익이 되지 않는다고 여기십니까? 그렇다면 왕께서 무력의 위협을 버리시고 우리에게 임하셔서 부리시면 될 일이지 어찌 귀신은 중히 여기고 사람은 가볍게 여기십니까?"

오왕은 이를 허락하고 입으로만 맹약을 인정하고 결맹 의식은 치르지 않았다.

吳王夫差乃告諸大夫曰:「孤將有大志於齊, 吾將許越成, 而無拂吾慮. 若越旣改, 吾又何求? 若其不改, 反行, 吾振旅焉.」

申胥諫曰:「不可許也. 夫越非實忠心好吳也, 又非懾畏吾兵甲之彊也. 大夫種勇而善謀, 將還玩吳國於股掌之上, 以得其志. 夫固知君王之蓋威以好勝也, 故婉約其辭, 以從逸王志, 使淫樂於諸夏之國, 以自傷也. 使吾甲兵鈍獘, 民人離落, 而日以憔悴, 然後安受吾燼. 夫越王好信以愛民, 四方歸之, 年穀時熟, 日長炎炎. 及吾猶可以戰也, 爲虺弗摧, 爲蛇將若何?」

吳王曰:「大夫奚隆於越? 越曾足以爲大虞乎? 若無越, 則吾
何以春秋曜吾軍士?」

乃許之成.

將盟, 越王又使諸稽郢辭曰:「以盟爲有益乎? 前盟口血未乾,
足以結信矣. 以盟爲無益乎? 君王舍甲兵之威以臨使之, 而胡
重於鬼神而自輕也?」

吳王乃許之, 荒成不盟.

【申胥】伍子胥. 226 주를 볼 것.

【從】縱과 같음. 방종함. 제멋대로 풀어짐.

【獘】弊와 같음.

【日長炎炎】국운이 날이 갈수록 창성해짐.

【虺】작은 뱀.

【虞】우려. 우환.

【春秋】오나라가 봄가을 정례적으로 군사훈련을 통해 열병식을 하며, 월나라
에게 무력을 과시하고 있는 행사를 말함.

【口血】입에 묻은 피. 고대 회맹할 때 희생의 피를 입에 바르거나 묻혀 맹약을
굳게 표시하는 의식.

【荒成不盟】'荒'은 '空'의 뜻. 실제 행동은 하지 않음. '不盟'은 맹약의 정식 의식을
치르지 않음.

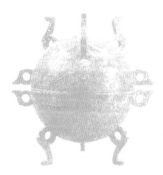

228(19-3) 夫差伐齊不聽申胥之諫
부차가 제나라를 치면서
신서의 간언을 듣지 않다

오왕吳王 부차夫差는 이윽고 월越나라의 화친을 허락하고, 이에 많은 군사들을 크게 경계하여 장차 제齊나라를 칠 참이었다.

신서(申胥, 오자서)가 나가서 이렇게 간언하였다.

"지난 날 하늘이 월나라를 우리 오나라에게 줄 때, 왕께서는 받지 아니하셨습니다. 천명은 반대로 될 수도 있습니다. 지금 월왕越王 구천句踐은 두려워하면서 자신의 모책을 고쳐 잘못 되었던 법령은 버리고 그 부역과 세금을 경감시켜 주고, 백성이 훌륭히 여기는 바를 베풀며, 백성이 싫어하는 바는 제거하며, 자신은 스스로 검약하게 살되 백성에게는 풍요롭게 해 주어, 그 서민은 부유하고 민중은 늘어나 많은 병력을 소유하게 되었습니다. 월나라는 우리 오나라에게 있어서 비유하면 뱃속의 질환과 같습니다. 무릇 월왕은 우리에게 패했던 일을 잊지 않으면서 그 마음에는 늘 경계심을 가진 채, 그 병사들을 훈련시키며 우리의 틈을 엿보고 있습니다. 왕께서는 지금 월나라에 대한 계책은 아니하시고 제齊·노魯나라를 근심거리로 여기고 있습니다. 제·노나라는 질병에 비유하면 그저 옴 정도에 지나지 않습니다. 그들이 어찌 장강長江과 회하淮河를 건너 우리와 이 땅에서 전투를 벌일 수 있겠습니까? 장차 틀림없이 월나라가 이 오나라 영토를 차지하게 될 것입니다. 왕께서는 어찌 사람을 거울로 삼지 않으시지 않으십니까? 물은 거울로 삼아서는 안 됩니다. 옛날 초楚 영왕靈靈이 임금답지 못하여, 그 신하 잠箴이 간언을 하였지만 전혀 받아들여지지 않았습니다. 영왕은 장화章華에 누대를 짓고, 석곽石郭을 파고 한수漢水를 끌어들여 언덕을 만들어, 마치 옛 순舜임금의 능묘를 흉내내었습니다. 그리하여 초나라를 피폐하게 하였고, 그러면서 진陳나라와 채蔡나라를 엿보았습니다. 자신의 방성 方城 안 국내는 제대로 정비하지 못하면서 중원을 넘어 동국東國을 넘보 다가 3년 만에 겨우 저수沮水와 분수汾水를 넘어 우리 오吳나라와 월越나라 를 정복하였습니다. 이로써 그 백성들은 배고프고 힘든 재앙을 견딜 수 없어 삼군이 건계乾谿에서 영왕에게 반기를 들고 말았습니다. 왕은 홀로 도망을 하여 겁을 먹은 채 숲 속을 이리저리 방황하다가 사흘 만에 겨우 연인涓人 주疇를 발견하고는 이렇게 소리를 쳤지요. '내 사흘을 아무것도 먹지 못하였다.' 주가 달려가 그에게 다가가자 영왕은 그의 다리를 베고 그만 맨바닥에 잠이 들어버렸지요. 왕이 잠들자 주는 흙덩이 로 베개를 바꾸어 베어 주고 그 자리를 떠나 버렸습니다. 왕이 깨어나 아무도 없는 것을 알고는 다시 엉금엉금 기어 극위棘闈라는 마을로 들어가려 했지만, 극위 사람들이 받아 주지 않아 다시 우윤신해芋尹申亥 에게로 갔습니다. 왕이 그곳에서 목을 매어 자살하자, 신해는 그 시신을 업고 자신의 집으로 돌아와, 흙으로 그를 집에 대강 묻고 말았습니다. 이러한 기록이 어찌 제후들의 귀에서 쉽게 잊힐 수 있겠습니까?

왕께서는 지금 곤鯀과 우禹가 물을 다스려 백성에게 혜택을 베풀었던 공적을 바꾸어 높은 곳에는 누대를, 낮은 곳에는 못을 파면서 백성을 이 고소성姑蘇城을 수축하느라 피폐하게 하고 있습니다. 하늘은 우리의 먹을 것을 빼앗고 도읍과 시골은 해마다 기근이 들고 있습니다. 왕께서 지금 하늘의 뜻을 거역하시고 제나라를 치시면 우리 오나라 백성은 이반하고 말 것입니다. 나라의 체제가 무너지는 것은 비유컨대 마치 짐승의 무리와 같아 하나가 화살로 부상을 입으면 수 백 마리가 모두 날뛰고 달아나 왕께서는 이를 수습할 수가 없게 됩니다. 그 때 월나라 사람들은 틀림없이 우리를 습격해 올 것이니 왕께서 그 때 후회하신다면 그래도 시간이 넉넉하시겠습니까?"

왕은 듣지 않았다.

오왕 12년 드디어 제나라를 쳐들어갔다.

제나라에서는 애릉艾陵에서 이들을 맞아 싸웠지만 제나라 군사가 대패하고 오나라가 승리를 거두었다.

吳王夫差旣許越成, 乃大戒師徒, 將以伐齊.

申胥進諫曰:「昔天以越賜吳, 而王弗受. 夫天命有反, 今越王句踐恐懼而改其謀, 舍其愆令, 輕其征賦, 施民所善, 去民所惡, 身自約也, 裕其衆庶, 其民殷衆, 以多甲兵. 越之在吳, 猶人之有腹心之疾也. 夫越王不忘敗吳, 於其心也佚然, 服士以伺吾閒. 今王非越是圖, 而齊·魯以爲憂. 夫齊·魯譬諸疾, 疥癬也, 豈能涉江·淮而與我爭此地哉? 將必越實有吳土.

王其盍亦鑑於人? 無鑑於水. 昔楚靈王不君, 其臣箴諫以不入. 乃築臺於章華之上, 闕爲石郭, 陂漢, 以象帝舜. 罷弊楚國, 以閒陳·蔡. 不修方城之內, 踰諸夏而圖東國, 三歲於沮·汾以服吳·越. 其民不忍饑勞之殃, 三軍叛王於乾谿. 王親獨行, 屏營仿偟於山林之中, 三日乃見其涓人疇. 王呼之曰:『余不食三日矣.』疇趨而進, 王枕其股以寢於地. 王寐, 疇枕王以樸而去之. 王覺而無見也, 乃匍匐將入於棘闈, 棘闈不納, 乃入芋尹申亥氏焉. 王縊, 申亥負王以歸, 而土埋之其室. 此志也, 豈遽忘於諸侯之耳乎?

今王旣變鯀·禹之功, 而高高下下, 以罷民於姑蘇. 天奪吾食, 都鄙薦饑. 今王將很天而伐齊, 夫吳民離矣. 體有所傾, 譬如羣獸然, 一個負矢, 將百羣皆奔, 王其無方收也. 越人必來襲我, 王雖悔之, 其猶有及乎?」

王弗聽.

十二年, 遂伐齊.

齊人與戰於艾陵, 齊師敗績, 吳人有功.

【申胥】 伍子胥. 226 주를 볼 것.

【石槨】 石槨. 돌로 만든 外棺. 자신의 무덤을 미리 화려하게 꾸밈을 말함.

【鑑於水】 사람을 거울로 삼으면 역사 속에서 교훈을 얻지만, 물을 거울로 삼으면 자신의 겉모습밖에 볼 수 없다는 뜻.

【陂漢】 漢水를 막음.

【帝舜】 舜임금은 구억산(九嶷山)에 장례를 치렀으며, 그 사방 주위에 河水가 둘러쳐 있음.

【方城】 楚나라의 북방 지역. 여기서는 靈王이 초나라를 잘 방비하고 있지 않음을 말함.

【諸夏】 中原의 여러 나라. 구체적으로 陳나라와 蔡나라를 말함.

【東國】 吳나라와 越나라를 말함.

【沮汾】 東國 지역의 두 물 이름. 즉 乾溪 일대. 魯 昭公 6년(B.C.536) 楚 靈王이 令尹 子蕩으로 하여금 吳나라를 치게 하여 豫章을 거쳐 乾溪에 머물렀으나 패하였음. 다시 6년 뒤 초나라는 徐 땅을 포위하여 오나라를 협박하였으며, 이때 영왕은 건계에 주둔하고 있었음. 건계는 지금의 安徽 亳縣 동쪽에 있음.

【三軍叛王】 魯 昭公 13년(B.C.529) 건계에서 초나라 군대가 반란을 일으켰던 사건. 이로써 靈王은 끝나고 平王이 들어섰음. 〈楚語〉(上) "靈王虐, 白公子張驟諫" 참조.

【屏營】 매우 두려워하는 모습. 疊韻連綿語. '仿偟'도 역시 첩운연면어임.

【涓人疇】 涓人은 궁중에서 시중드는 낮은 직책. 疇는 그의 이름.

【棘闈】 지명. 혹은 '棘'은 작은 마을을 뜻하며, '闈'는 문을 이르는 말이라고도 하여 棘城의 대문으로 보기도 함. 또는 '棘'과 '闈'가 모두 지명이라고도 함.

【芋尹申亥氏】 芋尹은 芋 땅의 지방장관. 申亥는 無宇 아들. 靈王이 난을 당하여 사라졌다는 소식을 들은 申亥가 극위에서 찾아내어 구해 주었음.

【其室】 신해의 집에 우선 靈王의 시신을 묻음.

【鮌禹之功】 鮌(鯀)과 禹는 모두 치수사업을 벌이느라 백성을 징발하였지만, 吳王은 자신의 욕구를 채우기 위해 백성을 징발하였음을 말함.

【高高下下】 樓臺는 높이 짓고 池塘은 깊이 팜. 사치와 낭비를 일컫는 말.

【姑蘇】 지금의 江蘇 蘇州市 오나라 도읍.

【都鄙】 都는 도읍. 鄙는 변방을 일컫는 말.

【荐饑】 해마다 흉년이 들어 기근을 면치 못함.

【很】 위배함. 하늘의 뜻을 거역함.

【十二年】吳王 夫差 12년. 魯 哀公 11년(B.C.484)에 해당함.
【艾陵】지금의 山東 泰安縣 남쪽. 혹은 지금의 山東 萊蕪縣이라고도 함.
【有功】齊나라 中軍 將軍 國書를 사로잡은 것과 革車 8백승, 甲盾 3천을 노획한
공로.

참고 및 관련 자료

1.《史記》楚世家
靈王於是獨傍偟山中, 野人莫敢入王. 王行遇其故銷人, 謂曰:「爲我求食, 我已
不食三日矣.」銷人曰:「新王下法, 有敢饟王從王者, 罪及三族, 且又無所得食.」
王因枕其股而臥. 銷人又以土自代, 逃去. 王覺而弗見, 遂飢弗能起. 芋尹申無宇
之子申亥曰:「吾父再犯王命, 王弗誅, 恩孰大焉!」乃求王, 遇王飢於釐澤, 奉之
以歸. 夏五月癸丑, 王死申亥家, 申亥以二女從死, 并葬之.

〈越王句踐臥薪嘗膽圖〉

229(19-4) 夫差勝於艾陵使奚斯釋言於齊
부차가 애릉에서 승리하고 해사를
제나라에 보내어 승리를 설명하도록 하다

오왕吳王 부차夫差가 이윽고 애릉艾陵에서 제齊나라 군사를 깨뜨리고 이에 행인行人 해사奚斯를 제나라에 보내어 이렇게 설명해 주도록 하였다.

"과인寡人이 얼마 되지 않은 우리 오나라 군사를 이끌고 문수汶水를 따라 올라가되 감히 귀국 좌우를 소란스럽게 하지 않은 것은, 오직 우리 두 나라의 우호관계를 위해서 그렇게 한 것입니다. 지금 귀국의 대부 국자國子가 무리를 일으켜 우리 오나라 군사를 괴롭히고 있으니, 만약 하늘이 누구에게 죄를 내려야 할지 몰랐다면 어찌 우리 오나라로 하여금 승리를 하게 하였겠소!"

吳王夫差旣勝齊人於艾陵, 乃使行人奚斯釋言於齊, 曰:「寡人帥不腆吳國之役, 遵汶之上, 不敢左右, 唯好之故. 今大夫國子興其衆庶, 以犯獵吳國之師徒, 天若不知有罪, 則何以使下國勝!」

【艾陵】齊나라 땅으로, 오왕 부차 12년(B.C.484) 오나라와 제나라가 이곳에서 전투를 벌여 오나라가 대승을 거둠.

【行人】외교관, 고대 외교 임무를 맡은 관직으로 大行人·小行人이 있었으며, 이들은 외국 사신의 의전·통역·안내 등을 담당하였음.

【奚斯】뭇나라 대부이며 행인 임무를 맡고 있었음.

【腆】음식이나 예물 등이 풍성함. 여기서는 부차가 수적으로 많지 않은 오나라 군사를 이끌고 제나라와 싸워 이겼음을 과시한 것임.

【汶】汶水. 齊나라 경내의 물 이름.

【國子】國은 제나라 大姓의 하나이며 正卿. 國書. 艾陵 전투에서 中軍主帥였으며, 이 전투에서 포로가 되었다가 피살됨.

【犯獵】침범함. 괴롭힘. 군사행동을 함.

【下國】吳나라 자신을 말함.

참고 및 관련 자료

1. 《史記》仲尼弟子列傳

吳王果與齊人戰於艾陵, 大破齊師, 獲七將軍之兵而不歸, 果以兵臨晉, 與晉人相遇黃池之上. 吳晉爭彊. 晉人擊之, 大敗吳師. 越王聞之, 涉江襲吳, 去城七里而軍. 吳王聞之, 去晉而歸, 與越戰於五湖. 三戰不勝, 城門不守, 越遂圍王宮, 殺夫差而戮其相. 破吳三年, 東向而霸.

2. 《史記》伍子胥列傳

其後五年, 而吳王聞齊景公死而大臣爭寵, 新君弱, 乃興師北伐齊. 伍子胥諫曰:「句踐食不重味, 弔死問疾, 且欲有所用之也. 此人不死, 必爲吳患. 今吳之有越, 猶人之有腹心疾也. 而王不先越而乃務齊, 不亦謬乎!」吳王不聽, 伐齊, 大敗齊師於艾陵, 遂威鄒魯之君以歸. 益疏子胥之謀.

230(19-5) 申胥自殺
신서의 자살

오왕吳王이 제齊나라를 정벌하고 돌아와 신서(申胥, 오자서)를 이렇게 책망하였다.

"옛날 우리 선왕先王께서 몸소 덕을 실천하고 성스러움을 밝혀 하느님에게 그 뜻이 통하였습니다. 비유하건대 농부가 두 사람 힘을 합해 일을 하면서 사방의 쓸모없는 쑥을 베어 없애 버리듯 그 이름을 형荊, 楚나라에 세우셨으니, 이는 바로 그대 대부의 힘이었소. 지금 대부께서는 늙으셨으니 스스로 물러나 편안히 보낼 생각은 아니하고, 집에서는 오나라를 미워하는 생각으로 여가가 없고, 나와서는 우리 백성에게 죄를 지으며 온갖 방법으로 요란撓亂을 일으키며 우리 오나라의 요얼妖孽이 되고 있소. 지금 하늘이 우리 오나라에게 복을 내려주고 있으며, 제나라 군사도 복종을 수락하였소. 내 어찌 감히 스스로 내가 훌륭하여 이렇게 된 것이라 하겠소? 선왕이 내려주신 종고鍾鼓의 영명함이 도운 것이지요. 이에 감히 대부에게 고합니다."

신서는 차고 있던 칼을 풀며 이렇게 대답하였다.

"지난 날 선왕 합려께서는 대대로 보필하는 신하가 있어 능히 의심나는 것을 판단하고 염려하는 것에 계책을 세워 그 때문에 큰 어려움에 빠지지 않았던 것입니다. 왕께서는 지금 여로黎老를 버리시고 어린 아이 같은 자들과 모책을 세우면서 '내 명령에 위배됨이 없도록 하라' 하시니, 이런 명령은 위배하는 것이 오히려 위배하지 않는 것이었습니다. 위배하지 않으면 이는 망하는 계단이기 때문이었습니다. 무릇 하늘이 사람을 버릴 때는 반드시 먼저 작은 즐거움을 모아 주며 큰 근심은 멀리 떨어져 있게 합니다. 왕께서 만약 제나라에 대해 뜻을 얻지 못하여 왕의 마음을 깨우쳐 주었더라면 그것이 우리 오나라가 그나마 세대를 이어갈 수 있었을 것입니다. 우리 선군 합려께서는 무엇을 얻으면 반드시 그 얻을 만한 이유가 있었다고 여겼고, 무엇을 잃으면 역시 그것을 잃게 된 원인이 있었습니다. 그 때문에 풍성한 성과를 그대로 쥐고 잃지 않은 채 일생을 마칠 수 있었으며, 나라가 기울게 되면 급히 서둘러 이를 구제할 수 있었던 것입니다. 왕께서는 지금 그럴 만한 이유가 없는데도 얻었으니, 하늘이 복을 급히 내려준 것만큼 이는 오나라의 운명이 짧아진 것입니다. 저員는 차마 병을 핑계로 한 쪽에 피한 채 왕께서 직접 월나라의 포로가 되는 것을 보고 있을 수 없으니, 저는 청컨대 먼저 죽겠습니다."

그리고 드디어 자살하였다.

그는 장차 죽음에 임하여 이렇게 말하였다.

"내 월나라가 들어와 오나라를 망하게 하는 모습을 똑똑히 볼 수 있도록 내 눈을 빼내어 오나라 동문에 걸어 달라."

왕은 노하여 이렇게 말하였다.

"내 그대로 하여금 그렇게 보게 할 수는 없다."

그리고 오자서의 시신을 취하여 치이鴟鷞의 가죽 자루에 담아 강에 던져 버렸다.

吳王還自伐齊, 乃訊申胥曰:「昔吾先王體德明聖, 達於上帝, 譬如農夫作耦, 以刈殺四方之蓬蒿, 以立名於荊, 此則大夫之力也. 今大夫老, 而又不自安恬逸, 而處以念惡, 出則罪吾衆, 撓亂百度, 以妖孼吳國. 今天降衷於吳, 齊師受服. 孤豈敢自多, 先王之鍾鼓寔式靈之. 敢告於大夫.」

申胥釋劍而對曰:「昔吾先王世有輔弼之臣, 以能遂疑計惡, 以不陷於大難. 今王播棄黎老, 而孩童焉比謀, 曰:『余令而不達.』

夫不違, 乃違也. 夫不違, 亡之階也. 夫天之所棄, 必驟近其小喜,
而遠其大憂. 王若不得志於齊, 而以覺寤王心, 而吳國猶世. 吾先
君得之也, 必有以取之; 其亡之也, 亦有以棄之. 用能援持盈以沒,
而驟救傾以時. 今王無以取之, 而天祿巫至, 是吳命之短也. 員不
忍稱疾辟易, 以見王之親爲越之擒也. 員請先死.」

遂自殺.

將死, 曰:「以懸吾目於東門, 以見越之入, 吳國之亡也.」

王慍曰:「孤不使大夫得有見也.」

乃使取申胥之尸, 盛以鴟鵝, 而投之於江.

【先王】吳王 闔廬를 가리킴.
【耦】두 사람이 짝을 이루어 밭을 다는 농사 법. 여기서는 申胥가 闔廬를 도와
나라를 다스렸음을 말함.
【立名】柏擧之戰에서 楚나라를 물리치고 제후들에게 위엄을 떨친 것을 말함.
【鍾鼓】여기서는 일반 음악을 뜻하는 것이 아니라 고대 전투에서 전진과 후퇴를
알릴 때 쓰는 기구. 군사작전을 말함. 합려가 내려준 뛰어난 군사들 때문임을
말한 것.
【黎老】장수한 백성, 노인. 지혜가 많은 원로.
【鴟鵝】'鴟夷'로도 표기하며 말가죽으로 만든 자루. 여기에 오자서의 시신을
넣어 강물에 던져 버린 것임.
【江】長江.

참고 및 관련 자료

1.《史記》伍子胥列傳
　其後四年, 吳王將北伐齊, 越王句踐用子貢之謀, 乃率其衆以助吳, 而重寶以獻
　遺太宰嚭. 太宰嚭旣數受越賂, 其愛信越殊甚, 日夜爲言於吳王. 吳王信用嚭之計.

伍子胥諫曰:「夫越, 腹心之病, 今信其浮辭詐僞而貪齊. 破齊, 譬猶石田, 無所用之. 且《盤庚之誥》曰:『有顛越不恭, 劓殄滅之, 俾無遺育, 無使易種于茲邑.』此商之所以興. 願王釋齊而先越; 若不然, 後將悔之無及.」而吳王不聽, 使子胥於齊. 子胥臨行, 謂其子曰:「吾數諫王, 王不用, 吾今見吳之亡矣. 汝與吳俱亡, 無益也.」乃屬其子於齊鮑牧, 而還報吳.

吳太宰嚭既與子胥有隙, 因讒曰:「子胥爲人剛暴, 少恩, 猜賊, 其怨望恐爲深禍也. 前日王欲伐齊, 子胥以爲不可, 王卒伐之而有大功. 子胥恥其計謀不用, 乃反怨望. 而今王又復伐齊, 子胥專愎彊諫, 沮毀用事, 徒幸吳之敗以自勝其計謀耳. 今王自行, 悉國中武力以伐齊, 而子胥諫不用, 因輟謝, 詳病不行. 王不可不備, 此起禍不難. 且嚭使人微伺之, 其使於齊也, 乃屬其子於齊之鮑氏. 夫爲人臣, 內不得意, 外倚諸侯, 自以爲先王之謀臣, 今不見用, 常鞅鞅怨望. 願王早圖之.」吳王曰:「微子之言, 吾亦疑之.」乃使使賜伍子胥屬鏤之劍, 曰:「子以此死.」伍子胥仰天歎曰:「嗟乎! 讒臣嚭爲亂矣, 王乃反誅我. 我令若父霸. 自若未立時, 諸公子爭立, 我以死爭之於先王, 幾不得立. 若既得立, 欲分吳國予我, 我顧不敢望也. 然今若聽諛臣言以殺長者.」乃告其舍人曰:「必樹吾墓上以梓, 令可以爲器; 而抉吾眼縣吳東門之上, 以觀越寇之入滅吳也.」乃自剄死. 吳王聞之大怒, 乃取子胥尸盛以鴟夷革, 浮之江中. 吳人憐之, 爲立祠於江上, 因命曰胥山.

2. 《史記》越王句踐世家

居二年, 吳王將伐齊. 子胥諫曰:「未可. 臣聞句踐食不重味, 與百姓同苦樂. 此人不死, 必爲國患. 吳有越, 腹心之疾, 齊與吳, 疥癬也. 願王釋齊先越.」吳王弗聽, 遂伐齊, 敗之艾陵, 虜齊高·國以歸. 讓子胥. 子胥曰:「王毋喜!」王怒, 子胥欲自殺, 王聞而止之. 越大夫種曰:「臣觀吳王政驕矣, 請試嘗之貸粟, 以卜其事.」請貸, 吳王欲與, 子胥諫勿與, 王遂與之, 越乃私喜. 子胥言曰:「王不聽諫, 後三年吳其墟乎!」太宰嚭聞之, 乃數與子胥爭越議, 因讒子胥曰:「伍員貌忠而實忍人, 其父兄不顧, 安能顧王? 王前欲伐齊, 員彊諫, 已而有功, 用是反怨王. 王不備伍員, 員必爲亂.」與逢同共謀, 讒之王. 王始不從, 乃使子胥於齊, 聞其子於鮑氏, 王乃大怒, 曰:「伍員果欺寡人!」役反, 使人賜子胥屬鏤劍以自殺. 子胥大笑曰:「我令而父霸, 我又立若, 若初欲分吳國半予我, 我不受, 已, 今若反以讒誅我. 嗟乎, 嗟乎, 一人固不能獨立!」報使者曰:「必取吾眼置吳東門, 以觀越兵入也!」於是吳任嚭政.

231(19-6) 吳晉爭長未成句踐襲吳
오나라와 진나라가 제후의 장을 두고
다투면서 아직 결정이 나지 않았을 때
구천이 오나라를 습격하다

오왕吳王 부차夫差는 이윽고 신서(申胥, 오자서)를 죽이고 나서, 미처
1년이 되기도 전에 군사를 일으켜 북정北征에 올라 깊은 물길을 파서
상商과 노魯나라 사이를 뚫고 북쪽으로는 기수沂水, 서쪽으로는 제수濟水
와 연결시켜 놓은 다음, 진공晉公 오午, 定公를 황지黃池로 불러 회맹을
열고 있었다.

이에 월왕越王 구천句踐은 범려范蠡와 설용舌庸에게 명하여 군사를
이끌고 바다를 따라 회수淮水를 거슬러 올라가 오나라 군사의 퇴로를
끊어 버렸다. 그리고 오나라 왕자 우友의 군사를 고웅이姑熊夷에서 대패
시켰다.

월왕 구천은 이에 중군中軍을 인솔하고 장강長江을 거슬러 올라가
오나라를 습격하여, 그 성 외곽으로 들어서서 고소姑蘇를 불지르고
오왕의 큰 전함을 옮겨 버렸다.

오나라가 진나라와 패자의 우두머리를 두고 서로 쟁론을 벌이면서
합의를 보지 못한 상태에 있을 때, 변방 역참의 수레가 급히 이르러
월나라가 난을 일으켰음을 보고해 왔다.

오왕은 겁을 먹고 대부들을 모아 모책을 짰다.

"월나라는 옳지 못한 이들로, 함께 하기로 한 맹약을 배신하였다.
지금 우리는 귀국할 길이 너무 멀다. 회맹을 성사시키지 않은 채 돌아
가는 것과 회맹을 그대로 진행하여 진晉나라를 맹주로 인정하는 것,
어느 것이 유리하겠는가?"

왕손락王孫雒이 말하였다.

"무릇 위험한 일에는 토론에서 나이를 따지지 않습니다. 제가 감히 먼저 대답을 말씀드리겠습니다. 두 가지 모두 이롭지 않습니다. 회담을 포기하고 귀국하면, 월나라의 행동이 정당한 듯이 널리 알려질 것이고, 우리 백성들은 두려워 도망할 것이며, 너무 멀리 가 버리면 이들이 의지할 곳이 없게 됩니다. 그리고 제齊·송宋·서徐·이夷들은 '오나라는 이미 끝장이 났다'라 할 것입니다. 장래 그들이 우리가 파 놓은 물길을 따라 협공을 해 오면 우리는 살아날 길이 없습니다. 그러나 회담을 진행하여 진晉나라에게 맹주의 자리를 넘겨 주면 진나라는 이윽고 제후의 우두머리라는 칼자루를 잡고 우리에게 다가올 것이며, 장차 그 뜻을 이루어 천자를 접견하게 될 것입니다. 우리는 이를 기다릴 수도 없고, 그렇다고 뿌리치고 떠날 수도 없습니다. 만약 월나라가 이 소식을 들으면 더욱 그들이 정당화할 것이요, 우리 백성은 두려움에 결국 반란을 일으킬 것이니, 반드시 회맹을 계속하여 우리가 맹주가 되어야 합니다."

왕은 왕손락에게 걸어서 다가간 다음 이렇게 물었다.

"우리가 맹주가 되고자 한다면 어떤 모책을 써야 하는가?"

왕손락이 대답하였다.

"왕께서는 의혹을 갖지 마십시오. 우리는 귀국 길이 멀고 아득합니다. 두 가지 운명이란 틀림없이 있을 수 없습니다. 그렇게 해야만 일을 성공시킬 수 있습니다."

왕손락은 나서서 대부들을 돌아보고 읍을 하며 이렇게 말하였다.

伍子胥《三才圖會》

"위급한 일을 편안한 것으로 만들지 못하거나, 죽을 일을 살 일로 바꾸지 못한다면 이는 지혜가 뛰어나다 할 수 없소. 저 진晉나라 백성들이 죽기를 싫어하고 부귀를 누리다가 천수를 다하고 죽었으면 하는 것은 나도 마찬가지요. 그런데다가 저 진나라는 자신들 고국에 가까운 거리이며 돌아갈 길도 여유가 있소. 그에 비해 우리는 고려할 조건도 끊어지고 돌아갈 길도 없소. 그러니 저 진나라가 어찌 우리와 이처럼 위험한 일을 함께 진행하려 하겠소? 임금을 모시기 위한 용기와 모책은 바로 여기에서 써야 하오. 오늘 저녁 반드시 진나라에게 도전하여 백성의 근심을 풀어 주어야 하오. 왕께 사졸들을 격려하여 그 무리의 세력을 떨쳐 일어날 수 있도록 청하십시오. 그리고 높은 직위와 중한 보물로 포상할 것이라 그들을 권면하고, 작전에 나서지 않는 자는 형륙刑戮을 갖추어 치욕을 보여 줄 것임을 알려, 사람마다 죽음을 가볍게 보고 나설 수 있도록 해 주시오. 진나라가 장차 싸우지 아니하고 우리를 맹주로 인정한다면, 우리는 제후의 우두머리라는 칼자루를 쥐고 흉년이 들어 수확할 것이 없다는 이유로 천자에게 공물을 바치지 않는 제후에게 책임을 묻지 말고 그들이 피로에 지치도록 한 다음 되돌려 보내면 제후들이 틀림없이 즐거워할 거요. 이윽고 제후들이 하나씩 모두 자기 나라로 돌아간 다음 왕께서 안심하시고 하루는 급히, 하루는 느긋하게 편안한 걸음으로 왕의 뜻대로 하시면 됩니다. 그리고 나서는 반드시 앞서 말한 장사들을 편성하여 강수와 회수를 그들에게 봉하겠다고 하시면 이에 능히 고국 오나라에 도착할 수 있을 것입니다."

오왕은 이를 허락하였다.

吳王夫差旣殺申胥, 不稔於歲, 乃起師北征, 闕爲深溝, 通於商·魯之間, 北屬之沂, 西屬之濟, 以會晉公午於黃池.

於是越王句踐乃命范蠡·舌庸, 率師沿海泝淮以絶吳路. 敗王子友於姑熊夷.

越王句踐乃率中軍泝江以襲吳, 入其郭, 焚其姑蘇, 徙其大舟.
吳·晉爭長未成, 邊遽乃至, 以越亂告.

吳王懼, 乃合大夫而謀曰:「越爲不道, 背其齊盟. 今吾道路修遠,
無會而歸, 與會而先晉, 孰利?」

王孫雒曰:「夫危事不齒, 雒敢先對. 二者莫利. 無會而歸, 越聞
章矣, 民懼而走, 遠無正就. 齊·宋·徐·夷曰:『吳旣敗矣!』將夾
溝而㙑我, 我無生命矣. 會而先晉, 晉旣執諸侯之柄以臨我, 將成
其志以見天子. 吾須之不能, 去之不忍. 若越聞愈章, 吾民恐叛,
必會而先之.」

王乃步就王孫雒曰:「先之, 圖之將若何?」

王孫雒曰:「王其無疑, 吾道路悠遠, 必無有二命, 焉可以濟事.」

王孫雒進, 顧揖諸大夫曰:「危事不可以爲安, 死事不可以爲生,
則無爲貴智矣. 民之惡死而欲富貴以長沒也, 與我同. 雖然, 彼近
其國, 有遷; 我絶慮, 無遷. 彼豈能與我行此危事也哉? 事君勇謀,
於此用之. 今夕必挑戰, 以廣民心. 請王勵士, 以奮其朋勢. 勸之
以高位重畜, 備刑戮以辱其不勵者, 令各輕其死. 彼將不戰而
先我, 我旣執諸侯之柄, 以歲之不穫也, 無有誅焉, 而先罷之,
諸侯必悅. 旣而皆入其地, 王安挺志, 一日惕, 一日留, 以安步王志.
必設以此民也, 封於江·淮之間, 乃能至於吳.」

吳王許諾.

【申胥】伍員. 伍子胥를 가리킴. 楚나라 伍舉의 후손이며 伍奢의 아들. 楚 平王이
오사의 집안을 괴롭히자, 魯 昭公 20년(B.C.522) 伍子胥만이 吳나라로 망명하여
夫差를 왕위에 올려놓는 등 오나라 왕통을 휘젓는 한편 자신의 원수인 초나라
에게 앙갚음을 하고자 활약하다가 결국 참훼를 입어 죽음을 당함. 그가 오나라에

왔을 때, 오왕이 申 땅을 봉지로 주어 오나라에 있을 때는 申胥라 부른 것임. 그의 죽음은 230을 볼 것.《史記》伍子胥列傳 참조.

【不稔於歲】稔은 '곡식이 익다'의 뜻으로 1년을 가리킴. 여기서는 '미처 1년이 되기도 전에'의 뜻.

【闕】'掘'과 같음.

【商】宋나라를 가리킴. 송나라는 商(殷)의 말왕 紂의 아들 武庚이 管叔, 蔡叔과 모의하여 반란을 일으키자, 周公이 東征하여 이를 멸하고 대신 微子啓를 찾아 그 자리에 봉하여 송이라 하고 商나라 제사를 잇도록 하였음. 도읍은 商丘.《史記》宋微子世家 참조.

【沂】沂水. 지금의 曲阜 魯나라 땅에 있음.

【濟】濟水. 宋나라 땅을 흐르는 물.

【晉公午】晉나라 定公. 춘추시대 晉나라 마지막 임금. B.C.511~475년까지 37년간 재위함.

【黃池】지금의 河南 封丘縣 남쪽. 魯 哀公 13년(B.C.482) 이곳에서 회맹을 함.

【范蠡】越나라 대부. 文種과 함께 越王 句踐을 도와 吳나라를 멸한 공신. 그 뒤 월나라를 떠나 陶 땅에 살며 큰 부자가 되어 陶朱公이라고도 부름.《史記》越王句踐世家 참조.

【舌庸】역시 월나라 대부.

【王子友】吳王 夫差의 아들이며 오나라 마지막 태자.

【姑熊夷】吳나라 도읍 姑蘇城의 교외.

【郛】外城을 말함.

【姑蘇】오나라 수도 왕궁의 누대. 姑蘇臺. 지금의 江蘇 蘇州.

【遽】驛站의 수레. 변방의 변고를 알리는 급한 보고.

【王孫雒】오나라 대부.

【徐·夷】徐는 고대 민족이름. 徐夷라고도 불렸으며 安徽 泗縣을 중심으로 徐國을 세웠으며 B.C.512 吳나라에게 망함. 夷는 東夷. 당시 淮夷로 불렸으며 지금의 江蘇 동북의 淮安, 揚州 일대에 분포하였음.

【摎】挾擊의 뜻.

【無有誅】책임을 묻지 않음. 황지의 회맹에 맹주가 되는 나라는 다른 제후들을 이끌고 천자를 알현하며, 그 때 공물을 바치도록 되어 있으나 흉년을 핑계로 이를 바치지 않고, 대신 제후들의 인심을 사는 모책을 쓰겠다는 뜻임.

【惕】매우 빠름. 급속함.

【留】느림. 완만함.

【必設以此民】여기서 '此民'은 앞서 오나라를 막는 데 힘쓰면 작위와 보물로 포상하며 그에 참가하지 않는 이에게는 형륙의 벌을 내리겠다고 하여 조직하기로 했던 군사와 백성을 뜻함.

【封於江淮之間】그들(此民)에게 강수와 회수 사이의 땅을 봉해 주어 그 전공을 치하하겠다는 뜻.

참고 및 관련 자료

1. 《史記》 伍子胥列傳

吳王旣誅伍子胥, 遂伐齊. 齊鮑氏殺其君悼公而立陽生. 吳王欲討其賊, 不勝而去. 其後二年, 吳王召魯衛之君會之橐皋. 其明年, 因北大會諸侯於黃池, 以令周室. 越王句踐襲殺吳太子, 破吳兵. 吳王聞之, 乃歸, 使使厚幣與越平. 後九年, 越王句踐遂滅吳, 殺王夫差; 而誅太宰嚭, 以不忠於其君, 而外受重賂, 與己比周也. 伍子胥初所與俱亡故楚太子建之子勝者. 在於吳. 吳王夫差之時, 楚惠王欲召勝歸楚. 葉公諫曰:「勝好勇而陰求死士, 殆有私乎!」惠王不聽. 遂召勝, 使居楚之邊邑鄢, 號爲白公. 白公歸楚三年而吳誅子胥.

2. 《吳越春秋》 夫差內傳

吳敗齊師於艾陵之上, 還師臨晉, 與定公爭長未合. 邊侯. 吳王夫差大懼, 合諸侯謀曰:「吾道遼遠, 無會前進, 孰利?」王孫駱:「不如前進, 則執諸侯之柄, 以求其志. 請王屬士, 以明其令, 勸之以高位, 辱之以不從, 令各盡其死.」夫差昏秣馬食士, 服兵被甲, 勒馬銜枚, 出火於造, 闇行而進. 吳師皆文犀長盾, 扁諸之劍, 方陣而行. 中校之軍皆白裳, 白旄, 素甲, 素羽之矰, 望之若荼. 王親秉鉞, 戴旗以陣而立. 左軍皆赤裳, 赤旄, 舟甲, 朱羽之矰, 望之若火. 帶甲三萬六千, 鷄鳴而定陣, 去晉軍一里. 天尙未明, 王乃親鳴金鼓, 三軍譁吟, 以振其旅, 其聲動天徙地. 晉大驚, 不出, 反距堅壘. 乃令童褐請軍, 曰:「兩軍邊兵接好, 日中無期. 今大國越次而造弊邑之軍壘, 敢請辭故.」吳王親對曰:「天子有命, 周室卑弱, 約諸侯貢獻, 莫入王府, 上帝鬼神而不可以告, 無姬姓之所振懼, 遣使來告, 冠蓋不絕於道. 始周依負於晉, 故忽於夷狄. 會晉今反叛如斯, 吾是以蒲服就君, 不肯長弟,

徒以爭彊. 孤進不敢去, 君不命長, 爲諸侯笑. 孤之事君決在今日, 不得事君命在
今日矣. 敢煩使者往來, 孤躬親聽命於藩籬之外.」童褐將還, 吳王蹎左足與褐
決矣. 及報, 與諸侯, 大夫列坐於晉定公前. 旣以通命, 乃告趙鞅曰:「臣觀吳王
之色, 類有大憂. 小則嬖妾, 嫡子死, 否則吳國有難; 大則越人入, 不得還也. 其意
有愁毒之憂, 進退輕難, 不可與戰. 主君宜許之以前期, 無以爭行而危國也. 然不
可徒許, 必明其信.」趙鞅許諾, 入謁定公曰:「姬姓於周, 吳爲先老可長, 以盡
國禮.」定公許諾, 命童褐復命. 於是, 吳王愧晉之義, 乃退幕而會. 二國君臣並在,
吳王稱公前, 晉侯次之, 君臣畢盟.

伍子胥列傳

232(19-7) 吳欲與晉戰得爲盟主
오나라가 진나라와 싸워 맹주의 지위를 얻다

오왕吳王 부차夫差는 저녁 황혼이 깔리자, 군사들에게 계엄을 내려 말에게 충분히 꼴을 먹이고 병사들도 식사를 하도록 하였다.

그리고 밤이 되자 다시 명령을 내려 무기를 들고 갑옷과 투구로 무장을 갖추고, 말의 재갈을 물리고, 아궁이의 불도 옮기도록 하고 진열을 가다듬었다. 그리하여 사졸 1백 명으로 1백 항行의 방진方陣을 편성하였다. 항의 앞에는 군관 하나씩을 앞세우고, 금탁金鐸을 들고, 기름칠한 장대 창을 잡고, 비호肥胡의 깃발을 높이 들며, 무늬 있는 물소 가죽의 방패를 들도록 하였다. 10항마다 한 명의 폐대부嬖大夫를 세우고, 정기를 들고 북을 잡으며, 병법서를 끼고 북채를 잡도록 하였다. 그리고 10개의 깃발마다 장군 하나씩을 배치하고, 해와 달을 그린 깃발과 기둥에 매단 북을 들며 역시 병서를 끼고 북채를 잡도록 하였다. 1만 명을 하나의 방진으로 편성하여 각기 백상白裳·백기白旂·소갑素甲·백우白羽의 화살을 갖추도록 하여 멀리서 이를 보면 마치 네모지고 커다란 갈대꽃밭 같았다. 오왕은 친히 도끼를 잡고 흰색 깃발을 들고 진의 가운데에 섰다. 좌군左軍도 역시 이와 같이 하되 적상赤裳·적여赤旗·단갑丹甲·적우朱羽의 화살로 무장하여 멀리서 보면 마치 붉은 불꽃같았다. 우군右軍 역시 이와 같이 하되 모두가 현상玄裳·현기玄旗, 흑갑黑甲·오우烏羽의 화살로 무장하여 멀리서 보면 마치 먹물 같았다. 이렇게 군장을 갖춘 병사 3만 명이 공격의 형세를 갖추기를 아침 닭이 울 때까지 하고 완료되었다.

진열이 이윽고 완성되자 진晉나라 군대의 위치로부터 1리 지점에 이르게 되었다. 아침이 아직 밝기 전, 왕이 북채를 잡고 직접 나서서 북을 울리자, 정녕丁寧·순우錞于·진탁振鐸이 일제히 울려 용감한 자나 겁을 먹었던 자가 모두 이에 응하였으며, 삼군三軍이 함께 소리를 질로 무리의 사기를 떨쳤으며 그 소리는 천지를 진동하였다.

진나라 군사들은 크게 놀라 나오지도 못하였으며, 그저 진영 네 주위의 보루만 점검할 뿐이었다. 그러고는 대부 동갈董褐을 보내어 이렇게 사정을 물어오는 것이었다.

"귀국과 우리나라 두 임금께서 잠시 군사 활동을 억누르고, 회담을 먼저 하기로 한 시한을 정오까지로 약속하였소. 지금 대국께서 그 차례를 위반하고 우리나라 보루까지 왔으니 감히 혼란의 이유를 묻습니다."

그러자 오왕이 직접 나서서 이렇게 대답해 주었다.

"천자天子께서 명령이 있었소. 지금 주실周室이 쇠미해졌다고 공물도 바치지 아니하여, 제사를 올려 하느님과 귀신에게 고할 수도 없는 상황이오. 게다가 희성姬姓의 제후들 누구도 떨쳐 일어나 돕지 않고 있다고 걸어오는 자, 급보를 전하는 수레가 달려와 그렇게 말하고 있소. 그리하여 내가 낮을 밤으로 이어 포복匍匐하다시피 이렇게 그대 임금에게 달려온 것이오. 그런데 지금 그대 임금께서는 왕실의 불안을 근심으로 여기지도 않을 뿐만 아니라 진나라 군중이 많다는 것을 믿고 있으며, 게다가 융적戎狄과 초楚·진秦나라 등에게 모범을 보이지도 않으며, 장유長幼의 질서도 팽개친 채 힘으로 동성의 형제 나라들 한 둘씩 정복하고 있소. 내 우리 선군先君께서 정해 주신 반열과 작위를 지키기 위해 그들의 업적을 초과하는 것은 감히 할 수 없으나, 그보다 못한 것도 그대로 둘 수 없었소. 지금 약속한 기간이 임박해 오고 있는데 그 일을 제대로 처리하지 못하여 제후들의 웃음거리가 될까 두렵소. 내가 그대 임금에게 굴복하여 섬기게 될 날이 오늘인지, 그대 임금을 섬길 수 없게 될 날이 오늘인지 결정 날 것이오. 사신이 그리 멀지 않은 곳에서 왔으니 내 직접 그대 진영의 울타리 밖에까지 가서 명령을 들어 보겠소."

동갈이 장차 돌아가려 하자, 오왕은 좌군 부대를 부르며 이렇게 명령하였다.

"소사마少司馬 자자兹와 왕사王士 다섯 명을 잡아 이들을 내 앞에 꿇어 앉혀라."

이들 여섯 명이 앞으로 나와 스스로 목을 베어 사신의 앞에서 그 모습을 보여주는 것이었다.

동갈이 돌아와 진晉나라 임금에게 보고한 다음 다시 조앙趙鞅에게 이렇게 고하였다.

"제가 오왕의 안색을 살펴보았더니 큰 근심거리가 있는 듯합니다. 작은 일이라면 폐첩嬖妾이나 적자嫡子가 죽은 일일 것입니다. 그것이 아니라면 나라에 큰 어려움일 것입니다. 큰일이라면 월越나라가 오나라를 공격한 것일 터이니, 그렇게 되면 더욱 독한 마음을 먹고 덤벼들 것이니 그와 접전을 벌여서는 안 됩니다. 그대께서 회맹에서 그들로 하여금 먼저 삽혈歃血을 하도록 허락하시고 모험을 하지는 마십시오. 그렇지만 그들을 맹주로 그저 허락만 하는 일도 해서는 안 됩니다."

조앙이 그 의견을 따르겠다고 하였다.

진晉나라에서는 이에 동갈을 다시 오왕에게 보내어 이렇게 보고 하도록 하였다.

"우리 임금께서 감히 무력으로써 자신을 드러낼 수 없어, 저로 하여금 다시 이렇게 보고 드리도록 하였습니다. '방금 임금께서 주 왕실이 쇠미하여 제후들이 천자에게 예를 잃었고, 그 때문에 거북 껍질로 점을 쳐 그 길흉을 청하여 그 결과에 따라 자신이 그 임무를 맡을 수밖에 없다고 여겨 문왕·무왕의 제후들을 거두어 그들을 대표하신 것이라 하였습니다. 그러나 우리 진나라 임금과 신하들은 그 아래 주나라 천자와 아주 가까운 거리로써 그 죄에서 도망갈 수 없으며, 게다가 우리의 잘못을 꾸짖는 소리가 날로 이르고 있습니다. 그리하여 천자께서는 '옛날부터 오백부吳伯父께서는 예를 잃지 않고 봄가을로 제후들을 인솔하여 나를 돌보고 있으니, 나에게 찾아오는 자는 이 한 사람뿐이었으나, 지금 백부조차 만만(蠻)과 형(荊, 초)의 근심이 있어 그 대대로 지켜오던 예를 지속하지 못하고 있다. 그러니 내 명령에 따라 제후의 장을 예로 대우하고 보좌하여 나로 하여금 한두 형제 나라를 만남으로써 천자의 근심을 덜어 드리도록 하라'라 하셨습니다. 지금 그대께서는 동해東海 연안을 위엄으로 뒤덮으면서 왕호를 제멋대로 사용하고 있다는 것으로써 그 소문이 천자에게까지 들리도록 하고 있습니다. 지금 그대는 얕은 담장에, 스스로 그 담장을 넘어오고 있는 정도에 불과한데, 하물며 남만이나 초나라에 비해 주나라 왕실에 무슨 대단한 존재나 된다고 그러십니까? 무릇 명규命圭에 명한 것이 있으니 확고하게 오백吳伯이지 오왕吳王이 아닙니다. 제후들이 이 때문에 감히 오나라를 사양하는 것입니다. 무릇 제후들에게는 두 임금이 있을 수 없고, 주나라로서는 두 왕이 있을 수 없으니, 그대가 만약 천자를 멸시하지 않고, 상서롭지 못한 짓을 하지 않을 양이면 그대는 오공吳公 이라 부르시오. 그러면 내 감히 그대의 명령대로 삽혈에서 장유의 순서를 따르지 않을 수 있겠소!"

오왕이 허락하였다. 이에 군사를 물리고 임시 장막의 회담 장소로 와서 회담에 임하게 되었다. 오왕이 먼저 삽혈을 하고 진나라 임금이 다음 순서로 하였다. 오왕이 이윽고 회담을 마치자 월나라가 더욱 세력을 드날리고 있다는 소문이 들려 왔으며, 오왕은 제齊나라와 송宋 나라 군대가 자신들의 퇴로를 위협할 것이 두려웠다. 이에 왕손락王孫雒 과 용획勇獲 두 사람에게 명하여 보병들을 인솔하여 송나라에 사신의 빈객 자격으로 통과하도록 하고는 송나라 북쪽 외성들을 모두 불태운 다음 그 길을 통과하였다.

吳王昏乃戒, 令秣馬食士.

夜中, 乃令服兵擐甲, 係馬舌, 出火竈, 陳士卒百人, 以爲徹行百行. 行頭皆官師, 擁鐸拱稽, 建肥胡, 奉文犀之渠. 十行一嬖大夫,

建旌提鼓，挾經秉枹．十旌一將軍，載常建鼓，挾經秉枹．萬人以為方陣，皆白裳·白旂·素甲·白羽之矰，望之如荼．王親秉鉞，載白旗以中陣而立．左軍亦如之，皆赤裳·赤旗·丹甲·朱羽之矰，望之如火．右軍亦如之，皆玄裳·玄旗，黑甲·烏羽之矰，望之如墨．為帶甲三萬，以勢攻，雞鳴乃定．

既陣，去晉軍一里．昧明，王乃秉枹，親就鳴鍾鼓·丁寧·錞于·振鐸，勇怯盡應，三軍皆嘩釦以振旅，其聲動天地．

晉師大駭不出，周軍飭壘，乃命董褐請事，曰：「兩君偃兵接好，日中為期．今大國越錄，而造於弊邑之軍壘，敢請亂故．」

吳王親對之曰：「天子有命，周室卑約，貢獻莫入，上帝鬼神而不可以告．無姬姓之振也，徒遽來告．孤日夜相繼，匍匐就君．君今非王室不安是憂，億負晉眾庶，不式諸戎·狄·楚·秦；將不長弟，以力征一二兄弟之國．孤欲守吾先君之班爵，進則不敢，退則不可．今會日薄矣，恐事之不集，以為諸侯笑．孤之事君在今日，不得事君亦在今日．為使者之無遠也，孤用親聽命於藩籬之外．」

董褐將還，王稱左畸曰：「攝少司馬茲與王士五人，坐於王前．」

乃皆進，自剄於客前以酬客．

董褐既致命，乃告趙鞅曰：「臣觀吳王之色，類有大憂，小則嬖妾·嫡子死，不則國有大難；大則越入吳．將毒，不可與戰．主其許之先，無以待危，然則不可徒許也．」

趙鞅許諾．

晉乃令董褐復命曰：「寡君未敢觀兵身見，使褐復命曰：『曩君之言，周室既卑，諸侯失禮於天子，請貞於陽卜，收文·武之

諸侯. 孤以下密邇於天子, 無所逃罪, 訊讓日至, 曰: 昔吳伯父
不失, 春秋必率諸侯以顧在與一人. 今伯父有蠻·荊之虞, 禮世
不續, 用命孤禮佐周公, 以見我一二兄弟之國, 以休君憂. 今君
掩王東海, 以淫名聞於天子. 君有短垣, 而自踰之, 況蠻·荊則
何有於周室? 夫命圭有命, 固曰吳伯, 不曰吳王. 諸侯是以敢辭.
夫諸侯無二君, 而周無二王, 君若無卑天子, 以干其不祥, 而曰
吳公, 孤敢不順從君命長弟!』許諾.」

　　吳王許諾, 乃退就幕而會. 吳公先歃, 晉侯亞之. 吳王旣會,
越聞愈章, 恐齊·宋之爲己害也, 乃命王孫雒先與勇獲帥徒師,
以爲過賓於宋, 以焚其北郭焉而過之.

【秣馬】 말에게 꼴을 먹임.
【擁鐸拱稽】 '鐸'은 금속으로 만든 큰 방울. '稽'는 기름칠을 한 나무자루를 단 창.
【肥胡】 깃발의 일종.
【文犀之渠】 무늬 있는 물소 가죽으로 만든 방패.
【嬖大夫】 下大夫. 대부 중 직급이 낮은 자.
【挾經秉枹】 '經'은 兵書. '枹'는 북채.
【載常建鼓】 '常'은 해와 달의 도형을 넣은 깃발이며 '鼓'는 기둥에 매단 북.
【白裳, 白旂, 素甲, 白羽之矰】 이 부대의 복장과 깃발, 갑옷 화살이 모두 흰
　　색이었음을 말함. 矰은 짧은 화살.
【荼】 원래는 씀바귀. 여기서는 갈대꽃을 말함. 부대의 전체 모습을 멀리서 보면
　　마치 갈대꽃이 핀 네모진 밭과 같았음을 말함.
【鉞】 청동으로 만든 지휘용 도끼.
【旟】 새와 매의 형상을 그려 넣은 깃발.
【旗】 곰과 호랑이 형상을 그려 넣은 깃발.
【丁寧】 행군할 때 구령을 맞추기 위한 작은 동종. 疊韻連綿語의 物名.
【錞于】 군대의 악기. 鼓角과 상응하며 '金錞'이라고도 부름.

【董褐】 인명. 晉나라 大夫 司馬寅.

【姬姓】 주나라 왕실이 姬姓이며 '동성의 제후들이 돕지 않는다'는 것은 자신 吾
 나라가 같은 姬姓(泰伯)이므로 이를 대표하여 나서게 되었다는 명분을 말한 것.

【徒遽】 徒는 徒步. 遽는 急報를 전달하는 수레나 그 임무를 맡은 자.

【兄弟之國】 魯나라와 衛나라를 가리킴.

【左畸】 군 행군의 왼쪽 부대.

【少司馬玆】 少司馬는 司馬를 보좌하는 부관이며 玆는 그의 이름. 韋昭 주에
 "少司馬玆與王士五人, 皆罪人死士也"라 함. 죄인과 죽기를 맹세한 결사대 병졸.

【酬客】 사신에게 그 모습을 보여 주어 겁을 줌. 注에 "酬, 報也. 將報客, 使死士
 自剄, 以示其威行, 軍士用命也」 昭謂: 魯定十四年, 吳伐越, 越王使罪人自剄以
 誤吳. 故夫差傲之"라 함.

【趙鞅】 晉나라 正卿. 趙簡子.

【貞於陽卜】 貞은 正. 卜은 龜. 불로 지져 그 占象을 봄. 이에 불꽃을 陽이라
 한 것임. 거북 껍질로 점을 침을 말함.

【文武】 문왕과 무왕. 제후들 중 주나라와 동성인 나라를 말하며, 자신의 오나라가
 태백의 혈통을 이어받았으므로 이들을 대신하여 동성 제후국을 통솔할 임무를
 수행하고 있는 중이라는 뜻.

【訊讓】 晉나라가 주 왕실을 제대로 보좌하지 못한다고 꾸짖고 문책함.

【吳伯父】 천자가 자신과 동성(姬姓)의 제후 임금을 부를 때 伯父라 함.

【淫名】 오나라가 제멋대로 王號를 참칭한 것을 말함.

【周公】 일반 명칭으로 주나라 太宰를 가리키며 제후를 거느리는 형식적 최고
 우두머리. 주공 姬旦을 의미하는 것이 아님.

【命圭】 천자가 제후에게 주는 任命의 玉圭. 그에 의하면 오나라는 伯爵에 해당함.

【許諾】 이 두 글자는 衍文임.

【勇獲】 吳나라 대부 이름.

【徒師】 步兵.

【郛】 도읍 외곽의 성을 말함. 여기서는 송나라 도읍 외곽의 성을 모두 불태우고
 그 길을 통과하여 오나라 군사가 귀국하였음을 말함.

233(19-8) 夫差退于黃池使王孫苟告于周

부차가 황지로 물러나 왕손구를
주나라에 보내어 보고하도록 하다

오왕吳王 부차夫差가 이윽고 황지黃池에서의 회맹을 끝내고 귀국하자, 왕손구王孫苟를 주周나라 천자에게 보내어 자신의 공로를 이렇게 보고하도록 하였다.

"옛날 초楚나라가 무도하여 함께 천자를 모시는 일을 승낙하지 않았으며 우리 몇몇 형제 나라의 사이를 멀어지게 하였습니다. 이에 우리 선군 합려闔廬께서 용서할 수도 없고 참을 수도 없어, 직접 갑옷을 입고 칼을 차고 창을 세우고 금탁金鐸을 두드리며 나서서, 초나라 소왕昭王과 중원中原의 백거柏擧에서 힘들게 싸웠습니다. 하늘이 복을 우리에게 내려주어 초나라 군사는 대패하였고, 소왕은 그 나라를 잃었으며, 우리는 드디어 그 나라 도읍 영郢까지 밀고 들어갈 수 있었습니다. 그리하여 합려께서는 그 초나라 모든 집사를 불러놓고, 그 사직을 받드는 제사를 올려 나라를 회복할 수 있도록 해 주었습니다. 그러나 그 때 마침 아버지 합려와 그 아들 부개왕夫槪王의 형제들이 서로 화합하지 못하고, 부개왕이 국내에서 난을 일으키자 합려께서는 다시 오나라로 돌아올 수밖에 없었습니다. 지금 제齊나라 임금 간공簡公, 壬이 초나라의 옛 사례를 거울로 삼지 아니하고, 다시 천자를 모실 길을 가로막고 우리 두 세 형제나라를 멀어지도록 하였습니다. 이에 저 부차는 용서할 수도 없고 참을 수도 없어, 몸소 갑옷을 입고 칼을 차고 긴 창을 세우고 금탁을 울리며 문수汶水를 따라 제나라 도읍 박博을 쳐서 일산과 삿갓을 쓴 채 애릉艾陵에서 마주 보게 되었습니다.

하늘이 복을 우리에게 내려주셔서 제나라 군사를 물러나게 할 수 있었습니다. 이에 저 부차가 어찌 감히 스스로를 자랑하겠습니까? 이는 모두 문왕文王과 무왕武王께서 그 복을 내려주신 덕분이라 여깁니다. 귀국하여 햇곡식이 익을 시간도 기다릴 사이 없이, 다시 강수江水를 따라 올라가 회수淮水를 거슬러 깊은 구덩이를 파고 물을 대어 상商, 宋나라와 노魯나라 사이로 나와 형제 나라들이 소통할 수 있도록 길을 뚫었습니다. 저 부차가 이러한 일을 성취시켰으니, 감히 사신 왕손구를 보내어 천자의 집사 아래에 보고합니다."

주周 경왕敬王은 이렇게 답하였다.

"왕손구여, 백부伯父께서 너를 보내어 그가 선군의 업을 계승하여 나 한 사람이 이렇게 제사를 올릴 수 있도록 해 주었으니 내 아주 가상히 여기고 있다. 옛날 주나라 왕실이 하늘로부터 내리는 재앙을 만나 백성에게 상서롭지 못한 일을 안겨 주었으니, 내 마음이 어찌 그들을 불쌍히 여김을 잊었겠으며, 그 중 오직 제후들이 안녕을 취하지 못하고 있음은 생각하지 않고 있었겠는가? 그런데 지금 백부께서 '있는 힘을 다해 동심협력하겠다' 하니 백부께서 만약 능히 이와 같이만 해 주신다면 내 한 사람이 그대의 큰 복을 겸하여 받는 셈이로다. 백부께서는 더욱 오래 사셔서 종신토록 그 훌륭하신 몸을 보존하실 것이로다. 백부의 덕은 이미 크고도 크도다!"

　　吳王夫差旣退于黃池, 乃使王孫苟告勞于周, 曰：「昔者楚人爲不道, 不承共王事, 以遠我一二兄弟之國. 吾先君闔廬不貰不忍, 被甲帶劍, 挺鈹搢鐸, 以與楚昭王毒逐於中原柏擧. 天舍其衷, 楚師敗績, 王去其國, 遂至于郢. 王總其百執事, 以奉其社稷之祭. 其父子·昆弟不相能, 夫槩王作亂, 是以復歸於吳. 今齊侯壬不鑒於楚, 又不承共王命, 以遠我一二兄弟之國. 夫差不

賫不忍, 被甲帶劍, 挺鈹搢鐸, 遵汶伐博, 簦笠相望於艾陵. 天舍
其衷, 齊師還. 夫差豈敢自多? 文·武實是舍其衷. 歸不稔於歲,
余沿江泝淮, 闕溝深水, 出於商·魯之間, 以徹於兄弟之國. 夫差
克有成事, 敢使苟告於下執事.」

　周王答曰:「苟, 伯父令女來, 明紹享余一人, 若余嘉之. 昔周室
逢天之降禍, 遭民之不祥, 余心豈忘憂恤, 不唯下土之不康靖?
今伯父曰:『戮力同德.』伯父若能然, 余一人兼受而介福. 伯父
多歷年以沒元身, 伯父秉德已侈大哉!」

【黃池】 지명. 지금의 河南 封丘縣 서남. 魯 哀公 13년(B.C.482) 오왕 부차가
　이곳에서 晉 定公과 魯나라 등을 불러 회맹을 가졌음.
【王孫苟】 오나라 대부.
【兄弟之國】 吳나라는 泰伯이 처음 봉을 받았으며, 周나라는 季歷과 그 아들
　文王을 이어왔으므로 형제의 나라라 부른 것.
【賫】 너그럽게 사면함. 용서함.
【鈹】 자루가 긴 창. 長矛.
【楚昭王】 平王의 아들이며 이름은 熊軫. 혹은 熊壬. B.C.515~489년까지 27년간
　재위.
【柏擧】 지금의 湖北 麻城縣 동북. 이 전투는 魯 定公 4년(B.C.505)이었음.
【毒逐】 '苦戰'과 같음. 이 전투에서 楚 昭王은 패하여 隨 땅으로 피신함.
【郢】 초나라 도읍. 지금의 湖北 江陵縣 동남쪽.
【王】 吳王 闔廬를 가리킴.
【夫槪王】 오왕 합려의 아우. 오왕 합려가 초나라 도읍 郢을 공격해 들어가자,
　그 아우가 먼저 귀국하여 스스로 '부개왕'이라 칭하였음. 이에 합려는 초나라
　평정을 완성하지 못한 채 급히 귀국하고 말았음.
【齊侯壬】 齊 簡公. 景公의 손자이며 悼公의 아들. B.C.484~481년까지 4년간
　재위함.

【汶水】물 이름.

【博】제나라 읍 이름. 지금의 山東 泰安縣 동남.

【簦笠】자루가 길게 달려 우산이나 일산 대용으로 쓸 수 있는 삿갓.

【艾陵】제나라 지명. 지금의 山東 萊蕪縣. 艾邑이라고도 함. 이곳에서 벌어진 전투는 魯 哀公 11년(B.C.484)이었음.

【周王】周 敬王. 춘추 마지막 임금. 이름은 丐. 景王의 아들. B.C.519~476년까지 44년간 재위.

【伯父】고대 주나라 천자가 자신과 同姓(姬姓)인 제후에게 그 나이의 고하에 따라 伯父, 叔父 등으로 불러 친밀함을 표시하였음. 여기서는 주 경왕이 부차를 높여서 부른 것.

【紹享】나라의 대를 이어 제사를 올림. '享'은 조상 사당에 獻享함을 뜻함.

【降禍】周 景王의 서자 壬이 난을 일으키자 敬王이 도망한 사건.

【下土】제후국. 자신의 백성만 불쌍히 여기고 제후들 생각은 하지 않고 있었던 것은 아니라는 뜻.

【康靖】나라가 편안하고 안정됨.

【而介】'而'는 '爾, 汝, 你'. '介'는 '大'의 뜻.

【元】'善'과 같음.

참고 및 관련 자료

1. 《左傳》 哀公 13년

夏, 公會單平公 · 晉定公 · 吳夫差于黃池.

2. 《史記》 吳太伯世家

十四年春, 吳王北會諸侯於黃池, 欲霸中國以全周室. 六月(戊)[丙]子, 越王句踐伐吳. 乙酉, 越五千人與吳戰. 丙戌, 虜吳太子友. 丁亥, 入吳. 吳人告敗於王夫差, 夫差惡其聞也. 或泄其語, 吳王怒, 斬七人於幕下. 七月辛丑, 吳王與晉定公爭長. 吳王曰:「於周室我爲長.」 晉定公曰:「於姬姓我爲伯.」 趙鞅怒, 將伐吳, 乃長晉定公. 吳王已盟, 與晉別, 欲伐宋. 太宰嚭曰:「可勝而不能居也.」 乃引兵歸國. 國亡太子, 內空, 王居外久, 士皆罷獘, 於是乃使厚幣以與越平.

3.《吳越春秋》夫差內傳

吳既長晉而還, 未踰於黃池. 越聞吳王久留未歸, 乃悉士眾將踰章山, 濟三江, 而欲伐之. 吳又恐齊, 宋之爲害, 乃命王孫駱告勞于周, 曰:「昔楚不承供貢, 辟遠兄弟之國, 吳前君闔閭不忍其惡, 帶劍挺鈹, 與楚昭王相逐於中原. 天舍其忠, 楚師敗績, 今齊不賢於楚, 又不恭王命, 以遠辟兄弟之國, 被甲帶劍, 徑之艾陵, 天福於吳, 齊師還鋒而退. 夫差豈敢自多其功? 是文, 武之德所祐助. 時歸吳, 不熟於歲, 遂綠江沂淮, 開溝深水, 出於商, 魯之間, 而歸告於天子執事.」周王答曰:「伯父令子來乎! 盟國.」人則依矣, 余實嘉以增號諡. 吳王還歸自池, 息民散兵.

234(19-9) 句踐滅吳夫差自殺
구천이 오나라를 멸하자 부차가 자살하다

오왕吳王 부차夫差가 황지黃池로부터 돌아와서는 백성을 휴식시키며 경계는 하지 않고 있었다.

월越나라 대부大夫 문종文種이 먼저 이렇게 제창하며 모책을 내놓았다. "우리가 오나라가 장차 우리 땅을 더 이상 넘보지 않을 것이며, 지금 그들 군사는 지쳐 경계도 하지 않은 채 우리를 잊고 있다고 해서 안심하고 게을리해서는 안 될 것입니다. 지난 날 내가 하늘에 점을 쳐 본 적이 있습니다. 지금 오나라는 지쳐있고 해마다 흉년이 들어 시장에는 거친 적미赤米조차 없으며, 곡식 창고는 텅 비었으며, 그 백성은 어쩔 수 없이 동해東海가에서 조개를 잡아 겨우 연명하고 있습니다. 하늘의 징조가 이윽고 다가왔고, 인사도 나타나고 있으니 내 더 이상 점을 칠 필요도 없습니다. 왕께서 만약 지금 군사를 일으켜 집결시킨다면 우리가 그 이익을 빼앗을 수 있을 것이며, 오왕으로 하여금 잘못을 뉘우칠 기회도 주지 않을 수 있습니다. 오나라 변방 멀리 있는 군사들이 지쳐서 도움으로 되돌아오지 못했을 때라도 오왕은 싸우지 않는 것을 부끄럽게 여겨 틀림없이 군사를 모을 것이며, 그 때는 나라 안 도읍의 군대만으로 우리와 싸우게 됩니다. 만약 다행히 우리의 뜻대로 된다면 우리는 그들의 영토를 밟고 들어갈 수 있을 것이며, 그 때 변방의 군사들이 국도로 온다 해도 그들은 제대로 집결하지 못할 것이며, 우리는 어아禦兒에서 그들을 맞이하여 싸우면 됩니다. 오왕이 만약 분을 삭이지 못하고 다시 싸움을 걸어온다 해도 그들은 달아나게 해 주는 것만으로도 다행스럽다고 여길 것입니다. 만약 그들이 더 이상 싸우지 못하겠다고 우리에게 화친을 맺자고 하면, 왕께서는 아주 가혹한 조건을 내세워 그들을 복종시킨 다음, 그들을 풀어 주면 됩니다."

월왕이 말하였다.

"훌륭하오!"

이에 군사들에게 크게 경계령을 내리고, 장차 오나라 정벌의 순서를 밟아 나갔다.

초楚나라 신포서申包胥가 마침 월나라에 사신으로 오자 월왕越王 구천句踐이 물었다.

"오나라가 무도한 짓을 하여 우리 사직과 종묘를 짓밟았으며, 우리 땅을 평지로 만들어 조상에게 더 이상 혈식血食도 올릴 수 없도록 하였소. 내 그 오나라와 더불어 하늘이 어느 편인지를 알아보려 하오. 그리하여 거마車馬와 병갑兵甲 · 졸오卒伍라면 이미 다 갖추었으나 이를 실행할 이유를 찾지 못하고 있소. 청하여 묻건대 전투에서 어떻게 해야 하겠소?"

심포서가 사양하며 말하였다.

"저는 모릅니다."

왕이 고집스럽게 묻자 그는 이렇게 대답하였다.

"무릇 오나라는 강한 나라이니 능히 여러 제후들로부터 힘을 얻어올 수 있을 것입니다. 감히 여쭙건대 임금께서는 누구의 지지로써 전쟁을 치르시려 하십니까?"

왕이 말하였다.

"내 곁에 있는 측근이라면 한 잔의 술, 한 점의 고기, 한 소쿠리의 밥일지라도 일찍이 감히 나누어 주지 않은 적이 없습니다. 그에 비해 내 자신은 음식은 맛을 따지지 않고 먹었으며, 음악은 좋다는 소리를 다 들은 적이 없이 오직 오나라에게 복수할 생각만 해 왔습니다. 이것으로써 이 전쟁을 치르려 합니다."

신포서가 말하였다.

"훌륭하기는 훌륭합니다만 아직 전쟁을 치를 수는 없군요."

월왕이 말하였다.

"월나라 안에서 질환에 걸린 자는 내 직접 위문하였고, 죽은 자는 장례를 치러 주었으며, 노인은 노인으로 대접하고, 어린 자에게는 자애를 베풀며, 고아는 길러 주고, 병든 자는 위문하면서 오나라에게 복수할 생각만 해 왔습니다. 이들로써 전쟁을 치르고자 합니다."

신포서가 말하였다.

"훌륭하기는 합니다만 아직 전쟁을 치를 수는 없군요."

왕이 말하였다.

"우리 월나라 안에서 백성을 내 아들처럼 관대하게 하고, 충심과 은혜로써 잘 대해 주고 있소. 나는 법령을 정비하여 형벌을 너그럽게 하며, 백성이 원하는 바는 베풀어 주고 싫어하는 것이라면 제거해 주었소. 선한 일이면 칭찬하고 악한 일이면 덮어 주면서 오직 오나라에 대한 보복만을 생각하였소. 내 이로써 이번 전쟁을 치르려 하오."

신포서가 말하였다.

"훌륭하기는 합니다만 아직 그로써 전쟁을 치를 수는 없군요."

왕이 말하였다.

"월나라 안에서 부자는 편안히 살도록 하고, 가난한 자에게는 보태 주며, 부족한 자는 구제하고 남는 자의 것은 잘라 빈부가 모두 이익을 볼 수 있게 하면서 오직 오나라에 대한 원한을 갚고자 하였소. 이로써 이 전쟁을 치르려 하오."

신포서가 말하였다.

"훌륭하기는 합니다만 아직도 전쟁을 치르기에는 부족합니다."

왕이 말하였다.

"우리 월나라는 남쪽으로는 초나라가 있고, 서쪽은 진晉나라, 북쪽은 제齊나라가 있소. 우리는 봄가을로 피폐皮幣와 옥백玉帛·자녀子女를 끊임없이 예물로 하여 그들을 섬겨왔으며, 한 번도 감히 외교를 단절한 적이 없이 오직 오나라에 보복할 생각만 가져왔소. 내 이로써 이번 전쟁을 치르려 하오."

신포서가 말하였다.

"훌륭합니다. 더 이상 보탤 것이 없군요. 그러나 아직 전쟁을 벌이기에는 모자랍니다. 무릇 전쟁이란 '지智'가 시작이며 '인'仁'이 그 다음이며, '용勇'이 그 다음입니다. 지모가 모자란다면 백성의 마음속을 알 수 없고, 천하의 지지자 다과多寡를 헤아릴 수 없습니다. 다음으로 어질지 못하다면 삼군三軍의 배고픔과 노고에 대한 고통을 함께 분담하지 못합니다. 그리고 용감하지 못하다면 의혹에 대한 결단을 내려 큰 계책을 펴 나가야 할 때 그렇게 하지 못합니다."

월왕이 말하였다.

"그렇소."

월왕 구천이 이에 오대부五大夫를 불러 이렇게 말하였다.

"오나라가 무도한 짓을 하여 우리 사직과 종묘를 짓밟았으며, 우리 땅을 평지로 만들어 조상에게 더 이상 혈식도 올릴 수 없도록 하였소. 내 그 오나라와 더불어 하늘이 어느 편인지를 알아보려 하오. 그리하여 거마와 병갑·졸오라면 이미 다 갖추었으나, 이를 실행할 이유를 찾지 못하고 있소. 내 초나라 왕손포서(王孫包胥, 신포서)에게 물었더니 그가 이미 나에게 해답을 일러 주었소. 감히 여러 대부들에게 묻노니 전쟁을 어떻게 치러야 가능하겠소? 나 구천은 대부들께서 이를 말해 주기를 바라오. 모두가 실정대로 고하시오. 내 뜻에 아부하지는 말아 주시오. 장차 나는 그대들의 의견에 따라 큰 일을 벌일 거요."

대부 설용舌傭이 앞으로 나서서 대답하였다.

"공로를 세운 자에게 상을 놓치지 않으면 전쟁에 임할 수 있지 않겠습니까?"

왕이 말하였다.

"그렇게 하면 통하지 못할 것이 없지요."

대부 고성苦成이 앞으로 나서며 대답하였다.

"벌을 내릴 자에게 벌을 놓치지 않으면 전쟁에 임할 수 있지 않겠습니까?

왕이 말하였다.

"용맹으로 나가게 하는 방법이겠군요."

대부 문종文種이 앞으로 나서며 대답하였다.

"깃발의 색깔을 바르게 하면 전쟁에 임할 수 있지 않겠습니까?"

왕이 말하였다.

"그러면 잘 구별하겠군요."

대부 범려范蠡가 나서서 대답하였다.

"방비를 잘 헤아려 대비를 하시면 전쟁을 가히 치를 수 있지 않겠습니까?"

임금이 말하였다.

"그러면 공격 여부의 판단을 교묘하게 해낼 수 있겠군요."

대부 고여皐如가 나서서 대답하였다.

"진퇴의 신호 소리를 바르게 세우면 가히 전쟁에 임할 수 있지 않겠습니까?"

왕이 말하였다.

"옳습니다."

왕은 이에 유사有司에게 명하여 나라에 대령大令을 이렇게 선포하도록 하였다.

"전쟁 임무를 받은 자들은 모두 국문國門 밖으로 집합하라."

그리고 왕은 나라에 이렇게 명을 내렸다.

"우리나라 사람으로서 나에게 고할 의견이 있는 자라면 와서 고하라. 그러나 나를 속이기 위한 의견을 제시하는 자라면, 장차 형륙의 죄로써 다스려 이롭지 못할 것이다. 닷새 이내에 올리는 의견은 틀림없이 깊이 심사할 것이지만, 닷새를 넘긴 이후에는 아무리 좋은 의견이라도 실행에 옮기지 않을 것이다."

월왕은 이에 궁으로 들어가 부인夫人에게 명하였다. 왕은 병풍을 등지고 서고 부인은 병풍을 향하여 섰다.

왕이 말하였다.

"오늘 이후로는 궁궐 안에서 일어나는 일은 밖으로 새어 나가지 못하며, 밖에서 이루어지는 일체의 정치 이야기는 안으로 들어오지 못한다. 궁궐 안에서 좋지 않은 일이 일어나면 이는 그대의 책임이며 밖에서 잘못된 일이 있으면 이는 내 책임이다. 그대는 여기에서 보는 것은 끝이다."

드디어 왕이 나가자 부인은 왕을 전송하면서 병풍을 넘어서지 않았다. 이에 좌합左閤을 닫아 버리고 흙으로 이를 메워버렸으며, 왕은 머리 장식의 비녀도 버린 채 자리에 비스듬히 앉으며 이로부터 청소도 하지 않았다.

왕은 다시 처마를 등지고 대부들은 처마를 향해 서도록 하였다. 그리고 대부들에게 이렇게 명하였다.

"식읍食邑의 분배가 불공평하거나 토지가 제대로 정리되지 않아 안으로 나라에 차질이 생긴다면 이는 그대들의 책임이오. 그러나 군사들이 죽음으로 싸우지 않거나 밖에서 치욕을 입으면 이는 나의 책임이다. 오늘부터 이후로 내정은 밖으로 흘러나갈 수 없으며 밖에서 이루어지는 일은 안으로 들어올 수 없다. 그대들과의 만남은 여기서 끝이다."

드디어 왕이 나가자 대부들이 왕을 전송하되 처마를 넘어서지 않았다. 왕은 이를 흙으로 발라 메워 버리고는 자리에 비스듬히 앉고 이로부터 청소도 하지 않았다.

왕은 이에 단열壇列로 가서 북을 치며 나가 군사들 앞에 이르러 범죄를 저지른 자를 그 자리에서 참수하면서 군령을 내렸다.

"이들처럼 뇌물을 주고받아 군기를 어지럽히는 일이 없도록 하라."

다음 날 30리를 행군하여 막영을 정한 다음, 죄지은 자를 참수하면서 이렇게 군령을 내렸다.

"이들처럼 오장伍長의 명령을 어기다가 죽음을 당하는 일이 없도록 하라."

다시 다음 날 30리를 행군하여 막영을 정한 다음, 죄지은 자를 참수하면서 이렇게 군령을 내렸다.

"이들처럼 왕의 명령을 어기다가 죽음을 당하는 일이 없도록 하라."

또 다시 다음 날 30리를 행군하여 어아禦兒에 이르자, 죄지은 자를 참수하면서 이렇게 군령을 내렸다.

"이들처럼 일탈하여 제멋대로 해서는 안 된다는 금지 명령을 어기는 일이 없도록 하라."

그리고 나서 왕은 유사有司에게 명하여 전군에 이런 큰 군령을 내리도록 하였다.

"부모가 60 이상인 자이면서 형제가 없는 자는 보고하라."

그리고 그들에게 왕은 친히 이렇게 명하였다.

"내 이렇게 큰 일을 하는데 그대는 늙으신 부모님이 계시니 장차 그대가 만약 나를 위하다가 죽게 되면, 그대의 부모는 죽어 구학溝壑에 버려진 채 거두어 줄 사람이 없게 될 것이다. 그대는 여기까지 온 것만 해도 나를 위한 예禮가 이미 중하다. 그대는 돌아가라. 너의 부모님이 돌아가실 때까지 보살펴드리려. 뒤에 만약 다시 이런 큰 일이 있게 되면 내 그대와 함께 이 일을 치르리라."

이튿날 다시 전군에 명령을 내렸다.

"형제 네다섯이 모두 여기에 온 자가 있으면 보고하라."

그리고 왕은 친히 이들에게 이렇게 명하였다.

"내 이 큰 일을 치르고자 함에 그대 형제 네다섯이 모두 여기에 있구나. 만약 우리가 승리하지 못한다면 모두가 죽게 된다. 너희들 중 돌아가고자 하는 자를 하나씩 선택하여라."

다시 이튿날 전군에게 이렇게 명하였다.

"눈에 안질이 있어 제대로 보지 못하는 자가 있으면 고하라."

임금은 친히 이들에게 이렇게 명하였다.

"내 이 큰 일을 치르는 데 그대가 안질로 눈을 제대로 뜨지 못한다면 돌려보낼 수밖에 없다. 만약 뒤에 이런 큰 일이 있으면 내 그대들과 함께 하리라."

다시 이튿날 전군에 명령을 내렸다.

"근력이 부족하여 군장의 무게를 이겨낼 수 없는 자이거나, 지행志行이 부족하여 명령을 따를 수 없는 자는 귀가하라. 더 이상 보고하지도 말라."

다시 이튿날 군대를 전군을 군문에 집합하도록 하고, 죄지은 자를 참수하며 이렇게 군령을 내렸다.

"결사의 의지가 과감하지 못하여 이렇게 되는 자가 없도록 하라."

이에 사람마다 누구나 결사의 마음을 갖게 되었다.

왕은 다시 유사에게 명하여 전군에 큰 군령을 선포하도록 하였다.

"너희들에게 돌아가라 해도 돌아가지 못하고, 남아 있으라 해도 남아있지 못하며, 전진하라 해도 전진하지 못하고, 퇴각하라 해도 퇴각하지 못하며, 좌로 돌아라 해도 좌로 돌 줄 모르고, 우로 향하라 해도 우로 향하지 못하는 자는, 그 자신은 참수하고 집에 있는 처자는 남에게 팔아 노예가 되도록 할 것이다."

한편 이때 오왕吳王도 이를 듣고 군사를 일으켰다.

그리하여 송강松江의 북쪽에 군대를 배치하였고, 월왕은 송강의 남쪽에 진을 치게 되었다. 월왕은 군사를 둘로 나누어 좌군左軍과 우군右軍으로 편성하고, 자신의 친위병 결사대 6천 명은 중군中軍을 삼고 이튿날 송강에서 주전舟戰을 벌일 준비를 하였다. 어둠이 깔리자 좌군에게 함매銜枚를 물고 강을 거슬러 5리를 올라가 기다리게 하였으며, 역시 우군에게도 함매를 물고 강을 건너 5리에서 기다리도록 하였다. 한밤중이 되자, 좌군과 우군에게 강 한가운데를 따라 내려오되 북을 울리면서 기다리도록 명령을 내렸다.

오나라 군사가 이 북소리를 듣자 크게 놀라 말하였다.

"월나라가 군사를 둘로 나누어 우리를 협공하려 한다."

그리고 새벽이 오기를 기다리지 못한 채 자신들도 군사를 둘로 나누어 방어하고자 하였다.

월왕은 이에 중군에게 명하여 함매를 물고 잠수하여 강을 건너, 북소리도 울리지 않고 소리도 내지 않은 채 이들을 습격하여 오나라 군사는 대패하였다. 월나라의 좌군과 우군은 이에 강을 건너 이들을 뒤쫓아 몰沒 땅에서 이들을 대패시켰으며, 다시 국도 교외에서 깨뜨려 세 번 싸움에 세 번 모두 패배시키고 오나라로 진입하였다.

월나라 군대는 드디어 오나라 국도로 들어가 오왕의 고소대姑蘇臺를 포위하였다.

오왕은 겁을 먹고 사람을 보내어 화친을 청하였다.

"지난 날 내가 먼저 월나라에 내 하고 싶은 대로 할 수 있었으니 그대 임금께서 나에게 화친을 청하여 귀국 남녀가 모두 나에게 복종하기로 하였었소. 그 때 나는 월나라 선군과 우리나라와의 아름답던 옛 관계에 어쩔 수 없었고, 게다가 하늘이 죄를 내릴까 두렵기도 하여 감히 그대의 제사를 끊지 못하고 그대의 화친 요청을 허락하여 지금에 이르렀소. 지금 내가 무도하여 그대에게 죄를 지어 그대께서 친히 우리 영토까지 찾아오는 치욕을 끼쳤소. 내 감히 화친을 청하오니 우리나라 남녀를 모두 그대의 종과 신하로 삼아 주시오."

월왕이 말하였다.

"지난 날 하늘이 우리 월나라를 그대 오나라에게 주었으나, 그대 오나라는 이를 받지 않았소. 지금 하늘이 반대로 오나라를 우리 월나라에게 준다니 내 감히 하늘의 명령을 듣지 않고 그대의 명령을 들을 수 있겠소?"

그러고는 화친을 허락하지 아니하였다.

그리고 이를 근거로 사람을 오왕에게 보내어 이렇게 말을 전하도록 하였다.

"하늘이 오나라를 우리 월나라에게 내려주시니 나는 감히 받지 않을 수 없다. 사람이 태어나 사는 기간이 긴 것이 아니니 왕께서는 가볍게 죽으려 하지 말라! 사람이 이 땅에 태어난 것은 그저 나그네와 같은 것. 그 며칠이나 되겠는가? 과인은 그대에게 용구甬句의 동쪽 작은 땅으로 가게 해 드리노라. 그리하여 3백 쌍의 부부를 주어 그대의 시종을 삼아 천수를 다하고 삶을 마칠 수 있도록 해 주겠노라."

그러자 부차는 이렇게 사양하였다.

"하늘이 이윽고 우리 오나라에게 이러한 재앙을 내렸으니 늦지도 않고 이르지도 않고 내 재위시절에 닥쳤으니 이로써 내 스스로 종묘와 사직을 잃은 것입니다. 이 오나라의 토지와 백성은 이미 월나라의 소유가 되었습니다. 내 무슨 면목으로 천하에 보일 수 있겠습니까!"

부차는 장차 죽음에 임하여 오자서伍子胥에게 이렇게 제사를 올리도록 하였다.

"만약 죽은 자에게 아무런 아는 것이 없도록 한다면 그뿐이지만, 만약 죽은 자도 아는 것이 있다면 내 무슨 면목으로 그대 오자서(伍員)를 만날 수 있겠소!"

그러고는 드디어 자결하고 말았다.

월나라는 오나라를 멸하고 북쪽 중원의 나라들을 정벌하였다. 이에 송宋·정鄭·노魯·위衛·진陳·채蔡 등 제후국들이 모두 달려와 월나라를 조알하였다. 이는 오직 월왕 구천이 능히 여러 신하들에게 자신을 낮추고, 뛰어난 모책을 잘 집중하였기 때문에 이룩된 것이었다.

吳王夫差還自黃池, 息民不戒.

越大夫種乃唱謀曰:「吾謂吳王將遂涉吾地, 今罷師而不戒以忘我, 我不可以怠. 日臣嘗卜於天, 今吳民旣罷, 而大荒薦饑, 市無赤米, 而囷鹿空虛, 其民必移就蒲蠃於東海之濱. 天占旣兆, 人事又見, 我篋卜筮矣. 王若今起師以會, 奪之利, 無使夫悛. 夫吳之邊鄙遠者, 罷而未至, 吳王將恥不戰, 必不須至之會也, 而以中國之師與我戰. 若事幸而從我, 我遂踐其地, 其至者亦將不能之會也已, 吾用禦兒臨之. 吳王若慍而又戰, 奔遂可出. 若不戰而結成, 王安厚取名而去之.」

越王曰:「善哉!」

乃大戒師, 將伐吳.

楚申包胥使於越, 越王句踐問焉, 曰:「吳國爲不道, 求踐我社稷宗廟, 以爲平原, 弗使血食. 吾欲與之徼天之衷, 唯是車馬·兵甲·卒伍旣具, 無以行之. 請問戰奚以而可?」

包胥辭曰:「不知.」

王固問焉, 乃對曰:「夫吳, 良國也, 能博取於諸侯. 敢問君王之所以與之戰者?」

王曰:「在孤之側者, 觴酒·豆肉·簞食, 未嘗敢不分也. 飲食不致味, 聽樂不盡聲, 以求報吳. 願以此戰.」

包胥曰:「善則善矣, 未可以戰也.」

王曰:「越國之中, 疾者吾問之, 死者吾葬之, 老其老, 慈其幼, 長其孤, 問其病, 求以報吳. 願以此戰.」

包胥曰:「善則善矣, 未可以戰也.」

王曰:「越國之中, 吾寬民以子之, 忠惠以善之. 吾修令寬刑, 施民所欲, 去民所惡, 稱其善, 掩其惡, 求以報吳. 願以此戰.」

包胥曰:「善則善矣, 未可以戰也.」

王曰:「越國之中, 富者吾安之, 貧者吾與之, 救其不足, 裁其有餘, 使貧富皆利之, 求以報吳. 願以此戰.」

包胥曰:「善則善矣, 未可以戰也.」

王曰:「越國南則楚, 西則晉, 北則齊, 春秋皮幣·玉帛·子女以賓服焉, 未嘗敢絶, 求以報吳. 願以此戰.」

包胥曰:「善哉, 蔑以加焉, 然猶未可以戰也. 夫戰, 智爲始, 仁次之, 勇次之. 不智, 則不知民之極, 無以銓度天下之衆寡; 不仁, 則不能與三軍共饑勞之殃; 不勇, 則不能斷疑以發大計.」

越王曰：「諾.」

越王句踐乃召五大夫, 曰：「吳爲不道, 求殘吳社稷宗廟, 以爲平原, 不使血食. 吾欲與之徼之衷, 唯是車馬·兵甲·卒伍旣具, 無以行之. 吾問於王孫包胥, 旣命孤矣; 敢訪諸大夫, 問戰奚以而可? 句踐願諸大夫言之, 皆以情告, 無阿孤, 孤將以擧大事.」

大夫舌傭乃進對曰：「審賞則可以戰乎?」

王曰：「聖.」

大夫苦成進對曰：「審罰則可以戰乎?」

王曰：「猛.」

大夫種進對曰：「審物則可以戰乎?」

王曰：「辯.」

大夫蠡進對曰：「審備則可以戰乎?」

王曰：「巧.」

大夫皐如進對曰：「審聲則可以戰乎?」

王曰：「可矣.」

王乃命有司大令於國曰：「苟任戎者, 皆造於國門之外.」

王乃命於國曰：「國人欲諸來告, 告孤不審, 將爲戮不利, 及吾日必審之, 過吾日, 道將不行.」

王乃入命夫人. 王背屏而立, 夫人向屏.

王曰：「自今日以後, 內政無出, 外政無入. 內有辱, 是子也; 外有辱, 是我也. 吾見子於此止矣.」

王遂出, 夫人送王, 不出屏, 乃闔左闔, 塡地以土, 去笲側席以坐, 不掃.

王背檐而立, 大夫向檐.

王命大夫曰：「食土不均，地之不修，內有辱於國，是子也；軍士不死，外有辱，是我也。自今日以後，內政無出，外政無入，吾見子於此止矣。」

王遂出，大夫送王，不出檐，乃闔左闔，填之以土，側席而坐，不掃。

王乃之壇列，鼓而行之，至於軍，斬有罪者以徇，曰：「莫如此以環填通相問也。」

明日徙舍，斬有罪者以徇，曰：「莫如此不從其伍之令。」

明日徙舍，斬有罪者以徇，曰：「莫如此不用王命。」

明日徙舍，至於禦兒，斬有罪者以徇，曰：「莫如此淫逸不可禁也。」

王乃明有司大徇於軍，曰：「有父母耆老而無昆弟者，以告。」

王親命之曰：「我有大事，子有父母耆老，而子為我死，子之父母將轉於溝壑，子為我禮已重矣。子歸，歿而父母之世。後若有事，吾與子圖之。」

明日徇於軍，曰：「有兄弟四五人皆在此者，以告。」

王親命之曰：「我有大事，子有昆弟四五人皆在此，事若不捷，則是盡也。擇子之所欲歸者一人。」

明日徇於軍，曰：「有眩瞀之病者，以告。」

王親命之曰：「我有大事。子有眩瞀之病，其歸若已。後若有事，吾與子圖之。」

明日徇於軍，曰：「筋力不足以勝甲兵，志行不足以聽命者歸，莫告。」

明日，遷軍接龢，斬有罪者以徇，曰：「莫如此志行不果。」

於是人有致死之心.

王乃命有司大徇於軍, 曰:「謂二三子歸而不歸, 處而不處, 進而不進, 退而不退, 左而不左, 右而不右, 身斬, 妻子鬻.」

於是吳王起師.

軍至江北, 越王軍於江南. 越王乃中分其師以爲左右軍, 以其私卒君子六千人爲中軍, 明日將舟戰於江, 及昏, 乃令左軍銜枚泝江五里以須, 亦令右軍銜枚踰江五里以須. 夜中, 乃命左軍·右軍涉江鳴鼓中以須.

吳師聞之, 大駭, 曰:「越人分爲二師, 將以夾攻我師.」

乃不待旦, 亦中分其師, 將以禦越.

越王乃令其中軍銜枚潛涉, 不鼓不譟以襲攻之, 吳師大北. 越之左軍·右軍乃遂涉而從之, 又大敗之於沒, 又郊敗之, 三戰三北, 乃至於吳.

越師遂入吳國, 圍王臺.

吳王懼, 使人行成, 曰:「昔不穀先委制於越君, 君告孤請成, 男女服從. 孤無奈越之先君何, 畏天之祥, 不敢絶祀, 許君成, 以至於今. 今孤不道, 得罪於君王, 君以親辱於敝邑. 孤敢請成, 男女服爲臣御.」

越王曰:「昔天以越賜吳, 而吳不受. 今天以吳賜越, 孤敢不聽天之命, 而聽君之令乎?」

乃不許成.

因使人告於吳王曰:「天以吳賜越, 孤不敢不受. 以民生之不長, 王其無死! 民生於地上, 寓也. 其與幾何? 寡人其達王於甬句東. 夫婦三百, 唯王所安, 以沒王年.」

夫差辭曰:「天旣降禍於吳國, 不在前後, 當孤之身, 寔失宗廟社稷. 凡吳土地人民, 越旣有之矣, 孤何以視於天下!」

夫差將死, 使人說於子胥曰:「使死者無知, 則已矣. 若其有知, 吾何面目以見員也!」

遂自殺.

越滅吳, 上征上國, 宋·鄭·魯·衛·陳·蔡執玉之君皆入朝.

夫唯能下其羣臣, 以集其謀故也.

【赤米】 조악한 쌀.
【困鹿】 困은 원형의 곡식 저장 창고. '鹿'은 '麗'의 가차자이며 대나무로 만든 방형의 곡식 창고.
【蒲蠃】 조개의 일종이라 함.
【天占旣兆】 大夫 文種이 일찍이 하늘에게 점을 쳤었는데, 그 기도가 응험하였음을 말함.
【中國】 國都를 말함.
【禦兒】 지역 명칭. 越나라의 북쪽 변방.
【奔遂可出】 '奔'은 다른 판본에는 '幸'으로 되어 있음. 遂可出은 韋昭 주에 "使出奔也"라 하였음. 따라서 "그들을 달아나게 해 주는 것을 다행으로 여기다"의 뜻.
【安厚取名】 편안히 두터운(가혹한) 명분(조건)을 내세워 그 조약을 체결함.
【申包胥】 王孫包胥. 楚나라의 대부.
【徼天之衷】 徼는 要와 같음. 하늘의 충정을 요구함. 하늘이 어느 편인가를 확인함.
【良國】 강한 나라. 오나라는 그래도 아직 강한 나라이며, 제후들로부터 지지를 받고 있음.
【民之極】 백성의 속마음. 韋昭 주에 '極, 中也'라 함.
【銓度】 저울질 하여 천하의 衆寡(자신을 지지하는 자의 多寡)를 헤아림.
【五大夫】 舌庸·苦成·文種·范蠡·皐如를 가리킴.
【聖】 韋昭 주에 "審賞, 賞不失勞. 聖, 通也"라 함.

【審物】韋昭 주에 "物, 旌旗, 物色徽幟之屬"이라 함. 깃발을 색깔별로 정확히 구분하여 병사들로 하여금 소속과 지휘를 정확히 따르도록 함.

【巧】韋昭 주에 "巧, 審密不可攻入也"라 함.

【告孤不審】'나를 속이기 위한 의견을 제시하는 경우'를 말함. 韋昭 주에 "不審, 謂欺詐非實也"라 함.

【過五日】닷새 뒤에는 군대가 출정할 것이므로 그 때는 의견을 내어도 실행에 옮길 수 없음. 韋昭 주에 "道, 術也. 過五日則晩矣, 軍當出也, 故術將不行"이라 함.

【背屛】병풍을 등지고 앉음. 北向을 뜻함.

【左闈】좌측의 작은 문. 부인의 방으로 드나드는 扇門. 혹은 건물의 대문에 딸린 작은 문.

【壇列】병사들에게 지휘와 명령을 내리는 높은 壇.

【環瑱相問】環은 둥근 옥, 瑱은 귀고리. 이를 뇌물로 주어 군기를 어지럽힘을 말함. 韋昭 주에 "環, 金玉之環. 瑱, 塞耳也. 問, 遺也. 通, 行賂以亂軍"이라 함.

【徒舍】'舍'는 군대의 하루 행군 거리. 대체로 30리 정도를 말함.

【耆老】耆는 60세. 老는 70세. 노인, 원로를 뜻함.

【眩瞀】눈이 어른거려 사물을 제대로 볼 수 없음.

【龢】'和'와 같으며 軍門을 말함.

【志行】의지를 가지고 하는 행동. 적과 싸움에서 결사의 준비를 갖춤.

【江】松江을 가리킴.

【君子】임금 측근의 귀족 자제로서 죽기를 무릅쓴 결사대.

【舍枚】고대 군 작전에서 소리를 내지 않기 위해 입에 무는 나무 막대기.

【沒】지명.

【王臺】姑蘇臺를 말함. 지금의 蘇州市. 吳나라 도읍에 있던 궁궐 누대.

【甬句東】甬東. 지금의 舟山群島 일대. 아주 작은 땅을 주어 그곳에 갇혀 살도록 해 줄 것임을 제의한 것.

【子胥】申胥. 伍子胥, 伍員.

【越滅吳】魯 哀公 22년(B.C.473) 11월 吳나라가 멸망하고 춘추시대가 끝남.

【上國】中原의 여러 나라.

【執玉之君】玉은 玉圭, 命圭. 즉 종주국 周天子로부터 정식 인정을 받은 제후들을 말함.

1.《史記》吳太伯世家

二十年, 越王句踐復伐吳. 二十一年, 遂圍吳. 二十三年十一月丁卯, 越敗吳.
越王句踐欲遷吳王夫差於甬東, 予百家居之. 吳王曰:「孤老矣, 不能事君王也.
吾悔不用子胥之言, 自令陷此」遂自到死. 越王滅吳, 誅太宰嚭, 以爲不忠, 而歸.

〈월어越語〉총 2권

월越

　　춘추 말기의 회계(會稽, 지금의 浙江 紹興)를 중심으로 크게 떨쳤던 신흥 패국霸國이다.
《사기》에 의하면 하夏 왕조의 소강少康의 묘예苗裔이며 사성姒姓이라 하였고,《세본
世本》에는 우성芋姓이라 하는 등 그 근원은 자세히 알려져 있지 않다. 춘추 중기에
비로소 초나라와 회맹을 한 사실이 보이며 오나라와 잦은 싸움으로 초나라가
오나라를 제압하기 위해 연맹으로 끌어들인 책략의 대상이기도 하였다. 이에 따라
월나라는 오나라와 대대로 원수지간이 되어 춘추 말기를 극적으로 장식한 나라이기
도 하였다. 주로 장강 남쪽 회계를 근거로 발전하였으며 B.C.506년 오왕 합려闔閭가
오자서伍子胥의 책략에 따라 초나라를 쳐서 도읍 영郢까지 들어가자, 월나라는
이 틈을 노려 오나라를 쳐 초나라를 돕기도 하였다. 월왕 구천句踐이 즉위하자마자
(B.C.496) 오왕 합려가 월나라를 공격하였으나, 오나라는 패하고 합려는 상처를
입고 죽고 말았다. 이에 그 아들 부차夫差는 복수의 뜻을 품고 구천을 공격하였다.
　　3년, 구천은 할 수 없이 5천의 군사를 이끌고 회계산會稽山으로 들어가 치욕을
무릅쓰고 살아나, 와신상담臥薪嘗膽 끝에 국력을 회복하고 내정을 개혁하였으며,
생산을 늘려 15년 뒤 마침내 오나라가 중원으로 진출한 틈을 타서 오나라 도읍
고소姑蘇를 포위하고 태자를 사로잡았다. 부차는 급히 귀국하여 화해를 요청하였
지만 이를 들어 주지 않은 채, 24년 다시 오나라 도읍을 3년간 포위, 마침내 부차는
자살하고 오나라는 종말을 고하게 된다.
　　구천은 오나라를 멸한 다음 역시 북상하여 제후국을 넘보았으며, 이에 송宋·정鄭·
노魯·위衛 등 제후국이 월나라에게 신복하였다. 이에 구천은 도읍을 낭야(琅琊,
지금의 山東 膠南 남쪽)로 옮기고, 제齊·진晉 등과 회맹을 가져 주周 원왕元王이 정식으로

패주霸主로 인정하게 된다. 그러나 전국시대 들어서면서 월나라는 급격히 약화되어 월왕 예翳가 다시 오(지금의 강소 소주)로 되돌아 왔으며, 초 위왕威王 때 월왕 무강無彊이 초나라를 쳤다가 대패하고 결국 초나라에 병탄되고 말았다.

❊ 월나라의 세계世系는 제대로 알려져 있지 않으며 그 때문에《사기史記》에도 '월왕구천세가越王句踐世家'라 하여 시조를 밝히지 못하였다.

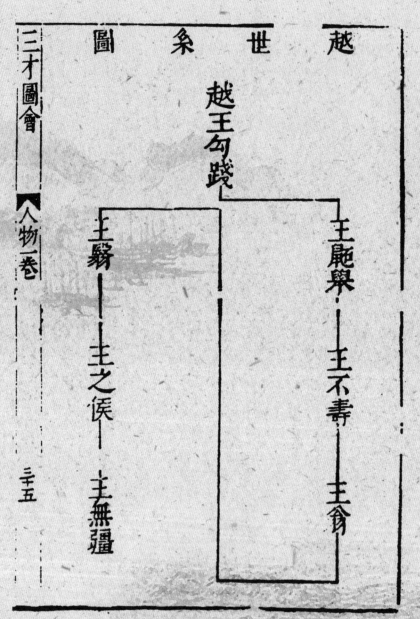

越王勾踐

　王鼫與——王不壽——王翁

　王翳——王之侯——王無彊

〈越世系圖〉《三才圖會》

卷二十 越語(上)

235(20-1) 句踐滅吳
구천이 오나라를 멸망시키다

월왕越王 구천句踐이 회계산會稽山으로 밀려나 있으면서 삼군三軍에게 이렇게 명령을 내렸다.

"무릇 나의 모든 부형과 형제, 그리고 이 나라의 동성同姓인 자로써 능히 과인을 도와 오吳나라를 퇴각시킬 모책을 내놓을 수 있는 자가 있다면 내 이 월나라 국정을 함께 하겠노라."

대부大夫 문종文種이 나서서 대답하였다.

"제가 듣기로 장사꾼은 여름에는 가죽을 사서 비축해 두고 겨울에는 얇은 비단을 사들이며, 가물 때는 배를 사 두고, 물이 넘칠 때는 수레를 사 두었다가 값이 오를 때를 기다린다고 합니다. 비록 사방에 근심이 없을 때라 할지라도 모책에 뛰어난 신하와 손톱과 어금니를 드러낼 수 있는 용사들은 기르고 뽑아놓지 않을 수 없는 것입니다. 이는 비유 컨대 도롱이와 삿갓은 비가 올 때는 반드시 사람이 찾게 되는 것과 같습니다. 임금께서 지금 이미 이렇게 회계산으로 쫓겨 온 마당에 때가 늦어 모신을 구한다면 너무 늦은 것이 아니겠습니까?"

구천이 말하였다.

"만약 대부의 말을 지금이라도 듣는다면 어찌 늦다 하겠습니까?"

그리고 그의 손을 잡으며 함께 모책을 짰다.

이리하여 드디어 문종을 사절로 하여 오나라와 화친을 성사시키도록 하였다.

문종은 오왕 부차에게 이렇게 말하였다.

"저희 임금 구천께서 사신으로 부릴 사람이 없어 이 낮은 신하 저

문종으로 하여금 감히 천왕天王께 직접 말씀은 드리지 못하고 대신 사사롭게 대왕의 집사執事에게 이렇게 아뢰도록 하였습니다. '저희 임금의 군사는 임금께서 욕되게 토벌하러 올 대상도 되지 못합니다. 원컨대 금옥金玉과 자녀子女를 바쳐 임금의 욕됨을 조금이나마 덜어드렸으면 합니다. 청컨대 구천의 딸은 귀국의 왕께 바치며, 대부의 딸은 귀국의 대부에게, 사士의 딸은 귀국의 사에게 바치고자 합니다. 월나라 보기寶器는 모두 다 그들을 따라 보낼 것이며, 우리 임금이 거느리던 월나라 군사들도 모두 귀국 임금이 부리는 군사를 따르도록 하겠습니다. 오직 임금께서 좌지우지하시기 바랍니다. 만약 월나라 죄를 더 이상 용서할 수 없다고 여기신다면, 우리 월나라는 종묘를 불태우고 처자와 가족은 묶어 죽여 버리며 금옥 따위는 저 강물에 버리고 장차 5천 명의 군사로 죽음으로써 귀국에 맞서겠습니다. 그렇게 되면 틀림없이 우리 월나라 군사는 두 사람 몫은 해 낼 것이니 그 때는 귀국 임금을 모시는 군사 1만 명이 나서야 할 것입니다. 이렇게 되면 임금이 그토록 아끼는 그 많은 군사를 다치게 하는 것이 아니겠습니까? 이렇게 많은 사람들을 죽이느니 차라리 우리와 같은 나라 하나를 얻는 것, 어느 쪽이 이익이겠습니까?'라고 말입니다."

부차는 장차 그 말을 듣고 화친을 성사시키고자 하였다. 그러자 오자서가 이렇게 간언하였다.

"안 됩니다. 무릇 오나라는 월나라에 있어서 서로 원수이며 전투에서도 대등한 나라입니다. 세 강江이 둘러싸여 있어 백성이 다른 곳으로 옮겨갈 수도 없으며 오나라가 있는 한 월나라는 살아갈 수 없고, 월나라가 있는 한 오나라는 존재할 수 없습니다. 앞으로도 이러한 구조는 바뀌지 않을 것입니다. 제(員)가 듣기로 뭍에 사는 사람은 뭍에 살아야 하고 물에 사는 사람은 물에 살아야 한다고 하더이다. 무릇 상당上黨의 나라들은 우리가 공격하여 승리할 수는 있지만, 그 땅에 우리가 살 수는 없습니다. 무릇 월나라는 우리가 공략하여 승리하게 되면 우리도 능히 그 땅에 살 수 있으며, 그들의 배도 우리가 탈 수 있습니다.

이것이 그 이득인데 기회를 놓칠 수 없습니다. 임금께서는 반드시 그들을 멸망시켜야 합니다. 이 이득을 잃고 나서 비록 후회한들 틀림 없이 늦고 말 것입니다."

월나라에서는 미인 8명을 잘 꾸며 태재太宰 백비伯嚭에게 바치며 이렇게 말하였다.

"그대께서 진실로 우리 월나라 죄를 용서해 주신다면 이보다 더 아름다운 자를 장차 바쳐 올리겠습니다."

이를 받은 태재 백비가 오왕에게 이렇게 간언하였다.

"제가 듣기로 옛날 월나라를 친 이유는 그저 그들을 복종시키는 것일 뿐이라 하였습니다. 지금 이미 복종시켰으니 다시 무엇을 요구 하겠습니까?"

오왕 부차는 드디어 그들과 화친을 성사시키고 군사를 철수하였다.

월왕 구천은 나라 사람들에게 이렇게 말하였다.

"과인은 우리의 힘이 부족함을 알지 못한 채 대국과 원수를 맺어, 우리 백성의 뼈를 중원中原에 햇볕 아래 드러내어 누구하나 거두어 줄 수도 없는 참혹한 지경을 만들고 말았다. 이는 모두가 과인의 죄이다. 과인이 이를 고쳐지도록 해 주기를 청한다."

이에 죽은 자는 장례를 치러 주고, 다친 자는 위문을 하였으며, 살아 있는 자는 길러 주고, 우환이 있으면 조문하고, 즐거운 일에는 축하를 하고, 가는 자는 전송을 하고, 오는 자는 영접을 하여 백성이 싫어하는 바를 제거해 나가며, 백성이 부족하게 여기는 바는 보충해 주었다. 그런 다음 낮은 자세로 오왕 부차를 섬기며, 선비 3백 명을 오나라에 보내어 그곳에서 벼슬로써 봉사하도록 하고, 그 자신은 친히 부차를 위하여 말 앞에 심부름하는 역할을 자청하였다.

구천의 땅은 남쪽으로는 구무句無, 북쪽은 어아禦兒, 동쪽으로는 근鄞, 서쪽으로는 고멸姑蔑로 겨우 동서남북 폭이 백 리 정도였다.

이에 구천은 부모와 형제를 불러놓고 이렇게 맹세하였다.

"과인이 듣기로 옛날의 현군賢君은 사방의 백성이 모여들기가 마치

물이 아래로 흘러 모여들듯 하였다 한다. 과인이 지금은 능히 그렇지 못하나 장차 그대들 부부를 이끌고 백성을 늘려 나가고자 한다."

그리하여 장정들일 경우 늙은 아내를 얻지 못하도록 하고, 늙은이는 한창 나이의 젊은 부인을 얻지 못하도록 하였다. 여자는 17살이 되도록 시집을 가지 않거나, 사내로서 20살이 되도록 장가를 들지 않으면 그 부모가 대신 벌을 받도록 하였다. 장차 분만할 때가 되어 관청에 보고하면, 관청에서는 의사를 보내어 이를 보살피게 하였다. 그리하여 사내아이를 낳으면 술 두 병에 개 한 마리를 내려주었고, 딸을 낳으면 술 두 병에 돼지 한 마리를 하사하였다. 그리고 세 쌍둥이를 낳으면 관청에서 유모乳母를 보내 주었고, 두 쌍둥이를 낳으면 관청에서 양식을 보내 주었다. 집안을 이을 적자가 죽으면 3년 동안 그 부모에게 부역을 면제해 주고, 둘째 아들이 죽으면 석 달 동안 그 부역을 면제하였다. 죽은 자에게는 구천이 직접 찾아가 반드시 곡읍哭泣을 하고 장례를 치러 주어 마치 자신의 아들처럼 여겼다. 고아·과부·질환자·가난에 병까지 든 자는 관청에서 그 아들에게 관직을 주어 살아갈 수 있도록 하였다. 통달한 선비에게는 깨끗한 거처를 마련해 주고 좋은 의복을 제공하였으며, 음식도 배불리 먹도록 하여 의義를 갈고 닦아 모범이 되도록 하였다. 사방에서 찾아오는 선비가 있으면, 반드시 이들을 종묘로 모시고 가서 예를 갖추어 우대하였다.

구천은 쌀과 좋은 음식을 싣고 나라 안을 배로 다니면서 나라의 젊은이들이 놀고 있는 모습을 만나면, 그들에게 마음 놓고 먹고 마음 놓고 마실 수 있도록 그 음식을 제공하면서 반드시 그 이름을 물어 보았다. 구천은 자신이 직접 심지 않은 것이면 먹지 않았고, 자신 부인이 직접 짜지 않은 옷감이 아니면 입지 않으면서 이렇게 10년 동안 나라에 세금을 걷지 않자, 백성은 누구나 3년 먹을 식량을 가질 수 있게 되었다.

나라의 부형들이 이렇게 청하였다.

"지난 날 부차가 제후의 나라 앞에서 우리 임금에게 치욕을 입혔소. 지금 우리 월나라도 이제 규모를 갖추었으니 청컨대 원수를 갚읍시다."

구천은 이렇게 사양하였다.

"지난 날의 전쟁은 그대들의 죄가 아니라 바로 과인의 죄였습니다. 과인 같은 자가 어찌 치욕을 아는 백성들의 뜻을 받아들일 수 있겠습니까? 청컨대 잠시 용렬한 전투는 하지 맙시다."

부형들이 다시 청하였다.

"우리 월나라 사방 국경 안에 누구나 임금을 친히 여기기를 마치 부모처럼 생각하고 있습니다. 아들로써 부모의 원수를 갚고자 하며, 신하로써 임금의 원한을 갚고자 함에 그 누가 감히 온힘을 쏟지 않을 자가 있겠습니까? 다시 한 번 싸우기를 청합니다."

구천은 이윽고 허락을 하고 무리를 모아 이렇게 맹서하였다.

"과인이 듣기로 옛날 어진 군주라면 그 무리가 부족한 것을 근심했던 것이 아니라 그 지조와 행동에 치욕을 적게 느끼는 것을 근심했다 하오. 지금 부차는 물소 가죽을 갑옷으로 입힌 군사가 10만 3천 명이나 보유하고 있지만, 그럼에도 자신의 지조와 행동에 수치를 적게 느낌을 근심하기는커녕 군사가 부족함을 걱정하고 있소. 이제 과인은 하늘의 도움을 입어 그들을 멸할 것이오. 나는 필부匹夫의 용맹을 바라는 것이 아니라, 모두가 함께 나가고 모두가 함께 물러서기를 바라고 있소. 진격할 때는 상 받을 것을 생각하고, 물러설 때는 벌 받을 것을 생각하시오. 항상 이렇게 하면 모두 누구에게나 항상 상을 줄 것이지만, 진격하면서 명령을 따르지 아니한다거나, 물러서면서 치욕을 모른다면 그러한 경우 항상 누구에게나 형벌이 가해질 것이오."

과연 행군이 시작되자, 나라 사람들이 모두 나서서 아버지는 아들을 격려하고, 형은 아우를 면려하며, 아내는 남편의 용기를 북돋우며 이렇게 말하는 것이었다.

"이러한 임금이 어디 있다고 그를 위해 죽지 않을 수 있겠습니까?"

이리하여 유囿에서 오나라를 패배시키고, 다시 몰沒에서 오나라를 격패하고, 다시 오나라 도읍 교외에서 오나라를 패배시켰다.

오왕 부차가 화친을 청해 오면서 이렇게 말하였다.

"과인의 군사는 그대에게 치욕을 안기기에 부족합니다. 청컨대 금옥과 자녀를 바쳐 임금의 욕됨을 덜어드리고자 합니다."

그러자 구천이 말하였다.

"지난 날 하늘이 우리 월나라를 그대 오나라에게 주었으나 그대 오나라는 천명을 받지 않았소. 지금 하늘이 그대 오나라를 우리 월나라에게 주고 있으니 우리 월나라로써 천명을 듣지 않고 그대의 명령을 들을 수 있겠소! 내 그대를 우리 월나라 용강甬江의 동쪽 구장句章 땅으로 보내 줄 테니 나와 그대가 함께 월나라 두 임금이 되면 어떻겠소!"

그러자 부차가 말하였다.

"과인을 그대보다 한 살이라도 더 먹은 자로 예우해 주시오. 그대가 만약 우리 오나라가 주실周室의 핏줄임을 잊지 않고, 우리를 처마 정도로 보호해 주신다면 이 역시 과인의 소원이오. 그러나 그대가 만약 '내 반드시 너의 사직을 잔폐시키고 너의 종묘를 멸하겠노라'라고 하신다면 저는 죽기를 청하오. 내 무슨 면목으로 천하에 이 모습을 보일 수 있겠소! 그대 월나라 임금께서는 군대를 이끌고 들어와 우리 오나라에 주둔하시오!"

이리하여 마침내 오나라를 멸망시키고 말았다.

越王句踐棲於會稽之上, 乃號令於三軍曰:「凡我父兄昆弟及國子姓, 有能助寡人謀而退吳者, 吾與之共知越國之政.」

大夫種進對曰:「臣聞之賈人, 夏則資皮, 冬則資絺, 旱則資舟, 水則資車, 以待乏也. 夫雖無四方之憂, 然謀臣與爪牙之士, 不可不養而擇也. 譬如蓑笠, 時雨旣至必求之. 今君王旣棲於會稽之上, 然後乃求謀臣, 無乃後乎?」

句踐曰:「苟得聞子大夫之言, 何後之有?」

執其手而與之謀.

遂使之行成於吳, 曰:「寡君句踐乏無所使, 使其下臣種, 不敢徹聲聞於天王, 私於下執事曰:『寡君之師徒不足以辱君矣, 願以金玉・子女賂君之辱, 請句踐女女於王, 大夫女女於大夫, 士女女於士. 越國之寶器畢從, 寡君帥越國之衆, 以從君之師徒, 唯君左右之. 若以越國之罪爲不可赦也, 將焚宗廟, 係妻孥, 沈金玉於江, 有帶甲五千人將以致死, 乃必有偶. 是以帶甲萬人事君也, 無乃卽傷君王之所愛乎? 與其殺是人也, 寧其得此國也, 其孰利乎?』」

夫差將欲聽與之成, 子胥諫曰:「不可. 夫吳之與越也, 仇讎敵戰之國也. 三江環之, 民無所移, 有吳則無越, 有越則無吳, 將不可改於是矣. 員聞之, 陸人居陸, 水人居水. 夫上黨之國, 我攻而勝之, 吾不能居其地, 不能乘其車. 夫越國, 吾攻而勝之, 吾能居其地, 吾能乘其舟. 此其利也, 不可失也已, 君必滅之. 失此利也, 雖悔之, 必無及已.」

越人飾美女八人納之太宰嚭, 曰:「子苟赦越國之罪, 又有美於此者將進之.」

太宰嚭諫曰:「嚭聞古之伐國者, 服之而已. 今已服矣, 又何求焉?」

夫差與之成而去之.

句踐說於國人曰:「寡人不知其力之不足也, 而又與大國執讎, 以暴露百姓之骨於中原, 此則寡人之罪也, 寡人請更.」

於是葬死者, 問傷者, 養生者, 弔有憂, 賀有喜, 送往者, 迎來者, 去民之所惡, 補民之不足. 然後卑事夫差, 宧士三百人於吳, 其身親爲夫差前馬.

句踐之地, 南至於句無, 北至於禦兒, 東至於鄞, 西至於姑蔑, 廣運百里.

乃致其父母昆弟而誓之曰:「寡人聞, 古之賢君, 四方之民歸之, 若水之歸下也. 今寡人不能, 將帥二三子夫婦以蕃.」

令壯者無取老婦, 令老者無取壯妻. 女子十七不嫁, 其父母有罪; 丈夫二十不娶, 其父母有罪. 將免者以告, 公令醫守之. 生丈夫, 二壺酒, 一犬; 生女子, 二壺酒, 一豚. 生三人, 公與之母; 生二人, 公與之餼. 當室者死, 三年釋其政; 支子死, 三月釋其政. 必哭泣葬埋之, 如其子. 令孤子·寡婦·疾疹·貧病者, 納宦其子. 其達士, 絜其居, 美其服, 飽其食, 而摩厲之於義. 四方之士來者, 必廟禮之.

句踐載稻與脂於舟以行, 國之孺子之遊者, 無不餔也, 無不歠也, 必問其名. 非其身之所種則不食, 非其夫人之所織則不衣, 十年不收於國, 民俱有三年之食.

國之父兄請曰:「昔者夫差恥吾君於諸侯之國, 今越國亦節矣, 請報之.」

句踐辭曰:「昔者之戰也, 非二三子之罪也, 寡人之罪也. 如寡人者, 安與知恥? 請姑無庸戰.」

父兄又請曰:「越四封之內, 親吾君也, 猶父母也, 子而思報父母之仇, 臣而思報君之讎, 其敢不盡力者乎? 請復戰.」

句踐既許之, 乃致其眾而誓之曰:「寡人聞古之賢君, 不患其眾之不足也, 而患其志行之少恥也. 今夫差衣水犀之甲者億有三千, 不患其志行之少恥也, 而患其眾之不足也. 今寡人將助天滅之, 吾不欲匹夫之勇也, 欲其旅進旅退. 進則思賞, 退則思刑,

如此則有常賞. 進不用命, 退而無恥, 如此則有常刑.」

果行, 國人皆勸, 父勉其子, 兄勉其弟, 婦勉其夫, 曰:「孰是君也, 而可無死乎?」

是故敗吳於囿, 又敗之於沒, 又郊敗之.

夫差行成, 曰:「寡人之師徒, 不足以辱君矣. 請以金玉·子女賂君之辱.」

句踐對曰:「昔天以越予吳, 而吳不受命; 今天以吳予越, 越可以無聽天之命, 而聽君之令乎! 吾請達王甬句東, 吾與君爲二君乎!」

夫差對曰:「寡人禮先壹飯矣, 君若不忘周室, 而爲弊邑宸宇, 亦寡人之願也, 君若曰:『吾將殘汝社稷, 滅汝宗廟.』寡人請死, 余何面目以視於天下乎! 越君其次也!」

遂滅吳.

【會稽】산 이름. 지금의 浙江 紹興 동남쪽. 월왕 구천이 魯 哀公 元年(B.C.494) 오나라에게 대패하여 5천 명의 병사를 이끌고 회계산으로 숨어들어 겨우 명맥을 유지함.

【絺】가는 실로 짠 麻布.

【三江】淞江, 錢塘江, 浦陽江을 말함.

【上黨之國】中原의 여러 나라를 대신하여 일컫는 말.

【太宰嚭】吳나라의 대신. 원래 楚나라 대부 伯州黎(伯犨犁)의 아들로 백주리가 楚 靈王에게 피살되자, 오나라로 도망하여 같은 처지의 伍子胥와 함께 오왕에게 적극적으로 충성을 다하였음.

【句無】산 이름. 지금의 浙江 諸暨縣 북쪽에 있음.

【姑蔑】지명. 지금의 浙江 衢縣 북쪽.

【廣運】'廣'은 동서의 폭을, '運'은 남북의 길이를 말함.

【免】 '娩'과 같음. 分娩함.

【當室者】 집안을 이어갈 後嗣.

【疹】 '疢'과 같음. 질병을 말함.

【納宦其子】 그 아들에게 관직을 주어 받아들임.

【億有三千】 億은 10만을 의미함.

【囿】 笠澤. 吳江이나 淞江을 부르는 별칭.

【沒】 지명. 구체적으로는 알 수 없음.

【甬句東】 甬江 句章의 동쪽. 아주 작은 땅을 줄 테니 그곳의 군주를 하겠는가의 뜻으로 오왕 부차를 멸시하여 제안한 것.

【先壹飯】 밥 한 술 더 일찍 먹음. 오왕 부차 자신이 나이가 더 많음을 말함.

【不忘周室】 吳나라는 시조가 泰伯으로 古公亶甫의 아들이며, 季歷(文王의 아버지)의 형으로 그 집안이 周나라 혈통의 직계임. 자신을 주나라 혈통을 이은 것으로 인정하여, 대의명분상 주왕실 보호를 명분으로 내세웠던 당시 분위기를 이용하여 관대히 해 줄 것을 요구한 것.

【宸宇】 처마. 월나라의 처마로 가려 보호해 줄 정도로 여겨 존속시켜 줄 것을 요청한 것. 韋昭 주에 "言越君若以周室之故, 以屋宇之餘庇覆吳"라 하였다.

【次】 군대가 행군 중 하루 머무는 것을 '舍'라하며 이틀 머무는 것을 '信', 그 이상 머물러 주둔하는 것을 일러 '次'라 함. 여기서는 월나라 군대로 하여금 자신의 오나라에 들어와 멸망시켜도 좋다는 의미를 표현한 것.

> **참고 및 관련 자료**

1.《史記》越王句踐世家

句踐之困會稽也, 喟然嘆曰:「吾終於此乎?」種曰:「湯繫夏臺, 文王囚羑里, 晉重耳奔翟, 齊小白奔莒, 其卒王霸. 由是觀之, 何遽不爲福乎?」

吳旣赦越, 越王句踐反國, 乃苦身焦思, 置膽於坐, 坐臥卽仰膽, 飲食亦嘗膽也. 曰:「女忘會稽之恥邪?」身自耕作, 夫人自織, 食不加肉, 衣不重采, 折節下賢人, 厚遇賓客, 振貧弔死, 與百姓同其勞. 欲使范蠡治國政, 蠡對曰:「兵甲之事, 種不如蠡; 塡撫國家, 親附百姓, 蠡不如種.」於是擧國政屬大夫種, 而使范蠡與大夫柘稽行成, 爲質於吳. 二歲而吳歸蠡.

居三年, 句踐召范蠡曰:「吳已殺子胥, 導諛者衆, 可乎?」對曰:「未可.」

至明年春, 吳王北會諸侯於黃池, 吳國精兵從王, 惟獨老弱與太子留守. 句踐復問范蠡, 蠡曰「可矣」. 乃發習流二千人, 教士四萬人, 君子六千人, 諸御千人, 伐吳. 吳師敗, 遂殺吳太子. 吳告急於王, 王方會諸侯於黃池, 懼天下聞之, 乃祕之. 吳王已盟黃池, 乃使人厚禮以請成越. 越自度亦未能滅吳, 乃與吳平.

其後四年, 越復伐吳. 吳士民罷弊, 輕銳盡死於齊·晉. 而越大破吳, 因而留圍之三年, 吳師敗, 越遂復棲吳王於姑蘇之山. 吳王使公孫雄肉袒膝行而前, 請成越王曰:「孤臣夫差敢布腹心, 異日嘗得罪於會稽, 夫差不敢逆命, 得與君王成以歸. 今君王舉玉趾而誅孤臣, 孤臣惟命是聽, 意者亦欲如會稽之赦孤臣之罪乎?」句踐不忍, 欲許之. 范蠡曰:「會稽之事, 天以越賜吳, 吳不取. 今天以吳賜越, 越其可逆天乎? 且夫君王蚤朝晏罷, 非爲吳邪? 謀之二十二年, 一旦而棄之, 可乎? 且夫天與弗取, 反受其咎. '伐柯者其則不遠', 君忘會稽之戹乎?」句踐曰:「吾欲聽子言, 吾不忍其使者.」范蠡乃鼓進兵, 曰:「王已屬政於執事, 使者去, 不者且得罪.」吳使者泣而去. 句踐憐之, 乃使人謂吳王曰:「吾置王甬東, 君百家.」吳王謝曰:「吾老矣, 不能事君王!」遂自殺. 乃蔽其面, 曰:「吾無面以見子胥也!」越王乃葬吳王而誅太宰嚭.

卷二十一 越語(下)

236(21-1) 范蠡進諫句踐持盈定傾節事
범려가 구천에게 지영과 정경, 절사를 간하다

월왕越王 구천句踐이 즉위한 지 3년 만에 오吳나라를 치겠다고 나서자 범려范蠡가 나서서 간언하였다.

"무릇 나라의 일이란 가득 찬 것을 지켜내어야 하는 것(志盈)이 있고, 기울어져 가는 것을 안정되게 해야 할 경우(定傾)가 있으며, 사물을 절제해야 할 경우(節事) 세 가지가 있습니다."

구천이 물었다.

"그 세 가지란 어떤 것입니까?"

범려가 대답하였다.

"'지영'이란 하늘과 함께 하는 것이며, '정경'이란 사람과 함께 하는 것이며, '절사'란 땅과 함께 하는 것입니다. 왕께서 묻지 않았다면 저는 감히 말하지 않았을 것입니다. 천도天道란 기울어도 넘치지 아니하며 흥성해도 교만하지 아니하며, 공로가 있어도 그 공을 자랑하지 아니합니다. 무릇 성인聖人은 때맞추어 행동하기 때문에 이를 일러 '수시守時'라 하는 것입니다. 하늘의 때가 아직 이르지 않았으면 남의 피동자가 되어서는 안 되며, 사람의 일이 아직 시작할 때가 아니라면 자신이 먼저 나서서 서둘러서는 안 되는 것입니다. 지금 왕께서는 아직 가득 채우지도 않았는데 벌써 넘치고 있으며, 아직 흥성하지도 않은 데 벌써 교만하게 굴며, 아무런 공로도 없는데 공로가 있는 듯이 뽐내고 있으며, 하늘이 때를 일러 주지도 않았는데 먼저 나서서 남에게 이끌리듯 하고 있으며, 사람의 일이 시작되지도 않았는데 앞서서 일을 만들려 하십니다. 이는 하늘의 뜻을 거역하고 사람과 화합을 이루지 못하는 것입니다. 왕께서 만약 그래도 행동으로 옮기신다면 장차 나라에 방해가 될 것이며, 그 손해는 왕 자신에게까지 미칠 것입니다."

구천은 듣지 않았다.

범려가 다시 나서서 간언하였다.

"무릇 용맹이란 덕을 어그러뜨리는 경우가 있으며, 병기란 사람을 다치게 하는 흉기凶器이기도 하며, 전쟁이란 일의 마지막 단계에서 어쩔 수 없이 선택하는 것입니다. 남모르게 모의를 꾸미고 덕을 손상시키며, 흉기를 사용하기를 좋아하여 이를 남에게 처음 사용하는 자는 마침내 자신도 그런 방법으로 당하고 맙니다. 그리고 상도에 어긋난 일탈된 행동을 하는 일은 하느님도 금한 것입니다. 이러한 것을 먼저 행동으로 옮기는 것은 이롭지 않습니다."

구천이 말하였다.

"나는 그대가 말한 두 가지 중 하나도 그렇지 않소. 나는 이미 결단하였소!"

이리하여 과연 군대를 일으켜 오나라를 쳐들어가서 오호五湖에서 전투를 벌인 끝에 이기지 못한 채 회계산(會稽)으로 쫓겨들어 가게 되었다.

구천이 범려를 불러 물었다.

"내 그대의 말을 듣지 않아 이런 지경에 오고 말았소. 어찌하면 좋겠소?"

범려가 대답하였다.

"왕께서는 잊으셨습니까? '지영'은 하늘과 함께 하고, '정경'은 사람과 함께 하며, '절사'는 땅과 함께 한다는 것을."

왕이 물었다.

"사람과 함께 한다는 것은 어떤 것이오?"

범려가 말하였다.

"겸손한 말로 예를 다하여 존경하는 것입니다. 오나라 왕에게 좋아하는 것과 여자 악대를 보내어 그 이름을 천왕天王이라 높여 주십시오.

그렇게 하고도 끝을 볼 수 없으면, 그 때는 임금 몸 자신을 교역 조건으로 허락하는 것입니다."

구천이 말하였다.

"좋소,"

이리하여 대부大夫 문종文種에게 명하여 오나라로 가서 화친을 성사시키면서 이렇게 전하도록 하였다.

"청컨대 우리나라 사士의 딸은 귀국의 사에게 바치고, 대부의 딸은 귀국의 대부에게 바치며, 우리나라 보물은 모두 그들에게 주어 딸려 보내드리겠습니다."

오왕이 허락하지 않았다.

대부 문종은 왔다가 다시 오나라를 찾아가 이렇게 말하였다.

"우리나라 열쇠를 맡겨 나라를 위촉하겠으며, 구천의 몸을 그대를 따르도록 할 것이니, 임금께서 직접 부리시기를 청합니다."

오나라는 이 조건을 허락하였다.

구천은 이렇게 말하였다.

"범려를 내 대신 나라를 지키도록 하겠소."

그러자 범려가 이렇게 말하였다.

"나라 안 사방의 모든 백성을 다스리는 일이라면 저는 문종만 못합니다. 그러나 나라 밖 사방에서 다른 나라를 제압하고 결단해야 할 일을 놓치지 않고 처리하는 면에서는 문종이 저만 못하지요."

구천이 말하였다.

"그 의견을 허락하오."

이리하여 대부 문종으로 하여금 나라를 지키도록 하고 범려와 함께 오나라로 들어가 그들을 위해 노예처럼 봉사하는 일을 하게 되었다.

이렇게 3년이 흐르자, 오나라에서는 구천 일행을 보내 주었다.

구천이 나라로 돌아오자 왕이 범려에게 물었다.

"절사란 어떻게 하는 것입니까?"

범려가 대답하였다.

"절사란 땅과 함께 하는 것입니다. 오직 땅만이 능히 만물을 포용하여 하나로 하므로, 일마다 그 때를 놓치지 않도록 합니다. 만물을 길러내고 금수를 용납하여 길러 낸 뒤에, 그 공명功名을 받으며 그 이익을 겸하여야 합니다. 땅은 좋은 것이나 악한 것도 모두 이루며 그 생명들을 기르고 있습니다. 때가 이르지 않으면 억지로 자라게 하지 아니하고, 일이 끝까지 가지 않으면 성취시키지 않습니다. 자약自若하여 일상에 처하고 천하를 변화시키면서 다가올 것을 기다려 이를 바르게 대처하며, 때의 마땅한 바를 근거로 사물을 결정합니다. 이에 남자는 땅을 갈고, 여자는 길쌈하여 함께 업적을 이루도록 하고, 백성의 해로움을 제거해 주고 하늘의 재앙을 피하게 해 주어야 합니다. 농지와 들을 개간하여 창고를 채우고 백성을 부유하게 하십시오. 그 무리를 재앙의 사다리로 오르지 않도록 허송세월하는 일이 없도록 해야 합니다. 때란 반복하는 것이며 일이란 사이가 벌어질 수 있으니, 모름지기 하늘과 땅의 항상 변함없는 법칙을 알아야 이에 가히 천사의 성취와 이익을 차지할 수 있습니다. 일에 빈틈없이 하고 때에 어긋남이 없도록 했다면, 그때는 백성을 위무하며 교화를 보존하여 기회를 기다려야 하는 것입니다."

구천이 말하였다.

"나의 국가는 그대 범려의 국가요. 그대가 나라를 다스려 주시오!"

이에 범려가 대답하였다.

"나라 사방 국경 안쪽, 백성의 온갖 일이나 백성으로 하여금 때맞추어 농사지으며 세 계절 자신의 생업에 즐거움을 느끼도록 하는 일, 백성의 공적을 어지럽히지 않는 일, 천시를 거역하지 않는 일, 오곡이 제 때에 잘 여물도록 하는 일, 백성이 불어나게 하는 일, 임금과 신하가 각기 그 뜻을 이루도록 하는 일 등은 제가 문종만 못합니다. 그러나 사방 국경 밖 외국에 나가 제압하며, 결단할 기회를 놓치지 않는 일, 음양의 법칙을 근거로 하며, 하늘과 땅의 상규常規에 순응하고 부드러우나 굽히지 아니하며, 강하면서 딱딱하지 않게 하고, 덕을 덕으로 여기고 벌을 내릴 것은 벌을 내리는 일을 떳떳하게 처리하며, 죽고 사는 것을 하늘과 땅의 결정으로 여기며, 하늘은 사람을 통해 그 원리를 밝히고 성인은 하늘을 통해 이치를 밝히며, 사람이 스스로 만들어 낸 것을 천지가 형태를 이루어 주며 성인이 이를 통해 완성시킨다고 여기며, 이 까닭으로 전쟁에 이기고도 그로 하여금 더 이상 보복이 없도록 하며, 땅을 빼앗아도 그가 다시 되돌려 가질 생각을 갖지 못하도록 하며, 밖으로는 전쟁에 이기고 안으로는 복을 만들어 내며, 힘을 쓰기는 심히 적어도 명성은 드러나게 하는 일, 이는 문종일지라도 역시 저 범려만 못합니다."

구천이 말하였다.

"좋소."

이리하여 대부 문종으로 하여금 나라 안의 일을 맡도록 하였다.

越王句踐卽位三年而欲伐吳, 范蠡進諫曰:「夫國家之事, 有志盈, 有定傾, 有節事.」

王曰:「爲三者, 奈何?」

對曰:「持盈者與天, 定傾者與人, 節事者與地. 王不問, 蠡不敢言. 天道盈而不溢, 盛而不驕, 勞而不矜其功. 夫聖人隨時以行, 是謂守時. 天時不作, 弗爲人客; 人事不起, 弗爲之始. 今君王未盈而溢, 未盛而驕, 不勞而矜其功, 天時不作而先爲人客, 人事不起而創爲之始, 此逆於天而不和於人. 王若行之, 將妨於國家, 靡王躬身.」

王弗聽.

范蠡進諫曰:「夫勇者, 逆德也; 兵者, 凶器也; 爭者, 事之末也. 陰謀逆德, 好用凶器, 始於人者, 人之所卒也; 淫佚之事, 上帝之禁也, 先行此者, 不利.」

王曰:「無是貳言也, 吾已斷之矣!」

果興師而伐吳, 戰於五湖, 不勝, 棲於會稽.

王召范蠡而問焉, 曰:「吾不用子之言, 以至於此, 爲之奈何?」

范蠡對曰:「君王其忘之乎? 持盈者與天, 定傾者與人, 節事者與地.」

王曰:「與人奈何?」

對曰:「卑辭尊禮. 玩好女樂, 尊之以名. 如此不已, 又身與之市.」

王曰:「諾.」

乃命大夫種行成於吳, 曰:「請士女女於士, 大夫女女於大夫, 隨之以國家之重器.」

吳人不許.

大夫種來而復往, 曰:「請委管籥屬國家, 以身隨之, 君王制之.」

吳人許諾.

王曰:「蠡爲我守於國.」

對曰:「四封之內, 百姓之事, 蠡不如種也. 四封之外, 敵國之制, 立斷之事. 種亦不如蠡也.」

王曰:「諾.」

令大夫種守於國, 與范蠡入宦於吳.

三年, 而吳人遣之. 歸及至於國, 王問於范蠡曰:「節事奈何?」

對曰:「節事者與地. 唯地能包萬物以爲一, 其事不失. 生萬物, 容畜禽獸, 然後受其名而兼其利. 美惡皆成, 以養其生. 時不至, 不可彊生; 事不究, 不可彊成. 自若以處, 以度天下, 待其來者而正之, 因時之所宜而定之. 同男女之功, 除民之害, 以避天殃.

田野開闢, 府倉實, 民衆殷. 無曠其衆, 以爲亂梯. 時將有反, 事將有間, 必有以知天地之恒制, 乃可以有天下之成利. 事無間, 時無反, 則撫民保敎以須之.」

王曰:「不穀之國家, 蠡之國家也, 蠡其國之!」

對曰:「四封之內, 百姓之事, 時節三樂, 不亂民功, 不逆天時, 五穀睦熟, 民乃蕃滋, 君臣上下交得其志, 蠡不如種也. 四封之外, 敵國之制, 立斷之事, 因陰陽之恒, 順天地之常, 柔而不屈, 彊而不剛, 德虐之行, 因以爲常; 死生因天地之刑, 天因人, 聖人因天; 人自生之, 天地形之, 聖人因而成之, 是故戰勝而不報, 取地而不反, 兵勝於外, 福生於內, 用力甚少而名聲章明, 種亦不如蠡也.」

王曰:「諾.」

令大夫種爲之.

【卽位三年】월왕 句踐이 즉위한 3년은 魯 哀公 원년(B.C.494)에 해당함.
【持盈】가득 찬 것을 지켜냄.
【定傾】나라가 기울어 갈 때 이를 바로 세워 안정시킴.
【節事】사물에 절제를 두어 자랄 것은 자라게 하고 벨 것은 베어 냄.
【弗爲人客】전쟁이나 사물의 처리에 피동자가 되어 그 일에 대응함.
【靡】손해를 봄. 재앙이나 화와 같은 뜻임.
【貳言】范蠡가 말한 '陰謀'와 '淫佚' 두 가지.
【五湖】지금의 無錫의 太湖.
【男女之功】남자는 농사짓고, 아내는 길쌈과 양잠을 하는 일. 일반 백성의 생업.
【不穀】왕이 자신을 일컫는 겸사의 호칭.
【三樂】봄, 여름, 가을 농사짓는 즐거움. 韋昭 주에 "三時之務, 使人勸事樂業"
  이라 함.

1.《史記》越王句踐世家

越王謂范蠡曰:「以不聽子故至於此, 爲之奈何?」蠡對曰:「持滿者與天, 定傾者與人, 節事者以地. 卑辭厚禮以遺之, 不許, 而身與之市.」句踐曰:「諾.」乃令大夫種行成於吳, 膝行頓首曰:「君王亡臣句踐使陪臣種敢告下執事: 句踐請爲臣, 妻爲妾.」吳王將許之. 子胥言於吳王曰:「天以越賜吳, 勿許也.」種還, 以報句踐. 句踐欲殺妻子, 燔寶器, 觸戰以死. 種止句踐曰:「夫吳太宰嚭貪, 可誘以利, 請閒行言之.」於是句踐以美女寶器令種閒獻吳太宰嚭. 嚭受, 乃見大夫種於吳王. 種頓首言曰:「願大王赦句踐之罪, 盡入其寶器. 不幸不赦, 句踐將盡殺其妻子, 燔其寶器, 悉五千人觸戰, 必有當也.」嚭因說吳王曰:「越以服爲臣, 若將赦之, 此國之利也.」吳王將許之. 子胥進諫曰:「今不滅越, 後必悔之. 句踐賢君, 種·蠡良臣, 若反國, 將爲亂.」吳王弗聽, 卒赦越, 罷兵而歸.

237(21-2) 范蠡勸句踐無蚤圖吳
범려가 구천에게 오나라를 칠 계획을
너무 일찍 서두르지 말 것을 권하다

귀국한 지 4년, 월왕 구천句踐이 범려范蠡를 불러 물었다.

"선왕이 돌아가시고 제가 즉위하였을 때 저는 아주 어렸습니다. 그리하여 항심도 갖추지 못하였으며 나가면 사냥에 빠져 정신이 없었고, 들어오면 술에 빠져 황폐했었습니다. 우리 백성은 돌아보지 아니한 채 오직 멋진 배와 좋은 수레에만 관심이 있었지요. 그리하여 하늘이 우리 월나라에 재앙을 내려 결국 오吳나라에 제압당하도록 맡겨진 것입니다. 그 때 오나라 백성들도 나에게 역시 심하게 굴었지요. 내 그대와 더불어 그 원한을 갚고자 하는 데 가능하겠습니까?"

범려가 대답하였다.

"아직은 안 됩니다. 제가 듣기로 하느님이 고려하지 않고 있을 때는 때를 돌려 지켜야 하며, 억지로 기회를 찾고자 하면 상서롭지 못하다 하더이다. 때를 얻고도 성취시키지 못한다면 도리어 그 재앙을 받게 되며, 그로 인해 덕을 잃고 이름을 잃으며 흩어져 도망 다니다가 죽게 되는 것입니다. 하늘은 빼앗을 때가 있고, 주실 때가 있으며 주지 않을 때가 있습니다. 왕께서는 너무 서둘러 도모하지는 마십시오. 무릇 오나라는 언젠가는 임금의 오나라가 될 것입니다. 왕께서 만약 너무 서둘러 도모하신다면 그 일이 장차 어떻게 될지는 아직 알 수 없습니다."

왕이 말하였다.

"그렇게 하겠소."

四年, 王召范蠡而問焉, 曰:「先人就世, 不穀卽位, 吾年旣少, 未有恒常, 出則禽荒, 入則酒荒, 吾百姓之不圖, 唯舟與車. 上天降禍於越, 委制於吳. 吳人之那不穀, 亦又甚焉. 吾欲與子謀之, 其可乎?」

對曰:「未可也. 蠡聞之, 上帝不考, 時反是守, 彊索者不祥. 得時不成, 反受其殃. 失德滅名, 流走死亡. 有奪, 有予, 有不予, 王無蚤圖. 夫吳, 君王之吳也, 王若蚤圖之, 其事又將未可知也.」

王曰:「諾.」

【四年】월왕이 귀국한 후 4년. 魯 哀公 9년(B.C.486)에 해당함.

【就世】세상을 마침. 죽음.

【不穀】왕이 자신을 낮추어 부르는 겸칭.

【禽荒】짐승을 사냥하느라 정신을 쏟음. 사냥에 빠짐.

【酒荒】술로 인해 황폐해짐.

【委制】오나라에게 제압을 당하도록 맡김.

【那】'~에 대하여'와 같은 뜻임.

【考】고려함. 하늘이 성취하도록 도와 주거나 허락해 줌.

【索】구함. 찾음.

238(21-3) 范蠡謂人事至而天應未至

범려가 인사가 이르렀으나
하늘의 응답이 아직 이르지 않았음을 말하다

다시 1년이 흐르자 월왕 구천이 범려范蠡를 불러 자문하였다.

"내 그대와 오나라를 칠 모책을 세웠을 때 그대는 '아직 아닙니다'라 하였소. 지금 오왕은 즐거움에 빠져 그 백성을 잊고 있소. 백성의 생업을 망쳐놓고 있으며 천시天時를 거역하고 있소. 참언을 믿으며 배우들의 놀이를 즐기고, 보필을 증오하며 멀리하고 있으며, 성인聖人은 숨어 나오지 않고, 충신은 난도질을 당하였으며, 사람들은 모두 뜻을 굽혀 임금에게 부림을 당하고, 누구하나 그릇됨을 고쳐 주려 하지 않으며, 위아래가 모두 제 몸 사리기에 여가가 없을 지경이오. 지금 그들을 치는 것이 가능하겠소?"

범려가 대답하였다.

"사람의 일은 때가 이르렀으나 하늘이 아직 응하지 아니하고 있으니 왕께서는 잠시 더 기다리시오."

왕이 말하였다.

"그대 의견을 따르겠소."

又一年, 王召范蠡而間焉, 曰:「吾與子謀吳, 子曰『未可也』. 今吳王淫於樂而忘其百姓, 亂民功, 逆天時, 信讒喜優, 憎輔遠弼, 聖人不出, 忠臣解骨, 皆曲相御, 莫適相非, 上下相偸, 其可乎?」

對曰:「人事至矣, 天應未也, 王姑待之.」
王曰:「諾.」

【又一年】월왕이 귀국한지 5년, 魯 哀公 10년(B.C.485)에 해당함.
【亂民功】백성들의 생업인 농업을 망쳐놓고 있음.
【輔弼】임금의 좌우에서 누락된 것을 거두어 주고 선을 권장하는 신하들. 흔히
  왼쪽을 '輔', 오른쪽을 '弼'이라 하며, 혹 이끌어 나가는 임무를 '輔', 잘못을
  바로잡는 임무를 '弼'이라 한다 함.
【聖人不出】지혜가 있고 덕이 있는 이들이 은거하고 나서지 않음.
【解骨】해체됨. 무리가 배반함을 뜻함.
【莫適相非】아무도 그릇됨을 고쳐 주거나 바로잡아 주지 않음.
【偸】'구차스럽다'의 뜻. 구차스럽지만 목숨을 부지하기 위해 견뎌 냄.

239(21-4) 范蠡謂先爲之征其事不成
범려가 먼저 나서면
일을 성취시키지 못할 것임을 말하다

다시 1년이 흘렀다. 왕은 범려范蠡를 불러 이렇게 자문을 구하였다.

"내 그대와 오나라 문제를 두고 모책을 세울 때 그대는 '아직 아닙니다'라 하였소. 지금 신서申胥가 부차에게 자주 간언을 하자, 왕이 노하여 그를 죽이고 말았소. 지금 가능하겠소?"

범려가 말하였다.

"절의에 어긋난 행동이 싹이 텄습니다. 그러나 천지가 아직 그 형태를 보여 주고 있지 않고 있으니, 공연히 먼저 서둘러 쳤다가는 그 일을 성공시키지 못하면 두 나라가 모두 뒤섞여 형벌을 받게 됩니다. 왕께서는 잠시 기다리십시오."

"그대 의견을 따르겠소."

又一年, 王召范蠡而問焉, 曰:「吾與子謀吳, 子曰『未可也』. 今申胥驟諫其王, 王怒而殺之, 其可乎?」

對曰:「逆節萌生. 天地未形, 而先爲之征, 其事是以不成, 雜受其刑. 王姑待之.」

王曰:「諾.」

【又一年】越王이 귀국한 그 다음해인 월왕 6년, 魯 哀公 11년(B.C.484)에 해당함.

【逆節】절의나 예절에 어긋난 행위. 천리에 어긋나는 일.

【形】겉으로 드러남.

【雜】뒤섞여 함께 재앙을 당함.

240(21-5) 范蠡謂人事與天地相參乃可以成功
범려가 인사와 천지가 서로 참작되어야 성공할 수 있다고 말하다

다시 1년이 흘렀다. 구천이 범려范蠡를 불러 이렇게 자문을 구하였다.

"내 그대와 오나라 문제를 두고 모책을 세울 때 그대는 '아직 아닙니다' 라 하였소. 지금 그곳 벼 해충인 게가 볍씨도 남기지 않고 갉아먹고 있으니 이때라면 가능하겠소?"

범려가 말하였다.

"하늘의 응험이 이르렀습니다. 그러나 인사人事가 아직 다하지 않았 으니, 왕께서는 잠시 기다리시지요."

그러자 구천은 화를 내며 이렇게 말하였다.

"도라는 것이 진실로 그런 것이오? 어찌 망녕되이 나를 속이시오? 내 그대와 인사를 말하면 그대는 천시가 어떠니 둘러대더니, 지금 천시가 응하여 이르렀다고 하면서 그대는 다시 인사를 들먹거리니 어찌 된 것이오?"

범려는 이렇게 설명하였다.

"왕께서는 잠시 고정하시고 괴이히 여기지 마십시오. 무릇 인사라고 하는 것은 반드시 천시와 지리地利 세 가지와 더불어 한 연후에야 가히 성공할 수 있습니다. 지금 오나라는 재앙이 새롭게 시작되어 백성들이 놀라고 있습니다. 따라서 군신과 상하 모두가 전쟁을 치르자면 재물이 장기간 지탱해 나가기에 부족할 것임을 알고 있습니다. 저들은 그 때문에 그 힘을 하나로 모아 죽음을 무릅쓸 것이니, 지금 공격했다가는 오히려 우리가 위태롭게 됩니다. 그러니 왕께서는 장차 신나게 수레를 몰고 사냥을 다니십시오. 그러나 진정으로 사냥에 황폐하게 빠져서는 안 됩니다. 또한 궁중에서 잔치를 열어 마음대로 즐기시되 술로 인한 황폐함에 빠져서는 안 됩니다. 대부들과 마음 놓고 술잔을 나누시되 대신 나라의 상도를 잊어서는 안 됩니다. 그렇게 하면 저 오나라는 우리에 대한 경계심을 풀고, 그 임금은 갈수록 덕을 깎아 먹을 것이며, 백성들은 그러한 임금을 위해 노동을 바치느라 힘을 소진하게 될 것입니다. 그리하여 그 백성들로 하여금 차라리 하늘의 재앙이나 내릴 것을 바라면서 제대로 먹을 것도 없게 되도록 한 다음, 이에 하늘을 대신하여 그들을 치면 멸망시킬 수 있을 것입니다. 왕께서는 잠시 기다리십시오."

又一年, 王召范蠡而問焉, 曰:「吾與子謀吳, 子曰『未可也』. 今其稻蟹不遺種, 其可乎?」

對曰:「天應至矣, 人事未盡也, 王姑待之.」

王怒曰:「道固然乎, 妄其欺不穀邪? 吾與子言人事, 子應我以天時; 今天應至矣, 子應我以人事. 何也?」

范蠡對曰:「王姑勿怪. 夫人事必將與天地相參, 然後乃可以成功. 今其禍新民恐, 其君臣上下, 皆知其資財之不足以支長久也, 彼將同其力, 致其死, 猶尚殆. 王其且馳騁弋獵, 無至禽荒; 宮中之樂, 無至酒荒; 肆與大夫觴飲, 無忘國常. 彼其上將薄其德, 民將盡其力, 又使之望而不得食, 乃可以致天地之殛, 王姑待之.」

【又一年】越王이 귀국한 그 다음 해인 월왕 7년, 魯 哀公 12년. B.C.483년에
해당함.

【稻蟹不遺種】게가 벼 뿌리를 잘라먹어 씨도 남기지 않음.

【參】天地人 三才를 가리킴. 天時·地利·人和가 합하여야 일을 성공시킬 수
있음.

【弋】화살 끝에 식을 달아 사냥하는 방법. 繒弋과 같음.

【望】怨望. 혹 '차라리 하늘이 재앙을 내려줄 것을 기다림'으로도 풀이함.

【殄】죽임, 誅殺함. 멸망시킴. 오왕 부차를 죽여 그 나라를 망하게 함.

241(21-6) 越興師伐吳而弗與戰
월나라가 군사를 일으켜
오나라를 치면서 접전은 벌이지 않다

9월이 되자 월왕 구천이 범려范蠡를 불러 물었다.

"속담에 '배가 너무 고플 때는 거나한 잔치를 기다리느니, 차라리 식은 밥이나마 배를 먼저 채우는 것이 낫다'라 하였는데 금년도 이미 저물어 가고 있습니다. 그대는 장차 어찌하였으면 좋겠소?"

범려가 말하였다.

"임금께서 말씀을 안 하셨더라도 제가 먼저 아뢰려 하던 참입니다. 제가 듣기로 천시를 따르는 자는 마치 불을 끄러 달려가는 것이나, 도망가는 자를 뒤쫓아가는 것과 같다 하였습니다. 넘어지면서 쫓아가도 오히려 늦을까 걱정인 걸요."

왕이 말하였다.

"좋소."

이리하여 드디어 군사를 일으켜 오吳나라 정벌에 나서 오호五湖에 이르렀다.

오나라 사람들이 이를 듣고 성에서 나와 도전을 하되, 하루에도 다섯 번이나 왔다가 되돌아가는 것이었다. 월왕은 참지 못하고 응전을 허락할 참이었다.

그러자 범려가 나서서 이렇게 간언하였다.

"모책은 낭묘廊廟에서 짜놓고, 이를 중원中原에서 잃는다면 되겠습니까? 왕께서는 잠시 허락하지 말고 기다리십시오. 제가 듣건대 '때를 얻으면 태만하지 말라. 때는 두 번 오지 않는다. 하늘이 주는 데도 받지 않으면 그것이 도리어 재앙이 된다'라 하더이다. 영축贏縮은 돌고 돌아 변화하는 것이니, 그랬다가는 장차 후회하게 될 지도 모릅니다. 천도의 절도는 진실로 그런 것이니 오직 좋은 모책이라면 마구 바꾸어서는 안 됩니다."

왕이 말하였다.

"좋소."

그리하여 응전하지 말고 기다리도록 하였다.

범려가 말하였다.

"제가 듣기로 옛날 용병에 뛰어났던 자들은, 영축을 기본으로 삼고 사시四時를 벼리로 삼아 천극天極을 넘어서지 아니하며 수數가 궁하면 그친다 하였습니다. 천도는 황황皇皇하여 해와 달이 그 상징을 보여 주는 것이니 그들이 밝을 때는 그 법칙대로 나서야 하며, 그들이 희미하면 도망하여 숨는 행동을 취해야 합니다. 양이 지극한 경지에 이르면 음이 시작되고, 음이 지극함에 이르면 양이 시작됩니다. 해는 졌다가 다시 떠오르고, 달은 차면 기울게 마련입니다. 옛날 용병에 뛰어났던 자들은 천지의 변화 없음을 근거로 그와 함께 행동하였습니다. 뒤에 행동할 때는 음의 법칙을 따르고, 앞서 공격할 때는 양의 원리를 따릅니다. 적과 가까이 있을 때는 유순하게 하고, 적과 멀리 떨어져 있을 때는 강하게 합니다. 뒤에 나서서 행동할 때는 음의 성격이 그를 덮지 않도록 하고, 먼저 나서서 공격할 때는 양의 원리가 너무 드러나도록 해서는 안 됩니다. 군사를 부릴 때는 언제나 같은 원리란 없습니다. 그 적재적소에 따라 대응할 뿐입니다. 강하고 굳셈으로 막아내되 적군의 양기가 아직 다하지 않았을 때는 들판에서 싸워 죽는 일이 없도록 해야 합니다. 저들이 도전하고 우리가 전세를 따라가야 할 때라면 굳게 지키기만 하고 맞서지는 말아야 합니다. 만약 우리가 응전하기를 결정했다면 반드시 천지의 재앙이 그들에게 있음을 근거로 하되, 거기에 상대 백성들의 기포饑飽와 노일勞逸의 여부를 살펴 이를 참작해야 합니다. 그리하여 그들의 양기가 소진되고 나서, 우리 편의 음기가 충만할 때 이들을 공격하여 빼앗아야 합니다. 공격할 때는 마땅히 남의 손님이 된 것으로 여겨 강하고 굳센 기로써 힘을 다하여 빠르게 나아가되, 그 때의 양기는 소진되지 않도록 하여야 하며 경솔히 대들었다가는 승리를 거둘 수 없습니다. 수비할 때는 마땅히 주인이 된 것으로 여겨 편안하고 느리게 대처하며, 진중하고 견고하게 해야 하며 음기가 소진되지 않도록 하되 부드럽게 해야지 급박하게 해서는 안 됩니다. 무릇 포진의 도는 오른쪽을 암컷 음으로 삼아 설치하여 수비하고, 왼쪽을 수컷 양으로 삼아 공격하되 군사를 더 증액시킵니다. 그리하여 공격의 시간 선후의 기회를 잃지 않되 반드시 천도에 따라야 하며, 그 주선 변화는 무궁하여야 합니다. 지금 오나라 군사들이 와서 도전하는 것은, 그들이 강강한 힘으로 양의 힘으로 빨리 서두르는 것이니 왕께서는 잠시 기다리시기 바랍니다."

왕이 말하였다.

"좋소."

이리하여 응전하지 아니하고 기다렸다.

至於玄月, 王召范蠡而問焉, 曰:「諺有之曰:『觥飯不及壺飧.』今歲晚矣, 子將奈何?」

對曰:「微君王之言, 臣故將謁之. 臣聞從時者, 猶救火, 追亡人也. 蹶而趨之, 唯恐弗及.」

王曰:「諾.」

遂興師伐吳, 至於五湖.

吳人聞之, 出而挑戰, 一日五反. 王弗忍, 欲許之.

范蠡進諫曰:「夫謀之廊廟, 失之中原, 其可乎? 王姑勿許也. 臣聞之:『得時無怠, 時不再來, 天予不取, 反爲之災.』嬴縮轉化, 後將悔之. 天節固然, 唯謀不遷.」

王曰:「諾.」

弗許.

范蠡曰:「臣聞古之善用兵者, 贏縮以爲常, 四時以爲紀, 無過天極, 究數而止. 天道皇皇, 日月以爲常, 明者以爲法, 微者則是行. 陽至而陰, 陰至而陽; 日困而還, 月盈而匡. 古之善用兵者, 因天地之常, 與之俱行. 後則用陰, 先則用陽; 近則用柔, 遠則用剛. 後無陰蔽, 先無陽察, 用人無藝, 往從其所. 剛彊以禦, 陽節不盡, 不死其野. 彼來我從, 固守勿與. 若將與之, 必因天地之災, 又觀其民之饑飽勞逸以參之. 盡其陽節, 盈吾陰節而奪之. 宜爲人客, 剛彊而力疾, 陽節不盡, 輕而不可取. 宜爲人主, 安徐而重固, 陰節不盡, 柔而不可迫. 凡陳之道, 設右以爲牝, 益左而爲牡, 蚤晏無失, 必順天道, 周旋無究. 今其來也, 剛彊而力疾, 王姑待之」

王曰:「諾.」

弗與戰.

【玄月】九月의 다른 말. 여기서는 구체적으로 魯 哀公 16년(B.C.479) 9월.

【觥飯】풍성하게 차린 밥상.

【壺飱】간단하고 적당하게 차린 밥상.

【廊廟】朝廷을 말함. 옛날 국가의 대사나 전쟁을 계획하여 그 모책을 짠 다음, 종묘에 알려 제사를 올리고 행동을 개시하였음.

【贏縮】盈縮과 같음. 차고 기욺. 진퇴, 공수 등을 의미함.

【陰陽】본 장에서의 陰은 모두 수비의 기본 법칙이며, 陽은 공격의 기본 원리로써 이를 형이상학적으로 비유하여 설명한 것임.

【匡】'虧'와 같음.

【饑飽勞逸】주림과 배부름, 그리고 노고로움과 편안함의 구분.

【設右以爲牝】 오른쪽은 陰을 뜻하며 '牝'은 암컷. '수비하여 지킴'을 말함.

【左以爲牡】 왼쪽은 陽을 뜻하며 '牡'는 수컷. 공격을 상징함.

【蚤晏】 '蚤'는 '早', '晏'은 '晚'과 같음. 공격이나 행동의 시기 조절을 의미함.

242(21-7) 范蠡諫句踐勿許吳成卒滅吳
범려가 구천에게 오나라의 화친 제의를 허락하지 말 것을 간하여 마침내 오나라를 멸하다

합려閤廬가 군영에 있은 지 3년, 오吳나라 군사는 스스로 궤멸되고 있었다. 오왕 부차夫差는 자신의 똑똑한 신하들과 대신들을 이끌고 고소성姑蘇城으로 들어가 버티면서 왕손락王孫雒을 사신으로 월왕에게 화친을 청하도록 보내었다.

"지난 날 하늘이 우리 오나라에게 재앙을 내려 회계會稽에서 그대께 죄를 지었습니다. 왕께서 지금 저에게 이렇게 보복을 하시니 저는 그때 회계에서의 화친 때와 같은 조건으로 저를 대해 주실 것을 청합니다."

구천은 그 불쌍함을 참을 수 없어 이를 허락하고자 하였다.

그러자 범려가 나아가 간언하였다.

"제가 듣기로 성인의 공은 천시를 어떻게 활용하는가에 있다 하였습니다. 천시를 얻고도 성공하지 못하면 천시는 그 형태를 반복하여 되돌려 보내 줍니다. 하늘이 내린 절도가 멀지 않으니 대체로 5년을 주기로 반복합니다. 작은 흉사야 그보다 가까울 수 있고, 큰 흉사는 그보다 멀 수도 있습니다. 옛 사람은 '도끼자루로 도끼자루에 쓸 나무를 베도다. 그 길이야 그 도끼자루로 재어 보면 되지'라 하였으니 임금께서 지금 결단을 내리지 않으면 회계의 치욕을 잊었단 말입니까?"

왕이 말하였다.

"그렇게 하겠소."

그리하여 그들의 화해 요구를 허락하지 않았다.

사자가 돌아갔다가 다시 또 찾아와서는 더욱 겸손한 말로 더욱 예를

차려 월왕을 존경하는 것이었다. 구천은 다시 그들의 요구를 허락하려
하였다.

범려가 다시 이렇게 간하였다.

"우리로 하여금 이른 아침부터 늦은 저녁까지 피곤한 어느 사신이
있다면 바로 오나라 사신 아닙니까? 우리와 삼강三江·오호五湖의 이익
을 두고 다투는 자가 바로 오나라 아닙니까? 무릇 10년 모책을 짜고
나서 하루아침에 이를 저버린다면 그것이 옳은 일입니까? 왕께서는
잠시 허락하지 마십시오. 이 일은 장차 좋은 희망으로 바뀌면서 끝이
날 것입니다."

왕이 말하였다.

"내 허락하지 아니하고자 하나 그 사신을 대하기가 난처하오. 그대가
상대해 주시오."

범려는 이에 왼손에 북을 잡고, 오른손에는 북채를 잡은 채 그
사신을 응대하여 이렇게 말하였다.

"지난 날 하늘이 우리 월나라에게 재앙을 내려 우리는 모든 것을
그대 오나라에게 맡겼건만, 그대 오나라는 받지 않았다. 지금 그 의義가
거꾸로 되어 그 재앙을 갚고 있다. 우리 왕이 어찌 감히 하늘의 명령을
듣지 않고 오히려 그대 왕의 명령을 듣겠는가?"

왕손락이 이렇게 말하였다.

"그대 범자(范子, 범려)이시여, 옛사람 말에 '하늘의 포학함을 돕지
말라. 하늘의 포학함을 돕는 것은 상서롭지 못한 일이다'라 하였습니다.
지금 우리 오나라는 게가 벼를 갉아먹어 볍씨도 남기지 않고 있습니다.
그런데 그대가 하늘의 이러한 재앙에 그대가 그 재앙을 가중시키고
있으니, 어찌 상서롭지 못함을 꺼려하지도 않습니까?"

범려가 말하였다.

"왕손자여, 옛날 우리 선군은 진실로 주실周室에서 자작子爵 지위도
받지 못하였었소. 그 때문에 동해東海의 귀퉁이에서 원타어별黿鼉
魚鼈과 함께 살았고, 개구리나 맹꽁이와 함께 물가에 살았소. 내 비록

부끄럽게도 사람의 얼굴이기는 하였지만 오히려 짐승 같았소. 그러니 어찌 그러한 교묘한 말을 알고 있겠소?

왕손락이 말하였다.

"그대 범자께서 장차 하늘의 포학함을 돕고 계시니, 그렇게 하늘의 포학함을 돕는 것은 상서롭지 못한 것이오. 저로 하여금 돌아가 우리 임금께 허락을 얻었노라 말씀드릴 수 있도록 해 주시기를 청합니다."

범려가 말하였다.

"우리 임금께서는 이미 모든 일을 집사執事에게 위임하셨소. 그대는 돌아가시오. 집사로 하여금 그대의 일로 인해 죄를 얻는 일이 없도록 해 주시오."

그 사신이 오왕에게 말을 전하도록 돌려보내면서 범려는 구천에게 이를 보고하지 않은 채 북을 치며 군사를 일으켜 그 사신의 뒤를 따라 갔다. 고소성의 궁궐에 이르러 월나라 군사하나 다치지 아니하고 드디어 오나라를 멸망시켰다.

居軍三年, 吳師自潰.

吳王帥其賢良, 與其重祿, 以上姑蘇.

使王孫雒行成於越, 曰:「昔者上天降禍於吳, 得罪於會稽. 今君王其圖不穀, 不穀請復會稽之和.」

王弗忍, 欲許之.

范蠡進諫曰:「臣聞之, 聖人之功, 時爲之庸. 得時不成, 天有還形. 天節不遠, 五年復反. 小凶則近, 大凶則遠. 先人有言曰:『伐柯者其則不遠.』今君王不斷, 其忘會稽之事乎?」

王曰:「諾.」

不許.

使者往而復來, 辭愈卑, 禮愈尊, 王又欲許之.

范蠡諫曰:「孰使我蚤朝而晏罷者, 非吳乎? 與我爭三江·五湖之利者, 非吳耶? 夫十年謀之, 一朝而棄之, 其可乎? 王姑勿許, 其事將易冀已.」

王曰:「吾欲勿許, 而難對其使者, 子其對之.」

范蠡乃左提鼓, 右援枹, 以應使者, 曰:「昔者上天降禍於越, 委制於吳, 而吳不受. 今將反此義以報此禍, 吾王敢無聽天之命, 而聽君王之命乎?」

王孫雒曰:「子范子, 先人有言曰:『無助天爲虐, 助天爲虐者不祥.』今吳稻蟹不遺種, 子將助天爲虐, 不忌其不祥乎?」

范蠡曰:「王孫子, 昔吾先君固周室之不成子也, 故濱於東海之陂, 黿鼉魚鼈之與處, 而鼃黽之與同渚. 余雖靦然而人面哉, 吾猶禽獸也, 又安知是諓諓者乎?」

王孫雒曰:「子范子將助天爲虐, 助天爲虐不祥. 雒請反辭於王.」

范蠡曰:「君王已委制於執事之人矣. 子往矣, 無使執事之人得罪於子.」

使者辭反, 范蠡不報於王, 擊鼓興師以隨使者, 至於姑蘇之宮, 不傷越民, 遂滅吳.

【居軍三年】魯 哀公 20년(B.C.475) 11월 越軍이 吳나라를 포위하여 22년 11월 丁卯에 오나라를 멸망시키기까지 기간이 3년임. 이 기간 월왕 구천은 줄곧 병영에 있었음.

【重祿】대신들을 말함. 귀족 대부들을 가리킴.

【姑蘇】지금의 蘇州. 당시 吳나라 도읍이며 그 안에 쌓은 성. 지금도 성터의 일부가 남아 있음.

【王孫雒】오나라 대부.

【不穀】寡人과 같음. 왕이 자신을 낮추어 부르는 말.

【會稽之和】越王 句踐이 闔廬에게 會稽山으로 쫓겨 가 화친을 맺을 때 자신이
노예가 되고 부인들도 모두 바치겠다고 했던 것을, 지금 반대로 夫差가 그
조건을 그대로 거꾸로 수용하겠다는 의미임.

【大凶】나라가 망하는 정도의 큰 일. 小凶은 그에 비해 일을 실패하는 정도.

【伐柯】《詩經》 豳風 伐柯의 시.

【三江】오나라와 월나라가 차지하고자 늘 다투던 淞江·錢塘江·浦陽江 등의
지역을 말함.

【五湖】지금의 無錫 근처 太湖.

【子】고대 公侯伯子男의 작위. 子는 주로 四方 蠻夷의 군주를 일괄적으로 자의
작위로 불렀음.

【東海】월나라는 지금의 소흥을 중심으로 하여 그 앞이 동쪽 바다(황해)였으며,
중원으로부터 멀어 야만인 취급을 받았음.

【黿鼉魚鱉】자라·악어·물고기 등. 이들과 뒤섞여 살아 매우 원시적인 삶이었
음을 비유한 것. 중원 문명국가들로부터 도외시되고 관심 밖이었음을 말함.

【靦然】'전연'으로 읽으며 부끄럽게 여기는 낯빛.

【諓諓】말을 교묘하게 잘 꾸며댐.

참고 및 관련 자료

1. 《史記》 越王句踐世家

居三年, 句踐召范蠡曰:「吳已殺子胥, 導諛者衆, 可乎?」對曰:「未可.」
至明年春, 吳王北會諸侯於黃池, 吳國精兵從王, 惟獨老弱與太子留守. 句踐
復問范蠡, 蠡曰「可矣」. 乃發習流二千人, 敎士四萬人, 君子六千人, 諸御千人,
伐吳. 吳師敗, 遂殺吳太子. 吳告急於王, 王方會諸侯於黃池, 懼天下聞之, 乃祕之.
吳王已盟黃池, 乃使人厚禮以請成越. 越自度亦未能滅吳, 乃與吳平.
其後四年, 越復伐吳. 吳士民罷弊, 輕銳盡死於齊·晉. 而越大破吳, 因而留圍之
三年, 吳師敗, 越遂復棲吳王於姑蘇之山. 吳王使公孫雄肉袒膝行而前, 請成越
王曰:「孤臣夫差敢布腹心, 異日嘗得罪於會稽, 夫差不敢逆命, 得與君王成以歸.

今君王舉玉趾而誅孤臣, 孤臣惟命是聽, 意者亦欲如會稽之赦孤臣之罪乎?」句踐不忍, 欲許之. 范蠡曰:「會稽之事, 天以越賜吳, 吳不取. 今天以吳賜越, 越其可逆天乎? 且夫君王蚤朝晏罷, 非爲吳邪? 謀之二十二年, 一旦而棄之, 可乎? 且夫天與弗取, 反受其咎. '伐柯者其則不遠', 君忘會稽之戹乎?」句踐曰:「吾欲聽子言, 吾不忍其使者.」范蠡乃鼓進兵, 曰:「王已屬政於執事, 使者去, 不者且得罪.」吳使者泣而去. 句踐憐之, 乃使人謂吳王曰:「吾置王甬東, 君百家.」吳王謝曰:「吾老矣, 不能事君王!」遂自殺. 乃蔽其面, 曰:「吾無面以見子胥也!」越王乃葬吳王而誅太宰嚭.

句踐已平吳, 乃以兵北渡淮, 與齊·晉諸侯會於徐州, 致貢於周. 周元王使人賜句踐胙, 命爲伯. 句踐已去, 渡淮南, 以淮上地與楚, 歸吳所侵宋地於宋, 與魯泗東方百里. 當是時, 越兵橫行於江·淮東, 諸侯畢賀, 號稱霸王.

2.《吳越春秋》夫差內傳

二十年, 越王興師伐吳, 吳與越戰於檇李. 吳師大敗, 軍散, 死者不可勝計. 越追破吳, 吳王困急, 使王孫駱稽首請成, 如越之來也. 越王對曰:「昔天以越賜吳, 吳不受也. 今天以吳賜越, 寄可逆乎? 吾請獻句, 甬東之地, 吾與君爲二君乎!」吳王曰:「吾之在周, 禮前王一飯. 如越王不忘周室之義, 而使爲附邑, 亦寡人之願也. 行人請成列國之義, 惟君王有意焉.」大夫種曰:「吳爲無道, 今幸擒之, 願王制其命.」越王曰:「吾將殘汝社稷, 夷汝宗廟.」吳王默然. 請成七反, 越王不聽. 二十三年, 七月, 越王復伐吳. 吳國困不戰, 士卒分散, 城門不守, 遂屠吳. 吳王率群臣遁去, 晝馳夜走, 三日三夕, 達於秦餘杭山. 胸中愁憂, 目視茫茫, 行步猖狂, 腹餒口饑, 顧得生稻而食之, 伏地而飲水. 雇左右曰:「此何名也?」對曰:「是生稻也.」吳王曰:「是公孫聖所言不得火食走偉偟也.」王孫駱曰:「飽食而去, 前有胥山, 西坂中可以匿止.」王行, 有頃, 因得生瓜熟, 吳王掇而食之. 謂左右曰:「何冬而生瓜, 近道人不食何也?」左右曰:「謂糞種之物, 人不食也.」吳王曰:「何謂糞種?」左右曰:「盛夏之時, 人食生瓜, 起居道傍, 子復生, 秋霜, 惡之, 故不食.」吳王歎:「子胥所謂旦食者也.」謂太宰嚭曰:「吾戮公孫聖, 投胥山之嶺, 吾以畏責天下之慚, 吾足不能進, 心不能往.」太宰嚭曰:「死與生, 敗與成, 故有避乎?」王曰:「然. 曾無所知乎? 子試前呼之, 聖在, 當卽有應」吳王止秦餘杭山, 呼曰:「公孫聖!」三反呼, 聖從山中應曰:「公孫聖!」三呼三應. 吳王仰天呼曰:「寡人豈可返乎? 寡人世世得聖也.」

須臾, 越兵至, 三圍吳. 范蠡在中行, 左手提鼓, 右手操枹而鼓之. 吳王書其失而
射種, 蠡之軍, 辭曰:「吾聞狡兔以死, 良犬就烹. 敵國如滅, 謀臣必亡. 今吳病矣,
大夫何慮乎?」大夫種, 相國蠡急而攻. 大夫種書失射之, 曰:「上天蒼蒼, 若存
若亡. 越君句踐下臣種敢言之: 昔天以越賜吳, 吳不肯受, 是天所反. 句踐敬天
而功, 旣得返國. 今上天報越之功, 敬而受之, 不敢忘也. 且吳有大過六, 以至
於亡, 王知之乎? 有忠臣伍子胥忠諫而身死, 大過一也. 公孫聖直說而無功, 大
過二也. 太宰嚭愚而佞言, 輕而讒諛, 亡語恣口, 聽而用之, 大過三也. 夫齊, 晉無
返逆行, 無僭侈之過, 而吳伐以國, 辱君臣, 毁社稷, 大過四也. 且吳與越同音
共律, 上合星宿, 下共一理, 而吳侵伐, 大過五也. 昔越親戕吳之前王, 罪莫大焉,
而幸伐之, 不從天命而棄其讎, 後爲大患, 大過六也. 越王謹上列靑天, 敢不
如命?」大夫種謂越君曰:「中冬其定, 天將殺戮. 不行天殺, 反受其殃.」越王
敬拜, 曰:「喏. 今圖吳王, 將爲何如?」大夫種曰:「君被五勝之衣, 帶步光之劍,
仗屈盧之矛, 瞋木大言以執之.」越王曰:「諾.」乃如大夫種辭吳王曰:「誠以今日
聞命.」言有頃, 吳王不自殺. 越王復使謂曰:「何王之忍辱厚恥也! 世無萬歲
之君, 死生一也. 今子尙有遺榮, 何必使吾師衆加刃於王?」吳王仍未肯自殺. 句踐
謂種, 蠡曰:「二子何不誅之?」種, 蠡曰:「臣, 人臣之位 不敢加誅於人主. 願主急
而命之, 天誅當行, 不可久留.」越王復瞋目怒曰:「死者, 人之所惡. 惡者, 無罪
於天, 不負於人. 今君抱六過之罪, 不知愧辱而欲求成, 豈不鄙哉?」吳王乃太息,
四顧而望, 言曰:「諾!」乃引劍而復之死. 越王謂太宰嚭:「子爲臣, 不忠無信,
亡國滅君.」乃誅嚭幷妻子. 吳王臨欲伏劍, . 顧謂左右曰:「吾生旣慙, 死亦愧矣.
使死者有知, 吾羞前君地下, 不忍睹忠臣伍子胥及公孫聖. 使其無知, 吾負於生.
死必連繁, 組以罩吾目, 恐其不蔽, 願復重羅繡三幅, 以爲掩明. 生不昭我, 死勿
見我形. 吾何可哉!」越王乃葬吳王以禮, 於秦餘杭山卑猶. 越王使軍士集於我戎
之功, 人一隔土以葬之. 宰嚭亦葬卑猶之旁.

243(21-8) 范蠡乘輕舟以浮於五湖
범려가 가벼운 배를 타고 오호로 나가 사라지다

오吳나라를 멸한 뒤 오호五湖로 돌아와서 범려范蠡는 왕에게 물러날 것을 고하며 이렇게 말하였다.

"왕께서는 힘쓰시오. 저는 이제 월나라 땅에는 들어가지 않습니다."

구천이 말하였다.

"나는 그대가 한 말이 무슨 뜻인지 모르겠소. 어찌된 일이오?"

범려가 대답하였다.

"제가 듣기로 남의 신하가 된 자는 임금이 근심하면 신하는 노고로움을 다해야 하며, 임금이 치욕을 당하면 신하는 죽어야 한다고 하더이다. 지난 날 임금께서 회계會稽에서 치욕을 당하실 때 제가 그때 죽지 않은 것은, 바로 이렇게 원수를 갚아드리기 위한 것이었습니다. 지금 그 일은 모두 성취시켰으니, 저는 그 회계 때 죽어야 했던 벌을 이제야 청하는 것입니다."

왕이 말하였다.

"그대의 잘못을 덮어 주지 않거나 그대의 훌륭함을 선양해 주지 않는 자가 있다면, 내 그러한 자는 우리 월나라에서 목숨을 부지할 수 없도록 할 것이오. 그대가 내 말을 들어 주면 그대에게 나라를 나누어 주겠소. 그러나 내 말을 들어 주지 않는다면 그대 자신은 물론 처자까지 모두 죽여 버리겠소."

범려가 대답하였다.

"저는 명령을 다 들었습니다. 임금께서는 임금의 법령대로 하시오. 나는 내 뜻대로 하겠소."

드디어 가벼운 배를 타고 오호로 나섰다. 그가 마지막 어디로 갔는지 아무도 알 수가 없었다.

월왕은 공인工人에게 명하여 좋은 구리로 범려의 동상을 만들어 아침마다 절을 하였으며, 대부들로 하여금 열흘마다 한 번씩 그에게 예배를 하도록 하였다. 그리고 회계산會稽山 둘레 3백 리를 범려의 봉토로 삼고 이렇게 명하였다.

"후세 자손 중에 감히 이 범려의 봉토를 침범하는 자가 있으면, 월나라에서 목숨을 옳게 마치지 못하도록 하겠다. 황천후토皇天后土와 사방 지방 장관들이 이 명령을 증명하리라."

反至五湖, 范蠡辭於王曰:「君王勉之, 臣不復入越國矣.」

王曰:「不穀疑子之所謂者, 何也?」

對曰:「臣聞之, 爲人臣者, 君憂臣勞, 君辱臣死. 昔者君王辱於會稽, 臣所以不死者, 爲此事也. 今事已濟矣, 蠡請從會稽之罰.」

王曰:「所不掩子之惡, 揚子之美者, 使其身無終沒於越國. 子聽吾言, 與子分國; 不聽吾言, 身死, 妻子爲戮.」

范蠡對曰:「臣聞命矣. 君行制, 臣行意.」

遂乘輕舟以浮於五湖, 莫知其所終極.

王命工以良金寫范蠡之狀而朝禮之, 浹日而令大夫朝之, 環會稽三百里者以爲范蠡地, 曰:「後世子孫, 有敢侵蠡之地者, 使無終沒於越國, 皇天后土·四鄉地主正之.」

【五湖】 지금의 無錫 근처에 있는 太湖.
【終沒】 천수를 누리고 제대로 살다가 아무런 사고 없이 죽음.

【浹日】旬. 열흘을 가리킴. 고대 干支로 날짜를 세어 十干, 즉 甲으로부터 癸까지
 10일이며 이를 '浹日'이라 하였음.
【莫知其所終極】범려는 그 뒤 齊나라 陶 땅으로 가서 상업으로 큰 부자가 되었
 으며, 그 때의 일화와 행적은《史記》越王句踐世家에 자세히 실려 있음.
【皇天后土】하늘을 관장하는 신과 땅을 다스리는 신. 天地神明을 말함.
【地主】지방관. 지방 牧民官.
【正之】이들이 증명을 함.

참고 및 관련 자료

1.《史記》越王句踐世家

范蠡遂去, 自齊遺大夫種書曰:「蜚鳥盡, 良弓藏; 狡兔死, 走狗烹. 越王爲人長頸
鳥喙, 可與共患難, 不可與共樂. 子何不去?」種見書, 稱病不朝. 人或讒種且
作亂, 越王乃賜種劍曰:「子教寡人伐吳七術, 寡人用其三而敗吳, 其四在子, 子爲
我從先王試之.」種遂自殺. 范蠡事越王句踐, 旣苦身勠力, 與句踐深謀二十
餘年, 竟滅吳, 報會稽之恥, 北渡兵於淮以臨齊·晉, 號令中國, 以尊周室, 句踐
以霸, 而范蠡稱上將軍. 還反國, 范蠡以爲大名之下, 難以久居, 且句踐爲人可與
同患, 難與處安, 爲書辭句踐曰:「臣聞主憂臣勞, 主辱臣死. 昔者君王辱於會稽,
所以不死, 爲此事也. 今旣以雪恥, 臣請從會稽之誅.」句踐曰:「孤將與子分國而
有之. 不然, 將加誅于子.」范蠡曰:「君行令, 臣行意.」乃裝其輕寶珠玉, 自與其私
徒屬乘舟浮海以行, 終不反. 於是句踐表會稽山以爲范蠡奉邑. 范蠡浮海出齊,
變姓名, 自謂鴟夷子皮, 耕于海畔, 苦身戮力, 父子治産. 居無幾何, 致産數十萬.
齊人聞其賢, 以爲相. 范蠡喟然嘆曰:「居家則致千金, 居官則至卿相, 此布衣之
極也. 久受尊名, 不祥.」乃歸相印, 盡散其財, 以分與知友鄕黨, 而懷其重寶,
閒行以去, 止于陶, 以爲此天下之中, 交易有無之路通, 爲生可以致富矣. 於是自
謂陶朱公. 復約要父子耕畜, 廢居, 候時轉物, 逐什一之利. 居無何, 則致貲累
巨萬. 天下稱陶朱公. 朱公居陶, 生少子. 少子及壯, 而朱公中男殺人, 囚於楚.
朱公曰:「殺人而死, 職也. 然吾聞千金之子不死於市.」告其少子往視之. 乃裝黃
金千溢, 置褐器中, 載以一牛車. 且遣其少子, 朱公長男固請欲行, 朱公不聽.
長男曰:「家有長子曰家督, 今弟有罪, 大人不遣, 乃遣少弟, 是吾不肖.」欲自殺.

其母爲言曰:「今遣少子, 未必能生中子也, 而先空亡長男, 奈何?」朱公不得已
而遣長子, 爲一封書遺故所善莊生. 曰:「至則進千金于莊生所, 聽其所爲, 愼無
與爭事.」長男旣行, 亦自私齎數百金. 至楚, 莊生家負郭, 披藜藋到門, 居甚貧.
然長男發書進千金, 如其父言. 莊生曰:「可疾去矣, 愼毋留! 卽弟出, 勿問所
以然.」長男旣去, 不過莊生而私留, 以其私齎獻遺楚國貴人用事者. 莊生雖居
窮閻, 然以廉直聞於國, 自楚王以下皆師尊之. 及朱公進金, 非有意受也, 欲以成
事後復歸之以爲信耳. 故金至, 謂其婦曰:「此朱公之金. 有如病不宿誡, 後復歸,
勿動.」而朱公長男不知其意, 以爲殊無短長也. 莊生閒時入見楚王, 言「某星
宿某, 此則害於楚」. 楚王素信莊生, 曰:「今爲奈何?」莊生曰:「獨以德爲可以
除之.」楚王曰:「生休矣, 寡人將行之.」王乃使使者封三錢之府. 楚貴人驚告朱
公長男曰:「王且赦.」曰:「何以也?」曰:「每王且赦, 常封三錢之府. 昨暮王使使
封之.」朱公長男以爲赦, 弟固當出也, 重千金虛棄莊生, 無所爲也, 乃復見莊生.
莊生驚曰:「若不去邪?」長男曰:「固未也. 初爲事弟, 弟今議自赦, 故辭生去.」
莊生知其意欲復得其金, 曰:「若自入室取金.」長男卽自入室取金持去, 獨自
歡幸. 莊生羞爲兒子所賣, 乃入見楚王曰:「臣前言某星事, 王言欲以修德報之.
今臣出, 道路皆言陶之富人朱公之子殺人囚楚, 其家多持金錢賂王左右, 故王非
能恤楚國而赦, 乃以朱公子故也.」楚王大怒曰:「寡人雖不德耳, 奈何以朱公
之子故而施惠乎!」令論殺朱公子, 明日遂下赦令. 朱公長男竟持其弟喪歸. 至,
其母及邑人盡哀之, 唯朱公獨笑, 曰:「吾固知必殺其弟也! 彼非不愛其弟, 顧有
所不能忍者也. 是少與我俱, 見苦, 爲生難, 故重棄財. 至如少弟者, 生而見我富,
乘堅驅良逐狡兔, 豈知財所從來, 故輕棄之, 非所惜吝. 前日吾所爲欲遣少子,
固爲其能棄財故也. 而長者不能, 故卒以殺其弟, 事之理也, 無足悲者. 吾日夜固
以望其喪之來也.」故范蠡三徙, 成名於天下, 非苟去而已, 所止必成名. 卒老死
于陶, 故世傳曰陶朱公.

부록 I. 序跋

1. 〈國語解敍〉 .... 韋昭

　昔孔子發憤於舊史, 垂法於素王. 左丘明因聖言以攄意, 託王義以流藻, 其淵原深大, 沉懿雅麗, 可謂命世之才·博物善作者也. 其明識高遠, 雅思未盡, 故復采錄前世穆王以來, 下訖魯悼·智伯之誅. 邦國成敗, 嘉言善語, 陰陽律呂, 天時人事逆順之數, 以爲《國語》.

　其文不主於經, 故號曰〈外傳〉, 所以包羅天地, 探測禍福, 發起幽微, 章表善惡者, 昭然甚明. 實與經藝並陳, 非特諸子之倫也. 遭秦之亂, 幽而復光. 賈生·史遷, 頗綜述焉. 及劉光祿於漢盛世始更考校, 是正疑謬. 至於章帝, 鄭大司農爲之訓注, 解疑釋滯, 昭晰可觀, 至於細碎, 有所闕略. 侍中賈君, 敷而衍之, 其所發明, 大義略擧, 爲已憭矣. 然於文間時有遺忘. 建安·黃武之間, 故侍御史會稽虞君·尙書僕射丹陽唐君, 皆英才碩儒, 洽聞之士也, 采摭所見, 因賈爲主, 而損益之. 觀其辭義, 信多善者, 然所理釋, 猶有異同. 昭以末學, 淺闇寡聞, 階數君之成訓, 思事義之是非, 愚心頗有所覺. 今諸家並行, 是非相貿, 雖聰明疏達識機之士知所去就. 然淺聞初學猶或未能袪過. 切不自料, 復爲之解, 因賈君之精實, 採虞·唐之信善, 亦以所覺, 增潤補綴. 參之以五經, 檢之以〈內傳〉, 以《世本》考其流, 以《爾雅》齊其訓, 去非要, 存事實, 凡所發正, 三百七事. 又諸家紛錯, 載述爲煩, 是以時有所見, 庶幾頗近事情, 裁有補益, 猶恐人之多言, 未詳其故. 欲世覽者必察之也.

2. 重刊明道二年國語序(1) ························· 段玉裁

　　乾隆己丑, 予在都門, 時東原師有北宋《禮記注疏》及明道二年(1033)
《國語》, 皆假諸蘇州滋蘭堂朱丈文游所照校者, 予復各照校一部, 嗣奔走
四方, 無讀書之暇. 辛丑, 乃自蜀歸金壇, 又橫逆侵擾, 不能讀書. 壬子,
乃避居於蘇, 頗多同志, 黃君蕘圃其一也. 常熟錢氏從〈明道二年〉刻本,
影鈔者在其家. 顧君千里細意挍出, 讀之, 始知外間藏書家《國語》, 皆自謂
〈明道二年〉本, 而譌蹐奪漏, 參縒乖異, 皆傳挍而失其眞者也. 今年蕘圃
用原鈔付梓, 以公同好. 此書之眞面目始見, 因思北宋《禮記注疏》, 當年
惠松厓先生, 用吳企晉舍人所藏刻本照挍流傳, 今刻本聞在曲阜孔氏, 安
得如《國語》之不失其眞也? 或曰:「此本瑜瑕互見, 安必其勝於宋公序氏
所定之本耶!」余曰:「凡書必有瑕也, 而後以挍定自任者出焉. 挍定之學識
不到, 則或指瑜爲瑕, 指瑕爲瑜, 而玼纇更甚, 轉不若多存其未挍定之本,
使學者隨其學之淺深, 以定其瑜瑕, 而瑜瑕之眞固在. 今公序所據之本皆亡,
惟此巋然獨存, 其譌誤誠當爲公序所黜, 而其精粹又未必爲公序所采. 是以
蕘圃附之考證, 持贈同人, 此存古之盛心, 讀書之善法也. 古書之壞於不挍
者固多, 壞於挍者尤多; 壞於不挍者, 以挍治之, 壞於挍者, 久且不可治.」
邢子才曰:「誤書思之, 更是一適, 以善思爲適, 不聞以擅改爲適也.」余旣
喜是書之出也. 因舉余舊得是書之難, 蕘圃今刊是書之意, 用揭於篇數. 嘉慶
五年(1800), 歲在庚申, 三月, 長塘湖居士段玉裁序.

《國語》之存於今者, 以宋明道二年槧本爲最古. 錢遵王《讀書敏求記》
舉〈周語〉「昔我先王世后稷」及「皆免胄而下拜」二事, 證今本之誤. 是固
然矣. 予於敏求所記之外, 復得四事,〈周語〉「瞽獻曲」, 注:「曲, 樂曲也.」
今本曲皆作'典',「高位實疾顛」, 今本'顚'作'債';〈鄭語〉「依疇歷華」. 今本
'華'作'莘';〈吳語〉「王孫雒」, 今本'雒'作'雄', 此皆灼然信其當從古者. 今世
盛行宋公序《補音》, 而於此數事並同今本, 則公序所柈正, 未免失之觕疏.
至如「荊嬀」之譌爲「剃嬀」,《補音》初無剃字, 是公序本未誤, 然不得此本,
校書家未敢決剃之必爲荊. 予嘗論古本可寶, 古本而善乃眞寶, 於此本見
之矣. 吳門黃孝廉蕘圃得是書而寶之, 又欲公其寶於斯世, 乃令善工, 重彫
以行, 別爲《札記》, 志其異同. 凡字畫行款, 壹從其舊, 卽審知豕亥爛脫,
但於《札記》正之, 而不易本文. 蓋用鄭康成注〈樂記〉・〈中庸〉之例, 宋世
館閣校刊經史, 卷末多載增損若干字, 改正若干字, 其所增改, 未必皆當,
而古字古音, 遂失其傳, 予嘗病之. 獨蕘圃斯刻, 歟其先得我心, 可以矯近世
輕改古書之弊, 其爲功又不獨在一書而已也. 嘉慶五年, 三月十二日, 竹汀
居士錢大昕書.

4. 〈刻國語序〉 .... 張一鯤

　　世傳左氏書二: 一《春秋傳》, 一《八國語》. 語中記其國中事堇堇什一耳,
而上徹於七律, 六閒, 斗柄, 天黿之遠; 下逮乎三綱, 五際, 忠文, 仁讓之敎;
鉅包乎千品, 萬官, 億醜, 九畡之衆; 微及於鯤鮞, 麛麇, 殼卵, 蚔蝝之細;
幽闡乎回祿, 夷羊, 檮杌, 鶯鷙之怪; 明著於首領, 股肱, 手拇, 毛髮之顯.
幽章成紀, 鴻纖並載. 故曰〈春秋外傳〉也. 語名〈外傳〉則傳〈內傳〉也. 劉成
國曰: 「《春秋》以魯爲內, 以諸國爲外. 《國語》記諸君臣相與言語謀議之
得失, 傳外國事也.」 營朝室者, 內以宮堂, 廟闈, 大扃, 小扃嚴矣, 而門阿,
五雉宮隅, 七雉城隅, 九雉垣墉. 言言籬柵, 詵詵而後稱完室. 夫堂皇之內,
與城圍之外均之. 不可兩敞之居也. 猶之魯之傳, 與夫諸國之語均之, 不可
兩亡之書也. 外者, 所以翼其內而固也. 巫之者曰富, 而豔非之者曰詞,
多淫誣不檃於聖, 獧獧乎井蛙東海若之譏, 而毛嬙・西子不幸, 見之鳥鱗
也駭而遁矣. 至言忤於耳, 而倒於心, 非明智莫之能信. 於左氏曷與焉古今
難史? 史郵難於亂世. 夫子曰: 「吾猶及史之闕文也.」 閔世亂也, 當周之盛,
內史掌王之八柄, 掌敘事策. 命外史掌書外令, 掌四方之志, 掌三皇五帝之書.
官司書, 書紀事. 故文武成康穆昭之世, 事班班如指掌. 迨其標季主自爲國,
國自爲乘. 今所憑者, 《春秋傳》・《語》與七《國策》數書, 而猶巫且非則必
其出於汲冢石函者, 始足憑耶! 太史公之收採, 劉中壘之讐校, 王恭懿之
章句, 與夫鄭虞韋唐諸君之注疏. 夫豈不義而甘爲之忠臣與! 先是同年李
惟中刻〈內傳〉於督學署中, 不佞與郭相奎取〈外傳〉, 各分四國訂之, 註仍
韋氏益以宋氏《補音》. 條註其下, 字畫剞劂, 壹放〈內傳〉. 庶幾稱左氏完
書云. 後學巴郡張一鯤撰.

5. 〈國語提要〉 ··· 紀昀(等)

四庫全書 史部(五) 雜史類

臣等謹案:《國語》二十一卷, 吳韋昭注. 昭字弘嗣(宏嗣), 雲陽人, 官至中書僕射.《三國志》作'韋曜', 裴松之注謂「司馬昭諱也.」《國語》出自何人, 說者不一, 然終以漢人所說爲近古所記之事, 與《左傳》俱迄智伯之亡, 時代亦復相合, 中有與《左傳》不符者, 猶《新序》·《說苑》同出劉向, 而時復牴牾, 蓋古人著書各據所見之舊文, 疑以存疑, 不似後人輕改也. 〈漢志〉作二十一篇, 其諸家所注〈隋志〉. 虞翻·唐固本, 皆二十一卷, 〈王肅本〉二十二卷, 〈賈逵本〉二十卷, 互有增減, 蓋偶然分併, 非有異同. 惟昭所注本, 〈隋志〉作二十二卷, 〈唐志〉作二十卷, 而此本首尾完具, 實二十一卷, 諸家所傳南北宋版, 無不相同, 知〈隋志〉誤一字, 〈唐志〉脫一字也. 前有昭自序, 稱兼采鄭衆·賈逵·虞翻·唐固之注, 今考所引鄭說·虞說寥寥數條. 惟賈·唐二家, 援據駁正爲多. 序又稱凡所發正三百七十事, 今考注文之中, 昭自立義者, 〈周語〉凡'服數'一條, '國子'一條, '虢文公'一條, '常棣'一條, '鄭武莊'一條, '仲任'一條, '叔妘'一條, '鄭伯南也'一條, '請隧'一條, '瀆姓'一條, '楚子入陳'一條, '晉成公'一條, '共工'一條, '大錢'一條, '無射'一條. 〈魯語〉'朝聘'一條, '刻楩'一條, '命祀'一條, '郊禘'一條, '祖文宗武'一條, '官寮'一條. 〈齊語〉凡'二十一鄉'一條, '士鄉十五'一條, '良人'一條, '使海于有蔽'一條, '八百乘'一條, '反胙'一條, '大路龍旂'一條. 〈晉語〉凡'伯氏'一條, '不懼不得'一條, '聚居異情'一條, '貞之無報'一條, '轅田'一條, '二十五宗'一條, '少典'一條, '十月'一條, '嬴氏'一條, '觀狀'一條, '三德'一條, '上軍'一條, '蒲城伯'一條, '三軍'一條, '鐏于'一條, '呂錡佐上軍'一條, '新軍'一條, '韓無忌'一條, '女樂'一條, '張老'一條. 〈鄭語〉凡'十數'一條, '億事'一條, '奉(秦)景襄'一條. 〈楚語〉'聲子'一條, '懿戒'一條, '武丁作書'一條, '屏攝'一條. 〈吳語〉'官帥'

一條, '錞于'一條, '自剄'一條, '王總百執事'一條, '兄弟之國'一條, '來告'
一條, '向檐'一條.〈越語〉'乘車'一條, '宰嚭'一條, '德虐'一條, '解骨'一條,
'重祿'一條. 不過六七十事, 合以所正譌字衍文錯簡, 亦不足三百七事之數,
其傳寫有誤, 以六十爲三百歟!《崇文總目》作三百十事, 又七字轉譌也.
錢曾《讀書敏求記》謂〈周語〉'昔我先世后稷'句,〈天聖本〉'先'下有'王'字,
'左右兔胄'而下句,〈天聖本〉下下有'拜'字, 今本皆脫去. 然所引注曰云云,
與此本絶不相同, 又不知何說也? 此本爲衍聖公孔傳鐸所刊, 如〈魯語〉
'公父文伯飲酒'一章, 注中'此堵父詞'四字, 當在'將使鼈長'句下, 而誤入
'隧出'二字下, 小小舛譌, 亦所不免. 然較諸〈坊本〉, 則頗爲精善. 自鄭重
〈解詁〉以下, 諸書並亡,《國語》注存于今者, 惟昭爲最古. 黃震〈日鈔〉嘗
稱其簡潔, 而先儒舊訓, 亦往往散見其中, 如朱子注《論語》無所取材. 毛奇
齡詆其訓材爲裁, 不見經傳, 改從鄭康成桴材之說, 而不知〈鄭語〉'計億事
材兆物'句. 昭注曰:「計, 算也; 材, 裁也.」已有此訓, 然則奇齡失之眉睫間矣.
此亦見其多資考證也.

乾隆四十四年(1779)五月恭校上.

總纂官臣紀昀, 臣陸錫熊, 臣孫士毅. 總校官臣陸費墀.

案《國語》二十一篇, 〈漢志〉雖載'春秋'後, 然無《春秋外傳》之名也.《漢書》
律曆志始稱《春秋外傳》. 王充《論衡》云:「《國語》,《左氏》之外傳也.《左氏》
傳經, 詞語尙略, 故復選錄《國語》之詞以實之.」劉熙《釋名》亦云:「《國語》
亦曰《外傳》,《春秋》以魯爲內, 而諸國爲外, 外國所傳之事也.」考《國語》
上包周穆王, 下曁魯悼公, 與春秋時代, 首尾皆不相應, 其事亦多與《春秋》
無關, 係之《春秋》, 殊爲不類. 至書中明有〈魯語〉, 而劉熙以爲外國所傳,
尤爲舛迕, 附之於經, 於義未允,《史通》六家,《國語》居一, 實古左史之遺.
今改隸之'雜史類'焉.

7. 〈國語補音叙錄〉 宋庠

按班固〈藝文志〉種別六經, 其「春秋家」有《國語》二十一篇, 注左丘明著.
至漢司馬子長撰《史記》, 遂據《國語》·《世本》·《戰國策》以成其書. 當漢世,
《左傳》祕而未行, 又不立於學官, 故此書亦不顯. 唯上賢達識之士, 好而尊之,
俗儒弗識也. 逮東漢《左傳》漸布, 名儒是悟, 向來《公》·《穀》膚近之說而
多歸《左氏》. 及杜元凱研精訓詁木鐸天下, 古今眞謬之學, 一旦冰釋, 遂
《國語》亦從而大行. 蓋其書並出丘明, 自魏晉以後, 書錄所題皆曰《春秋
外傳國語》, 是則《左傳》爲內, 《國語》爲外, 二書相副以成大業. 凡事詳於
內者略於外, 備於外者簡於內. 先儒孔晁亦以爲然. 自鄭衆·賈逵·王肅·
虞翻·唐固·韋昭之徒, 並治其章句, 申之注釋爲六經流亞, 非復諸子之倫.
自餘名儒碩士好是學者不可勝紀, 歷世離亂經籍亡逸, 今此書唯韋氏所
解傳於世, 諸家章句遂無存者. 然觀韋是所敍, 以鄭衆·賈逵·虞翻·唐固
爲主, 而增損之故, 其注備而有體, 可謂一家之名學. 唯唐文人柳子厚作
《非國語》二篇, 攟摭《左氏》意外微細以爲詆玆. 然未足掩其鴻美, 左篇今
完然與經籍竝行無損也. 庸何傷於道!

因略記前世名儒傳學, 姓氏別之.

後漢大司農鄭衆字仲師, 作《國語章句》, 亡其篇數.

漢侍中賈逵字景伯, 作《左氏春秋》及《國語解詁》五十一篇, 《左傳》三
十篇, 《國語》二十一篇, 〈隋志〉云二十卷, 唐已亡.

魏中領軍王肅字子雍, 作《春秋外傳國語章句》一卷. 〈隋志〉云梁有二
十二卷, 〈唐志〉亦云二十二卷.

吳侍御史虞翻字仲翔, 注《春秋外傳國語》二十一卷.

吳尚書僕射唐固字子正, 注《春秋外傳國語》二十一卷.

吳中書僕射侍中高陵亭侯韋昭字弘嗣, 注《春秋外傳國語》二十一卷.
〈隋志〉云二十一卷, 〈唐志〉二十一卷, 與今見行篇次同.

晉五經博士孔晁, 注《春秋外傳國語》二十卷. 〈唐志〉二十一卷.

　右按古今卷第亦多不同, 或云二十一篇, 或二十二卷, 或二十卷. 然據〈班志〉最先出, 賈逵次之, 皆云二十一篇, 此實舊書之定數也. 其後或互有損益, 蓋諸儒章句煩簡不同. 拆簡併篇, 自名其學, 蓋不足疑也. 要之《藝文志》爲審矣. 又按先儒未有爲《國語》音者, 蓋外內傳文多相涉, 字音亦通故邪? 然近世傳舊音一篇, 不著撰人名氏. 尋其說, 乃唐人也. 何以證之? 據解犬戎樹惇引鄜州羌爲說, 夫改鄜善國爲州, 自唐始耳. 然其音簡陋不足名書, 但其間時出異聞, 義均鷄肋, 庠因暇輒記其所闕, 不覺盈篇. 今因舊本而廣之. 凡成三卷, 其字音反切, 除存本, 說外悉以陸德明《經傳釋文》爲主, 亦將稽舊學除臆說也. 唯陸音不載者, 則以《說文》·《字書》·《集韻》等, 附益之, 號曰《國語補音》. 其間闕疑, 請俟鴻博, 非敢傳之達識, 姑以示兒曹云.

目錄

晉語第十一(此卷題曰「襄公」.)

晉語第十二(此卷題曰「厲公」.)

晉語第十三(此卷題曰「悼公」.)

晉語第十四

晉語第十五(此卷題曰「昭公」.)

晉語第十六(或題曰「鄭桓第十六」.)

楚語上第十七

楚語下第十八

吳語第十九

越語上第二十

越語下第二十一

　按諸本題卷次序各異, 或有先題《國語》卷第幾, 作一行次. 又別題曰
「某語」次下, 又別題曰「某公」. 疑皆後人以意妄自標目, 然不能得其定本,
未知孰是. 庠家舊藏此書亦參差不一. 天聖初, 有宗人同年生緘假, 庠此書
最有條例, 因取官私所藏, 凡十五六本, 校緘之書, 其閒雖或魯魚, 而緘本
大體爲詳. 又題號諸篇, 較若畫一, 並不著卷字, 但曰「某語第幾」, 其閒唯
一國有「一篇」, 或「二三篇」者, 則加「上中下」以爲別, 然不知此目, 興自何
世及何人? 論次決非丘明所自造, 蓋歷世儒者, 各有章句, 並擅爲部第,
莫可知已. 唯此本題卷, 不與諸家類, 今輒據以爲正云.

臣等謹案:《國語補音》三卷, 唐人舊本. 宋宋庠補葺, 庠字公序, 安陸人, 徙居雍邱, 天聖二年(1024)進士第一, 歷官檢校, 太尉, 平章事, 樞密使, 封莒國公, 以司空致仕, 諡文憲, 事迹具《宋史》本傳. 自漢以來注《國語》者, 凡賈逵·王肅·虞翻·唐固·韋昭·孔晁六家, 然皆無音. 宋時相傳有《音》一卷, 不著名氏, 庠以其中鄣州字推之知出唐人. 然簡略殊甚, 乃採《經典釋文》及《說文》·《集韻》等書, 補成此編. 觀目錄: 前列二十一篇之名, 詳註諸本標題之異同, 後列《補音》三卷, 夾註其下曰「庠自撰附于末.」知其初本附韋昭注後, 後人以昭註, 世多傳本, 遂抄出別行. 明人刊本, 又散附各句之下, 間多脫誤, 蓋非其舊. 此本猶從宋本錄出, 其例存唐人舊音于前, 舊音所遺, 及但用直音, 而闕反切者, 隨字增入, 皆以補注二字別之, 其釋正文者, 大書其字, 夾註其音, 其釋韋時句者, 亦大書其字, 而冠以註字爲別, 較陸德明《經典釋文》, 以朱墨分別經註, 輾轉傳寫, 遂至混合爲一者, 頗便省覽, 自記稱舊本參差不一, 最後得其同年, 〈宋緘本〉大體爲詳, 因取公私書十五六本, 與參互考考證, 以定是編. 其辨證最爲詳核, 惜其前二十一卷全佚, 僅存此音也. 又庠此音, 實全收唐人舊本, 而附益其說, 故謂之〈補〉, 諸家著錄, 惟署庠名, 殊爲失考. 今仍標唐人于前, 以存其實焉.

乾隆四十四年(1779)六月恭校上.

總纂官臣紀昀, 臣陸錫熊, 臣孫士毅. 總校官臣陸費墀.

9. 〈校刊明道本韋氏解國語札記敍〉 ⋯⋯⋯⋯⋯⋯⋯⋯ 黃丕烈

　　《國語》自宋公序取官私十五六本校定爲《補音》, 世盛行之後來, 重刻
無不用以爲祖. 有未經其手如此. 明道二年(1033)本者, 乃不絕如線而已.
前輩取勘〈公序本〉, 皆謂爲勝. 然省覽每病不盡傳臨, 又屢失眞, 終未有
得其要領者. 丕烈深懼此本之遂亡用, 所收影鈔者, 開雕以餉世, 其中字體
前後有歧, 不改畫一, 闕文壞字, 亦均仍舊無所添, 足以懲妄也. 譬字之餘,
頗涉《補音》. 及重刻〈公序本〉, 綜其得失之. 凡而《札記》之. 金壇段先生
玉裁, 嘗謂「國語善本無踰此.」其知此爲最深, 今載其《校語》. 惠氏棟閱本,
借之同郡周明經錫瓚家, 亦載之, 以表微參管窺者, 以某案別之, 旁述見聞
則標姓名, 諸注疏及類書, 援引殊未可全據, 故多從略總如干條爲一卷, 至
於勝〈公序本〉者, 文句煩簡偏旁增省, 隨在皆是, 既有此本, 自當尋案而得,
苟非難憭, 不復悉數矣.

　　嘉慶四年(1799)十月二十七日吳縣黃丕烈書.

부록 Ⅱ. 《國語》 관련 《史記》 本紀 및 世家

1. 〈周本紀〉 ·· 《史記》(4)

周后稷, 名棄. 其母有邰氏女, 曰姜原. 姜原爲帝嚳元妃. 姜原出野, 見巨人迹, 心忻然說, 欲踐之, 踐之而身動如孕者. 居期而生子, 以爲不祥, 棄之隘巷, 馬牛過者皆辟不踐; 徙置之林中, 適會山林多人, 遷之; 而棄渠中冰上, 飛鳥以其翼覆薦之. 姜原以爲神, 遂收養長之. 初欲棄之, 因名曰棄.

棄爲兒時, 屹如巨人之志. 其游戲, 好種樹麻・菽, 麻・菽美. 及爲成人, 遂好耕農, 相地之宜, 宜穀者稼穡焉, 民皆法則之. 帝堯聞之, 舉棄爲農師, 天下得其利, 有功. 帝舜曰:「棄, 黎民始飢, 爾后稷播時百穀.」封棄於邰, 號曰后稷, 別姓姬氏. 后稷之興, 在陶唐・虞・夏之際, 皆有令德.

后稷卒, 子不窋立. 不窋末年, 夏后氏政衰, 去稷不務, 不窋以失其官而奔戎狄之間. 不窋卒, 子鞠立. 鞠卒, 子公劉立. 公劉雖在戎狄之間, 復脩后稷之業, 務耕種, 行地宜, 自漆・沮度渭, 取材用, 行者有資, 居者有畜積, 民賴其慶. 百姓懷之, 多徙而保歸焉. 周道之興自此始, 故詩人歌樂思其德. 公劉卒, 子慶節立, 國於豳.

慶節卒, 子皇僕立. 皇僕卒, 子差弗立. 差弗卒, 子毀隃立. 毀隃卒, 子公非立. 公非卒, 子高圉立. 高圉卒, 子亞圉立. 亞圉卒, 子公叔祖類立. 公叔祖類卒, 子古公亶父立. 古公亶父復脩后稷・公劉之業, 積德行義, 國人皆戴之. 薰育戎狄攻之, 欲得財物, 予之. 已復攻, 欲得地與民. 民皆怒, 欲戰. 古公曰:「有民立君, 將以利之. 今戎狄所爲攻戰, 以吾地與民. 民之在我, 與其在彼, 何異? 民欲以我故戰, 殺人父子而君之, 予不忍爲.」乃與私屬遂去豳, 度漆・沮, 踰梁山, 止於岐下. 豳人舉國扶老攜弱, 盡復歸古公於岐下. 及他旁國聞古公仁, 亦多歸之. 於是古公乃貶戎狄之俗, 而營築城郭室屋, 而邑別居之. 作五官有司. 民皆歌樂之, 頌其德.

古公有長子曰太伯, 次曰虞仲. 太姜生少子季歷, 季歷娶太任, 皆賢婦人, 生昌, 有聖瑞. 古公曰:「我世當有興者, 其在昌乎?」長子太伯・虞仲知古公欲立季歷以傳昌, 乃二人亡如荊蠻, 文身斷髮, 以讓季歷.

古公卒, 季歷立, 是爲公季. 公季脩古公遺道, 篤於行義, 諸侯順之.

公季卒, 子昌立, 是爲西伯. 西伯曰文王, 遵后稷・公劉之業, 則古公・公季之法, 篤仁, 敬老, 慈少. 禮下賢者, 日中不暇食以待士, 士以此多歸之. 伯夷・叔齊在孤竹, 聞西伯善養老, 盍往歸之. 太顚・閎夭・散宜生・鬻子・辛甲大夫之徒皆往歸之.

崇侯虎譖西伯於殷紂曰:「西伯積善累德, 諸侯皆嚮之, 將不利於帝.」帝紂乃囚西伯於羑里. 閎夭之徒患之. 乃求有莘氏美女, 驪戎之文馬, 有熊九駟, 他奇怪物, 因殷嬖臣費仲而獻之紂. 紂大說, 曰:「此一物足以釋西伯, 況其多乎!」乃赦西伯, 賜之弓矢斧鉞, 使西伯得征伐. 曰:「譖西伯者, 崇侯虎也.」西伯乃獻洛西之地, 以請紂去炮格之刑. 紂許之.

西伯陰行善, 諸侯皆來決平. 於是虞・芮之人有獄不能決, 乃如周. 入界, 耕者皆讓畔, 民俗皆讓長. 虞・芮之人未見西伯, 皆慙, 相謂曰:「吾所爭, 周人所恥, 何往爲, 祇取辱耳.」遂還, 俱讓而去. 諸侯聞之, 曰「西伯蓋受命之君」.

明年, 伐犬戎. 明年, 伐密須. 明年, 敗耆國. 殷之祖伊聞之, 懼, 以告帝紂. 紂曰:「不有天命乎? 是何能爲!」明年, 伐邘. 明年, 伐崇侯虎. 而作豐邑, 自岐下而徙都豐. 明年, 西伯崩, 太子發立, 是爲武王.

西伯蓋卽位五十年. 其囚羑里, 蓋益易之八卦爲六十四卦. 詩人道西伯, 蓋受命之年稱王而斷虞芮之訟. 後十年而崩, 諡爲文王. 改法度, 制正朔矣. 追尊古公爲太王, 公季爲王季: 蓋王瑞自太王興.

武王卽位, 太公望爲師, 周公旦爲輔, 召公・畢公之徒左右王, 師脩文王緒業.

九年, 武王上祭于畢. 東觀兵, 至于盟津. 爲文王木主, 載以車, 中軍. 武王自稱太子發, 言奉文王以伐, 不敢自專. 乃告司馬・司徒・司空・諸節:「齊栗, 信哉! 予無知, 以先祖有德臣, 小子受先功, 畢立賞罰, 以定其功.」

遂興師. 師尙父號曰:「總爾衆庶, 與爾舟楫, 後至者斬.」武王渡河, 中流, 白魚躍入王舟中, 武王俯取以祭. 旣渡, 有火自上復于下, 至于王屋, 流爲烏, 其色赤, 其聲魄云. 是時, 諸侯不期而會盟津者八百諸侯. 諸侯皆曰:「紂可伐矣.」武王曰:「女未知天命, 未可也.」乃還師歸.

居二年, 聞紂昏亂暴虐滋甚, 殺王子比干, 囚箕子. 太師疵·少師彊抱其樂器而奔周. 於是武王徧告諸侯曰:「殷有重罪, 不可以不畢伐.」乃遵文王, 遂率戎車三百乘, 虎賁三千人, 甲士四萬五千人, 以東伐紂. 十一年十二月戊午, 師畢渡盟津, 諸侯咸會. 曰:「孳孳無怠!」武王乃作太誓, 告于衆庶:「今殷王紂乃用其婦人之言, 自絶于天, 毀壞其三正, 離逷其王父母弟, 乃斷棄其先祖之樂, 乃爲淫聲, 用變亂正聲, 怡說婦人. 故今予發維共行天罰. 勉哉夫子, 不可再, 不可三!」

二月甲子昧爽, 武王朝至于商郊牧野, 乃誓. 武王左杖黃鉞, 右秉白旄, 以麾. 曰:「遠矣西土之人!」武王曰:「嗟! 我有國家君, 司徒·司馬·司空, 亞旅·師氏, 千夫長·百夫長, 及庸·蜀·羌·髳·微·纑·彭·濮人, 稱爾戈, 比爾干, 立爾矛, 予其誓.」王曰:「古人有言'牝雞無晨. 牝雞之晨, 惟家之索'. 今殷王紂維婦人言是用, 自棄其先祖肆祀不答, 昏棄其家國, 遺其王父母弟不用, 乃維四方之多罪逋逃是崇是長, 是信是使, 俾暴虐于百姓, 以姦軌于商國. 今予發維共行天之罰. 今日之事, 不過六步七步, 乃止齊焉, 夫子勉哉! 不過於四伐五伐六伐七伐, 乃止齊焉, 勉哉夫子! 尙桓桓, 如虎如羆, 如豺如離, 于商郊, 不禦克奔, 以役西土, 勉哉夫子! 爾所不勉, 其于爾身有戮.」誓已, 諸侯兵會者車四千乘, 陳師牧野.

帝紂聞武王來, 亦發兵七十萬人距武王. 武王使師尙父與百夫致師, 以大卒馳帝紂師. 紂師雖衆, 皆無戰之心, 心欲武王亟入. 紂師皆倒兵以戰, 以開武王. 武王馳之, 紂兵皆崩畔紂. 紂走, 反入登于鹿臺之上, 蒙衣其殊玉, 自燔于火而死. 武王持大白旗以麾諸侯, 諸侯畢拜武王, 武王乃揖諸侯, 諸侯畢從. 武王至商國, 商國百姓咸待於郊. 於是武王使群臣告語商百姓曰:「上天降休!」商人皆再拜稽首, 武王亦答拜. 遂入, 至紂死所. 武王自射之, 三發而后下車, 以輕劍擊之, 以黃鉞斬紂頭, 縣大白之旗. 已而至紂之嬖妾

二女, 二女皆經自殺. 武王又射三發, 擊以劍, 斬以玄鉞, 縣其頭小白之旗. 武王已乃出復軍.

其明日, 除道, 脩社及商紂宮. 及期, 百夫荷罕旗以先驅. 武王弟叔振鐸奉陳常車, 周公旦把大鉞, 畢公把小鉞, 以夾武王. 散宜生・太顛・閎夭皆執劍以衛武王. 旣入, 立于社南大卒之左, [左]右畢從. 毛叔鄭奉明水, 衛康叔封布茲, 召公奭贊采, 師尚父牽牲. 尹佚筴祝曰:「殷之末孫季紂, 殄廢先王明德, 侮蔑神祇不祀, 昏暴商邑百姓, 其章顯聞于天皇上帝.」於是武王再拜稽首, 曰:「膺更大命, 革殷, 受天明命.」武王又再拜稽首, 乃出.

封商紂子祿父殷之餘民. 武王爲殷初定未集, 乃使其弟管叔鮮・蔡叔度相祿父治殷. 已而命召公釋箕子之囚. 命畢公釋百姓之囚, 表商容之閭. 命南宮括散鹿臺之財, 發鉅橋之粟, 以振貧弱萌隷. 命南宮括・史佚展九鼎保玉. 命閎夭封比干之墓. 命宗祝享祠于軍. 乃罷兵西歸. 行狩, 記政事, 作武成. 封諸侯, 班賜宗彝, 作分殷之器物. 武王追思先聖王, 乃襃封神農之後於焦, 黃帝之後於祝, 帝堯之後於薊, 帝舜之後於陳, 大禹之後於杞. 於是封功臣謀士, 而師尚父爲首封. 封尚父於營丘, 曰齊. 封弟周公旦於曲阜, 曰魯, 封召公奭於燕. 封弟叔鮮於管, 弟叔度於蔡. 餘各以次受封.

武王徵九牧之君, 登豳之阜, 以望商邑. 武王至于周, 自夜不寐. 周公旦卽王所, 曰:「曷爲不寐?」王曰:「告女: 維天不饗殷, 自發未生於今六十年, 麋鹿在牧, 蜚鴻滿野. 天不享殷, 乃今有成. 維天建殷, 其登名民三百六十夫, 不顯亦不賓滅, 以至今. 我未定天保, 何暇寐!」王曰:「定天保, 依天室, 悉求夫惡, 貶從殷王受. 日夜勞來定我西土, 我維顯服, 及德方明. 自洛汭延于伊汭, 居易毋固, 其有夏之居. 我南望三塗, 北望嶽鄙, 顧詹有河, 粵詹雒・伊, 毋遠天室.」營周居于雒邑而後去. 縱馬於華山之陽, 放牛於桃林之虛; 偃干戈, 振兵釋旅: 示天下不復用也.

武王已克殷, 後二年, 問箕子殷所以亡. 箕子不忍言殷惡, 以存亡國宜告. 武王亦醜, 故問以天道.

武王病. 天下未集, 群公懼, 穆卜, 周公乃祓齋, 自爲質, 欲代武王, 武王有瘳. 後而崩, 太子誦代立, 是爲成王.

成王少, 周初定天下, 周公恐諸侯畔周, 公乃攝行政當國. 管叔·蔡叔群弟疑周公, 與武庚作亂, 畔周. 周公奉成王命, 伐誅武庚·管叔, 放蔡叔. 以微子開代殷後, 國於宋. 頗收殷餘民, 以封武王少弟封爲衛康叔. 晉唐叔得嘉穀, 獻之成王, 成王以歸周公于兵所. 周公受禾東土, 魯天子之命. 初, 管·蔡畔周, 周公討之, 三年而畢定, 故初作大誥, 次作微子之命, 次歸禾, 次嘉禾, 次康誥·酒誥·梓材, 其事在周公之篇. 周公行政七年, 成王長, 周公反政成王, 北面就群臣之位.

成王在豐, 使召公復營洛邑, 如武王之意. 周公復卜申視, 卒營築, 居九鼎焉. 曰:「此天下之中, 四方入貢道里均.」作召誥·洛誥. 成王旣遷殷遺民, 周公以王命告, 作多士·無佚. 召公爲保, 周公爲師, 東伐淮夷, 殘奄, 遷其君薄姑. 成王自奄歸, 在宗周, 作多方. 旣絀殷命, 襲淮夷, 歸在豐, 作周官. 興正禮樂, 度制於是改, 而民和睦, 頌聲興. 成王旣伐東夷, 息愼來賀, 王賜榮伯, 作賄息愼之命.

成王將崩, 懼太子釗之不任, 乃命召公·畢公率諸侯以相太子而立之. 成王旣崩, 二公率諸侯, 以太子釗見於先王廟, 申告以文王·武王之所以爲王業之不易, 務在節儉, 毋多欲, 以篤信臨之, 作顧命. 太子釗遂立, 是爲康王. 康王卽位, 徧告諸侯, 宣告以文武之業以申之, 作康誥. 故成康之際, 天下安寧, 刑錯四十餘年不用. 康王命作策, 畢公分居里, 成周郊, 作畢命.

康王卒, 子昭王瑕立. 昭王之時, 王道微缺. 昭王南巡狩不返, 卒於江上. 其卒不赴告, 諱之也. 立昭王子滿, 是爲穆王. 穆王卽位, 春秋已五十矣. 王道衰微, 穆王閔文武之道缺, 乃命伯臩申誡太僕國之政, 作臩命. 復寧.

穆王將征犬戎, 祭公謀父諫曰:「不可. 先王燿德不觀兵. 夫兵戢而時動, 動則威, 觀則玩, 玩則無震. 是故周文公之頌曰:'載戢干戈, 載櫜弓矢, 我求懿德, 肆于時夏, 允王保之.' 先王之於民也, 茂正其德而厚其性, 阜其財求而利其器用, 明利害之鄉, 以文脩之, 使之務利而辟害, 懷德而畏威, 故能保世以滋大. 昔我先王世后稷以服事虞·夏. 及夏之衰也, 棄稷不務, 我先王不窋用失其官, 而自竄於戎狄之間. 不敢怠業, 時序其德, 遵脩其緒, 脩其訓典, 朝夕恪勤, 守以敦篤, 奉以忠信. 奕世載德, 不忝前人. 至于文王·武王,

昭前之光明而加之以慈和, 事神保民, 無不欣喜. 商王帝辛大惡于民, 庶民不忍, 訢載武王, 以致戎于商牧. 是故先王非務武也, 勸恤民隱而除其害也. 夫先王之制, 邦内甸服, 邦外侯服, 侯衛賓服, 夷蠻要服, 戎翟荒服. 甸服者祭, 侯服者祀, 賓服者享, 要服者貢, 荒服者王. 日祭, 月祀, 時享, 歲貢, 終王. 先王之順祀也, 有不祭則脩意, 有不祀則脩言, 有不享則脩文, 有不貢則脩名, 有不王則脩德, 序成而有不至則脩刑. 於是有刑不祭, 伐不祀, 征不享, 讓不貢, 告不王. 於是有刑罰之辟, 有攻伐之兵, 有征討之備, 有威讓之命, 有文告之辭. 布令陳辭而有不至, 則增脩於德, 無勤民於遠. 是以近無不聽, 遠無不服. 今自大畢·伯士之終也, 犬戎氏以其職來王, 天子曰「予必以不享征之, 且觀之兵」, 無乃廢先王之訓, 而王幾頓乎? 吾聞犬戎樹敦, 率舊德而守終純固, 其有以禦我矣.」王遂征之, 得四白狼四白鹿以歸. 自是荒服者不至.

諸侯有不睦者, 甫侯言於王, 作脩刑辟. 王曰:「吁, 來! 有國有土, 告汝祥刑. 在今爾安百姓, 何擇非其人, 何敬非其刑, 何居非其宜與? 兩造具備, 師聽五辭. 五辭簡信, 正於五刑. 五刑不簡, 正於五罰. 五罰不服, 正於五過. 五過之疵, 官獄内獄, 閱實其罪, 惟鈞其過. 五刑之疑有赦, 五罰之疑有赦, 其審克之. 簡信有衆, 惟訊有稽. 無簡不疑, 共嚴天威. 黥辟疑赦, 其罰百率, 閱實其罪. 劓辟疑赦, 其罰倍灑, 閱實其罪. 臏辟疑赦, 其罰倍差, 閱實其罪. 宮辟疑赦, 其罰五百率, 閱實其罪. 大辟疑赦, 其罰千率, 閱實其罪. 墨罰之屬千, 劓罰之屬千, 臏罰之屬五百, 宮罰之屬三百, 大辟之罰其屬二百: 五刑之屬三千.」命曰甫刑.

穆王立五十五年, 崩, 子共王繄扈立. 共王游於涇上, 密康公從, 有三女奔之. 其母曰:「必致之王. 夫獸三爲群, 人三爲衆, 女三爲粲. 王田不取群, 公行不下衆, 王御不參一族. 夫粲, 美之物也. 衆以美物歸女, 而何德以堪之? 王猶不堪, 況爾之小醜乎! 小醜備物, 終必亡.」康公不獻, 一年, 共王滅密. 共王崩, 子懿王囏立. 懿王之時, 王室遂衰, 詩人作刺.

懿王崩, 共王弟辟方立, 是爲孝王. 孝王崩, 諸侯復立懿王太子燮, 是爲夷王.

夷王崩, 子厲王胡立. 厲王卽位三十年, 好利, 近榮夷公. 大夫芮良夫諫

厲王曰:「王室其將卑乎? 夫榮公好專利而不知大難. 夫利, 百物之所生也, 天地之所載也, 而有專之, 其害多矣. 天地百物皆將取焉, 何可專也? 所怒甚多, 而不備大難. 以是教王, 王其能久乎? 夫王人者, 將導利而布之上下者也. 使神人百物無不得極, 猶日怵惕懼怨之來也. 故頌曰'思文后稷, 克配彼天, 立我蒸民, 莫匪爾極'. 大雅曰'陳錫載周'. 是不布利而懼難乎, 故能載周以至于今. 今王學專利, 其可乎? 匹夫專利, 猶謂之盜, 王而行之, 其歸鮮矣. 榮公若用, 周必敗也.」厲王不聽, 卒以榮公爲卿士, 用事.

王行暴虐侈傲, 國人謗王. 召公諫曰:「民不堪命矣.」王怒, 得衛巫, 使監謗者, 以告則殺之. 其謗鮮矣, 諸侯不朝. 三十四年, 王益嚴, 國人莫敢言, 道路以目. 厲王喜, 告召公曰:「吾能弭謗矣, 乃不敢言.」召公曰:「是鄣之也. 防民之口, 甚於防水. 水壅而潰, 傷人必多, 民亦如之. 是故爲水者決之使導, 爲民者宣之使言. 故天子聽政, 使公卿至於列士獻詩, 瞽獻曲, 史獻書, 師箴, 瞍賦, 矇誦, 百工諫, 庶人傳語, 近臣盡規, 親戚補察, 瞽史教誨, 耆艾脩之, 而后王斟酌焉, 是以事行而不悖. 民之有口也, 猶土之有山川也, 財用於是乎出: 猶其有原隰衍沃也, 衣食於是乎生. 口之宣言也, 善敗於是乎興. 行善而備敗, 所以產財用衣食者也. 夫民慮之於心而宣之於口, 成而行之. 若壅其口, 其與能幾何?」王不聽. 於是國莫敢出言, 三年, 乃相與畔, 襲厲王. 厲王出奔於彘.

厲王太子靜匿召公之家, 國人聞之, 乃圍之. 召公曰:「昔吾驟諫王, 王不從, 以及此難也. 今殺王太子, 王其以我爲讎而懟怒乎? 夫事君者, 險而不讎懟, 怨而不怒, 況事王乎!」乃以其子代王太子, 太子竟得脫.

召公·周公二相行政, 號曰「共和」. 共和十四年, 厲王死于彘. 太子靜長於召公家, 二相乃共立之爲王, 是爲宣王. 宣王卽位, 二相輔之, 脩政, 法文·武·成·康之遺風, 諸侯復宗周. 十二年, 魯武公來朝.

宣王不脩籍於千畝, 虢文公諫曰不可, 王弗聽. 三十九年, 戰于千畝, 王師敗績于姜氏之戎.

宣王既亡南國之師, 乃料民於太原. 仲山甫諫曰:「民不可料也.」宣王不聽, 卒料民.

四十六年, 宣王崩, 子幽王宮涅立. 幽王二年, 西周三川皆震. 伯陽甫曰:「周將亡矣. 夫天地之氣, 不失其序; 若過其序, 民亂之也. 陽伏而不能出, 陰迫而不能蒸, 於是有地震. 今三川實震, 是陽失其所而塡陰也. 陽失而在陰, 原必塞; 原塞, 國必亡. 夫水土演而民用也. 土無所演, 民乏財用, 不亡何待! 昔伊·洛竭而夏亡, 河竭而商亡. 今周德若二代之季矣, 其川原又塞, 塞必竭. 夫國必依山川, 山崩川竭, 亡國之徵也. 川竭必山崩. 若國亡不過十年, 數之紀也. 天之所棄, 不過其紀.」是歲也, 三川竭, 岐山崩.

三年, 幽王嬖愛襃姒. 襃姒生子伯服, 幽王欲廢太子. 太子母申侯女, 而爲后. 後幽王得襃姒, 愛之, 欲廢申后, 幷去太子宜臼, 以襃姒爲后, 以伯服爲太子. 周太史伯陽讀史記曰:「周亡矣.」昔自夏后氏之衰也, 有二神龍止於夏帝庭而言曰:「余, 襃之二君.」夏帝卜殺之與去之與止之, 莫吉. 卜請其漦而藏之, 乃吉. 於是布幣而策告之, 龍亡而漦在, 櫝而去之. 夏亡, 傳此器殷. 殷亡, 又傳此器周. 比三代, 莫敢發之, 至厲王之末, 發而觀之. 漦流于庭, 不可除. 厲王使婦人裸而譟之. 漦化爲玄黿, 以入王後宮. 後宮之童妾旣齔而遭之, 旣笄而孕, 無夫而生子, 懼而棄之. 宣王之時童女謠曰:「檿弧箕服, 實亡周國」於是宣王聞之, 有夫婦賣是器者, 宣王使執而戮之. 逃於道, 而見鄉者後宮童妾所棄妖子出於路者, 聞其夜啼, 哀而收之, 夫婦遂亡, 奔於襃. 襃人有罪, 請入童妾所棄女子者於王以贖罪. 棄女子出於襃, 是爲襃姒. 當幽王三年, 王之後宮見而愛之, 生子伯服, 竟廢申后及太子, 以襃姒爲后, 伯服爲太子. 太史伯陽曰:「禍成矣, 無可奈何!」

襃姒不好笑, 幽王欲其笑萬方, 故不笑. 幽王爲烽燧大鼓, 有寇至則擧烽火. 諸侯悉至, 至而無寇, 襃姒乃大笑. 幽王說之, 爲數擧烽火. 其後不信, 諸侯益亦不至.

幽王以虢石父爲卿, 用事, 國人皆怨. 石父爲人佞巧善諛好利, 王用之. 又廢申后, 去太子也. 申侯怒, 與繒·西夷犬戎攻幽王. 幽王擧烽火徵兵, 兵莫至. 遂殺幽王驪山下, 虜襃姒, 盡取周賂而去. 於是諸侯乃卽申侯而共立故幽王太子宜臼, 是爲平王, 以奉周祀.

平王立, 東遷于雒邑, 辟戎寇. 平王之時, 周室衰微, 諸侯彊幷弱, 齊·

楚·秦·晉始大, 政由方伯.

四十九年, 魯隱公卽位.

五十一年, 平王崩, 太子洩父蚤死, 立其子林, 是爲桓王. 桓王, 平王孫也.

桓王三年, 鄭莊公朝, 桓王不禮. 五年, 鄭怨, 與魯易許田. 許田, 天子之用事太山田也. 八年, 魯殺隱公, 立桓公. 十三年, 伐鄭, 鄭射傷桓王, 桓王去歸.

二十三年, 桓王崩, 子莊王佗立. 莊王四年, 周公黑肩欲殺莊王而立王子克. 辛伯告王, 王殺周公. 王子克奔燕.

十五年, 莊王崩, 子釐王胡齊立. 釐王三年, 齊桓公始霸.

五年, 釐王崩, 子惠王閬立. 惠王二年. 初, 莊王嬖姬姚, 生子穨, 穨有寵. 及惠王卽位, 奪其大臣園以爲囿, 故大夫邊伯等五人作亂, 謀召燕·衛師, 伐惠王. 惠王奔溫, 已居鄭之櫟. 立釐王弟穨爲王. 樂及徧舞, 鄭·虢君怒. 四年, 鄭與虢君伐殺王穨, 復入惠王. 惠王十年, 賜齊桓公爲伯.

二十五年, 惠王崩, 子襄王鄭立. 襄王母蚤死, 後母曰惠后. 惠后生叔帶, 有寵於惠王, 襄王畏之. 三年, 叔帶與戎·翟謀伐襄王, 襄王欲誅叔帶, 叔帶奔齊. 齊桓公使管仲平戎于周, 使隰朋平戎于晉. 王以上卿禮管仲. 管仲辭曰: 「臣賤有司也, 有天子之二守國·高在. 若節春秋來承王命, 何以禮焉. 陪臣敢辭.」 王曰: 「舅氏, 余嘉乃勳, 毋逆朕命.」 管仲卒受下卿之禮而還. 九年, 齊桓公卒. 十二年, 叔帶復歸于周.

十三年, 鄭伐滑, 王使游孫·伯服請滑, 鄭人囚之. 鄭文公怨惠王之入不與厲公爵, 又怨襄王之與衛滑, 故囚伯服. 王怒, 將以翟伐鄭. 富辰諫曰: 「凡我周之東徙, 晉·鄭焉依. 子穨之亂, 又鄭之由定, 今以小怨棄之!」 王不聽. 十五年, 王降翟師以伐鄭. 王德翟人, 將以其女爲后. 富辰諫曰: 「平·桓·莊·惠皆受鄭勞, 王棄親親翟, 不可從.」 王不聽. 十六年, 王絀翟后, 翟人來誅, 殺譚伯. 富辰曰: 「吾數諫不從. 如是不出, 王以我爲懟乎?」 乃以其屬死之.

初, 惠后欲立王子帶, 故以黨開翟人, 翟人遂入周. 襄王出奔鄭, 鄭居王于氾. 子帶立爲王, 取襄王所絀翟后與居溫. 十七年, 襄王告急于晉, 晉文公納王而誅叔帶. 襄王乃賜晉文公珪鬯弓矢, 爲伯, 以河內地與晉. 二十年,

晉文公召襄王, 襄王會之河陽·踐土, 諸侯畢朝, 書諱曰「天王狩于河陽」.

二十四年, 晉文公卒.

三十一年, 秦穆公卒.

三十二年, 襄王崩, 子頃王壬臣立. 頃王六年, 崩, 子匡王班立. 匡王六年, 崩, 弟瑜立, 是爲定王.

定王元年, 楚莊王伐陸渾之戎, 次洛, 使人問九鼎. 王使王孫滿應設以辭, 楚兵乃去. 十年, 楚莊王圍鄭, 鄭伯降, 已而復之. 十六年, 楚莊王卒.

二十一年, 定王崩, 子簡王夷立. 簡王十三年, 晉殺其君厲公, 迎子周於周, 立爲悼公.

十四年, 簡王崩, 子靈王泄心立. 靈王二十四年, 齊崔杼弒其君莊公.

二十七年, 靈王崩, 子景王貴立. 景王十八年, 后太子聖而蚤卒. 二十年, 景王愛子朝, 欲立之, 會崩, 子丐之黨與爭立, 國人立長子猛爲王, 子朝攻殺猛. 猛爲悼王. 晉人攻子朝而立丐, 是爲敬王.

敬王元年, 晉人入敬王, 子朝自立, 敬王不得入, 居澤. 四年, 晉率諸侯入敬王于周, 子朝爲臣, 諸侯城周. 十六年, 子朝之徒復作亂, 敬王奔于晉, 十七年, 晉定公遂入敬王于周.

三十九年, 齊田常殺其君簡公.

四十一年, 楚滅陳. 孔子卒.

四十二年, 敬王崩, 子元王仁立. 元王八年, 崩, 子定王介立.

定王十六年, 三晉滅智伯, 分有其地.

二十八年, 定王崩, 長子去疾立, 是爲哀王. 哀王立三月, 弟叔襲殺哀王而自立, 是爲思王. 思王立五月, 少弟嵬攻殺思王而自立, 是爲考王. 此三王皆定王之子.

考王十五年, 崩, 子威烈王午立.

考王封其弟于河南, 是爲桓公, 以續周公之官職. 桓公卒, 子威公代立. 威公卒, 子惠公代立, 乃封其少子於鞏以奉王, 號東周惠公.

威烈王二十三年, 九鼎震. 命韓·魏·趙爲諸侯.

二十四年, 崩, 子安王驕立. 是歲盜殺楚聲王.

安王立二十六年, 崩, 子烈王喜立. 烈王二年, 周太史儋見秦獻公曰:「始周與秦國合而別, 別五百載復合, 合十七歲而霸王者出焉.」

十年, 烈王崩, 弟扁立, 是爲顯王. 顯王五年, 賀秦獻公, 獻公稱伯. 九年, 致文武胙於秦孝公. 二十五年, 秦會諸侯於周. 二十六年, 周致伯於秦孝公. 三十三年, 賀秦惠王. 三十五年, 致文武胙於秦惠王. 四十四年, 秦惠王稱王. 其後諸侯皆爲王.

四十八年, 顯王崩, 子愼靚王定立. 愼靚王立六年, 崩, 子赧王延立. 王赧時東西周分治. 王赧徙都西周.

西周武公之共太子死, 有五庶子, 毋適立. 司馬翦謂楚王曰:「不如以地資公子咎, 爲請太子.」左成曰:「不可. 周不聽, 是公之知困而交疏於周也. 不如請周君孰欲立, 以微告翦, 翦請令楚(賀)[資]之以地.」果立公子咎爲太子.

八年, 秦攻宜陽, 楚救之. 而楚以周爲秦故, 將伐之. 蘇代爲周說楚王曰:「何以周爲秦之禍也? 言周之爲秦甚於楚者, 欲令周入秦也, 故謂'周秦'也. 周知其不可解, 必入於秦, 此爲秦取周之精者也. 爲王計者, 周於秦因善之, 不於秦亦言善之, 以疏之於秦. 周絕於秦, 必入於郢矣.」

秦借道兩周之間, 將以伐韓, 周恐借之畏於韓, 不借畏於秦. 史厭謂周君曰:「何不令人謂韓公叔曰:『秦之敢絕周而伐韓者, 信東周也. 公何不與周地, 發質使之楚?』秦必疑楚不信周, 是韓不伐也. 又謂秦曰:『韓彊與周地, 將以疑周於秦也, 周不敢不受.』秦必無辭而令周不受, 是受地於韓而聽於秦.」

秦召西周君, 西周君惡往, 故令人謂韓王曰:「秦召西周君, 將以使攻王之南陽也, 王何不出兵於南陽? 周君將以爲辭於秦. 周君不入秦, 秦必不敢踰河而攻南陽矣.」

東周與西周戰, 韓救西周. 或爲東周說韓王曰:「西周故天子之國, 多名器重寶. 王案兵毋出, 可以德東周, 而西周之寶必可以盡矣.」

王赧謂成君. 楚圍雍氏, 韓徵甲與粟於東周, 東周君恐, 召蘇代而告之. 代曰:「君何患於是. 臣能使韓毋徵甲與粟於周, 又能爲君得高都.」周君曰:

「子苟能, 請以國聽子.」代見韓相國曰:「楚圍雍氏, 期三月也, 今五月不能拔, 是楚病也. 今相國乃徵甲與粟於周, 是告楚病也.」韓相國曰:「善. 使者已行矣.」代曰:「何不與周高都?」韓相國大怒曰:「吾毋徵甲與粟於周亦已多矣, 何故與周高都也?」代曰:「與周高都, 是周折而入於韓也, 秦聞之必大怒忿周, 即不通周使, 是以獘高都得完周也. 曷爲不與?」相國曰:「善.」果與周高都.

三十四年, 蘇厲謂周君曰:「秦破韓·魏, 扑師武, 北取趙藺·離石者, 皆白起也. 是善用兵, 又有天命. 今又將兵出塞攻梁, 梁破則周危矣. 君何不令人說白起乎? 曰:『楚有養由基者, 善射者也. 去柳葉百步而射之, 百發而百中之. 左右觀者數千人, 皆曰善射. 有一夫立其旁, 曰: 善, 可教射矣. 養由基怒, 釋弓搤劍, 曰: 客安能教我射乎? 客曰: 非吾能教子支左詘右也. 夫去柳葉百步而射之, 百發而百中之, 不以善息, 少焉氣衰力倦, 弓撥矢鉤, 一發不中者, 百發盡息. 今破韓·魏, 扑師武, 北取趙藺·離石者, 公之功多矣. 今又將兵出塞, 過兩周, 倍韓, 攻梁, 一舉不得, 前功盡棄. 公不如稱病而無出』.」

四十二年, 秦破華陽約. 馬犯謂周君曰:「請令梁城周.」乃謂梁王曰:「周王病若死, 則犯必死矣. 犯請以九鼎自入於王, 王受九鼎而圖犯.」梁王曰:「善.」遂與之卒, 言戍周. 因謂秦王曰:「梁非戍周也, 將伐周也. 王試出兵境以觀之.」秦果出兵. 又謂梁王曰:「周王病甚矣, 犯請後可而復之. 今王使卒之周, 諸侯皆生心, 後舉事且不信. 不若令卒爲周城, 以匿事端.」梁王曰:「善.」遂使城周.

四十五年, 周君之秦客謂周(最)[聚]曰:「公不若譽秦王之孝, 因以應爲太后養地, 秦王必喜, 是公有秦交. 交善, 周君必以爲公功. 交惡, 勸周君入秦者必有罪矣.」秦攻周, 而周最謂秦王曰:「爲王計者不攻周. 攻周, 實不足以利, 聲畏天下. 天下以聲畏秦, 必東合於齊. 兵獘於周. 合天下於齊, 則秦不王矣, 天下欲獘秦, 勸王攻周. 秦與天下獘, 則令不行矣.」

五十八年, 三晉距秦. 周令其相國之秦, 以秦之輕也, 還其行. 客謂相國曰:「秦之輕重未可知也. 秦欲知三國之情. 公不如急見秦王曰:『請爲王聽東方

之變』,秦王必重公. 重公, 是秦重周, 周以取秦也; 齊重, 則固有周聚以收齊: 是周常不失重國之交也.」秦信周, 發兵攻三晉.

五十九年, 秦取韓陽城負黍, 西周恐, 倍秦, 與諸侯約從, 將天下銳師出伊闕攻秦, 令秦無得通陽城. 秦昭王怒, 使將軍摎攻西周. 西周君奔秦, 頓首受罪, 盡獻其邑三十六, 口三萬. 秦受其獻, 歸其君於周.

周君·王赧卒, 周民遂東亡. 秦取九鼎寶器, 而遷西周公於憚狐. 後七歲, 秦莊襄王滅東(西)周. 東西周皆入于秦, 周既不祀.

太史公曰: 學者皆稱周伐紂, 居洛邑, 綜其實不然. 武王營之, 成王使召公卜居, 居九鼎焉, 而周復都豐·鎬. 至犬戎敗幽王, 周乃東徙于洛邑. 所謂「周公葬(我)[於]畢」, 畢在鎬東南杜中. 秦滅周. 漢興九十有餘載, 天子將封泰山, 東巡狩至河南, 求周苗裔, 封其後嘉三十里地, 號曰周子南君, 比列侯, 以奉其先祭祀.

　　周公旦者, 周武王弟也. 自文王在時, 旦爲子孝, 篤仁, 異於群子. 及武王
卽位, 旦常輔翼武王, 用事居多. 武王九年, 東伐至盟津, 周公輔行. 十一年,
伐紂, 至牧野, 周公佐武王, 作牧誓. 破殷, 入商宮. 已殺紂, 周公把大鉞,
召公把小鉞, 以夾武王, 釁社, 告紂之罪于天, 及殷民. 釋箕子之囚. 封紂子
武庚祿父, 使管叔·蔡叔傅之, 以續殷祀. 徧封功臣同姓戚者. 封周公旦於
少昊之虛曲阜, 是爲魯公. 周公不就封, 留佐武王.

　　武王克殷二年, 天下未集, 武王有疾, 不豫, 群臣懼, 太公·召公乃繆卜.
周公曰:「未可以戚我先王.」周公於是乃自以爲質, 設三壇, 周公北面立,
戴璧秉圭, 告于太王·王季·文王. 史策祝曰:「惟爾元孫王發, 勤勞阻疾.
若爾三王是有負子之責於天, 以旦代王發之身. 旦巧能, 多材多藝, 能事鬼神.
乃王發不如旦多材多藝, 不能事鬼神. 乃命于帝庭, 敷佑四方, 用能定汝子
孫于下地, 四方之民罔不敬畏. 無墜天之降葆命, 我先王亦永有所依歸. 今我
其卽命於元龜, 爾之許我, 我以其璧與圭歸, 以俟爾命. 爾不許我, 我乃屏
璧與圭.」周公已令史策告太王·王季·文王, 欲代武王發, 於是乃卽三王
而卜. 卜人皆曰吉, 發書視之, 信吉. 周公喜, 開籥, 乃見書遇吉. 周公入賀
武王曰:「王其無害. 旦新受命三王, 維長終是圖. 茲道能念予一人.」周公
藏其策金縢匱中, 誡守者勿敢言. 明日, 武王有瘳.

　　其後武王旣崩, 成王少, 在强葆之中. 周公恐天下聞武王崩而畔, 周公乃踐
阼代成王攝行政當國. 管叔及其群弟流言於國曰:「周公將不利於成王.」
周公乃告太公望·召公奭曰:「我之所以弗辟而攝行政者, 恐天下畔周, 無以
告我先王太王·王季·文王. 三王之憂勞天下久矣, 於今而后成. 武王蚤終,
成王少, 將以成周, 我所以爲之若此.」於是卒相成王, 而使其子伯禽代就

封於魯. 周公戒伯禽曰:「我文王之子, 武王之弟, 成王之叔父, 我於天下亦不賤矣. 然我一沐三捉髮, 一飯三吐哺, 起以待士, 猶恐失天下之賢人. 子之魯, 慎無以國驕人.」

管·蔡·武庚等果率淮夷而反. 周公乃奉成王命, 興師東伐, 作大誥. 遂誅管叔, 殺武庚, 放蔡叔. 收殷餘民, 以封康叔於衛, 封微子於宋, 以奉殷祀. 寧淮夷東土, 二年而畢定.

諸侯咸服宗周.

天降祉福, 唐叔得禾, 異母同穎, 獻之成王, 成王命唐叔以餽周公於東土, 作餽禾. 周公既受命禾, 嘉天子命, 作嘉禾. 東土以集, 周公歸報成王, 乃爲詩貽王, 命之曰鴟鴞. 王亦未敢訓周公.

成王七年二月乙未, 王朝步自周, 至豐, 使太保召公先之雒相土. 其三月, 周公往營成周雒邑, 卜居焉, 曰吉, 遂國之.

成王長, 能聽政. 於是周公乃還政於成王, 成王臨朝. 周公之代成王治, 南面倍依以朝諸侯. 及七年後, 還政成王, 北面就臣位, 匔匔如畏然.

初, 成王少時, 病, 周公乃自揃其蚤沈之河, 以祝於神曰:「王少未有識, 奸神命者乃旦也.」亦藏其策於府. 成王病有瘳. 及成王用事, 人或譖周公, 周公奔楚. 成王發府, 見周公禱書, 乃泣, 反周公.

周公歸, 恐成王壯, 治有所淫佚, 乃作多士, 作毋逸. 毋逸稱:「爲人父母, 爲業至長久, 子孫驕奢忘之, 以亡其家, 爲人子可不慎乎! 故昔在殷王中宗, 嚴恭敬畏天命, 自度治民, 震懼不敢荒寧, 故中宗饗國七十五年. 其在高宗, 久勞于外, 爲與小人, 作其卽位, 乃有亮闇, 三年不言, 言乃讙, 不敢荒寧, 密靖殷國, 至于小大無怨, 故高宗饗國五十五年. 其在祖甲, 不義惟王, 久爲小人于外, 知小人之依, 能保施小民, 不侮鰥寡, 故祖甲饗國三十三年.」多士稱曰:「自湯至于帝乙, 無不率祀明德, 帝無不配天者. 在今後嗣王紂, 誕淫厥佚, 不顧天及民之從也. 其民皆可誅.」(周多士)「文王日中昃不暇食, 饗國五十年.」作此以誡成王.

成王在豐, 天下已安, 周之官政未次序, 於是周公作周官, 官別其宜, 作立政, 以便百姓. 百姓說.

周公在豐, 病, 將沒, 曰:「必葬我成周, 以明吾不敢離成王.」周公既卒, 成王亦讓, 葬周公於畢, 從文王, 以明予小子不敢臣周公也.

周公卒後, 秋未穫, 暴風雷[雨], 禾盡偃, 大木盡拔. 周國大恐. 成王與大夫朝服以開金縢書, 王乃得周公所自以爲功代武王之說. 二公及王乃問史百執事, 史百執事曰:「信有, 昔周公命我勿敢言.」成王執書以泣, 曰:「自今後其無繆卜乎! 昔周公勤勞王家, 惟予幼人弗及知. 今天動威以彰周公之德, 惟朕小子其迎, 我國家禮亦宜之.」王出郊, 天乃雨, 反風, 禾盡起. 二公命國人, 凡大木所偃, 盡起而築之. 歲則大孰. 於是成王乃命魯得郊祭文王. 魯有天子禮樂者, 以褒周公之德也.

周公卒, 子伯禽固已前受封, 是爲魯公. 魯公伯禽之初受封之魯, 三年而後報政周公. 周公曰:「何遲也?」伯禽曰:「變其俗, 革其禮, 喪三年然後除之, 故遲.」太公亦封於齊, 五月而報政周公. 周公曰:「何疾也?」曰:「吾簡其君臣禮, 從其俗爲也.」及後聞伯禽報政遲, 乃歎曰:「嗚呼, 魯後世其北面事齊矣! 夫政不簡不易, 民不有近; 平易近民, 民必歸之.」

伯禽即位之後, 有管·蔡等反也, 淮夷·徐戎亦興反. 於是伯禽率師伐之於肸, 作肸誓, 曰:「陳爾甲胄, 無敢不善. 無敢傷牿. 馬牛其風, 臣妾逋逃, 勿敢越逐, 敬復之. 無敢寇攘, 踰牆垣. 魯人三郊三隧, 峙爾芻茭·糗糧·楨榦, 無敢不逮. 我甲戌築而征徐戎, 無敢不及, 有大刑.」作此肸誓, 遂平徐戎, 定魯.

魯公伯禽卒, 子考公酋立. 考公四年卒, 立弟熙, 是謂煬公. 煬公築茅闕門. 六年卒, 子幽公宰立. 幽公十四年, 幽公弟潰殺幽公而自立, 是爲魏公. 魏公五十年卒, 子厲公擢立. 厲公三十七年卒, 魯人立其弟具, 是爲獻公. 獻公三十二年卒, 子眞公濞立.

眞公十四年, 周厲王無道, 出奔彘, 共和行政. 二十九年, 周宣王即位. 三十年, 眞公卒, 弟敖立, 是爲武公.

武公九年春, 武公與長子括, 少子戲, 西朝周宣王. 宣王愛戲, 欲立戲爲魯太子. 周之樊仲山父諫宣王曰:「廢長立少, 不順; 不順, 必犯王命; 犯王命, 必誅之: 故出令不可不順也. 令之不行, 政之不立; 行而不順, 民將棄上.

夫下事上, 少事長, 所以爲順. 今天子建諸侯, 立其少, 是教民逆也. 若魯從之, 諸侯效之, 王命將有所壅; 若弗從而誅之, 是自誅王命也. 誅之亦失, 不誅亦失, 王其圖之.」宣王弗聽, 卒立戲爲魯太子. 夏, 武公歸而卒, 戲立, 是爲懿公.

懿公九年, 懿公兄括之子伯御與魯人攻弒懿公, 而立伯御爲君. 伯御即位十一年, 周宣王伐魯, 殺其君伯御, 而問魯公子能道順諸侯者, 以爲魯後. 樊穆仲曰:「魯懿公弟稱, 肅恭明神, 敬事耆老; 賦事行刑, 必問於遺訓而咨於固實; 不干所問, 不犯所(知)[咨].」宣王曰:「然, 能訓治其民矣.」乃立稱於夷宮, 是爲孝公. 自是後, 諸侯多畔王命.

孝公二十五年, 諸侯畔周, 犬戎殺幽王.

秦始列爲諸侯.

二十七年, 孝公卒, 子弗湟立, 是爲惠公.

惠公三十年, 晉人弒其君昭侯. 四十五年, 晉人又弒其君孝侯.

四十六年, 惠公卒, 長庶子息攝當國, 行君事, 是爲隱公. 初, 惠公適夫人無子, 公賤妾聲子生子息. 息長, 爲娶於宋. 宋女至而好, 惠公奪而自妻之. 生子允. 登宋女爲夫人, 以允爲太子. 及惠公卒, 爲允少故, 魯人共令息攝政, 不言即位.

隱公五年, 觀漁於棠. 八年, 與鄭易天子之太山之邑祊及許田, 君子譏之.

十一年冬, 公子揮諂謂隱公曰:「百姓便君, 君其遂立. 吾請爲君殺子允, 君以我爲相.」隱公曰:「有先君命. 吾爲允少, 故攝代. 今允長矣, 吾方營菟裘之地而老焉, 以授子允政.」揮懼子允聞而反誅之, 乃反譖隱公於子允曰:「隱公欲遂立, 去子, 子其圖之. 請爲子殺隱公.」子允許諾. 十一月, 隱公祭鍾巫, 齊于社圃, 館于蒍氏. 揮使人殺隱公于蒍氏, 而立子允爲君, 是爲桓公.

桓公元年, 鄭以璧易天子之許田. 二年, 以宋之賂鼎入於太廟, 君子譏之.

三年, 使揮迎婦于齊爲夫人. 六年, 夫人生子, 與桓公同日, 故名曰同. 同長, 爲太子.

十六年, 會于曹, 伐鄭, 入厲公.

十八年春, 公將有行, 遂與夫人如齊. 申繻諫止, 公不聽, 遂如齊. 齊襄公通桓公夫人. 公怒夫人, 夫人以告齊侯. 夏四月丙子, 齊襄公饗公, 公醉, 使公子彭生抱魯桓公, 因命彭生摺其脅, 公死于車. 魯人告于齊曰:「寡君畏君之威, 不敢寧居, 來脩好禮. 禮成而不反, 無所歸咎, 請得彭生以除醜於諸侯.」齊人殺彭生以說魯. 立太子同, 是爲莊公. 莊公母夫人因留齊, 不敢歸魯.

莊公五年冬, 伐衛, 内衛惠公.

八年, 齊公子糾來奔. 九年, 魯欲内子糾於齊, 後桓公, 桓公發兵擊魯, 魯急, 殺子糾. 召忽死. 齊告魯生致管仲. 魯人施伯曰:「齊欲得管仲, 非殺之也, 將用之, 用之則爲魯患. 不如殺, 以其屍與之.」莊公不聽, 遂囚管仲與齊. 齊人相管仲.

十三年, 魯莊公與曹沫會齊桓公於柯, 曹沫劫齊桓公, 求魯侵地, 已盟而釋桓公. 桓公欲背約, 管仲諫, 卒歸魯侵地. 十五年, 齊桓公始霸. 二十三年, 莊公如齊觀社.

三十二年, 初, 莊公築臺臨黨氏, 見孟女, 說而愛之, 許立爲夫人, 割臂以盟. 孟女生子斑. 斑長, 說梁氏女, 往觀. 圉人犖自牆外與梁氏女戲. 斑怒, 鞭犖. 莊公聞之, 曰:「犖有力焉, 遂殺之, 是未可鞭而置也.」斑未得殺. 會莊公有疾. 莊公有三弟, 長曰慶父, 次曰叔牙, 次曰季友. 莊公取齊女爲夫人曰哀姜. 哀姜無子. 哀姜娣曰叔姜, 生子開. 莊公無適嗣, 愛孟女, 欲立其子斑. 莊公病, 而問嗣於弟叔牙. 叔牙曰:「一繼一及, 魯之常也. 慶父在, 可爲嗣, 君何憂?」莊公患叔牙欲立慶父, 退而問季友. 季友曰:「請以死立斑也.」莊公曰:「曩者叔牙欲立慶父, 奈何?」季友以莊公命命牙待於鍼巫氏, 使鍼季劫飲叔牙以鴆, 曰:「飲此則有後奉祀; 不然, 死且無後.」牙遂飲鴆而死, 魯立其子爲叔孫氏. 八月癸亥, 莊公卒, 季友竟立子斑爲君, 如莊公命. 侍喪, 舍于黨氏.

先時慶父與哀姜私通, 欲立哀姜娣子開. 及莊公卒而季友立斑, 十月己未, 慶父使圉人犖殺魯公子斑於黨氏. 季友奔陳. 慶父竟立莊公子開, 是爲湣公!

湣公二年, 慶父與哀姜通益甚. 哀姜與慶父謀殺湣公而立慶父. 慶父使卜齮襲殺湣公於武闈. 季友聞之, 自陳與湣公弟申如邾, 請魯求内. 魯人

欲誅慶父. 慶父恐, 奔莒. 於是季友奉子申入, 立之, 是爲釐公. 釐公亦莊公少子. 哀姜恐, 奔邾. 季友以賂如莒求慶父, 慶父歸, 使人殺慶父, 慶父請奔, 弗聽, 乃使大夫奚斯行哭而往. 慶父聞奚斯音, 乃自殺. 齊桓公聞哀姜與慶父亂以危魯, 及召之邾而殺之, 以其屍歸, 戮之魯. 魯釐公請而葬之.

季友母陳女, 故亡在陳, 陳故佐送季友及子申. 季友之將生也, 父魯桓公使人卜之, 曰:「男也, 其名曰「友」, 閒于兩社, 爲公室輔. 季友亡, 則魯不昌.」及生, 有文在掌曰「友」, 遂以名之, 號爲成季. 其後爲季氏, 慶父後爲孟氏也.

釐公元年, 以汶陽鄪封季友. 季友爲相.

九年, 晉里克殺其君奚齊·卓子. 齊桓公率釐公討晉亂, 至高梁而還, 立晉惠公. 十七年, 齊桓公卒. 二十四年, 晉文公卽位.

三十三年, 釐公卒, 子興立, 是爲文公.

文公元年, 楚太子商臣弒其父成王, 代立. 三年, 文公朝晉襄公.

十一年十月甲午, 魯敗翟于鹹, 獲長翟喬如, 富父終甥舂其喉, 以戈殺之, 埋其首於子駒之門, 以命宣伯.

初, 宋武公之世, 鄋瞞伐宋, 司徒皇父帥師禦之, 以敗翟于長丘, 獲長翟緣斯. 晉之滅路, 獲喬如弟棼如. 齊惠公二年, 鄋瞞伐齊, 齊王子城父獲其弟榮如, 埋其首於北門. 衛人獲其季弟簡如. 鄋瞞由是遂亡.

十五年, 季文子使於晉.

十八年二月, 文公卒. 文公有二妃: 長妃齊女爲哀姜, 生子惡及視; 次妃敬嬴, 嬖愛, 生子俀. 俀私事襄仲, 襄仲欲立之, 叔仲曰不可. 襄仲請齊惠公, 惠公新立, 欲親魯, 許之. 冬十月, 襄仲殺子惡及視而立俀, 是爲宣公. 哀姜歸齊, 哭而過市, 曰:「天乎! 襄仲爲不道, 殺適立庶!」市人皆哭, 魯人謂之「哀姜」. 魯由此公室卑, 三桓彊.

宣公俀十二年, 楚莊王彊, 圍鄭. 鄭伯降, 復國之.

十八年, 宣公卒, 子成公黑肱立, 是爲成公. 季文子曰:「使我殺適立庶失大援者, 襄仲.」襄仲立宣公, 公孫歸父有寵. 宣公欲去三桓, 與晉謀伐三桓. 會宣公卒, 季文子怨之, 歸父奔齊.

成公二年春, 齊伐取我隆. 夏, 公與晉 克敗齊頃公於 齊復歸我侵地. 四年,

成公如晉, 晉景公不敬魯. 魯欲背晉合於楚, 或諫, 乃不. 十年, 成公如晉. 晉景公卒, 因留成公送葬, 魯諱之. 十五年, 始與吳王壽夢會鍾離.

十六年, 宣伯告晉, 欲誅季文子. 文子有義, 晉人弗許.

十八年, 成公卒, 子午立, 是爲襄公.

是時襄公三歲也.

襄公元年, 晉立悼公. 往年冬, 晉欒書弑其君厲公. 四年, 襄公朝晉.

五年, 季文子卒. 家無衣帛之妾, 廐無食粟之馬, 府無金玉, 以相三君. 君子曰: 「季文子廉忠矣.」

九年, 與晉伐鄭. 晉悼公冠襄公於衛, 季武子從, 相行禮.

十一年, 三桓氏分爲三軍.

十二年, 朝晉. 十六年, 晉平公即位. 二十一年, 朝晉平公.

二十二年, 孔丘生.

二十五年, 齊崔杼弑其君莊公, 立其弟景公.

二十九年, 吳延陵季子使魯, 問周樂, 盡知其意, 魯人敬焉.

三十一年六月, 襄公卒. 其九月, 太子卒. 魯人立齊歸之子裯爲君; 是爲昭公.

昭公年十九, 猶有童心. 穆叔不欲立, 曰: 「太子死, 有母弟可立, 不即立長. 年鈞擇賢, 義鈞則卜之. 今裯非適嗣, 且又居喪意不在戚而有喜色, 若果立, 必爲季氏憂.」 季武子弗聽, 卒立之. 比及葬, 三易衰. 君子曰: 「是不終也.」

昭公三年, 朝晉至河, 晉平公謝還之, 魯恥焉. 四年, 楚靈王會諸侯於申, 昭公稱病不往. 七年, 季武子卒. 八年, 楚靈王就章華臺, 召昭公. 昭公往賀, 賜昭公寶器; 已而悔, 復詐取之. 十二年, 朝晉至河, 晉平公謝還之. 十三年, 楚公子棄疾弑其君靈王, 代立. 十五年, 朝晉, 晉留之葬晉昭公, 魯恥之. 二十年, 齊景公與晏子狩竟, 因入魯問禮. 二十一年, 朝晉至河, 晉謝還之.

二十五年春, 鸜鵒來巢. 師己曰: 「文成之世童謠曰鸜鵒來巢, 公在乾侯. 鸜鵒入處, 公在外野, 啁弧!」

季氏與郈氏鬥雞, 季氏芥雞羽, 郈氏金距. 季平子怒而侵郈氏, 郈昭伯亦怒平子. 臧昭伯之弟會僞讒臧氏, 匿季氏, 臧昭伯囚季氏人. 季平子怒, 囚臧氏老.

臧‧郈氏以難告昭公. 昭公九月戊戌伐季氏, 遂入. 平子登臺請曰:「君以讒不察臣罪, 誅之, 請遷沂上.」弗許. 請囚於鄲, 弗許. 請以五乘亡, 弗許. 子家駒曰:「君其許之. 政自季氏久矣, 爲徒者衆, 衆將合謀.」弗聽. 郈氏曰:「必殺之.」叔孫氏之臣戾謂其衆曰:「無季氏與有, 孰利?」皆曰:「無季氏是無叔孫氏.」戾曰:「然, 救季氏!」遂敗公師. 孟懿子聞叔孫氏勝, 亦殺郈昭伯. 郈昭伯爲公使, 故孟氏得之. 三家共伐公, 公遂奔. 己亥, 公至于齊. 齊景公曰:「請致千社待君.」子家曰:「棄周公之業而臣於齊, 可乎?」乃止. 子家曰:「齊景公無信, 不如早之晉.」弗從. 叔孫見公還, 見平子, 平子頓首. 初欲迎昭公, 孟孫‧季孫後悔, 乃止.

二十六年春, 齊伐魯, 取鄆而居昭公焉. 夏, 齊景公將內公, 令無受魯賂. 申豐‧汝賈許齊臣高齕‧子將粟五千庾. 子將言於齊侯曰:「群臣不能事魯君, 有異焉. 宋元公爲魯如晉, 求內之, 道卒. 叔孫昭子求內其君, 無病而死. 不知天棄魯乎? 抑魯君有罪于鬼神也? 願君且待.」齊景公從之.

二十八年, 昭公如晉, 求入. 季平子私於晉六卿, 六卿受季氏賂, 諫晉君, 晉君乃止, 居昭公乾侯. 二十九年, 昭公如鄆. 齊景公使人賜昭公書, 自謂「主君」. 昭公恥之, 怒而去乾侯. 三十一年, 晉欲內昭公, 召季平子. 平子布衣跣行, 因六卿謝罪. 六卿爲言曰:「晉欲內昭公, 衆不從.」晉人止. 三十二年, 昭公卒於乾侯. 魯人共立昭公弟宋爲君, 是爲定公.

定公立, 趙簡子問史墨曰:「季氏亡乎?」史墨對曰:「不亡. 季友有大功於魯, 受鄪爲上卿, 至于文子‧武子, 世增其業. 魯文公卒, 東門遂殺適立庶, 魯君於是失國政. 政在季氏, 於今四君矣. 民不知君, 何以得國! 是以爲君愼器與名, 不可以假人.」

定公五年, 季平子卒. 陽虎私怒, 囚季桓子, 與盟, 乃捨之. 七年, 齊伐我, 取鄆, 以爲魯陽虎邑以從政. 八年, 陽虎欲盡殺三桓適, 而更立其所善庶子以代之; 載季桓子將殺之, 桓子詐而得脫. 三桓共攻陽虎, 陽虎居陽關. 九年, 魯伐陽虎, 陽虎奔齊, 已而奔晉趙氏.

十年, 定公與齊景公會於夾谷, 孔子行相事. 齊欲襲魯君, 孔子以禮歷階, 誅齊淫樂, 齊侯懼, 乃止, 歸魯侵地而謝過. 十二年, 使仲由毀三桓城, 收其甲兵. 孟氏不肯墮城, 伐之, 不克而止. 季桓子受齊女樂, 孔子去.

十五年, 定公卒, 子將立, 是爲哀公.

哀公五年, 齊景公卒. 六年, 齊田乞弑其君孺子.

七年, 吳王夫差彊, 伐齊, 至繒, 徵百牢於魯. 季康子使子貢說吳王及太宰嚭, 以禮詘之. 吳王曰:「我文身, 不足責禮.」乃止.

八年, 吳爲鄒伐魯, 至城下, 盟而去. 齊伐我, 取三邑. 十年, 伐齊南邊. 十一年, 齊伐魯. 季氏用冉有有功, 思孔子, 孔子自衛歸魯. 十四年, 齊田常弑其君簡公於徐州. 孔子請伐之, 哀公不聽. 十五年, 使子服景伯·子貢爲介, 適齊, 齊歸我侵地. 田常初相, 欲親諸侯.

十六年, 孔子卒.

二十二年, 越王句踐滅吳王夫差.

二十七年春, 季康子卒. 夏, 哀公患三桓, 將欲因諸侯以劫之, 三桓亦患公作難, 故君臣多間. 公游于陵阪, 遇孟武伯於街, 曰:「請問余及死乎?」對曰:「不知也.」公欲以越伐三桓. 八月, 哀公如陘氏. 三桓攻公, 公奔于衛, 去如鄒, 遂如越. 國人迎哀公復歸, 卒于有山氏. 子寧立, 是爲悼公.

悼公之時, 三桓勝, 魯如小侯, 卑於三桓之家.

十三年, 三晉滅智伯, 分其地有之.

三十七年, 悼公卒, 子嘉立, 是爲元公. 元公二十一年卒, 子顯立, 是爲穆公. 穆公三十三年卒, 子奮立, 是爲共公. 共公二十二年卒, 子屯立, 是爲康公. 康公九年卒, 子匽立, 是爲景公. 景公二十九年卒, 子叔立, 是爲平公. 是時六國皆稱王.

平公十二年, 秦惠王卒. 二十(二)年, 平公卒, 子賈立, 是爲文公. 文公(七)[元]年, 楚懷王死于秦. 二十三年, 文公卒, 子讎立, 是爲頃公.

頃公二年, 秦拔楚之郢, 楚頃王東徙于陳. 十九年, 楚伐我, 取徐州. 二十四年, 楚考烈王伐滅魯. 頃公亡, 遷於下邑, 爲家人, 魯絶祀. 頃公卒于柯.

魯起周公至頃公, 凡三十四世.

太史公曰: 余聞孔子稱曰「甚矣魯道之衰也! 洙泗之間斷斷如也」, 觀慶父及叔牙閔公之際, 何其亂也? 隱桓之事; 襄仲殺適立庶; 三家北面爲臣, 親攻昭公, 昭公以奔. 至其揖讓之禮則從矣, 而行事何其戾也?

　　太公望呂尙者, 東海上人. 其先祖嘗爲四嶽, 佐禹平水土甚有功. 虞夏之
際封於呂, 或封於申, 姓姜氏. 夏商之時, 申·呂或封枝庶子孫, 或爲庶人,
尙其後苗裔也. 本姓姜氏, 從其封姓, 故曰呂尙.

　　呂尙蓋嘗窮困, 年老矣, 以漁釣奸周西伯. 西伯將出獵, 卜之, 曰「所獲非
龍非彲, 非虎非羆; 所獲霸王之輔」. 於是周西伯獵, 果遇太公於渭之陽,
與語大說, 曰:「自吾先君太公曰'當有聖人適周, 周以興'. 子眞是邪? 吾太公
望子久矣.」故號之曰「太公望」, 載與俱歸, 立爲師.

　　或曰, 太公博聞, 嘗事紂. 紂無道, 去之. 游說諸侯, 無所遇, 而卒西歸周
西伯. 或曰, 呂尙處士, 隱海濱. 周西伯拘羑里, 散宜生·閎夭素知而招呂尙.
呂尙亦曰「吾聞西伯賢, 又善養老, 盍往焉」. 三人者爲西伯求美女奇物, 獻之
於紂, 以贖西伯. 西伯得以出, 反國. 言呂尙所以事周雖異, 然要之爲文武師.

　　周西伯昌之脫羑里歸, 與呂尙陰謀修德以傾商政, 其事多兵權與奇計,
故後世之言兵及周之陰權皆宗太公爲本謀. 周西伯政平, 及斷虞芮之訟,
而詩人稱西伯受命曰文王. 伐崇·密須·犬夷, 大作豐邑. 天下三分, 其二
歸周者, 太公之謀計居多.

　　文王崩, 武王卽位. 九年, 欲修文王業, 東伐以觀諸侯集否. 師行, 師尙父左
杖黃鉞, 右把白旄以誓, 曰:「蒼兕蒼兕, 總爾衆庶, 與爾舟楫, 後至者斬!」
遂至盟津. 諸侯不期而會者八百諸侯. 諸侯皆曰:「紂可伐也.」武王曰:「未可.」
還師, 與太公作此太誓.

　　居二年, 紂殺王子比干, 囚箕子. 武王將伐紂, 卜龜兆, 不吉, 風雨暴至.
群公盡懼, 唯太公彊之勸武王, 武王於是遂行. 十一年正月甲子, 誓於牧野,
伐商紂. 紂師敗績. 紂反走, 登鹿臺遂追斬紂. 明日, 武王立于社, 群公奉
明水, 衛康叔封布采席, 師尙父牽牲, 史佚策祝, 以告神討紂之罪. 散鹿臺

之錢, 發鉅橋之粟, 以振貧民. 封比干墓, 釋箕子囚. 遷九鼎, 脩周政, 與天下更始. 師尚父謀居多.

於是武王已平商而王天下, 封師尚父於齊營丘. 東就國, 道宿行遲. 逆旅之人曰:「吾聞時難得而易失. 客寢甚安, 殆非就國者也.」太公聞之, 夜衣而行, 犂明至國. 萊侯來伐, 與之爭營丘. 營丘邊萊. 萊人, 夷也, 會紂之亂而周初定, 未能集遠方, 是以與太公爭國.

太公至國, 脩政, 因其俗, 簡其禮, 通商工之業, 便魚鹽之利, 而人民多歸齊, 齊爲大國. 及周成王少時, 管蔡作亂, 淮夷畔周, 乃使召康公命太公曰:「東至海, 西至河, 南至穆陵, 北至無棣, 五侯九伯, 實得征之.」齊由此得征伐, 爲大國. 都營丘.

蓋太公之卒百有餘年, 子丁公呂伋立. 丁公卒, 子乙公得立. 乙公卒, 子癸公慈母立. 癸公卒, 子哀公不辰立.

哀公時, 紀侯譖之周, 周烹哀公而立其弟靜, 是爲胡公. 胡公徙都薄姑, 而當周夷王之時.

哀公之同母少弟山怨胡公, 乃與其黨率營丘人襲攻殺胡公而自立, 是爲獻公. 獻公元年, 盡逐胡公子, 因徙薄姑都, 治臨菑.

九年, 獻公卒, 子武公壽立. 武公九年, 周厲王出奔, 居彘. 十年, 王室亂, 大臣行政, 號曰「共和」. 二十四年, 周宣王初立.

二十六年, 武公卒, 子厲公無忌立. 厲公暴虐, 故胡公子復入齊, 齊人欲立之, 乃與攻殺厲公. 胡公子亦戰死. 齊人乃立厲公子赤爲君, 是爲文公, 而誅殺厲公者七十人.

文公十二年卒, 子成公脫立. 成公九年卒, 子莊公購立.

莊公二十四年, 犬戎殺幽王, 周東徙雒. 秦始列爲諸侯. 五十六年, 晉弒其君昭侯.

六十四年, 莊公卒, 子釐公祿甫立.

釐公九年, 魯隱公初立. 十九年, 魯桓公弒其兄隱公而自立爲君.

二十五年, 北戎伐齊. 鄭使太子忽來救齊, 齊欲妻之. 忽曰:「鄭小齊大, 非我敵.」遂辭之.

三十二年, 釐公同母弟夷仲年死. 其子曰公孫無知, 釐公愛之, 令其秩服奉養比太子.

三十三年, 釐公卒, 太子諸兒立, 是爲襄公.

襄公元年, 始爲太子時, 嘗與無知, 及立, 紬無知秩服, 無知怨.

四年, 魯桓公與夫人如齊. 齊襄公故嘗私通魯夫人. 魯夫人者, 襄公女弟也, 自公時嫁爲魯桓公婦, 及桓公來而襄公復通焉. 魯桓公知之, 怒夫人, 夫人以告齊襄公. 齊襄公與魯君飲, 醉之, 使力士彭生抱上魯君車, 因拉殺魯桓公, 桓公下車則死矣. 魯人以爲讓, 而齊襄公殺彭生以謝魯.

八年, 伐紀, 紀遷去其邑.

十二年, 初, 襄公使連稱·管至父戌葵丘, 瓜時而往, 及瓜而代. 往戌一歲, 卒瓜時而公弗爲發代. 或爲請代, 公弗許. 故此二人怒, 因公孫無知謀作亂. 連稱有從妹在公宮, 無寵, 使之 襄公, 曰:「事成以女爲無知夫人」冬十二月, 襄公游姑棼, 遂獵沛丘. 見彘, 從者曰「彭生」. 公怒, 射之, 彘人立而啼. 公懼, 墜車傷足, 失屨. 反而鞭主屨者三百. 出宮. 而無知·連稱·管至父等聞公傷, 乃遂率其眾襲宮. 逢主屨茀, 茀曰:「且無入驚宮, 驚宮未易入也.」無知弗信, 茀示之創, 乃信之. 待宮外, 令茀先入. 茀先入, 即匿襄公戶閒. 良久, 無知等恐, 遂入宮. 茀反與宮中及公之幸臣攻無知等, 不勝, 皆死. 無知入宮, 求公不得. 或見人足於戶閒, 發視, 乃襄公, 遂弑之, 而無知自立爲齊君.

桓公元年春, 齊君無知游於雍林. 雍林人嘗有怨無知, 及其往游, 雍林人襲殺無知, 告齊大夫曰:「無知弑襄公自立, 臣謹行誅. 唯大夫更立公子之當立者, 唯命是聽.」

初, 襄公之醉殺魯桓公, 通其夫人, 殺誅數不當, 淫於婦人, 數欺大臣, 群弟恐禍及, 故次弟糾奔魯. 其母魯女也. 管仲·召忽傅之. 次弟小白奔莒, 鮑叔傅之. 小白母, 衛女也, 有寵於釐公. 小白自少好善大夫高傒. 及雍林人殺無知, 議立君, 高·國先陰召小白於莒. 魯聞無知死, 亦發兵送公子糾, 而使管仲別將兵遮莒道, 射中小白帶鉤. 小白詳死, 管仲使人馳報魯. 魯送糾者行益遲, 六日至齊, 則小白已入, 高傒立之, 是爲桓公.

桓公之中鉤, 詳死以誤管仲, 已而載溫車中馳行, 亦有高·國內應, 故得先入立, 發兵距魯. 秋, 與魯戰于乾時, 魯兵敗走, 齊兵掩絕魯歸道. 齊遺魯書曰:「子糾兄弟, 弗忍誅, 請魯自殺之. 召忽·管仲讎也, 請得而甘心醢之. 不然, 將圍魯.」魯人患之, 遂殺子糾于笙瀆. 召忽自殺, 管仲請囚. 桓公之立, 發兵攻魯, 心欲殺管仲. 鮑叔牙曰:「臣幸得從君, 君竟以立. 君之尊, 臣無以增君. 君將治齊, 卽高 與叔牙足也. 君且欲霸王, 非管夷吾不可. 夷吾所居國國重, 不可失也.」於是桓公從之. 乃詳爲召管仲欲甘心, 實欲用之. 管仲知之, 故請往. 鮑叔牙迎受管仲, 及堂阜而脫桎梏, 齋祓而見桓公. 桓公厚禮以爲大夫, 任政.

桓公旣得管仲, 與鮑叔·隰朋·高傒修齊國政, 連五家之兵, 設輕重魚鹽之利, 以贍貧窮, 祿賢能, 齊人皆說.

二年, 伐滅郯, 郯子奔莒. 初, 桓公亡時, 過郯, 郯無禮, 故伐之.

五年, 伐魯, 魯將師敗. 魯莊公請獻遂邑以平, 桓公許, 與魯會柯而盟. 魯將盟, 曹沫以匕首劫桓公於壇上, 曰:「反魯之侵地!」桓公許之. 已而曹沫去匕首, 北面就臣位. 桓公後悔, 欲無與魯地而殺曹沫. 管仲曰:「夫劫許之而倍信殺之, 愈一小快耳, 而棄信於諸侯, 失天下之援, 不可.」於是遂與曹沫三敗所亡地於魯. 諸侯聞之, 皆信齊而欲附焉. 七年, 諸侯會桓公於甄, 而桓公於是始霸焉.

十四年, 陳厲公子完, 號敬仲, 來奔齊. 齊桓公欲以爲卿, 讓; 於是以爲工正. 田成子常之祖也.

二十三年, 山戎伐燕, 燕告急於齊. 齊桓公救燕, 遂伐山戎, 至于孤竹而還. 燕莊公遂送桓公入齊境. 桓公曰:「非天子, 諸侯相送不出境, 吾不可以無禮於燕.」於是分溝割燕君所至與燕, 命燕君復修召公之政, 納貢于周, 如成康之時. 諸侯聞之, 皆從齊.

二十七年, 魯釐公母曰哀姜, 桓公女弟也. 哀姜淫於魯公子慶父, 慶父弒湣公, 哀姜欲立慶父, 魯人更立釐公. 桓公召哀姜, 殺之.

二十八年, 衛文公有狄亂, 告急於齊. 齊率諸侯城楚丘而立衛君.

二十九年, 桓公與夫人蔡姬戲船中. 蔡姬習水, 蕩公, 公懼, 止之, 不止, 出船, 怒, 歸蔡姬, 弗絕. 蔡亦怒, 嫁其女. 桓公聞而怒, 興師往伐.

三十年春, 齊桓公率諸侯伐蔡, 蔡潰. 遂伐楚. 楚成王興師問曰:「何故涉吾地?」管仲對曰:「昔召康公命我先君太公曰: '五侯九伯, 若實征之, 以夾輔周室.' 賜我先君履, 東至海, 西至河, 南至穆陵, 北至無棣. 楚貢包茅不入, 王祭不具, 是以來責. 昭王南征不復, 是以來問.」楚王曰:「貢之不入, 有之, 寡人罪也, 敢不共乎! 昭王之出不復, 君其問之水濱.」齊師進次于陘. 夏, 楚王使屈完將兵扞齊, 齊師退次召陵. 桓公矜屈完以其衆. 屈完曰:「君以道則可; 若不, 則楚方城以爲城, 江·漢以爲溝, 君安能進乎?」乃與屈完盟而去. 過陳, 陳袁濤塗詐齊, 令出東方, 覺. 秋, 齊伐陳. 是歲, 晉殺太子申生.

三十五年夏, 會諸侯于葵丘. 周襄王使宰孔賜桓公文武胙·彤弓矢·大路, 命無拜. 桓公欲許之, 管仲曰「不可」, 乃下拜受賜. 秋, 復會諸侯於葵丘, 益有驕色. 周使宰孔會. 諸侯頗有叛者. 晉侯病, 後, 遇宰孔. 宰孔曰:「齊侯驕矣, 弟無行.」從之. 是歲, 晉獻公卒, 里克殺奚齊·卓子, 秦穆公以夫人入公子夷吾爲晉君. 桓公於是討晉亂, 至高梁, 使隰朋立晉君, 還.

是時周室微, 唯齊·楚·秦·晉爲彊. 晉初與會, 獻公死, 國內亂. 秦穆公辟遠, 不與中國會盟. 楚成王初收荊蠻有之, 夷狄自置. 唯獨齊爲中國會盟, 而桓公能宣其德, 故諸侯賓會. 於是桓公稱曰:「寡人南伐至召陵, 望熊山; 北伐山戎·離枝·孤竹; 西伐大夏, 涉流沙; 束馬懸車登太行, 至卑耳山而還. 諸侯莫違寡人. 寡人兵車之會三, 乘車之會六, 九合諸侯, 一匡天下. 昔三代受命, 有何以異於此乎? 吾欲封泰山, 禪梁父.」管仲固諫, 不聽; 乃說桓公以遠方珍怪物至乃得封, 桓公乃止.

三十八年, 周襄王弟帶與戎·翟合謀伐周, 齊使管仲平戎於周. 周欲以上卿禮管仲, 管仲頓首曰:「臣陪臣, 安敢!」三讓, 乃受下卿禮以見. 三十九年, 周襄王弟帶來奔齊. 齊使仲孫請王, 爲帶謝. 襄王怒, 弗聽.

四十一年, 秦穆公虜晉惠公, 復歸之. 是歲, 管仲·隰朋皆卒. 管仲病, 桓公問曰:「群臣誰可相者?」管仲曰:「知臣莫如君.」公曰:「易牙如何?」對曰:「殺子以適君, 非人情, 不可.」公曰:「開方如何?」對曰:「倍親以適君, 非人情, 難近.」公曰:「豎刀如何?」對曰:「自宮以適君, 非人情, 難親.」管仲死, 而桓公不用管仲言, 卒近用三子, 三子專權.

四十二年, 戎伐周, 周告急於齊, 齊令諸侯各發卒戍周. 是歲, 晉公子重耳來, 桓公妻之.

四十三年. 初, 齊桓公之夫人三: 曰王姬·徐姬·蔡姬, 皆無子. 桓公好內, 多內寵, 如夫人者六人, 長衛姬, 生無詭; 少衛姬, 生惠公元; 鄭姬, 生孝公昭; 葛嬴, 生昭公潘; 密姬, 生懿公商人; 宋華子, 生公子雍. 桓公與管仲屬孝公於宋襄公, 以爲太子. 雍巫有寵於衛共姬, 因宦者豎刀以厚獻於桓公, 亦有寵, 桓公許之立無詭. 管仲卒, 五公子皆求立. 冬十月乙亥, 齊桓公卒. 易牙入, 與豎刀因內寵殺群吏, 而立公子無詭爲君. 太子昭奔宋.

桓公病, 五公子各樹黨爭立. 及桓公卒, 遂相攻, 以故宮中空, 莫敢棺. 桓公尸在牀上六十七日, 尸蟲出于戶. 十二月乙亥, 無詭立, 乃棺赴. 辛巳夜, 斂殯.

桓公十有餘子, 要其後立者五人: 無詭立三月死, 無諡; 次孝公; 次昭公; 次懿公; 次惠公. 孝公元年三月, 宋襄公率諸侯兵送齊太子昭而伐齊. 齊人恐, 殺其君無詭. 齊人將立太子昭, 四公子之徒攻太子, 太子走宋, 宋遂與齊人四公子戰. 五月, 宋敗齊四公子師而立太子昭, 是爲齊孝公. 宋以桓公與管仲屬之太子, 故來征之. 以亂故, 八月乃葬齊桓公.

六年春, 齊伐宋, 以其不同盟於齊也. 夏, 宋襄公卒. 七年, 晉文公立.

十年, 孝公卒, 孝公弟潘因衛公子開方殺孝公子而立潘, 是爲昭公. 昭公, 桓公子也, 其母曰葛嬴.

昭公元年, 晉文公敗楚於城濮, 而會諸侯踐土, 朝周, 天子使晉稱伯. 六年, 翟侵齊. 晉文公卒. 秦兵敗於殽. 十二年, 秦穆公卒.

十九年五月, 昭公卒, 子舍立爲齊君. 舍之母無寵於昭公, 國人莫畏. 昭公之弟商人以桓公死爭立而不得, 陰交賢士, 附愛百姓, 百姓說. 及昭公卒, 子舍立, 孤弱, 卽與眾十月卽墓上弑齊君舍, 而商人自立, 是爲懿公. 懿公, 桓公子也, 其母曰密姬.

懿公四年春, 初, 懿公爲公子時, 與丙戎之父獵, 爭獲不勝, 及卽位, 斷丙戎父足, 而使丙戎僕. 庸職之妻好, 公內之宮, 使庸職驂乘. 五月, 懿公游於申池, 二人浴, 戲. 職曰:「斷足子!」戎曰:「奪妻者!」二人俱病此言, 乃怨. 謀與公游竹中, 二人弑懿公車上, 棄竹中而亡去.

懿公之立, 驕, 民不附. 齊人廢其子而迎公子元於衛, 立之, 是爲惠公. 惠公, 桓公子也. 其母衛女, 曰少衛姬, 避齊亂, 故在衛.

惠公二年, 長翟來, 王子城父攻殺之, 埋之於北門. 晉趙穿弒其君靈公.

十年, 惠公卒, 子頃公無野立. 初, 崔杼有寵於惠公, 惠公卒, 高·國畏其偪也, 逐之, 崔杼奔衛.

頃公元年, 楚莊王彊, 伐陳; 二年, 圍鄭, 鄭伯降, 已復國鄭伯.

六年春, 晉使郤克於齊, 齊使夫人帷中而觀之. 郤克上, 夫人笑之. 郤克曰: 「不是報, 不復涉河!」歸, 請伐齊, 晉侯弗許. 齊使至晉, 郤克執齊使者四人河內, 殺之. 八年. 晉伐齊, 齊以公子彊質晉, 晉兵去. 十年春, 齊伐魯·衛, 魯·衛大夫如晉請師, 皆因郤克. 晉使郤克以車八百乘爲中軍將, 士變將上軍, 欒書將下軍, 以救魯·衛, 伐齊. 六月壬申, 與齊侯兵合靡笄下. 癸酉, 陳于鞍逢丑父爲齊頃公右. 頃公曰: 「馳之, 破晉軍會食.」射傷郤克, 流血至履. 克欲還入壁, 其御曰: 「我始入, 再傷, 不敢言疾, 恐懼士卒, 願子忍之.」遂復戰. 戰, 齊急, 丑父恐齊侯得, 乃易處, 頃公爲右, 車絓於木而止, 晉小將韓厥伏齊侯車前, 曰: 「寡君使臣救魯·衛」, 戲之. 丑父使頃公下取飮, 因得亡, 脫去, 入其軍. 晉郤克欲殺丑父. 丑父曰: 「代君死而見僇, 後人臣無忠其君者矣」克舍之, 丑父遂得亡歸齊. 於是晉軍追齊至馬陵. 齊侯請以寶器謝, 不聽., 必得笑克者蕭桐叔子, 令齊東畝. 對曰: 「叔子, 齊君母. 齊君母亦猶晉君母, 子安置之? 且子以義伐而以暴爲後, 其可乎?」於是乃許, 令反魯·衛之侵地.

十一年, 晉初置六卿, 賞鞍之功. 齊頃公朝晉, 欲尊王晉景公, 晉景公不敢受, 乃歸. 歸而頃公弛苑囿, 薄賦斂, 振孤問疾, 虛積聚以救民, 民亦大說. 厚禮諸侯. 竟頃公卒, 百姓附, 諸侯不犯.

十七年, 頃公卒, 子靈公環立.

靈公九年, 晉欒書弒其君厲公. 十年, 晉悼公伐齊, 齊令公子光質晉. 十九年, 立子光爲太子, 高厚傅之, 令會諸侯盟於鍾離. 二十七年, 晉使中行獻子伐齊. 齊師敗, 靈公走入臨菑. 晏嬰止靈公, 靈公弗從. 曰: 「君亦無勇矣!」晉兵遂圍臨菑, 臨菑城守不敢出, 晉焚郭中而去.

二十八年，初，靈公取魯女，生子光，以爲太子．仲姬，戎姬．戎姬嬖，仲姬生子牙，屬之戎姬．戎姬請以爲太子，公許之．仲姬曰：「不可．光之立，列於諸侯矣，今無故廢之，君必悔之．」公曰：「在我耳．」遂東太子光，使高厚傅牙爲太子．靈公疾，崔杼迎故太子光而立之，是爲莊公．莊公殺戎姬．五月壬辰，靈公卒，莊公卽位，執太子牙於句竇之丘，殺之．八月，崔杼殺高厚．晉聞齊亂，伐齊，至高唐．

莊公三年，晉大夫欒盈奔齊，莊公厚客待之．晏嬰・田文子諫，公弗聽．四年，齊莊公使欒盈閒入晉曲沃爲內應，以兵隨之，上太行，入孟門．欒盈敗，齊兵還，取朝歌．

六年，初，棠公妻好，棠公死，崔杼取之．莊公通之，數如崔氏，以崔杼之冠賜人．侍者曰：「不可．」崔杼怒，因其伐晉，欲與晉合謀襲齊而不得閒．莊公嘗笞宦者賈舉，賈舉復侍，爲崔杼閒公以報怨．五月，莒子朝齊，齊以甲戌饗之．崔杼稱病不視事．乙亥，公問崔杼病，遂從崔杼妻．崔杼妻入室，與崔杼自閉戶不出，公擁柱而歌．宦者賈舉遮公從官而入，閉門，崔杼之徒持兵從中起．公登而請解，不許；請盟，不許；請自殺於廟，不許．皆曰：「君之臣杼疾病，不能聽命．近於公宮．陪臣爭趣有淫者，不知二命．」公踰牆，射中公股，公反墜，遂弒之．晏嬰立崔杼門外，曰：「君爲社稷死則死之，爲社稷亡則亡之．若爲己死己亡，非其私暱，誰敢任之！」門開而入，枕公尸而哭，三踊而出．人謂崔杼：「必殺之．」崔杼曰：「民之望也，舍之得民．」

丁丑，崔杼立莊公異母弟杵臼，是爲景公．景公母，魯叔孫宣伯女也．景公立，以崔杼爲右相，慶封爲左相．二相恐亂起，乃與國人盟曰：「不與崔慶者死！」晏子仰天曰：「嬰所不（獲）唯忠於君利社稷者是從！」不肯盟．慶封欲殺晏子，崔杼曰：「忠臣也，舍之．」齊太史書曰：『崔杼弒莊公』，崔杼殺之．其弟復書，崔杼復殺之．少弟復書，崔杼乃舍之．

景公元年，初，崔杼生子成及彊，其母死，取東郭女，生明．東郭女使其前夫子無咎與其弟偃相崔氏．成有罪，二相急治之，立明爲太子．成請老於崔[杼]，崔杼許之，二相弗聽，曰：「崔，宗邑，不可．」成・彊怒，告慶封．慶封與崔杼有郤，欲其敗也．成・彊殺無咎・偃於崔杼家，家皆奔亡．崔杼怒，無人，

使一宦者御, 見慶封. 慶封曰:「請爲子誅之.」使崔杼仇盧蒲嫳攻崔氏, 殺成·
彊, 盡滅崔氏, 崔杼婦自殺. 崔杼毋歸, 亦自殺. 慶封爲相國, 專權.

三年十月, 慶封出獵. 初, 慶封已殺崔杼, 益驕, 嗜酒好獵, 不聽政令.
慶舍用政, 已有内郤. 田文子謂桓子曰:「亂將作.」田·鮑·高·欒氏相與
謀慶氏. 慶舍發甲圍慶封宮, 四家徒共擊破之. 慶封還, 不得入, 奔魯. 齊人
讓魯, 封奔吳. 吳與之朱方, 聚其族而居之, 富於在齊. 其秋, 齊人徙葬莊公,
僇崔杼尸於市以說衆.

九年, 景公使晏嬰之晉, 與叔向私語曰:「齊政卒歸田氏. 田氏雖無大德,
以公權私, 有德於民, 民愛之.」十二年, 景公如晉, 見平公, 欲與伐燕. 十八年,
公復如晉, 見昭公. 二十六年, 獵魯郊, 因入魯, 與晏嬰俱問魯禮. 三十一年,
魯昭公辟季氏難, 奔齊. 齊欲以千社封之, 子家止昭公, 昭公乃請齊伐魯,
取鄆以居昭公.

三十二年, 彗星見. 景公坐柏寢, 嘆曰:「堂堂! 誰有此乎?」群臣皆泣,
晏子笑, 公怒. 晏子曰:「臣笑群臣諛甚.」景公曰:「彗星出東北, 當齊分野,
寡人以爲憂.」晏子曰:「君高臺深池, 賦斂如弗得, 刑罰恐弗勝, 茀星將出,
彗星何懼乎?」公曰:「可禳否?」晏子曰:「使神可祝而來, 亦可禳而去也.
百姓苦怨以萬數, 而君令一人禳之, 安能勝衆口乎?」是時景公好治宮室,
聚狗馬, 奢侈, 厚賦重刑, 故晏子以此諫之.

四十二年, 吳王闔閭伐楚, 入郢.

四十七年, 魯陽虎攻其君, 不勝, 奔齊, 請齊伐魯. 鮑子諫景公, 乃囚陽虎.
陽虎得亡, 奔晉.

四十八年, 與魯定公好會夾谷. 犂鉏曰:「孔丘知禮而怯, 請令萊人爲樂,
因執魯君, 可得志.」景公害孔丘相魯, 懼其霸, 故從犂鉏之計. 方會, 進萊樂,
孔子歷階上, 使有司執萊人斬之, 以禮讓景公. 景公慙, 乃歸魯侵地以謝,
而罷去. 是歲, 晏嬰卒.

五十五年, 范·中行反其君於晉, 晉攻之急, 來請粟. 田乞欲爲亂, 樹黨
於逆臣, 說景公曰:「范·中行數有德於齊, 不可不救.」及使乞救而輸之粟.

五十八年夏, 景公夫人燕姬適子死. 景公寵妾芮姬生子荼, 荼少, 其母賤,

無行, 諸大夫恐其爲嗣, 乃言願擇諸子長賢者爲太子. 景公老, 惡言嗣事, 又愛茶母, 欲立之, 憚發之口, 乃謂諸大夫曰:「爲樂耳, 國何患無君乎?」 秋, 景公病, 命國惠子·高昭子立少子茶爲太子, 逐群公子, 遷之萊. 景公卒, 太子茶立, 是爲晏孺子. 冬, 未葬, 而群公子畏誅, 皆出亡. 茶諸異母兄公子壽·駒·黔奔衛, 公子駔·陽生奔魯. 萊人歌之曰:「景公死乎弗與埋, 三軍事乎弗與謀, 師乎師乎, 胡黨之乎?」

晏孺子元年春, 田乞僞事高·國者, 每朝, 乞驂乘, 言曰:「子得君, 大夫皆自危, 欲謀作亂.」又謂諸大夫曰:「高昭子可畏, 及未發, 先之.」大夫從之. 六月, 田乞·鮑牧乃與大夫以兵入公宮, 攻高昭子. 昭子聞之, 與國惠子救公. 公師敗, 田乞之徒追之, 國惠子奔莒, 遂反殺高昭子. 晏圉奔魯. 八月, 齊秉意茲. 田乞敗二相, 乃使人之魯召公子陽生. 陽生至齊, 私匿田乞家. 十月戊子, 田乞請諸大夫曰:「常之母有魚菽之祭, 幸來會飲.」會飲, 田乞盛陽生橐中, 置坐中央, 發橐出陽生, 曰:「此乃齊君矣!」大夫皆伏謁. 將與大夫盟而立之, 鮑牧醉, 乞誣大夫曰:「吾與鮑牧謀共立陽生.」鮑牧怒曰:「子忘景公之命乎?」諸大夫相視欲悔, 陽生前, 頓首曰:「可則立之, 否則已.」鮑牧恐禍起, 乃復曰:「皆景公子也, 何爲不可!」乃與盟, 立陽生, 是爲悼公. 悼公入宮, 使人遷晏孺子於駘, 殺之幕下, 而逐孺子母芮子. 芮子故賤而孺子少, 故無權, 國人輕之.

悼公元年, 齊伐魯, 取讙·闡. 初, 陽生亡在魯, 季康子以其妹妻之. 及歸即位, 使迎之. 季姬與季魴侯通, 言其情, 魯弗敢與, 故齊伐魯, 竟迎季姬. 季姬嬖, 齊復歸魯侵地.

鮑子與悼公有郤, 不善. 四年, 吳·魯伐齊南方. 鮑子弑悼公, 赴于吳. 吳王夫差哭於軍門外三日, 將從海入討齊. 齊人敗之, 吳師乃去. 晉趙鞅伐齊, 至賴而去. 齊人共立悼公子壬, 是爲簡公.

簡公四年春, 初, 簡公與父陽生俱在魯也, 監止有寵焉. 及即位, 使爲政. 田成子憚之, 驟顧於朝. 御鞅言簡公曰:「田·監不可並也, 君其擇焉.」弗聽. 子我夕, 田逆殺人, 逢之, 遂捕以入. 田氏方睦, 使囚病而遺守囚者酒, 醉而殺守者, 得亡. 子我盟諸田於陳宗. 初, 田豹欲爲子我臣, 使公孫言豹, 豹有

喪而止. 後卒以爲臣, 幸於子我. 子我謂曰:「吾盡逐田氏而立女, 可乎?」
對曰:「我遠田氏矣. 且其違者不過數人, 何盡逐焉!」遂告田氏. 子行曰:
「彼得君, 弗先, 必禍子.」子行舍於公宮.

夏五月壬申, 成子兄弟四乘如公. 子我在幄, 出迎之, 遂入, 閉門. 宦者禦之,
子行殺宦者. 公與婦人飲酒於檀臺, 成子遷諸寢. 公執戈將擊之, 太史子餘曰:
「非不利也, 將除害也.」成子出舍于庫, 聞公猶怒, 將出, 曰:「何所無君!」
子行拔劍曰:「需, 事之賊也. 誰非田宗? 所不殺子者有如田宗.」乃止. 子我歸,
屬徒攻闈與大門, 皆弗勝, 乃出. 田氏追之. 豐丘人執子我以告, 殺之郭關.
成子將殺大陸子方, 田逆請而免之. 以公命取車於道, 出雍門. 田豹與之車,
弗受, 曰:「逆爲余請, 豹與余車, 余有私焉. 事子我而有私於其讎, 何以見
魯·衛之士?」

庚辰, 田常執簡公于徐州. 公曰:「余蚤從御鞅言, 不及此.」甲午, 田常弑
簡公于徐州. 田常乃立簡公弟驁, 是爲平公. 平公卽位, 田常相之, 專齊之政,
割齊安平以東爲田氏封邑.

平公八年, 越滅吳. 二十五年卒, 子宣公積立.

宣公五十一年卒, 子康公貸立. 田會反廩丘. 康公二年, 韓·魏·趙始列
爲諸侯. 十九年, 田常曾孫田和始爲諸侯, 遷康公海濱.

二十六年, 康公卒, 呂氏遂絶其祀. 田氏卒有齊國, 爲齊威王, 彊於天下.

太史公曰: 吾適齊, 自泰山屬之琅邪, 北被于海, 膏壤二千里, 其民闊達
多匿知, 其天性也. 以太公之聖, 建國本, 桓公之盛, 修善政, 以爲諸侯會盟,
稱伯, 不亦宜乎? 洋洋哉, 固大國之風也!

晉唐叔虞者, 周武王子而成王弟. 初, 武王與叔虞母會時, 夢天謂武王曰:
「余命女生子, 名虞, 余與之唐.」及生子, 文在其手曰「虞」, 故遂因命之曰虞.

武王崩, 成王立, 唐有亂, 周公誅滅唐. 成王與叔虞戲, 削桐葉爲珪以與
叔虞, 曰:「以此封若.」史佚因請擇日立叔虞. 成王曰:「吾與之戲耳.」史佚曰:
「天子無戲言. 言則史書之, 禮成之, 樂歌之.」於是遂封叔虞於唐. 唐在河·
汾之東, 方百里, 故曰唐叔虞. 姓姬氏, 字子于.

唐叔子燮, 是爲晉侯. 晉侯子寧族, 是爲武侯. 武侯之子服人, 是爲成侯.
成侯子福, 是爲厲侯. 厲侯之子宜臼, 是爲靖侯. 靖侯已來, 年紀可推. 自唐
叔至靖侯五世, 無其年數.

靖侯十七年, 周厲王迷惑暴虐, 國人作亂, 厲王出奔于彘, 大臣行政, 故曰
「共和」.

十八年, 靖侯卒, 子釐侯司徒立. 釐侯十四年, 周宣王初立. 十八年, 釐侯卒,
子獻侯籍立. 獻侯十一年卒, 子穆侯費王立.

穆侯四年, 取齊女姜氏爲夫人. 七年, 伐條. 生太子仇. 十年, 伐千畝,
有功. 生少子, 名曰成師. 晉人師服曰:「異哉, 君之命子也! 太子曰仇, 仇者
讎也. 少子曰成師, 成師大號, 成之者也. 名, 自命也; 物, 自定也. 今適庶名
反逆, 此後晉其能毋亂乎?」

二十七年, 穆侯卒, 弟殤叔自立, 太子仇出奔. 殤叔三年, 周宣王崩. 四年,
穆侯太子仇率其徒襲殤叔而立, 是爲文侯.

文侯十年, 周幽王無道, 犬戎殺幽王, 周東徙. 而秦襄公始列爲諸侯.

三十五年, 文侯仇卒, 子昭侯伯立.

昭侯元年, 封文侯弟成師于曲沃. 曲沃邑大於翼. 翼, 晉君都邑也. 成師
封曲沃, 號爲桓叔. 靖侯庶孫欒賓相桓叔. 桓叔是時年五十八矣, 好德, 晉國

之衆皆附焉. 君子曰:「晉之亂其在曲沃矣. 末大於本而得民心, 不亂何待!」

七年, 晉大臣潘父弑其君昭侯而迎曲沃桓叔. 桓叔欲入晉, 晉人發兵攻桓叔. 桓叔敗, 還歸曲沃. 晉人共立昭侯子平爲君, 是爲孝侯. 誅潘父.

孝侯八年, 曲沃桓叔卒, 子鱓代桓叔, 是爲曲沃莊伯. 孝侯十五年, 曲沃莊伯弑其君晉孝侯于翼. 晉人攻曲沃莊伯, 莊伯復入曲沃. 晉人復立孝侯子郤爲君, 是位鄂侯.

鄂侯二年, 魯隱公初立.

鄂侯六年卒. 曲沃莊伯聞晉鄂侯卒, 乃興兵伐晉. 周平王使虢公將兵伐曲沃莊伯, 莊伯走保曲沃. 晉人共立鄂侯子光, 是爲哀侯.

哀侯二年曲沃莊伯卒, 子稱代莊伯立, 是爲曲沃武公. 哀侯六年, 魯弑其君隱公. 哀侯八年, 晉侵陘廷. 陘廷與曲沃武公謀, 九年, 伐晉于汾旁, 虜哀侯. 晉人乃立哀侯子小子爲君, 是爲小子侯.

小子元年, 曲沃武公使韓萬殺所虜晉哀侯. 曲沃益彊, 晉無如之何.

晉小子之四年, 曲沃武公誘召晉小子殺之. 周桓王使虢仲伐曲沃武公, 武公入于曲沃, 乃立晉哀侯弟緡爲晉侯.

晉侯緡四年, 宋執鄭祭仲而立突爲鄭君. 晉侯十九年, 齊人管至父弑其君襄公.

晉侯二十八年, 齊桓公始霸. 曲沃武公伐晉侯緡, 滅之, 盡以其寶器賂獻于周釐王. 釐王命曲沃武公爲晉君, 列爲諸侯, 於是盡并晉地而有之.

曲沃武公已即位三十七年矣, 更號曰晉武公. 晉武公始都晉國, 前即位曲沃, 通年三十八年.

武公稱者, 先晉穆侯曾孫也, 曲沃桓叔孫也. 桓叔者, 始封曲沃. 武公, 莊伯子也. 自桓叔初封曲沃以至武公滅晉也, 凡六十七歲, 而卒代晉爲諸侯. 武公代晉二歲, 卒. 與曲沃通年, 即位凡三十九年而卒. 子獻公詭諸立.

獻公元年, 周惠王弟 攻惠王, 惠王出奔, 居鄭之櫟邑.

五年, 伐驪戎, 得驪姬·驪姬弟, 俱愛幸之.

八年, 士蔿說公曰:「故晉之群公子多, 不誅, 亂且起.」乃使盡殺諸公子, 而城聚都之, 命曰絳, 始都絳. 九年, 晉群公子既亡奔虢, 虢以其故再伐晉,

弗克. 十年, 晉欲伐虢, 士蒍曰:「且待其亂.」

十二年, 驪姬生奚齊. 獻公有意廢太子, 乃曰:「曲沃吾先祖宗廟所在, 而蒲邊秦, 屈邊翟, 不使諸子居之, 我懼焉.」於是使太子申生居曲沃, 公子重耳居蒲, 公子夷吾居屈. 獻公與驪姬子奚齊居絳. 晉國以此知太子不立也. 太子申生, 其母齊桓公女也, 曰齊姜, 早死. 申生同母女弟爲秦穆公夫人. 重耳母, 翟之狐氏女也. 夷吾母, 重耳母女弟也. 獻公子八人, 而太子申生・重耳・夷吾皆有賢行. 及得驪姬, 乃遠此三子.

十六年, 晉獻公作二軍. 公將上軍, 太子申生將下軍, 趙夙御戎, 畢萬爲右, 伐滅霍, 滅魏, 滅耿. 還, 爲太子城曲沃, 賜趙夙耿, 賜畢萬魏, 以爲大夫. 士蒍曰:「太子不得立矣. 分之都城, 而位以卿, 先爲之極, 又安得立! 不如逃之, 無使罪至. 爲吳太伯, 不亦可乎, 猶有令名.」太子不從. 卜偃曰:「畢萬之後必大. 萬, 盈數也; 魏, 大名也. 以是始賞, 天開之矣. 天子曰兆民, 諸侯曰萬民, 今命之大, 以從盈數, 其必有衆.」初, 畢萬卜仕於晉國, 遇屯之比. 辛廖占之曰:「吉. 屯固比入, 吉孰大焉. 其後必蕃昌.」

十七年, 晉侯使太子申生伐東山. 里克諫獻公曰:「太子奉冢祀社稷之粢盛, 以朝夕視君膳者也, 故曰冢子. 君行則守, 有守則從, 從曰撫軍, 守曰監國, 古之制也. 夫率師, 專行謀也; 誓軍旅, 君與國政之所圖也: 非太子之事也. 師在制命而已, 稟命則不威, 專命則不孝, 故君之嗣適不可以帥師. 君失其官, 率師不威, 將安用之?」公曰:「寡人有子, 未知其太子誰立.」里克不對而退, 見太子. 太子曰:「吾其廢乎?」里克曰:「太子勉之! 教以軍旅, 不共是懼, 何故廢乎? 且子懼不孝, 毋懼不得立. 修己而不責人, 則免於難.」太子帥師, 公衣之偏衣, 佩之金玦. 里克謝病, 不從太子. 太子遂伐東山.

十九年, 獻公曰:「始吾先君莊伯・武公之誅晉亂, 而虢常助晉伐我, 又匿晉亡公子, 果爲亂. 弗誅, 後遺子孫憂.」乃使荀息以屈產之乘假道於虞. 虞假道, 遂伐虢, 取其下陽以歸.

獻公私謂驪姬曰:「吾欲廢太子, 以奚齊代之.」驪姬泣曰:「太子之立, 諸侯皆已知之, 而數將兵, 百姓附之, 奈何以賤妾之故廢適立庶? 君必行之, 妾自殺也.」驪姬詳譽太子, 而陰令人譖惡太子, 而欲立其子.

二十一年, 驪姬謂太子曰:「君夢見齊姜, 太子速祭曲沃, 歸釐於君.」太子
於是祭其母齊姜於曲沃, 上其薦胙於獻公. 獻公時出獵, 置胙於宮中. 驪姬
使人置毒藥胙中. 居二日, 獻公從獵來還, 宰人上胙獻公, 獻公欲饗之. 驪姬
從旁止之, 曰:「胙所從來遠, 宜試之.」祭地, 地墳; 與犬, 犬死; 與小臣,
小臣死. 驪姬泣曰:「太子何忍也! 其父而欲弒代之, 況他人乎? 且君老矣,
旦暮之人, 曾不能待而欲弒之!」謂獻公曰:「太子所以然者, 不過以妾及奚
齊之故. 妾願子母辟之他國, 若早自殺, 毋徒使母子爲太子所魚肉也. 始君
欲廢之, 妾猶恨之; 至於今, 妾殊自失於此.」太子聞之, 奔新城. 獻公怒,
乃誅其傅杜原款. 或謂太子曰:「爲此藥者乃驪姬也, 太子何不自辭明之?」
太子曰:「吾君老矣, 非驪姬, 寢不安, 食不甘. 卽辭之, 君且怒之. 不可.」
或謂太子曰:「可奔他國.」太子曰:「被此惡名以出, 人誰內我? 我自殺耳.」
十二月戊申, 申生自殺於新城.

此時重耳·夷吾來朝. 人或告驪姬曰:「二公子怨驪姬譖殺太子.」驪姬恐,
因譖二公子:「申生之藥胙, 二公子知之.」二子聞之, 恐, 重耳走蒲, 夷吾走屈,
保其城, 自備守. 初, 獻公使士爲二公子築蒲·屈城, 弗就. 夷吾以告公,
公怒士蔿. 士蔿謝曰:「邊城少寇, 安用之?」退而歌曰:「狐裘蒙茸, 一國三公,
吾誰適從!」卒就城. 及申生死, 二子亦歸保其城.

二十二年, 獻公怒二子不辭而去, 果有謀矣, 乃使兵伐蒲. 蒲人之宦者勃鞮
命重耳促自殺. 重耳踰垣, 宦者追斬其衣袪. 重耳遂奔翟. 使人伐屈, 屈城守,
不可下.

是歲也, 晉復假道於虞以伐虢. 虞之大夫宮之奇諫虞君曰:「晉不可假
道也, 是且滅虞.」虞君曰:「晉我同姓, 不宜伐我.」宮之奇曰:「太伯·虞仲,
太王之子也, 太伯亡去, 是以不嗣. 虢仲·虢叔, 王季之子也, 爲文王卿士,
其記勳在王室, 藏於盟府. 將虢是滅, 何愛於虞? 且虞之親能親於桓·莊之
族乎? 桓·莊之族何罪, 盡滅之. 虞之與虢, 脣之與齒, 脣亡則齒寒.」虞公
不聽, 遂許晉. 宮之奇以其族去虞. 其冬, 晉滅虢, 虢公醜奔周. 還, 襲滅虞,
虜虞公及其大夫井伯百里奚以媵秦穆姬, 而修虞祀. 荀息牽曩所遺虞屈
產之乘馬奉之獻公, 獻公笑曰:「馬則吾馬, 齒亦老矣!」

二十三年, 獻公遂發賈華等伐屈, 屈潰. 夷吾將奔翟. 冀芮曰:「不可,
重耳已在矣, 今往, 晉必移兵伐翟, 翟畏晉, 禍且及. 不如走梁, 梁近於秦,
秦彊, 吾君百歲後可以求入焉.」遂奔梁. 二十五年, 晉伐翟, 翟以重耳故,
亦擊晉於齧桑, 晉兵解而去.

當此時, 晉彊, 西有河西, 與秦接境, 北邊翟, 東至河內.

驪姬弟生悼子.

二十六年夏, 齊桓公大會諸侯於葵丘. 晉獻公病, 行後, 未至, 逢周之宰孔.
宰孔曰:「齊桓公益驕, 不務德而務遠略, 諸侯弗平. 君弟毋會, 毋如晉何.」
獻公亦病, 復還歸. 病甚, 乃謂荀息曰:「吾以奚齊爲後, 年少, 諸大臣不服,
恐亂起, 子能立之乎?」荀息曰:「能」獻公曰:「何以爲驗?」對曰:「使死者
復生, 生者不慙, 爲之驗.」於是遂屬奚齊於荀息. 荀息爲相, 主國政. 秋九月,
獻公卒. 里克・邳鄭欲內重耳, 以三公子之徒作亂, 謂荀息曰:「三怨將起,
秦・晉輔之, 子將何如?」荀息曰:「吾不可負先君言」十月, 里克殺奚齊於
喪次, 獻公未葬也. 荀息將死之, 或曰不如立奚齊弟悼子而傅之, 荀息立悼
子而葬獻公. 十一月, 里克弒悼子於朝, 荀息死之. 君子曰:「詩所謂'白珪
之玷, 猶可磨也, 斯言之玷, 不可爲也', 其荀息之謂乎! 不負其言.」初,
獻公將伐驪戎, 卜曰「齒牙爲禍」. 及破驪戎, 獲驪姬, 愛之, 竟以亂晉.

里克等已殺奚齊・悼子, 使人迎公子重耳於翟, 欲立之. 重耳謝曰:「負父
之命出奔, 父死不得脩人子之禮侍喪, 重耳何敢入! 大夫其更立他子.」還報
里克, 里克使迎夷吾於梁. 夷吾欲往, 呂省・郤芮曰:「內猶有公子可立者
而外求, 難信. 計非之秦, 輔彊國之威以入, 恐危.」乃使郤芮厚賂秦, 約曰:
「卽得入, 請以晉河西之地與秦.」及遺里克書曰:「誠得立, 請遂封子於汾
陽之邑.」秦繆公乃發兵送夷吾於晉. 齊桓公聞晉內亂, 亦率諸侯如晉. 秦兵
與夷吾亦至晉, 齊乃使隰朋會秦俱入夷吾, 立爲晉君, 是爲惠公. 齊桓公至
晉之高梁而還歸.

惠公夷吾元年, 使邳鄭謝秦曰:「始夷吾以河西地許君, 今幸得入立. 大臣
曰:'地者先君之地, 君亡在外, 何以得擅許秦者?' 寡人爭之弗能得, 故謝秦.」
亦不與里克汾陽邑, 而奪之權. 四月, 周襄王使周公忌父會齊・秦大夫共

禮晉惠公. 惠公以重耳在外, 畏里克爲變, 賜里克死. 謂曰:「微里子寡人不得立. 雖然, 子亦殺二君一大夫, 爲子君者不亦難乎?」里克對曰:「不有所廢, 君何以興? 欲誅之, 其無辭乎? 乃言爲此! 臣聞命矣.」遂伏劍而死. 於是邳鄭使謝秦未還, 故不及難.

晉君改葬恭太子申生. 秋, 狐突之下國, 遇申生, 申生與載而告之曰:「夷吾無禮, 余得請於帝, 將以晉與秦, 秦將祀余.」狐突對曰:「臣聞神不食非其宗, 君其祀毋乃絶乎? 君其圖之.」申生曰:「諾, 吾將復請帝. 後十日, 新城西偏將有巫者見我焉.」許之, 遂不見. 及期而往, 復見, 申生告之曰:「帝許罰有罪矣, 弊於韓.」兒乃謠曰:「恭太子更葬矣, 後十四年, 晉亦不昌, 昌乃在兄.」

邳鄭使秦, 聞里克誅, 乃說秦繆公曰:「呂省·郤稱·冀芮實爲不從. 若重賂與謀, 出晉君, 入重耳, 事必就.」秦繆公許之, 使人與歸報晉, 厚賂三子. 三子曰:「幣厚言甘, 此必邳鄭賣我於秦.」遂殺邳鄭及里克·邳鄭之黨七輿大夫. 邳鄭子豹奔秦, 言伐晉, 繆公弗聽.

惠公之立, 倍秦地及里克, 誅七輿大夫, 國人不附. 二年, 周使召公過禮晉惠公, 惠公禮倨, 召公譏之.

四年, 晉饑, 乞糴於秦. 繆公問百里奚, 百里奚曰:「天菑流行, 國家代有, 救菑恤鄰, 國之道也. 與之.」邳鄭子豹曰:「伐之.」繆公曰:「其君是惡, 其民何罪!」卒與粟, 自雍屬絳.

五年, 秦饑, 請糴於晉. 晉君謀之, 慶鄭曰:「以秦得立, 已而倍其地約. 晉饑而秦貸我, 今秦饑請糴, 與之何疑? 而謀之!」虢射曰:「往年天以晉賜秦, 秦弗知取而貸我. 今天以秦賜晉, 晉其可以逆天乎? 遂伐之.」惠公用虢射謀, 不與秦粟, 而發兵且伐秦. 秦大怒, 亦發兵伐晉.

六年春, 秦繆公將兵伐晉. 晉惠公謂慶鄭曰:「秦師深矣, 奈何?」鄭曰:「秦內君, 君倍其賂; 晉饑秦輸粟, 秦饑而晉倍之, 乃欲因其饑伐之: 其深不亦宜乎!」晉卜御右, 慶鄭皆吉. 公曰:「鄭不孫.」乃更令步陽御戎, 家僕徒爲右, 進兵. 九月壬戌, 秦繆公·晉惠公合戰韓原. 惠公馬鷙不行, 秦兵至, 公窘, 召慶鄭爲御. 鄭曰:「不用卜, 敗不亦當乎!」遂去. 更令梁繇靡御, 虢射爲右, 輅秦繆公. 繆公壯士冒敗晉軍, 晉軍敗, 遂失秦繆公, 反獲晉公

以歸. 秦將以祀上帝. 晉君姊爲繆公夫人, 衰絰涕泣. 公曰:「得晉侯將以爲樂, 今乃如此. 且吾聞箕子見唐叔之初封, 曰'其後必當大矣', 晉庸可滅乎!」乃與晉侯盟王城而許之歸. 晉侯亦使呂省等報國人曰:「孤雖得歸, 毋面目見社稷, 卜日立子圉.」晉人聞之, 皆哭. 秦繆公問呂省:「晉國和乎?」對曰:「不和. 小人懼失君亡親, 不憚立子圉, 曰'必報讎, 寧事戎·狄'. 其君子則愛君而知罪, 以待秦命, 曰'必報德'. 有此二故, 不和.」於是秦繆公更舍晉惠公, 餽之七牢. 十一月, 歸晉侯. 晉侯至國, 誅慶鄭, 修政教. 謀曰:「重耳在外, 諸侯多利內之.」欲使人殺重耳於狄. 重耳聞之, 如齊.

八年, 使太子圉質秦. 初, 惠公亡在梁, 梁伯以其女妻之, 生一男一女. 梁伯卜之, 男爲人臣, 女爲人妾, 故名男爲圉, 女爲妾.

十年, 秦滅梁. 梁伯好土功, 治城溝, 民力罷, 怨, 其衆數相驚, 曰「秦寇至」, 民恐惑, 秦竟滅之.

十三年, 晉惠公病, 內有數子. 太子圉曰:「吾母家在梁, 梁今秦滅之, 我外輕於秦而內無援於國. 君卽不起, 病大夫輕, 更立他公子.」乃謀與其妻俱亡歸. 秦女曰:「子一國太子, 辱在此. 秦使婢子侍, 以固子之心. 子亡矣, 我不從子, 亦不敢言.」子圉遂亡歸晉. 十四年九月, 惠公卒, 太子圉立, 是爲懷公.

子圉之亡, 秦怨之, 乃求公子重耳, 欲內之. 子圉之立, 畏秦之伐也. 乃令國中諸從重耳亡者與期, 期盡不到者盡滅其家. 狐突之子毛及偃從重耳在秦, 弗肯召. 懷公怒, 囚狐突. 突曰:「臣子事重耳有年數矣, 今召之, 是教之反君也. 何以教之?」懷公卒殺狐突. 秦繆公乃發兵送內重耳, 使人告欒·郤之黨爲內應, 殺懷公於高梁, 入重耳. 重耳立, 是爲文公.

晉文公重耳, 晉獻公之子也. 自少好士, 年十七, 有賢士五人: 曰趙衰; 狐偃咎犯, 文公舅也; 賈佗; 先軫; 魏武子. 自獻公爲太子時, 重耳固已成人矣. 獻公卽位, 重耳年二十一. 獻公十三年, 以驪姬故, 重耳備蒲城守秦. 獻公二十一年, 獻公殺太子申生, 驪姬讒之, 恐, 不辭獻公而守蒲城. 獻公二十二年, 獻公使宦者履鞮趣殺重耳. 重耳踰垣, 宦者逐斬其衣袪. 重耳遂奔狄. 狄, 其母國也. 是時重耳年四十三. 從此五士, 其餘不名者數十人, 至狄.

狄伐咎如, 得二女: 以長女妻重耳, 生伯鯈·叔劉; 以少女妻趙衰, 生盾. 居狄五歲而晉獻公卒, 里克已殺奚齊·悼子, 乃使人迎, 欲立重耳. 重耳畏殺, 因固謝, 不敢入. 已而晉更迎其弟夷吾立之, 是爲惠公. 惠公七年, 畏重耳, 乃使宦者履鞮與壯士欲殺重耳. 重耳聞之, 乃謀趙衰等曰:「始吾奔狄, 非以爲可用與, 以近易通, 故且休足. 休足久矣, 固願徙之大國. 夫齊桓公好善, 志在霸王, 收恤諸侯. 今聞管仲·隰朋死, 此亦欲得賢佐, 盍往乎?」於是遂行. 重耳謂其妻曰:「待我二十五年不來, 乃嫁.」其妻笑曰:「犁二十五年, 吾冢上柏大矣. 雖然, 妾待子.」重耳居狄凡十二年而去.

過衛, 衛文公不禮. 去, 過五鹿, 飢而從野人乞食, 野人盛土器中進之. 重耳怒. 趙衰曰:「土者, 有土也, 君其拜受之.」

至齊, 齊桓公厚禮, 而以宗女妻之, 有馬二十乘, 重耳安之. 重耳至齊二歲而桓公卒, 會豎刀等爲內亂, 齊孝公之立, 諸侯兵數至. 留齊凡五歲. 重耳愛齊女, 毋去心. 趙衰·咎犯乃於桑下謀行. 齊女侍者在桑上聞之, 以告其主. 其主乃殺侍者, 勸重耳趣行. 重耳曰:「人生安樂, 孰知其他! 必死於此, 不能去.」齊女曰:「子一國公子, 窮而來此, 數士者以子爲命. 子不疾反國, 報勞臣, 而懷女德, 竊爲子羞之. 且不求, 何時得功!」乃與趙衰等謀, 醉重耳, 載以行. 行遠而覺, 重耳大怒, 引戈欲殺咎犯. 咎犯曰:「殺臣成子, 偃之願也.」重耳曰:「事不成, 我食舅氏之肉.」咎犯曰:「事不成, 犯肉腥臊, 何足食!」乃止, 遂行.

過曹, 曹共公不禮, 欲觀重耳駢脅. 曹大夫釐負羈曰:「晉公子賢, 又同姓, 窮來過我, 奈何不禮!」共公不從其謀. 負羈乃私遺重耳食, 置璧其下. 重耳受其食, 還其璧.

去, 過宋. 宋襄公新困兵於楚, 傷於泓, 聞重耳賢, 乃以國禮禮於重耳. 宋司馬公孫固善於咎犯, 曰:「宋小國新困, 不足以求入, 更之大國.」乃去.

過鄭, 鄭文公弗禮. 鄭叔瞻諫其君曰:「晉公子賢, 而其從者皆國相, 且又同姓. 鄭之出自厲王, 而晉之出自武王.」鄭君曰:「諸侯亡公子過此者衆, 安可盡禮!」叔瞻曰:「君不禮, 不如殺之, 且後爲國患.」鄭君不聽.

重耳去之楚, 楚成王以適諸侯禮待之, 重耳謝不敢當. 趙衰曰:「子亡在外

十餘年, 小國輕子, 況大國乎? 今楚大國而固遇子, 子其毋讓, 此天開子也.」
遂以客禮見之. 成王厚遇重耳, 重耳甚卑. 成王曰:「子卽反國, 何以報寡人?」
重耳曰:「羽毛齒角玉帛, 君王所餘, 未知所以報」王曰:「雖然, 何以報不穀?」
重耳曰:「卽不得已, 與君王以兵車會平原廣澤, 請辟王三舍」楚將子玉怒曰:
「王遇晉公子至厚, 今重耳言不孫, 請殺之」成王曰:「晉公子賢而困於外久,
從者皆國器, 此天所置, 庸可殺乎? 且言何以易之!」居楚數月, 而晉太子
圉亡秦, 秦怨之; 聞重耳在楚, 乃召之. 成王曰:「楚遠, 更數國乃至晉. 秦晉
接境, 秦君賢, 子其勉行!」厚送重耳.

重耳至秦, 繆公以宗女五人妻重耳, 故子圉妻與往. 重耳不欲受, 司空季子
曰:「其國且伐, 況其故妻乎! 且受以結秦親而求入, 子乃拘小禮, 忘大醜乎!」
遂受. 繆公大歡, 與重耳飲. 趙衰歌黍苗詩. 繆公曰:「知子欲急反國矣.」
趙衰與重耳下, 再拜曰:「孤臣之仰君, 如百之望時雨」是時晉惠公十四年秋.
惠公以九月卒, 子圉立. 十一月, 葬惠公. 十二月, 晉國大夫欒·郤等聞重
耳在秦, 皆陰來勸重耳·趙衰等反國, 爲內應甚衆. 於是秦繆公乃發兵與
重耳歸晉. 晉聞秦兵來, 亦發兵拒之. 然皆陰知公子重耳入也. 唯惠公之故
貴臣呂·郤之屬不欲立重耳. 重耳出亡凡十九歲而得入, 時年六十二矣,
晉人多附焉.

文公元年春, 秦送重耳至河. 咎犯曰:「臣從君周旋天下, 過亦多矣. 臣猶
知之, 況於君乎? 請從此去矣」重耳曰:「若反國, 所不與子犯共者, 河伯視之!」
乃投璧河中, 以與子犯盟. 是時介子推從, 在船中, 乃笑曰:「天實開公子,
而子犯以爲己功而要市於君, 固足羞也. 吾不忍與同位.」乃自隱渡河. 秦兵
圍令狐, 晉軍于廬柳. 二月辛丑, 咎犯與秦晉大夫盟于郇. 壬寅, 重耳入于
晉師. 丙午, 入于曲沃. 丁未, 朝于武宮, 卽位爲晉君, 是爲文公. 群臣皆往.
懷公圉奔高梁. 戊申, 使人殺懷公.

懷公故大臣呂省·郤芮本不附文公, 文公立, 恐誅, 乃欲與其徒謀燒公宮,
殺文公. 文公不知. 始嘗欲殺文公宦者履鞮知其謀, 欲以告文公, 解前罪,
求見文公. 文公不見, 使人讓曰:「蒲城之事, 女斬予袪. 其後我從狄君獵,
女爲惠公來求殺我. 惠公與女期三日至, 而女一日至, 何速也? 女其念之.」

宦者曰:「臣刀鋸之餘, 不敢以二心事君倍主, 故得罪於君. 君已反國, 其毋蒲·翟乎? 且管仲射鉤, 桓公以霸. 今刑餘之人以事告而君不見, 禍又且及矣.」於是見之, 遂以呂·郤等告文公. 文公欲召呂·郤, 呂·郤等黨多, 文公恐初入國, 國人賣己, 乃爲微行, 會秦繆公於王城, 國人莫知. 三月己丑, 呂·郤等果反, 焚公宮, 不得文公. 文公之衛徒與戰, 呂·郤等引兵欲奔, 秦繆公誘呂·郤等, 殺之河上, 晉國復而文公得歸. 夏, 迎夫人於秦, 秦所與文公妻者卒爲夫人. 秦送三千人爲衛, 以備晉亂.

文公修政, 施惠百姓. 賞從亡者及功臣, 大者封邑, 小者尊爵. 未盡行賞, 周襄王以弟帶難出居鄭地, 來告急晉. 晉初定, 欲發兵, 恐他亂起, 是以賞從亡未至隱者介子推. 推亦不言祿, 祿亦不及. 推曰:「獻公子九人, 唯君在矣. 惠·懷無親, 外內棄之; 天未絕晉, 必將有主, 主晉祀者, 非君而誰? 天實開之, 二三子以爲己力, 不亦誣乎? 竊人之財, 猶曰是盜, 況貪天之功以爲己力乎? 下冒其罪, 上賞其姦, 上下相蒙, 難與處矣!」其母曰:「盍亦求之, 以死誰懟!」推曰:「尤而效之, 罪有甚焉. 且出怨言, 不食其祿.」母曰:「亦使知之, 若何?」對曰:「言, 身之文也; 身欲隱, 安用文? 文之, 是求顯也.」其母曰:「能如此乎? 與女偕隱.」至死不復見.

介子推從者憐之, 乃懸書宮門曰:「龍欲上天, 五蛇爲輔. 龍已升雲, 四蛇各入其宇, 一蛇獨怨, 終不見處所.」文公出, 見其書, 曰:「此介子推也. 吾方憂王室, 未圖其功.」使人召之, 則亡. 遂求所在, 聞其入縣上山中, 於是文公環縣上山中而封之, 以爲介推田, 號曰介山, 「以記吾過, 且旌善人」.

從亡賤臣壺叔曰:「君三行賞, 賞不及臣, 敢請罪.」文公報曰:「夫導我以仁義, 防我以德惠, 此受上賞. 輔我以行, 卒以成立, 此受次賞. 矢石之難, 汗馬之勞, 此復受次賞. 若以力事我而無補吾缺者, 此復受次賞. 三賞之後, 故且及子.」晉人聞之, 皆說.

二年春, 秦軍河上, 將入王. 趙衰曰:「求霸莫如入王尊周. 周晉同姓, 晉不先入王, 後秦入之, 毋以令于天下. 方今尊王, 晉之資也.」三月甲辰, 晉乃發兵至陽樊, 圍溫, 入襄王于周. 四月, 殺王弟帶. 周襄王賜晉河內陽樊之地.

四年, 楚成王及諸侯圍宋, 宋公孫固如晉告急. 先軫曰:「報施定霸, 於今在矣.」狐偃曰:「楚新得曹而初婚於衛, 若伐曹·衛, 楚必救之, 則宋免矣.」於是晉作三軍. 趙衰舉郤縠將中軍, 郤臻佐之; 使狐偃將上軍, 狐毛佐之, 命趙衰爲卿; 欒枝將下軍, 先軫佐之; 荀林父御戎, 魏犨爲右: 往伐. 冬十二月, 晉兵先下山東, 而以原封趙衰.

五年春, 晉文公欲伐曹, 假道於衛, 衛人弗許. 還自河南度, 侵曹, 伐衛. 正月, 取五鹿. 二月, 晉侯·齊侯盟于斂盂. 衛侯請盟晉, 晉人不許. 衛侯欲與楚, 國人不欲, 故出其君以說晉. 衛侯居襄牛, 公子買守衛. 楚救衛, 不卒. 晉侯圍曹. 三月丙午, 晉師入曹, 數之以其不用釐負羈言, 而用美女乘軒者三百人也. 令軍毋入僖負羈宗家以報德. 楚圍宋, 宋復告急晉. 文公欲救則攻楚, 爲楚嘗有德, 不欲伐也; 欲釋宋, 宋又嘗有德於晉: 患之. 先軫曰:「執曹伯, 分曹·衛地以與宋, 楚急曹·衛, 其勢宜釋宋.」於是文公從之, 而楚成王乃引兵歸.

楚將子玉曰:「王遇晉至厚, 今知楚急曹·衛而故伐之, 是輕王.」王曰:「晉侯亡在外十九年, 困日久矣, 果得反國, 險阨盡知之, 能用其民, 天之所開, 不可當.」子玉請曰:「非敢必有功, 願以閒執讒慝之口也.」楚王怒, 少與之兵. 於是子玉使宛春告晉:「請復衛侯而封曹, 臣亦釋宋.」咎犯曰:「子玉無禮矣, 君取一, 臣取二, 勿許.」先軫曰:「定人之謂禮. 楚一言定三國, 子一言而亡之, 我則毋禮. 不許楚, 是棄宋也. 不如私許曹·衛以誘之, 執宛春以怒楚, 既戰而後圖之.」晉侯乃囚宛春於衛, 且私許復曹·衛. 曹·衛告絕於楚. 楚得臣怒, 擊晉師, 晉師退. 軍吏曰:「爲何退?」文公曰:「昔在楚, 約退三舍, 可倍乎!」楚師欲去, 得臣不肯. 四月戊辰, 宋公·齊將·秦將與晉侯次城濮. 己巳, 與楚兵合戰, 楚兵敗, 得臣收餘兵去. 甲午, 晉師還至衡雍, 作王宮于踐土.

初, 鄭助楚, 楚敗, 懼, 使人請盟晉侯. 晉侯與鄭伯盟.

五月丁未, 獻楚俘於周, 駟介百乘, 徒兵千. 天子使王子虎命晉侯爲伯, 賜大輅, 彤弓矢百, 玈弓矢千, 秬鬯一卣, 珪瓚, 虎賁三百人. 晉侯三辭, 然后稽首受之. 周作晉文侯命:「王若曰: 父義和, 丕顯文·武, 能愼明德, 昭登於上, 布聞在下, 維時上帝集厥命于文·武. 恤朕身·繼予一人永其

在位.」於是晉文公稱伯. 癸亥, 王子虎盟諸侯於王庭.

　晉焚楚軍, 火數日不息, 文公歎. 左右曰:「勝楚而君猶憂, 何?」文公曰:「吾聞能戰勝安者唯聖人, 是以懼. 且子玉猶在, 庸可喜乎!」子玉之敗而歸, 楚成王怒其不用其言, 貪與晉戰, 讓責子玉, 子玉自殺. 晉文公曰:「我擊其外, 楚誅其內, 內外相應.」於是乃喜.

　六月, 晉人復入衛侯. 壬午, 晉侯度河北歸國. 行賞, 狐偃爲首. 或曰:「城濮之事, 先軫之謀.」文公曰:「城濮之事, 偃說我毋失信. 先軫曰'軍事勝爲右', 吾用之以勝. 然此一時之說, 偃言萬世之功, 柰何以一時之利而加萬世功乎? 是以先之.」

　冬, 晉侯會諸侯於溫, 欲率之朝周. 力未能, 恐其有畔者, 乃使人言周襄王狩于河陽. 壬申, 遂率諸侯朝王於踐土. 孔子讀史記至文公, 曰「諸侯無召王」·「王狩河陽」者, 春秋諱之也.

　丁丑, 諸侯圍許. 曹伯臣或說晉侯曰:「齊桓公合諸侯而國異姓, 今君爲會而滅同姓. 曹, 叔振鐸之後; 晉, 唐叔之後. 合諸侯而滅兄弟, 非禮.」晉侯說, 復曹伯.

　於是晉始作三行. 荀林父將中行, 先縠將右行, 先蔑將左行.

　七年, 晉文公·秦繆公共圍鄭, 以其無禮於文公亡過時, 及城濮時鄭助楚也. 圍鄭, 欲得叔瞻. 叔瞻聞之, 自殺. 鄭持叔瞻告晉. 晉曰:「必得鄭君而甘心焉.」鄭恐, 乃閒令使謂秦繆公曰:「亡鄭厚晉, 於晉得矣, 而秦未爲利. 君何不解鄭, 得爲東道交?」秦伯說, 罷兵. 晉亦罷兵.

　九年冬, 晉文公卒, 子襄公歡立. 是歲鄭伯亦卒.

　鄭人或賣其國於秦, 秦繆公發兵往襲鄭. 十二月, 秦兵過我郊. 襄公元年春, 秦師過周, 無禮, 王孫滿譏之. 兵至滑, 鄭賈人弦高將市于周, 遇之, 以十二牛勞秦師. 秦師驚而還, 滅滑而去.

　晉先軫曰:「秦伯不用蹇叔, 反其衆心, 此可擊.」欒枝曰:「未報先君施於秦, 擊之, 不可.」先軫曰:「秦侮吾孤, 伐吾同姓, 何德之報?」遂擊之. 襄公墨衰. 四月, 敗秦師于殽, 虜秦三將孟明視·西乞秫·白乙丙以歸. 遂墨以葬文公. 文公夫人秦女, 謂襄公曰:「秦欲得其三將戮之.」公許, 遣之. 先軫聞之,

謂襄公曰:「患生矣.」輂乃追秦將. 秦將渡河, 已在船中, 頓首謝, 卒不反.

後三年, 秦果使孟明伐晉, 報殽之敗, 取晉汪以歸. 四年, 秦繆公大興兵伐我, 度河, 取王官, 封殽尸而去. 晉恐, 不敢出, 遂城守. 五年, 晉伐秦, 取新城, 報王官役也.

六年, 趙衰成子·欒貞子·咎季子犯·霍伯皆卒. 趙盾代趙衰執政.

七年八月, 襄公卒. 太子夷皋少. 晉人以難故, 欲立長君. 趙盾曰:「立襄公弟雍. 好善而長, 先君愛之; 且近於秦, 秦故好也. 立善則固, 事長則順, 奉愛則孝, 結舊好則安.」賈季曰:「不如其弟樂. 辰嬴嬖於二君, 立其子, 民必安之.」趙盾曰:「辰嬴賤, 班在九人下, 其子何震之有! 且爲二君嬖, 淫也. 爲先君子, 不能求大而出在小國, 僻也. 母淫子僻, 無威; 陳小而遠, 無援: 將何可乎!」使士會如秦迎公子雍. 賈季亦使人召公子樂於陳. 趙盾廢賈季, 以其殺陽處父. 十月, 葬襄公. 十一月, 賈季奔翟. 是歲, 秦繆公亦卒.

靈公元年四月, 秦康公曰:「昔文公之入也無衛, 故有呂·郤之患.」乃多與公子雍衛. 太子母繆嬴日夜抱太子以號泣於朝, 曰:「先君何罪? 其嗣亦何罪? 舍適而外求君, 將安置此?」出朝, 則抱以適趙盾所, 頓首曰:「先君奉此子而屬之子, 曰此子材, 吾受其賜; 不材, 吾怨子. 今君卒, 言猶在耳, 而棄之, 若何?」趙盾與諸大夫皆患繆嬴, 且畏誅, 乃背所迎而立太子夷皋, 是爲靈公. 發兵以距秦送公子雍者. 趙盾爲將, 往擊秦, 敗之令狐. 先蔑·隨會亡奔秦. 秋, 齊·宋·衛·鄭·曹·許君皆會趙盾, 盟於扈, 以靈公初立故也.

四年, 伐秦, 取少梁. 秦亦取晉之. 六年, 秦康公伐晉, 取羈馬. 晉侯怒, 使趙盾·趙穿·郤缺擊秦, 大戰河曲, 趙穿最有功. 七年, 晉六卿患隨會之在秦, 常爲晉亂, 乃詳令魏壽餘反晉降秦. 秦使隨會之魏, 因執會以歸晉.

八年, 周頃王崩, 公卿爭權, 故不赴. 晉使趙盾以車八百乘平周亂而立匡王. 是年, 楚莊王初即位. 十二年, 齊人弒其君懿公.

十四年, 靈公壯, 侈, 厚斂以彫牆. 從上彈人, 觀其避丸也. 宰夫胹熊蹯不熟, 靈公怒, 殺宰夫, 使婦人持其屍出棄之, 過朝. 趙盾·隨會前數諫, 不聽; 已又見死人手, 二人前諫. 隨會先諫, 不聽. 靈公患之, 使鉏麑刺趙盾. 盾閨門開, 居處節, 鉏麑退, 歎曰:「殺忠臣, 棄君命, 罪一也.」遂觸樹而死.

初, 盾常田首山, 見桑下有餓人. 餓人, 示眛明也. 盾與之食, 食其半. 問其故, 曰:「宦三年, 未知母之存不, 願遺母.」盾義之, 益與之飯肉. 已而爲晉宰夫, 趙盾弗復知也. 九月, 晉靈公飮趙盾酒, 伏甲將攻盾. 公宰示眛明知之, 恐盾醉不能起, 而進曰:「君賜臣, 觴三行可以罷.」欲以去趙盾, 令先, 毋及難. 盾旣去, 靈公伏士未會, 先縱嚙狗名敖. 明爲盾搏殺狗. 盾曰:「棄人用狗, 雖猛何爲.」然不知明之爲陰德也. 已而靈公縱伏士出逐趙盾, 示眛明反擊靈公之伏士, 伏士不能進, 而竟脫盾. 盾問其故, 曰:「我桑下餓人.」問其名, 弗告. 明亦因亡去.

盾遂奔, 未出晉境. 乙丑, 盾昆弟將軍趙穿襲殺靈公於桃園而迎趙盾. 趙盾素貴, 得民和; 靈公少, 侈, 民不附, 故爲弑易. 盾復位. 晉太史董狐書曰「趙盾弑其君」, 以視於朝. 盾曰:「弑者趙穿, 我無罪.」太史曰:「子爲正卿, 而亡不出境, 反不誅國亂, 非子而誰?」孔子聞之, 曰:「董狐, 古之良史也, 書法不隱. 宣子, 良大夫也, 爲法受惡. 惜也, 出疆乃免.」

趙盾使趙穿迎襄公弟黑臀于周而立之, 是爲成公.

成公者, 文公少子, 其母周女也. 壬申, 朝于武宮.

成公元年, 賜趙氏爲公族. 伐鄭, 鄭倍晉故也. 三年, 鄭伯初立, 附晉而棄楚. 楚怒, 伐鄭, 晉往救之.

六年, 伐秦, 虜秦將赤.

七年, 成公與楚莊王爭彊, 會諸侯于扈. 陳畏楚, 不會. 晉使中行桓子伐陳, 因救鄭, 與楚戰, 敗楚師. 是年, 成公卒, 子景公據立.

景公元年春, 陳大夫夏徵舒弑其君靈公. 二年, 楚莊王伐陳, 誅徵舒.

三年, 楚莊王圍鄭, 鄭告急晉. 晉使荀林父將中軍, 隨會將上軍, 趙朔將下軍, 郤克·欒書·先縠·韓厥·鞏朔佐之. 六月, 至河. 聞楚已服鄭, 鄭伯肉袒與盟而去, 荀林父欲還. 先縠曰:「凡來救鄭, 不至不可, 將率離心.」卒度河. 楚已服鄭, 欲飮馬于河爲名而去. 楚與晉軍大戰. 鄭新附楚, 畏之, 反助楚攻晉. 晉軍敗, 走河, 爭度, 船中人指甚衆. 楚虜我將智罃. 歸而林父曰:「臣爲督將, 軍敗當誅, 請死.」景公欲許之. 隨會曰:「昔文公之與楚戰城濮, 成王歸殺子玉, 而文公乃喜. 今楚已敗我師, 又誅其將, 是助楚殺仇也.」乃止.

四年, 先縠以首計而敗晉軍河上, 恐誅, 乃奔翟, 與翟謀伐晉. 晉覺, 乃族縠. 縠, 先軫子也.

五年, 伐鄭, 爲助楚故也. 是時楚莊王彊, 以挫晉兵河上也.

六年, 楚伐宋, 宋來告急晉, 晉欲救之, 伯宗謀曰: 「楚, 天方開之, 不可當.」 乃使解揚紿爲救宋. 鄭人執與楚, 楚厚賜, 使反其言, 令宋急下. 解揚紿許之, 卒致晉君言. 楚欲殺之, 或諫, 乃歸解揚.

七年, 晉使隨會滅赤狄.

八年, 使郤克於齊. 齊頃公母從樓上觀而笑之. 所以然者, 郤克僂, 而魯使蹇, 衛使眇, 故齊亦令人如之以導客. 郤克怒, 歸至河上, 曰: 「不報齊者, 河伯視之!」 至國, 請君, 欲伐齊. 景公問知其故, 曰: 「子之怨, 安足以煩國!」 弗聽. 魏文子請老休, 辟郤克, 克執政.

九年, 楚莊王卒. 晉伐齊, 齊使太子彊爲質於晉, 晉兵罷.

十一年春, 齊伐魯, 取隆. 魯告急衛, 衛與魯皆因郤克告急於晉. 晉乃使郤克・欒書・韓厥以兵車八百乘與魯・衛共伐齊. 夏, 與頃公戰於鞍, 傷困頃公. 頃公乃與其右易位, 下取飲, 以得脫去. 齊師敗走, 晉追北至齊. 頃公獻寶器以求平, 不聽. 郤克曰: 「必得蕭桐姪子爲質.」 齊使曰: 「蕭桐姪子, 頃公母, 頃公母猶晉君母, 奈何必得之? 不義, 請復戰.」 晉乃許與平而去.

楚申公巫臣盜夏姬以奔晉, 晉以巫臣爲邢大夫.

十二年冬, 齊頃公如晉, 欲上尊晉景公爲王, 景公讓不敢. 晉始作六(卿)[軍], 韓厥・鞏朔・趙穿・荀騅・趙括・趙旃皆爲卿. 智罃自楚歸.

十三年, 魯成公朝晉, 晉弗敬, 魯怒去, 倍晉. 晉伐鄭, 取氾.

十四年, 梁山崩. 問伯宗, 伯宗以爲不足怪也.

十六年, 楚將子反怨巫臣, 滅其族. 巫臣怒, 遺子反書曰: 「必令子罷於奔命!」 乃請使吳, 令其子爲吳行人, 敎吳乘車用兵. 吳晉始通, 約伐楚.

十七年, 誅趙同・趙括, 族滅之. 韓厥曰: 「趙衰・趙盾之功豈可忘乎? 奈何絕祀!」 乃復令趙庶子武爲趙後, 復與之邑.

十九年夏, 景公病, 立其太子壽曼爲君, 是爲厲公. 後月餘, 景公卒.

厲公元年, 初立, 欲和諸侯, 與秦桓公夾河而盟. 歸而秦倍盟, 與翟謀伐晉.

三年, 使呂相讓秦, 因與諸侯伐秦. 至涇, 敗秦於麻隧, 虜其將成差.

五年, 三郤讒伯宗, 殺之. 伯宗以好直諫得此禍, 國人以是不附厲公.

六年春, 鄭倍晉與楚盟, 晉怒. 欒書曰:「不可以當吾世而失諸侯.」乃發兵, 厲公自將, 五月度河. 聞楚兵來救, 范文子請公欲還. 郤至曰:「發兵誅逆, 見彊辟之, 無以令諸侯.」遂與戰. 癸巳, 射中楚共王目, 楚兵敗於鄢陵. 子反收餘兵, 拊循欲復戰, 晉患之. 共王召子反, 其侍者豎陽穀進酒, 子反醉, 不能見. 王怒, 讓子反, 子反死. 王遂引兵歸. 晉由此威諸侯, 欲以令天下求霸.

厲公多外嬖姬, 歸, 欲盡去群大夫而立諸姬兄弟. 寵姬兄曰胥童, 嘗與郤至有怨, 及欒書又怨郤至不用其計而遂敗楚, 乃使人閒謝楚. 楚來詐厲公曰:「鄢陵之戰, 實至召楚, 欲作亂, 內子周立之. 會與國不具, 是以事不成.」厲公告欒書. 欒書曰:「其殆有矣! 願公試使人之周微考之.」果使郤至於周. 欒書又使公子周見郤至, 郤至不知見賣也. 厲公驗之, 信然, 遂怨郤至, 欲殺之. 八年, 厲公獵, 與姬飲, 郤至殺豕奉進, 宦者奪之. 至射殺宦者. 公怒, 曰:「季子欺予!」將誅三郤, 未發也. 郤錡欲攻公, 曰:「我雖死, 公亦病矣.」郤至曰:「信不反君, 智不害民, 勇不作亂. 失此三者, 誰與我? 我死耳!」十二月壬午, 公令胥童以兵八百人襲攻殺三郤. 胥童因以劫欒書・中行偃于朝, 曰:「不殺二子, 患必及公.」公曰:「一旦殺三卿, 寡人不忍益也.」對曰:「人將忍君.」公弗聽, 謝欒書等以誅郤氏罪:「大夫復位.」二子頓首曰:「幸甚幸甚!」公使胥童爲卿. 閏月乙卯, 厲公游匠驪氏, 欒書・中行偃以其黨襲捕厲公, 囚之, 殺胥童, 而使人迎公子周于周而立之, 是爲悼公.

悼公元年正月庚申, 欒書・中行偃弒厲公, 葬之以一乘車. 厲公囚六日死, 死十日庚午, 智罃迎公子周來, 至絳, 刑雞與大夫盟而立之, 是爲悼公. 辛巳, 朝武宮. 二月乙酉, 即位.

悼公周者, 其大父捷, 晉襄公少子也, 不得立, 號爲桓叔, 桓叔最愛. 桓叔生惠伯談, 談生悼公周. 周之立, 年十四矣. 悼公曰:「大父・父皆不得立而辟難於周, 客死焉. 寡人自以疏遠, 毋幾爲君. 今大夫不忘文・襄之意而惠立桓叔之後, 賴宗廟大夫之靈, 得奉晉祀, 豈敢不戰戰乎? 大夫其亦佐寡人!」於是逐不臣者七人, 修舊功, 施德惠, 收文公入時功臣後. 秋, 伐鄭, 鄭師敗, 遂至陳.

三年, 晉會諸侯. 悼公問群臣可用者, 祁傒舉解狐. 解狐, 傒之仇. 復問, 舉其子祁午. 君子曰:「祁傒可謂不黨矣! 外舉不隱仇, 內舉不隱子.」方會諸侯, 悼公弟楊干亂行, 魏絳戮其僕. 悼公怒, 或諫公, 公卒賢絳, 任之政, 使和戎, 戎大親附. 十一年, 悼公曰:「自吾用魏絳, 九合諸侯, 和戎·翟, 魏子之力也.」賜之樂, 三讓乃受之. 冬, 秦取我櫟.

十四年, 晉使六卿率諸侯伐秦, 度涇, 大敗秦軍, 至棫林而去.

十五年, 悼公問治國於師曠. 師曠曰:「惟仁義為本.」冬, 悼公卒, 子平公彪立.

平公元年, 伐齊, 齊靈公與戰靡下, 齊師敗走. 晏嬰曰:「君亦毋勇, 何不止戰?」遂去. 晉追, 遂圍臨菑, 盡燒屠其郭中. 東至膠, 南至沂, 齊皆城守, 晉乃引兵歸.

六年, 魯襄公朝晉. 晉欒逞有罪, 奔齊. 八年, 齊莊公微遣欒逞於曲沃, 以兵隨之. 齊兵上太行, 欒逞從曲沃中反, 襲入絳. 絳不戒, 平公欲自殺, 獻子止公, 以其徒擊逞, 逞敗走曲沃. 曲沃攻逞, 逞死, 遂滅欒氏宗. 逞者, 欒書孫也. 其入絳, 與魏氏謀. 齊莊公聞逞敗, 乃還, 取晉之朝歌去, 以報臨菑之役也.

十年, 齊崔杼弒其君莊公. 晉因齊亂, 伐敗齊於高唐去, 報太行之役也.

十四年, 吳延陵季子來使, 與趙文子·韓宣子·魏獻子語, 曰:「晉國之政, 卒歸此三家矣.」

十九年, 齊使晏嬰如晉, 與叔嚮語. 叔嚮曰:「晉, 季世也. 公厚賦為臺池而不恤政, 政在私門, 其可久乎!」晏子然之.

二十二年, 伐燕. 二十六年, 平公卒, 子昭公夷立.

昭公六年卒. 六卿彊, 公室卑. 子頃公去疾立.

頃公六年, 周景王崩, 王子爭立. 晉六卿平王室亂, 立敬王.

九年, 魯季氏逐其君昭公, 昭公居乾侯. 十一年, 衛·宋使使請晉納魯君. 季平子私賂范獻子, 獻子受之, 乃謂晉君曰:「季氏無罪.」不果入魯君.

十二年, 晉之宗家祁傒孫, 叔嚮子, 相惡於君. 六卿欲弱公室, 乃遂以法盡滅其族. 而分其邑為十縣, 各令其子為大夫. 晉益弱, 六卿皆大.

十四年, 頃公卒, 子定公午立. 定公十一年, 魯陽虎奔晉, 趙鞅簡子舍之. 十二年, 孔子相魯.

十五年, 趙鞅使邯鄲大夫午, 不信, 欲殺午, 午與中行寅·范吉射親攻趙鞅, 鞅走保晉陽. 定公圍晉陽. 荀櫟·韓不信·魏侈與·中行爲仇, 乃移兵伐·范中行. 范中行反, 晉君擊之, 敗范·中行. 范·中行走朝歌, 保之. 韓·魏爲趙鞅謝晉君, 乃赦趙鞅, 復位. 二十二年, 晉敗·范中行氏, 二子奔齊.

三十年, 定公與吳王夫差會黃池, 爭長, 趙鞅時從, 卒長吳.

三十一年, 齊田常弑其君簡公, 而立簡公弟驁爲平公. 三十三年, 孔子卒. 三十七年, 定公卒, 子出公鑿立.

出公十七年, 知伯與趙·韓·魏共分·中行地以爲邑. 出公怒, 告齊·魯, 欲以伐四卿. 四卿恐, 遂反攻出公. 出公奔齊, 道死. 故知伯乃立昭公曾孫驕爲晉君, 是爲哀公.

哀公大父雍, 晉昭公少子也, 號爲戴子. 戴子生忌. 忌善知伯, 蚤死, 故知伯欲盡并晉, 未敢, 乃立忌子驕爲君. 當是時, 晉國政皆決知伯, 晉哀公不得有所制. 知伯遂有范·中行地, 最彊.

哀公四年, 趙襄子·韓康子·魏桓子共殺知伯, 盡并其地.

十八年, 哀公卒, 子幽公柳立.

幽公之時, 晉畏, 反朝韓·趙·魏之君. 獨有絳·曲沃, 餘皆入三晉.

十五年, 魏文侯初立. 十八年, 幽公淫婦人, 夜竊出邑中, 盜殺幽公. 魏文侯以兵誅晉亂, 立幽公子止, 是爲烈公.

烈公十九年, 周威烈王賜趙·韓·魏皆命爲諸侯.

二十七年, 烈公卒, 子孝公頎立. 孝公九年, 魏武侯初立, 襲邯鄲, 不勝而去. 十七年, 孝公卒, 子靜公俱酒立. 是歲, 齊威王元年也.

靜公二年, 魏武侯·韓哀侯·趙敬侯滅晉後而三分其地. 靜公遷爲家人, 晉絶不祀.

太史公曰: 晉文公, 古所謂明君也, 亡居外十九年, 至困約, 及卽位而行賞, 尙忘介子推, 況驕主乎? 靈公旣弑, 其後成·景致嚴, 至屬大刻, 大夫懼誅, 禍作. 悼公以後日衰, 六卿專權. 故君道之御其臣下. 固不易哉!

鄭桓公友者, 周厲王少子而宣王庶弟也. 宣王立二十二年, 友初封于鄭.
封三十三歲, 百姓皆便愛之. 幽王以爲司徒. 和集周民, 周民皆說, 河雒之間,
人便思之. 爲司徒一歲, 幽王以褒后故, 王室治多邪, 諸侯或畔之. 於是桓公
問太史伯曰:「王室多故, 予安逃死乎?」太史伯對曰:「獨雒之東土, 河濟
之南可居.」公曰:「何以?」對曰:「地近虢·鄶, 虢·鄶之君貪而好利, 百姓
不附. 今公爲司徒, 民皆愛公, 公誠請居之, 虢·鄶之君見公方用事, 輕分
公地. 公誠居之, 虢·鄶之民皆公之民也.」公曰:「吾欲南之江上, 何如?」
對曰:「昔祝融爲高辛氏火正, 其功大矣, 而其於周未有興者, 楚其後也.
周衰, 楚必興. 興, 非鄭之利也.」公曰:「吾欲居西方, 何如?」對曰:「其民貪
而好利, 難久居.」公曰:「周衰, 何國興者?」對曰:「齊·秦·晉·楚乎?
夫齊, 姜姓, 伯夷之後也, 伯夷佐堯典禮. 秦, 嬴姓, 伯翳之後也, 伯翳佐舜
懷柔百物. 及楚之先, 皆嘗有功於天下. 而周武王克紂後, 成王封叔虞于唐,
其地阻險, 以此有德與周衰並, 亦必興矣.」桓公曰:「善.」於是卒言王, 東徙
其民雒東, 而虢·鄶果獻十邑, 竟國之.

二歲, 犬戎殺幽王於驪山下, 并殺桓公. 鄭人共立其子掘突, 是爲武公.

武公十年, 娶申侯女爲夫人, 曰武姜. 生太子寤生, 生之難, 及生, 夫人弗愛.
後生少子叔段, 段生易, 夫人愛之. 二十七年, 武公疾. 夫人請公, 欲立段爲
太子, 公弗聽. 是歲, 武公卒, 寤生立, 是爲莊公.

莊公元年, 封弟段於京, 號太叔. 祭仲曰:「京大於國, 非所以封庶也.」
莊公曰:「武姜欲之, 我弗敢奪也.」段至京, 繕治甲兵, 與其母武姜謀襲鄭.
二十二年, 段果襲鄭, 武姜爲內應. 莊公發兵伐段, 段走. 伐京, 京人畔段,
段出走鄢. 鄢潰, 段出奔共. 於是莊公遷其母武姜於城潁, 誓言曰:「不至黃泉,
毋相見也.」居歲餘, 已悔思母. 潁谷之考叔有獻於公, 公賜食. 考叔曰:

「臣有母, 請君食賜臣母.」莊公曰:「我甚思母, 惡負盟, 奈何?」考叔曰: 「穿地至黃泉, 則相見矣.」於是遂從之, 見母.

二十四年, 宋繆公卒, 公子馮奔鄭. 鄭侵周地, 取禾. 二十五年, 衛州吁弒 其君桓公自立, 與宋伐鄭, 以馮故也. 二十七年, 始朝周桓王. 桓王怒其取禾, 弗禮也. 二十九年, 莊公怒周弗禮, 與魯易祊·許田. 三十三年, 宋殺孔父. 三十七年, 莊公不朝周, 周桓王率陳·蔡·虢·衛伐鄭. 莊公與祭仲·高渠 彌發兵自救, 王師大敗. 祝聸射中王臂. 祝聸請從之, 鄭伯止之, 曰:「犯長 且難之, 況敢陵天子乎?」乃止. 夜令祭仲問王疾.

三十八年, 北戎伐齊, 齊使求救, 鄭遣太子忽將兵救齊. 齊釐公欲妻之, 忽謝曰:「我小國, 非齊敵也.」時祭仲與俱, 勸使取之, 曰:「君多內寵, 太子無 大援將不立, 三公子皆君也.」所謂三公子者, 太子忽, 其弟突, 次弟子亹也.

四十三年, 鄭莊公卒. 初, 祭仲甚有寵於莊公, 莊公使爲卿; 公使娶鄧女, 生太子忽, 故祭仲立之, 是爲昭公.

莊公又娶宋雍氏女, 生厲公突. 雍氏有寵於宋. 宋莊公聞祭仲之立忽, 乃使人 誘召祭仲而執之, 曰:「不立突, 將死.」亦執突以求賂焉. 祭仲許宋, 與宋盟. 以突歸, 立之. 昭公忽聞祭仲以宋要立其弟突, 九月(辛)[丁]亥, 忽出奔衛. 己亥, 突至鄭, 立, 是爲厲公.

厲公四年, 祭仲專國政. 厲公患之, 陰使其壻雍糾欲殺祭仲. 糾妻, 祭仲 女也, 知之, 謂其母曰:「父與夫孰親?」母曰:「父一而已, 人盡夫也.」女乃 告祭仲, 祭仲反殺雍糾, 戮之於市. 厲公無奈祭仲何, 怒糾曰:「謀及婦人, 死固宜哉!」夏, 厲公出居邊邑櫟. 祭仲迎昭公忽, 六月乙亥, 復入鄭, 即位.

秋, 鄭厲公突因櫟人殺其大夫單伯, 遂居之. 諸侯聞厲公出奔, 伐鄭, 弗克 而去. 宋頗予厲公兵, 自守於櫟, 鄭以故亦不伐櫟.

昭公二年, 自昭公爲太子時, 父莊公欲以高渠彌爲卿, 太子忽惡之, 莊公 弗聽, 卒用渠彌爲卿. 及昭公即位, 懼其殺己, 冬十月辛卯, 渠彌與昭公出獵, 射殺昭公於野. 祭仲與渠彌不敢入厲公, 乃更立昭公弟子亹爲君, 是爲子 亹也, 無諡號.

子亹元年七月, 齊襄公會諸侯於首止, 鄭子亹往會, 高渠彌相, 從, 祭仲

稱疾不行. 所以然者, 子亹自齊襄公爲公子之時, 嘗會鬪, 相仇, 及會諸侯, 祭仲請子亹無行. 子亹曰:「齊彊, 而厲公居櫟, 卽不往, 是率諸侯伐我, 內厲公. 我不如往, 往何遽必辱, 且又何至是!」卒行. 於是祭仲恐齊幷殺之, 故稱疾. 子亹至, 不謝齊侯, 齊侯怒, 遂伏甲而殺子亹. 高渠彌亡歸, 歸與祭仲謀, 召子亹弟公子嬰於陳而立之, 是爲鄭子. 是歲, 齊襄公使彭生醉拉殺魯桓公.

鄭子八年, 齊人管至父等作亂, 弑其君襄公. 十二年, 宋人長萬弑其君湣公. 鄭祭仲死.

十四年, 故鄭亡厲公突在櫟者使人誘劫鄭大夫甫假, 要以求入. 假曰:「舍我, 我爲君殺鄭子而入君.」厲公與盟, 乃舍之. 六月甲子, 假殺鄭子及其二子而迎厲公突, 突自櫟復入卽位. 初, 內蛇與外蛇於鄭南門中, 內蛇死. 居六年, 厲公果復入. 入而讓其伯父原曰:「我亡國外居, 伯父無意入我, 亦甚矣.」原曰:「事君無二心, 人臣之職也. 原知罪矣.」遂自殺. 厲公於是謂甫假曰:「子之事君有二心矣.」遂誅之. 假曰:「重德不報, 誠然哉!」

厲公突後元年, 齊桓公始霸.

五年, 燕·衛與周惠王弟穨伐王, 王出奔溫, 立弟穨爲王. 六年, 惠王告急鄭, 厲公發兵擊周王子穨, 弗勝, 於是與周惠王歸, 王居于櫟. 七年春, 鄭厲公與虢叔襲殺王子穨而入惠王于周.

秋, 厲公卒, 子文公踕立. 厲公初立四歲, 亡居櫟, 居櫟十七歲, 復入, 立七歲, 與亡凡二十八年.

文公十七年, 齊桓公以兵破蔡, 遂伐楚, 至召陵.

二十四年, 文公之賤妾曰燕姞, 夢天與之蘭, 曰:「余爲伯鯈. 余, 爾祖也. 以是爲而子, 蘭有國香.」以夢告文公, 文公幸之, 而予之草蘭爲符. 遂生子, 名曰蘭.

三十六年, 晉公子重耳過, 文公弗禮. 文公弟叔詹曰:「重耳賢, 且又同姓, 窮而過君, 不可無禮.」文公曰:「諸侯亡公子過者多矣, 安能盡禮之!」詹曰:「君如弗禮, 遂殺之; 弗殺, 使卽反國, 爲鄭憂矣.」文公弗聽.

三十七年春, 晉公子重耳反國, 立, 是爲文公. 秋, 鄭入滑, 滑聽命, 已而

反與衛, 於是鄭伐滑. 周襄王使伯䪨請滑. 鄭文公怨惠王之亡在櫟, 而文公父厲公入之, 而惠王不賜厲公爵祿, 又怨襄王之與衛滑, 故不聽襄王請而囚伯服. 王怒, 與翟人伐鄭, 弗克. 冬, 翟攻伐襄王, 襄王出奔鄭, 鄭文公居王于氾. 三十八年, 晉文公入襄王成周.

四十一年, 助楚擊晉. 自晉文公之過無禮, 故背晉助楚. 四十三年, 晉文公與秦穆公共圍鄭, 討其助楚攻晉者, 及文公過時之無禮也. 初, 鄭文公有三夫人, 寵子五人, 皆以罪蚤死. 公怒, 溉逐群公子. 子蘭奔晉, 從晉文公圍鄭. 時蘭事晉文公甚謹, 愛幸之, 乃私於晉, 以求入鄭爲太子. 晉於是欲得叔詹爲僇. 鄭文公恐, 不敢謂叔詹言. 詹聞, 言於鄭君曰: 「臣謂君, 君不聽臣, 晉卒爲患. 然晉所以圍鄭, 以詹, 詹死而赦鄭國, 詹之願也.」 乃自殺. 鄭人以詹尸與晉. 晉文公曰: 「必欲一見鄭君, 辱之而去.」 鄭人患之, 乃使人私於秦曰: 「破鄭益晉, 非秦之利也.」 秦兵罷. 晉文公欲入蘭爲太子, 以告鄭. 鄭大夫石癸曰: 「吾聞姞姓乃后稷之元妃, 其後當有興者. 子蘭母, 其後也. 且夫人子盡已死, 餘庶子無如蘭賢. 今圍急, 晉以爲請, 利孰大焉!」 遂許晉, 與盟, 而卒立子蘭爲太子, 晉兵乃罷去.

四十五年, 文公卒, 子蘭立, 是爲繆公.

繆公元年春, 秦繆公使三將將兵欲襲鄭, 至滑, 逢鄭賈人弦高詐以十二牛勞軍, 故秦兵不至而還, 晉敗之於崤. 初, 往年鄭文公之卒也, 鄭司城繒賀以鄭情賣之, 秦兵故來. 三年, 鄭發兵從晉伐秦, 敗秦兵於汪.

往年楚太子商臣弒其父成王代立. 二十一年, 與宋華元伐鄭. 華元殺羊食士, 不與其御羊斟, 怒以馳鄭, 鄭囚華元. 宋贖華元, 元亦亡去. 晉使趙穿以兵伐鄭.

二十二年, 鄭繆公卒, 子夷立, 是爲靈公.

靈公元年春, 楚獻黿於靈公. 子家·子公將朝靈公, 子公之食指動, 謂子家曰: 「佗日指動, 必食異物.」 及入, 見靈公進黿羹, 子公笑曰: 「果然!」 靈公問其笑故, 具告靈公. 靈公召之, 獨弗予羹. 子公怒, 染其指, 嘗之而出. 公怒, 欲殺子公. 子公與子家謀先. 夏, 弒靈公. 鄭人欲立靈公弟去疾, 去疾讓曰: 「必以賢, 則去疾不肖; 必以順, 則公子堅長.」 堅者, 靈公庶弟, 去疾

之兄也. 於是乃立子堅, 是爲襄公.

襄公立, 將盡去繆氏. 繆氏者, 殺靈公·子公之族家也. 去疾曰:「必去繆氏, 我將去之.」乃止. 皆以爲大夫.

襄公元年, 楚怒鄭受宋賂縱華元, 伐鄭. 鄭背楚, 與晉親. 五年, 楚復伐鄭, 晉來救之. 六年, 子家卒, 國人復逐其族, 以其弑靈公也.

七年, 鄭與晉盟鄢陵. 八年, 楚莊王以鄭與晉盟, 來伐, 圍鄭三月, 鄭以城降楚. 楚王入自皇門, 鄭襄公肉袒擎羊以迎, 曰:「孤不能事邊邑, 使君王懷怒以及獘邑, 孤之罪也. 敢不惟命是聽. 君王遷之江南, 及以賜諸侯, 亦惟命是聽. 若君王不忘厲·宣王, 桓·武公, 哀不忍絶其社稷, 錫不毛之地, 使復得改事君王, 孤之願也, 然非所敢望也. 敢布腹心, 惟命是聽.」莊王爲卻三十里而後舍. 楚群臣曰:「自郢至此, 士大夫亦久勞矣. 今得國舍之, 何如?」莊王曰:「所爲伐, 伐不服也. 今已服, 尚何求乎?」卒去. 晉聞楚之伐鄭, 發兵救鄭. 其來持兩端, 故遲, 比至河, 楚兵已去. 晉將率或欲渡, 或欲還, 卒渡河. 莊王聞, 還擊晉. 鄭反助楚, 大破晉軍於河上. 十年, 晉來伐鄭, 以其反晉而親楚也.

十一年, 楚莊王伐宋, 宋告急于晉. 晉景公欲發兵救宋, 伯宗諫晉君曰:「天方開楚, 未可伐也.」乃求壯士得霍人解揚, 字子虎, 詆楚, 令宋毋降. 過鄭, 鄭與楚親, 乃執解揚而獻楚. 楚王厚賜與約, 使反其言, 令宋趣降, 三要乃許. 於是楚登解揚樓車, 令呼宋. 遂負楚約而致其晉君命曰:「晉方悉國兵以救宋, 宋雖急, 愼毋降楚, 晉兵今至矣!」楚莊王大怒, 將殺之. 解揚曰:「君能制命爲義, 臣能承命爲信. 受吾君命以出, 有死無隕.」莊王曰:「若之許我, 已而背之, 其信安在?」解揚曰:「所以許王, 欲以成吾君命也.」將死, 顧謂楚軍曰:「爲人臣無忘盡忠得死者!」楚王諸弟皆諫王赦之, 於是赦解揚使歸. 晉爵之爲上卿.

十八年, 襄公卒, 子悼公沸立.

悼公元年, 鄦公惡鄭於楚, 悼公使弟睔於楚自訟. 訟不直, 楚囚睔. 於是鄭悼公來與晉平, 遂親. 睔私於楚子反, 子反言歸睔於鄭.

二年, 楚伐鄭, 晉兵來救. 是歲, 悼公卒, 立其弟睔, 是爲成公.

成公三年, 楚共王曰「鄭成公孤有德焉」, 使人來與盟. 成公私與盟. 秋, 成公朝晉, 晉曰「鄭私平於楚」, 執之. 使欒書伐鄭. 四年春, 鄭患晉圍, 公子如乃立成公庶兄繻爲君. 其四月, 晉聞鄭立君, 乃歸成公. 鄭人聞成公歸, 亦殺君繻, 迎成公. 晉兵去.

十年, 背晉盟, 盟於楚. 晉厲公怒, 發兵伐鄭. 楚共王救鄭. 晉楚戰鄢陵, 楚兵敗, 晉射傷楚共王目, 俱罷而去. 十三年, 晉悼公伐鄭, 兵於洧上. 鄭城守, 晉亦去.

十四年, 成公卒, 子惲立. 是爲釐公.

釐公五年, 鄭相子駟朝釐公, 釐公不禮. 子駟怒, 使廚人藥殺釐公, 赴諸侯曰「釐公暴病卒」. 立釐公子嘉, 嘉時年五歲, 是爲簡公.

簡公元年, 諸公子謀欲誅相子駟, 子駟覺之, 反盡誅諸公子. 二年, 晉伐鄭, 鄭與盟, 晉去. 冬, 又與楚盟. 子駟畏誅, 故兩親晉·楚. 三年, 相子駟欲自立爲君, 公子子孔使尉止殺相子駟而代之. 子孔又欲自立. 子產曰:「子駟爲不可, 誅之, 今又效之, 是亂無時息也.」於是子孔從之而相鄭簡公.

四年, 晉怒鄭與楚盟, 伐鄭, 鄭與盟. 楚共王救鄭, 敗晉兵. 簡公欲與晉平, 楚又囚鄭使者.

十二年, 簡公怒相子孔專國權, 誅之, 而以子產爲卿. 十九年, 簡公如晉請衛君還, 而封子產以六邑. 子產讓, 受其三邑. 二十二年, 吳使延陵季子於鄭, 見子產如舊交, 謂子產曰:「鄭之執政者侈, 難將至, 政將及子. 子爲政, 必以禮; 不然, 鄭將敗.」子產厚遇季子. 二十三年, 諸公子爭寵相殺, 又欲殺子產. 公子或諫曰:「子產仁人, 鄭所以存者子產也, 勿殺!」乃止.

二十五年, 鄭使子產於晉, 問平公疾. 平公曰:「卜而曰實沈·臺駘爲祟, 史官莫知, 敢問?」對曰:「高辛氏有二子, 長曰閼伯, 季曰實沈, 居曠林, 不相能也, 日操干戈以相征伐. 后帝弗臧, 遷閼伯于商丘, 主辰, 商人是因, 故辰爲商星. 遷實沈于大夏, 主參, 唐人是因, 服事夏·商, 其季世曰唐叔虞. 當武王邑姜方娠大叔, 夢帝謂己: '余命而子曰虞, 乃與之唐, 屬之參而蕃育其子孫.' 及生有文在其掌曰'虞', 遂以命之. 及成王滅唐而國大叔焉. 故參爲晉星. 由是觀之, 則實沈, 參神也. 昔金天氏有裔子曰昧, 爲玄冥師, 生允格·

臺駘. 臺駘能業其官, 宣汾·洮, 障大澤, 以處太原. 帝用嘉之, 國之汾川. 沈·姒·蓐·黃實守其祀. 今晉主汾川而滅之. 由是觀之, 則臺駘, 汾·洮神也. 然是二者不害君身. 山川之神, 則水旱之菑祭之; 日月星辰之神, 則雪霜風雨不時祭之; 若君疾, 飲食哀樂女色所生也.」平公及叔嚮曰:「善, 博物君子也!」厚爲之禮於子產.

二十七年夏, 鄭簡公朝晉. 冬, 畏楚靈王之彊, 又朝楚, 子產從. 二十八年, 鄭君病, 使子產會諸侯, 與楚靈王盟於申, 誅齊慶封.

三十六年, 簡公卒, 子定公寧立. 秋, 定公朝晉昭公.

定公元年, 楚公子棄疾弒其君靈王而自立, 爲平王. 欲行德諸侯. 歸靈王所侵鄭地于鄭.

四年, 晉昭公卒, 其六卿彊, 公室卑. 子產謂韓宣子曰:「爲政必以德, 毋忘所以立.」六年, 鄭火, 公欲禳之. 子產曰:「不如修德.」

八年, 楚太子建來奔. 十年, 太子建與晉謀襲鄭. 鄭殺建, 建子勝奔吳.

十一年, 定公如晉. 晉與鄭謀, 誅周亂臣, 入敬王于周.

十三年, 定公卒, 子獻公蠆立. 獻公十三年卒, 子聲公勝立. 當是時, 晉六卿彊, 侵奪鄭, 鄭遂弱.

聲公五年, 鄭相子產卒, 鄭人皆哭泣, 悲之如亡親戚. 子產者, 鄭成公少子也. 爲人仁愛人, 事君忠厚. 孔子嘗過鄭, 與子產如兄弟. 及聞子產死, 孔子爲泣曰:「古之遺愛也!」

八年, 晉范·中行氏反晉, 告急於鄭, 鄭救之. 晉伐鄭, 敗鄭軍於鐵.

十四年, 宋景公滅曹. 二十年, 齊田常弒其君簡公, 而常相於齊. 二十二年, 楚惠王滅陳. 孔子卒.

三十六年, 晉知伯伐鄭, 取九邑.

三十七年, 聲公卒, 子哀公易立. 哀公八年, 鄭人弒哀公而立聲公弟丑, 是爲共公. 共公三年, 三晉滅知伯. 三十一年, 共公卒, 子幽公已立. 幽公元年, 韓武子伐鄭, 殺幽公. 鄭人立幽公弟駘, 是爲繻公.

繻公十五年, 韓景侯伐鄭, 取雍丘. 鄭城京.

十六年, 鄭伐韓, 敗韓兵於負黍. 二十年, 韓·趙·魏列爲諸侯. 二十三年,

鄭圍韓之陽翟.

二十五年, 鄭君殺其相子陽. 二十七年, 子陽之黨共弒繻公駘而立幽公弟乙爲君, 是爲鄭君. 鄭君乙立二年, 鄭負黍反, 復歸韓. 十一年, 韓伐鄭, 取陽城.

二十一年, 韓哀侯滅鄭, 幷其國.

太史公曰: 語有之, 「以權利合者, 權利盡而交疏」, 甫瑕是也. 甫瑕雖以劫殺鄭子內厲公, 厲公終背而殺之, 此與晉之里克何異? 守節如荀息, 身死而不能存奚齊. 變所從來, 亦多故矣!

楚之先祖出自帝顓頊高陽. 高陽者, 黃帝之孫, 昌意之子也. 高陽生稱,
稱生卷章, 卷章生重黎. 重黎爲帝嚳高辛居火正, 甚有功, 能光融天下, 帝嚳
命曰祝融. 共工氏作亂, 帝嚳使重黎誅之而不盡, 帝乃以庚寅日誅重黎, 而以
其弟吳回爲重黎後, 復居火正, 爲祝融.

吳回生陸終. 陸終生子六人, 坼剖而産焉. 其長一曰昆吾; 二曰參胡; 三曰
彭祖; 四曰會人; 五曰曹姓; 六曰季連, 羋姓, 楚其後也. 昆吾氏, 夏之時嘗
爲侯伯, 桀之時湯滅之. 彭祖氏, 殷之時嘗爲侯伯, 殷之末世滅彭祖氏. 季連
生附沮, 附沮生穴熊. 其後中微, 或在中國, 或在蠻夷, 弗能紀其世.

周文王之時, 季連之苗裔曰鬻熊. 鬻熊子事文王, 蚤卒. 其子曰熊麗. 熊麗
生熊狂, 熊狂生熊繹.

熊繹當周成王之時, 擧文·武勤勞之後嗣, 而封熊繹於楚蠻, 封以子男
之田, 姓羋氏, 居丹陽. 楚子熊繹與魯公伯禽·衛康叔子牟·晉侯燮·齊太
公子呂伋俱事成王.

熊繹生熊艾, 熊艾生熊䵣, 熊䵣生熊勝. 熊勝以弟熊楊爲後. 熊楊生
熊渠.

熊渠生子三人. 當周夷王之時, 王室微, 諸侯或不朝, 相伐. 熊渠甚得江漢
間民和, 乃興兵伐庸·楊粵, 至于鄂. 熊渠曰:「我蠻夷也, 不與中國之號諡.」
乃立其長子康爲句亶王, 中子紅爲鄂王, 少子執疵爲越章王, 皆在江上楚
蠻之地. 及周厲王之時, 暴虐, 熊渠畏其伐楚, 亦去其王.

後爲熊毋康, 毋康蚤死. 熊渠卒, 子熊摯紅立. 摯紅卒, 其弟弑而代立,
曰熊延. 熊延生熊勇.

熊勇六年, 而周人作亂, 攻厲王, 厲王出奔彘. 熊勇十年, 卒, 弟熊嚴爲後.

熊嚴十年, 卒. 有子四人, 長子伯霜; 中子仲雪, 次子叔堪, 少子季徇.
熊嚴卒, 長子伯霜代立, 是爲熊霜.

熊霜元年, 周宣王初立. 熊霜六年, 卒, 三弟爭立. 仲雪死; 叔堪亡, 避難
於濮; 而少弟季徇立, 是爲熊徇. 熊徇十六年, 鄭桓公初封於鄭. 二十二年,
熊徇卒, 子熊咢立. 熊咢九年, 卒, 子熊儀立, 是爲若敖.

若敖二十年, 周幽王爲犬戎所弑, 周東徙, 而秦襄公始列爲諸侯.

二十七年, 若敖卒, 子熊坎立, 是爲霄敖. 霄敖六年, 卒, 子熊眴立, 是爲
蚡冒. 蚡冒十三年, 晉始亂, 以曲沃之故. 蚡冒十七年, 卒. 蚡冒弟熊通弑蚡
冒子而代立, 是爲楚武王.

武王十七年, 晉之曲沃莊伯弑主國晉孝侯. 十九年, 鄭伯弟段作亂. 二十
一年, 鄭侵天子之田. 二十三年, 衛弑其君桓公. 二十九年, 魯弑其君隱公.
三十一年, 宋太宰華督弑其君殤公.

三十五年, 楚伐隨. 隨曰:「我無罪.」楚曰:「我蠻夷也. 今諸侯皆爲叛相侵,
或相殺. 我有敝甲, 欲以觀中國之政, 請王室尊吾號.」隨人爲之周, 請尊楚,
王室不聽, 還報楚. 三十七年, 楚熊通怒曰:「吾先鬻熊, 文王之師也, 蚤終.
成王擧我先公, 乃以子男田令居楚, 蠻夷皆率服, 而王不加位, 我自尊耳.」
乃自立, 爲武王, 與隨人盟而去: 於是始開濮地而有之.

五十一年, 周召隨侯, 數以立楚爲王. 楚怒, 以隨背己, 伐隨. 武王卒師中
而兵罷. 子文王熊貲立, 始都郢.

文王二年, 伐申過鄧, 鄧人曰「楚王易取」, 鄧侯不許也. 六年, 伐蔡, 虜蔡
哀侯以歸, 已而釋之. 楚彊, 陵江漢閒小國, 小國皆畏之. 十一年, 齊桓公始霸,
楚亦始大.

十二年, 伐鄧, 滅之. 十三年, 卒, 子熊艱立, 是爲莊敖. 莊敖五年, 欲殺其
弟熊惲, 惲奔隨, 與隨襲弑莊敖代立, 是爲成王.

成王惲元年, 初卽位, 布德施惠, 結舊好於諸侯. 使人獻天子, 天子賜胙,
曰:「鎭爾南方夷越之亂, 無侵中國.」於是楚地千里.

十六年, 齊桓公以兵侵楚, 至陘山. 楚成王使將軍屈完以兵禦之, 與桓公盟.
桓公數以周之賦不入王室, 楚許之, 乃去.

十八年, 成王以兵北伐許, 許君肉袒謝, 乃釋之. 二十二年, 伐黃. 二十六年, 滅英.

三十三年, 宋襄公欲爲盟會, 召楚. 楚王怒曰:「召我, 我將好往襲辱之.」遂行, 至盂, 遂執辱宋公, 已而歸之. 三十四年, 鄭文公南朝楚. 楚成王北伐宋, 敗之泓, 射傷宋襄公, 襄公遂病創死.

三十五年, 晉公子重耳過楚, 成王以諸侯客禮饗, 而厚送之於秦.

三十九年, 魯僖公來請兵以伐齊, 楚使申侯將兵伐齊, 取, 置齊桓公子雍焉. 齊桓公七子皆奔楚, 楚盡以爲上大夫. 滅夔, 夔不祀祝融・鬻熊故也.

夏, 伐宋, 宋告急於晉, 晉救宋, 成王罷歸. 將軍子玉請戰, 成王曰:「重耳亡居外久, 卒得反國, 天之所開, 不可當.」子玉固請, 乃與之少師而去. 晉果敗子玉於城濮. 成王怒, 誅子玉.

四十六年, 初, 成王將以商臣爲太子, 語令尹子上. 子上曰:「君之齒未也, 而又多内寵, 絀乃亂也. 楚國之舉常在少者. 且商臣蜂目而豺聲, 忍人也, 不可立也.」王不聽, 立之. 後又欲立子職而絀太子商臣. 商臣聞而未審也, 告其傅潘崇曰:「何以得其實?」崇曰:「饗王之寵姬江羋而勿敬也.」商臣從之. 江羋怒曰:「宜乎王之欲殺若而立職也.」商臣告潘崇曰:「信矣.」崇曰:「能事之乎?」曰:「不能.」「能亡去乎?」曰:「不能.」「能行大事乎?」曰:「能.」冬十月, 商臣以宮衛兵圍成王. 成王請食熊蹯而死, 不聽. 丁未, 成王自絞殺. 商臣代立, 是爲穆王.

穆王立, 以其太子宮予潘崇, 使爲太師, 掌國事. 穆王三年, 滅江. 四年, 滅六・蓼. 六・蓼, 皐陶之後. 八年, 伐陳. 十二年, 卒. 子莊王侶立.

莊王即位三年, 不出號令, 日夜爲樂, 令國中曰:「有敢諫者死無赦!」伍舉入諫. 莊王左抱鄭姬, 右抱越女, 坐鐘鼓之間. 伍舉曰:「願有進.」隱曰:「有鳥在於阜, 三年不蜚不鳴, 是何鳥也?」莊王曰:「三年不蜚, 蜚將沖天; 三年不鳴, 鳴將驚人. 舉退矣, 吾知之矣.」居數月, 淫益甚. 大夫蘇從乃入諫. 王曰:「若不聞令乎?」對曰:「殺身以明君, 臣之願也.」於是乃罷淫樂, 聽政, 所誅者數百人, 所進者數百人, 任伍舉・蘇從以政, 國人大說. 是歲滅庸. 六年, 伐宋, 獲五百乘.

八年, 伐陸渾戎, 遂至洛, 觀兵於周郊. 周定王使王孫滿勞楚王. 楚王問鼎小大輕重, 對曰:「在德不在鼎.」莊王曰:「子無阻九鼎! 楚國折鉤之喙, 足以爲九鼎.」王孫滿曰:「嗚呼! 君王其忘之乎? 昔虞夏之盛, 遠方皆至, 貢金九牧, 鑄鼎象物, 百物而爲之備, 使民知神姦. 桀有亂德, 鼎遷於殷, 載祀六百. 殷紂暴虐, 鼎遷於周. 德之休明, 雖小必重; 其姦回昏亂, 雖大必輕. 昔成王定鼎于郟鄏, 卜世三十, 卜年七百, 天所命也. 周德雖衰, 天命未改. 鼎之輕重, 未可問也.」楚王乃歸.

九年, 相若敖氏. 人或讒之王, 恐誅, 反攻王, 王擊滅若敖氏之族. 十三年, 滅舒.

十六年, 伐陳, 殺夏徵舒. 徵舒弒其君, 故誅之也. 已破陳, 卽縣之. 群臣皆賀, 申叔時使齊來, 不賀. 王問, 對曰:「鄙語曰, 牽牛徑人田, 田主取其牛. 徑者則不直矣, 取之牛不亦甚乎? 且王以陳之亂而率諸侯伐之, 以義伐之而貪其縣, 亦何以復令於天下!」莊王乃復國陳後.

十七年春, 楚莊王圍鄭, 三月克之. 入自皇門, 鄭伯肉袒牽羊以逆, 曰:「孤不天, 不能事君, 君用懷怒, 以及敝邑, 孤之罪也. 敢不惟命是聽! 賓之南海, 若以臣妾賜諸侯, 亦惟命是聽. 若君不忘厲・宣・桓・武, 不絕其社稷, 使改事君, 孤之願也, 非所敢望也. 敢布腹心.」楚群臣曰:「王勿許.」莊王曰:「其君能下人, 必能信用其民, 庸可絕乎!」莊王自手旗, 左右麾軍, 引兵去三十里而舍, 遂許之平. 潘尪入盟, 子良出質. 夏六月, 晉救鄭, 與楚戰, 大敗晉師河上, 遂至衡雍而歸.

二十年, 圍宋, 以殺楚使也. 圍宋五月, 城中食盡, 易子而食, 析骨而炊. 宋華元出告以情. 莊王曰:「君子哉!」遂罷兵去.

二十三年, 莊王卒, 子共王審立.

共王十六年, 晉伐鄭. 鄭告急, 共王救鄭. 與晉兵戰鄢陵, 晉敗楚, 射中共王目. 共王召將軍子反. 子反嗜酒, 從者豎陽穀進酒醉. 王怒, 射殺子反, 遂罷兵歸.

三十一年, 共王卒, 子康王招立. 康王立十五年卒, 子員立, 是爲郟敖.

康王寵弟公子圍・子比・子皙・棄疾. 郟敖三年, 以其季父康王弟公子

圍爲令尹, 主兵事. 四年, 圍使鄭, 道聞王疾而還. 十二月己酉, 圍入問王疾, 絞而弒之, 遂殺其子莫及平夏. 使使赴於鄭. 伍舉問曰:「誰爲後?」對曰: 「寡大夫圍.」伍舉更曰:「共王之子圍爲長.」子比奔晉, 而圍立, 是爲靈王.

靈王三年六月, 楚使使告晉, 欲會諸侯. 諸侯皆會楚于申. 伍舉曰:「昔夏啓 有鈞臺之饗, 商湯有景亳之命, 周武王有盟津之誓, 成王有岐陽之蒐, 康王有 豐宮之朝, 穆王有塗山之會, 齊桓有召陵之師, 晉文有踐土之盟, 君其何用?」 靈王曰:「用桓公.」時鄭子產在焉. 於是晉·宋·魯·衛不往. 靈王已盟, 有驕色. 伍舉曰:「桀爲有仍之會, 有緡叛之. 紂爲黎山之會, 東夷叛之. 幽王爲太室之盟, 戎·翟叛之. 君其愼終!」

七月, 楚以諸侯兵伐吳, 圍朱方. 八月, 克之, 囚慶封, 滅其族. 以封徇, 曰:「無效齊慶封弒其君而弱其孤, 以盟諸大夫!」封反曰:「莫如楚共王庶子 圍弒其君兄之子員而代之立!」於是靈王使(棄)疾殺之.

七年, 就章華臺, 下令內亡人實之.

八年, 使公子棄疾將兵滅陳. 十年, 召蔡侯, 醉而殺之. 使棄疾定蔡, 因爲 陳蔡公.

十一年, 伐徐以恐吳. 靈王次於乾谿以待之. 王曰:「齊·晉·魯·衛, 其封 皆受寶器, 我獨不. 今吾使使周求鼎以爲分, 其予我乎?」析父對曰:「其予 君王哉! 昔我先王熊繹辟在荊山, 蓽露藍蔞以處草莽, 跋涉山林以事天子, 唯是桃弧棘矢以共王事. 齊, 王舅也; 晉及魯·衛, 王母弟也: 楚是以無分 而彼皆有. 周今與四國服事君王, 將惟命是從, 豈敢愛鼎?」靈王曰:「昔我 皇祖伯父昆吾舊許是宅, 今鄭人貪其田, 不我予, 今我求之, 其予我乎?」 對曰:「周不愛鼎, 鄭安敢愛田?」靈王曰:「昔諸侯遠我而畏晉, 今吾大城 陳·蔡·不羹, 賦皆千乘, 諸侯畏我乎?」對曰:「畏哉!」靈王喜曰:「析父善 言古事焉.」

十二年春, 楚靈王樂乾谿, 不能去也. 國人苦役. 初, 靈王會兵於申, 僇越 大夫常壽過, 殺蔡大夫觀起. 起子從亡在吳, 乃勸吳王伐楚, 爲閒越大夫常 壽過而作亂, 爲吳閒. 使矯公子棄疾命召公子比於晉, 至蔡, 與吳·越兵欲 襲蔡. 令公子比見棄疾, 與盟於鄧. 遂入殺靈王太子祿, 立子比爲王, 公子

子晳爲令尹, 棄疾爲司馬. 先除王宮, 觀從從師于乾谿, 令楚衆曰: 「國有王矣.
先歸, 復爵邑田室. 後者遷之.」楚衆皆潰, 去靈王而歸.

靈王聞太子祿之死也, 自投車下, 而曰: 「人之愛子亦如是乎?」侍者曰:
「甚是.」王曰: 「余殺人之子多矣, 能無及此乎?」右尹曰: 「請待於郊以聽
國人.」王曰: 「衆怒不可犯.」曰: 「且入大縣而乞師於諸侯.」王曰: 「皆叛矣.」
又曰: 「且奔諸侯以聽大國之慮.」王曰: 「大福不再, 祇取辱耳.」於是王乘
舟將欲入鄢. 右尹度王不用其計, 懼俱死, 亦去王亡.

靈王於是獨傍偟山中, 野人莫敢入王. 王行遇其故鋗人, 謂曰: 「爲我求食,
我已不食三日矣.」鋗人曰: 「新王下法, 有敢饟王從王者, 罪及三族, 且又無
所得食.」王因枕其股而臥. 鋗人又以土自代, 逃去. 王覺而弗見, 遂飢弗能起.
芋尹申無宇之子申亥曰: 「吾父再犯王命, 王弗誅, 恩孰大焉!」乃求王, 遇王
飢於釐澤, 奉之以歸. 夏五月癸丑, 王死申亥家, 申亥以二女從死, 幷葬之.

是時楚國雖已立比爲王, 畏靈王復來, 又不聞靈王死, 故觀從謂初王比曰:
「不殺棄疾, 雖得國猶受禍.」王曰: 「余不忍.」從曰: 「人將忍王.」王不聽,
乃去. 棄疾歸. 國人每夜驚, 曰: 「靈王入矣!」乙卯夜, 棄疾使船人從江上走
呼曰: 「靈王至矣!」國人愈驚. 又使曼成然告初王比及令尹子晳曰: 「王至矣!
國人將殺君, 司馬將至矣! 君蚤自圖, 無取辱焉. 衆怒如水火, 不可救也.」
初王及子晳遂自殺. 丙辰, 棄疾卽位爲王, 改名熊居, 是爲平王.

平王以詐弒兩王而自立, 恐國人及諸侯叛之, 乃施惠百姓. 復陳蔡之地
而立其後如故, 歸鄭之侵地. 存恤國中, 修政教. 吳以楚亂故, 獲五率以歸.
平王謂觀從: 「恣爾所欲.」欲爲卜尹, 王許之.

初, 共王有寵子五人, 無適立, 乃望祭群神, 請神決之, 使主社稷, 而陰與
巴姬埋璧於室內, 召五公子齋而入. 康王跨之, 靈王肘加之, 子比・子晳皆
遠之. 平王幼, 抱其上而拜, 壓紐. 故康王以長立, 至其子失之; 圍爲靈王,
及身而弒; 子比爲王十餘日, 子晳不得立, 又俱誅. 四子皆絶無後. 唯獨棄
疾後立, 爲平王, 竟續楚祀, 如其神符.

初, 子比自晉歸, 韓宣子問叔向曰: 「子比其濟乎?」對曰: 「不就.」宣子曰:
「同惡相求, 如市賈焉, 何爲不就?」對曰: 「無與同好, 誰與同惡? 取國有五難:

有寵無人, 一也; 有人無主, 二也; 有主無謀, 三也; 有謀而無民, 四也; 有民而無德, 五也. 子比在晉十三年矣, 晉·楚之從不聞通者, 可謂無人矣; 族盡親叛, 可謂無主矣; 無釁而動, 可謂無謀矣; 爲羈終世, 可謂無民矣; 亡無愛徵, 可謂無德矣. 王虐而不忌, 子比涉五難以弒君, 誰能濟之! 有楚國者, 其棄疾乎? 君陳·蔡, 方城外屬焉. 苟慝不作, 盜賊伏隱, 私欲不違, 民無怨心. 先神命之, 國民信之. 芊姓有亂, 必季實立, 楚之常也. 子比之官, 則右尹也; 數其貴寵, 則庶子也; 以神所命, 則又遠之; 民無懷焉, 將何以立?」宣子曰:「齊桓·晉文不亦是乎?」對曰:「齊桓, 衛姬之子也, 有寵於釐公. 有鮑叔牙·賓須無·隰朋以爲輔, 有莒·衛以爲外主, 有高·國以爲內主. 從善如流, 施惠不倦. 有國, 不亦宜乎? 昔我文公, 狐季姬之子也, 有寵於獻公. 好學不倦. 生十七年, 有士五人, 有先大夫子餘·子犯以爲腹心, 有魏犨·賈佗以爲股肱, 有齊·宋·秦·楚以爲外主, 有欒·郤·狐·先以爲內主. 亡十九年, 守志彌篤. 惠·懷棄民, 民從而與之. 故文公有國, 不亦宜乎? 子比無施於民, 無援於外, 去晉, 晉不送; 歸楚, 楚不迎. 何以有國!」子比果不終焉, 卒立者棄疾, 如叔向言也.

平王二年, 使費無忌如秦爲太子建取婦. 婦好, 來, 未至, 無忌先歸, 說平王曰:「秦女好, 可自娶, 爲太子更求.」平王聽之, 卒自娶秦女, 生熊珍. 更爲太子娶. 是時伍奢爲太子太傅, 無忌爲少傅. 無忌無寵於太子, 常讒惡太子建. 建時年十五矣, 其母蔡女也, 無寵於王, 王稍益疏外建也.

六年, 使太子建居城父, 守邊. 無忌又日夜讒太子建於王曰:「自無忌入秦女, 太子怨, 亦不能無望於王, 王少自備焉. 且太子居城父, 擅兵, 外交諸侯, 且欲入矣.」平王召其傅伍奢責之. 伍奢知無忌讒, 乃曰:「王奈何以小臣疏骨肉?」無忌曰:「今不制, 後悔也.」於是王遂囚伍奢. [而召其二子而告以免父死]乃令司馬奮揚召太子建, 欲誅之. 太子聞之, 亡奔宋.

無忌曰:「伍奢有二子, 不殺者爲楚國患. 盍以免其父召之, 必至.」於是王使使謂奢:「能致二子則生, 不能將死.」奢曰:「尙至, 胥不至.」王曰:「何也?」奢曰:「尙之爲人, 廉, 死節, 慈孝而仁, 聞召而免父, 必至, 不顧其死. 胥之爲人, 智而好謀, 勇而矜功, 知來必死, 必不來. 然爲楚國憂者必此子.」

於是王使人召之, 曰:「來, 吾免爾父.」伍尙謂伍胥曰:「聞父免而莫奔, 不孝也; 父戮莫報, 無謀也; 度能任事, 知也. 子其行矣, 我其歸死.」伍尙遂歸. 伍胥彎弓屬矢, 出見使者, 曰:「父有罪, 何以召其子爲?」將射, 使者還走, 遂出奔吳. 伍奢聞之, 曰:「胥亡, 楚國危哉.」楚人遂殺伍奢及尙.

十年, 楚太子建母在居巢, 開吳. 吳使公子光伐楚, 遂敗陳・蔡, 取太子建母而去. 楚恐, 城郢. 初, 吳之邊邑卑梁與楚邊邑鍾離小童爭桑, 兩家交怒相攻, 滅卑梁人. 卑梁大夫怒, 發邑兵攻鍾離. 楚王聞之怒, 發國兵滅卑梁. 吳王聞之大怒, 亦發兵, 使公子光因建母家攻楚, 遂滅鍾離・居巢. 楚乃恐而城郢.

十三年, 平王卒. 將軍子常曰:「太子珍少, 且其母乃前太子建所當娶也.」欲立令尹子西. 子西, 平王之庶弟也, 有義. 子西曰:「國有常法, 更立則亂, 言之則致誅.」乃立太子珍, 是爲昭王.

昭王元年, 楚衆不說費無忌, 以其讒亡太子建, 殺伍奢子父與郤宛. 宛之宗姓伯氏子嚭及子胥皆奔吳, 吳兵數侵楚, 楚人怨無忌甚. 楚令尹子常誅無忌以說衆, 衆乃喜.

四年, 吳三公子奔楚, 楚封之以扞吳. 五年, 吳伐取楚之六・潛. 七年, 楚使子常伐吳, 吳大敗楚於豫章.

十年冬, 吳王闔閭・伍子胥・伯嚭與唐・蔡俱伐楚, 楚大敗, 吳兵遂入郢, 辱平王之墓, 以伍子胥故也. 吳兵之來, 楚使子常以兵迎之, 夾漢水陣. 吳伐敗子常, 子常亡奔鄭. 楚兵走, 吳乘勝逐之, 五戰及郢. 己卯, 昭王出奔. 庚辰, 吳人入郢.

昭王亡也至雲夢. 雲夢不知其王也, 射傷王. 王走鄖. 鄖公之弟懷曰:「平王殺吾父, 今我殺其子, 不亦可乎?」鄖公止之, 然恐其弒昭王, 乃與王出奔隨. 吳王聞昭王往, 卽進擊隨, 謂隨人曰:「周之子孫封於江漢之閒者, 楚盡滅之.」欲殺昭王. 王從臣子綦乃深匿王, 自以爲王, 謂隨人曰:「以我予吳.」隨人卜予吳, 不吉, 乃謝吳王曰:「昭王亡, 不在隨.」吳請入自索之, 隨不聽, 吳亦罷去.

昭王之出郢也, 使申鮑胥請救於秦. 秦以車五百乘救楚, 楚亦收餘散兵, 與秦擊吳. 十一年六月, 敗吳於稷. 會吳王弟夫槪見吳王兵傷敗, 乃亡歸,

自立爲王. 闔閭聞之, 引兵去楚, 歸擊夫概. 夫概敗, 奔楚, 楚封之堂谿,
號爲堂谿氏.

楚昭王滅唐. 九月, 歸入郢. 十二年, 吳復伐楚, 取番. 楚恐, 去郢, 北徙都鄀.

十六年, 孔子相魯. 二十年, 楚滅頓, 滅胡. 二十一年, 吳王闔閭伐越,
越王句踐射傷吳王, 遂死. 吳由此怨越而不西伐楚.

二十七年春, 吳伐陳, 楚昭王救之, 軍城父. 十月, 昭王病於軍中, 有赤雲
如鳥, 夾日而蜚. 昭王問周太史, 太史曰:「是害於楚王, 然可移於將相.」
將相聞是言, 乃請自以身禱於神. 昭王曰:「將相, 孤之股肱也, 今移禍,
庸去是身乎!」弗聽. 卜而河爲祟, 大夫請禱河. 昭王曰:「自吾先王受封,
望不過江·漢, 而河非所獲罪也.」止不許. 孔子在陳, 聞是言, 曰:「楚昭王
通大道矣. 其不失國, 宜哉!」

昭王病甚, 乃召諸公子大夫曰:「孤不佞, 再辱楚國之師, 今乃得以天壽終,
孤之幸也.」讓其弟公子申爲王, 不可. 又讓次弟公子結, 亦不可. 乃又讓次
弟公子閭, 五讓, 乃後許爲王. 將戰, 庚寅, 昭王卒於軍中. 子閭曰:「王病甚,
舍其子讓群臣, 臣所以許王, 以廣王意也. 今君王卒, 臣豈敢忘君王之意乎!」
乃與子西·子綦謀, 伏師閉塗, 迎越女之子章立之, 是爲惠王. 然後罷兵歸,
葬昭王.

惠王二年, 子西召故平王太子建之子勝於吳, 以爲巢大夫, 號曰白公. 白公
好兵而下士, 欲報仇. 六年, 白公請兵令尹子西伐鄭. 初, 白公父建亡在鄭,
鄭殺之, 白公亡走吳, 子西復召之, 故以此怨鄭, 欲伐之. 子西許而未爲發兵.
八年, 晉伐鄭, 鄭告急楚, 楚使子西救鄭, 受賂而去. 白公勝怒, 乃遂與勇力
死士石乞等襲殺令尹子西·子綦於朝, 因劫惠王, 置之高府, 欲弒之. 惠王
從者屈固負王亡走昭王夫人宮. 白公自立爲王. 月餘, 會葉公來救楚, 楚惠王
之徒與共攻白公, 殺之. 惠王乃復位. 是歲也, 滅陳而縣之.

十三年, 吳王夫差彊, 陵齊·晉, 來伐楚. 十六年, 越滅吳. 四十二年,
楚滅蔡. 四十四年, 楚滅杞. 與秦平. 是時越已滅吳而不能正江·淮北; 楚東侵,
廣地至泗上.

五十七年, 惠王卒, 子簡王中立.

簡王元年, 北伐滅莒. 八年, 魏文侯·韓武子·趙桓子始列爲諸侯.

二十四年, 簡王卒, 子聲王當立. 聲王六年, 盜殺聲王, 子悼王熊疑立. 悼王二年, 三晉來伐楚, 至乘丘而還. 四年, 楚伐周. 鄭殺子陽. 九年, 伐韓, 取負黍. 十一年, 三晉伐楚, 敗我大梁·楡關. 楚厚賂秦, 與之平. 二十一年, 悼王卒, 子肅王臧立.

肅王四年, 蜀伐楚, 取茲方. 於是楚爲扞關以距之. 十年, 魏取我魯陽. 十一年, 肅王卒, 無子, 立其弟熊良夫, 是爲宣王.

宣王六年, 周天子賀秦獻公. 秦始復彊, 而三晉益大, 魏惠王·齊威王尤彊. 三十年, 秦封衛鞅於商, 南侵楚. 是年, 宣王卒, 子威王熊商立.

威王六年, 周顯王致文武胙於秦惠王.

七年, 齊孟嘗君父田嬰欺楚, 楚威王伐齊, 敗之於徐州, 而令齊必逐田嬰. 田嬰恐, 張丑僞謂楚王曰:「王所以戰勝於徐州者, 田盼子不用也. 盼子者, 有功於國, 而百姓爲之用. 嬰子弗善而用申紀. 申紀者, 大臣不附, 百姓不爲用, 故王勝之也. 今王逐嬰子, 嬰子逐, 盼子必用矣. 復搏其士卒以與王遇, 必不便於王矣.」楚王因弗逐也.

十一年, 威王卒, 子懷王熊槐立. 魏聞楚喪, 伐楚, 取我陘山.

懷王元年, 張儀始相秦惠王. 四年, 秦惠王初稱王.

六年, 楚使柱國昭陽將兵而攻魏, 破之於襄陵, 得八邑. 又移兵而攻齊, 齊王患之. 陳軫適爲秦使齊, 齊王曰:「爲之柰何?」陳軫曰:「王勿憂, 請令罷之.」卽往見昭陽軍中, 曰:「願聞楚國之法, 破軍殺將者何以貴之?」昭陽曰:「其官爲上柱國, 封上爵執珪.」陳軫曰:「其有貴於此者乎?」昭陽曰:「令尹.」陳軫曰:「今君已爲令尹矣, 此國冠之上. 臣請得譬之. 人有遺其舍人一巵酒者, 舍人相謂曰:『數人飮此, 不足以徧, 請遂畫地爲蛇, 蛇先成者獨飮之.』一人曰:『吾蛇先成.』舉酒而起, 曰:『吾能爲之足.』及其爲之足, 而後成人奪之酒而飮之, 曰:『蛇固無足, 今爲之足, 是非蛇也.』今君相楚而攻魏, 破軍殺將, 功莫大焉, 冠之上不可以加矣. 今又移兵而攻齊, 攻齊勝之, 官爵不加於此; 攻之不勝, 身死爵奪, 有毀於楚. 此爲蛇爲足之說也. 不若引兵而去以德齊, 此持滿之術也.」昭陽曰:「善.」引兵而去.

燕・韓君初稱王. 秦使張儀與楚・齊・魏相會, 盟齧桑.

十一年, 蘇秦約從山東六國共攻秦, 楚懷王爲從長. 至函谷關, 秦出兵擊六國, 六國兵皆引而歸, 齊獨後. 十二年, 齊湣王伐敗趙・魏軍, 秦亦伐敗韓, 與齊爭長.

十六年, 秦欲伐齊, 而楚與齊從親, 秦惠王患之, 乃宣言張儀免相, 使張儀南見楚王, 謂楚王曰:「敝邑之王所甚說者無先大王, 雖儀之所甚願爲門闌之廝者亦無先大王. 敝邑之王所甚憎者無先齊王, 雖儀之所甚憎者亦無先齊王. 而大王和之, 是以敝邑之王不得事王, 而令儀亦不得爲門闌之廝也. 王爲儀閉關而絶齊, 今使使者從儀西取故秦所分楚商於之地方六百里, 如是則齊弱矣. 是北弱齊, 西德於秦, 私商於以爲富, 此一計而三利俱至也.」懷王大悅, 乃置相璽於張儀, 日與置酒, 宣言:「吾復得吾商於之地.」群臣皆賀, 而陳軫獨弔. 懷王曰:「何故?」陳軫對曰:「秦之所爲重王者, 以王之有齊也. 今地未可得而齊交先絶, 是楚孤也. 夫秦又何重孤國哉? 必輕楚矣. 且先出地而後絶齊, 則秦計不爲. 先絶齊而後責地, 則必見欺於張儀. 見欺於張儀, 則王必怨之. 怨之, 是西起秦患, 北絶齊交. 西起秦患, 北絶齊交, 則兩國之兵必至. 臣故弔.」楚王弗聽, 因使一將軍西受封地.

張儀至秦, 詳醉墜車, 稱病不出三月, 地不可得. 楚王曰:「儀以吾絶齊爲尚薄邪?」乃使勇士宋遺北辱齊王. 齊王大怒, 折楚符而合於秦. 秦・齊交合, 張儀乃起朝, 謂楚將軍曰:「子何不受地? 從某至某, 廣袤六里.」楚將軍曰:「臣之所以見命者六百里, 不聞六里.」卽以歸報懷王. 懷王大怒, 興師將伐秦. 陳軫又曰:「伐秦非計也. 不如因賂之一名都, 與之伐齊, 是我亡於秦, 取償於齊也, 吾國尚可全. 今王已絶於齊而責欺於秦, 是吾合秦・齊之交而來天下之兵也, 國必大傷矣.」楚王不聽, 遂絶和於秦, 發兵西攻秦. 秦亦發兵擊之.

十七年春, 與秦戰丹陽, 秦大敗我軍, 斬甲士八萬, 虜我大將軍屈丐・裨將軍逢侯丑等七十餘人, 遂取漢中之郡. 楚懷王大怒, 乃悉國兵復襲秦, 戰於藍田, 大敗楚軍. 韓・魏聞楚之困, 乃南襲楚, 至於鄧. 楚聞, 乃引兵歸.

十八年, 秦使使約復與楚親, 分漢中之半以和楚. 楚王曰:「願得張儀, 不願得地.」張儀聞之, 請之楚. 秦王曰:「楚且甘心於子, 奈何?」張儀曰:

「臣善其左右靳尙, 靳尙又能得事於楚王幸姬鄭袖, 袖所言無不從者. 且儀以前使負楚以商於之約, 今秦楚大戰, 有惡, 臣非面自謝楚不解. 且大王在, 楚不宜敢取儀. 誠殺儀以便國, 臣之願也.」儀遂使楚.

至, 懷王不見, 因而囚張儀, 欲殺之. 儀私於靳尙, 靳尙爲請懷王曰:「拘張儀, 秦王必怒. 天下見楚無秦, 必輕王矣.」又謂夫人鄭袖曰:「秦王甚愛張儀, 而王欲殺之, 今將以上庸之地六縣略楚, 以美人聘楚王, 以宮中善歌者爲之媵. 楚王重地, 秦女必貴, 而夫人必斥矣. 夫人不若言而出之.」鄭袖卒言張儀於王而出之. 儀出, 懷王因善遇儀, 儀因說楚王以叛從約而與秦合親, 約婚姻. 張儀已去, 屈原使從齊來, 諫王曰:「何不誅張儀?」懷王悔, 使人追儀, 弗及. 是歲, 秦惠王卒.

二十六年, 齊湣王欲爲從長, 惡楚之與秦合, 乃使使遺楚王書曰:「寡人患楚之不察於尊名也. 今秦惠王死, 武王立, 張儀走魏, 樗里疾·公孫衍用, 而楚事秦. 夫樗里疾善乎韓, 而公孫衍善乎魏; 楚必事秦, 韓·魏恐, 必因二人求合於秦, 則燕·趙亦宜事秦. 四國爭事秦, 則楚爲郡縣矣. 王何不與寡人幷力收韓·魏·燕·趙, 與爲從而尊周室, 以案兵息民, 令於天下? 莫敢不樂聽, 則王名成矣. 王率諸侯並伐, 破秦必矣. 王取武關·蜀·漢之地, 私吳·越之富而擅江海之利, 韓·魏割上黨, 西薄函谷, 則楚之彊百萬也. 且王欺於張儀, 亡地漢中, 兵銼藍田, 天下莫不代王懷怒. 今乃欲先事秦! 願大王孰計之.」

楚王業已欲和於秦, 見齊王書, 猶豫不決, 下其議群臣. 群臣或言和秦, 或曰聽齊. 昭雎曰:「王雖東取地於越, 不足以刷恥; 必且取地於秦, 而後足以刷恥於諸侯. 王不如深善齊·韓以重樗里疾, 如是則王得韓·齊之重以求地矣. 秦破韓宜陽, 而韓猶復事秦者, 以先王墓在平陽, 而秦之武遂去之七十里, 以故尤畏秦. 不然, 秦攻三川, 趙攻上黨, 楚攻河外, 韓必亡. 楚之救韓, 不能使韓不亡, 然存韓者楚也. 韓已得武遂於秦, 以河山爲塞, 所報德莫如楚厚, 臣以爲其事王必疾. 齊之所信於韓者, 以韓公子眛爲齊相也. 韓已得武遂於秦, 王甚善之, 使之以齊·韓重樗里疾, 疾得齊·韓之重, 其主弗敢棄疾也. 今又益之以楚之重, 樗里子必言秦, 復與楚之侵地矣.」於是

懷王許之, 竟不合秦, 而合齊以善韓.

二十四年, 倍齊而合秦. 秦昭王初立, 乃厚賂於楚. 楚往迎婦. 二十五年, 懷王入與秦昭王盟, 約於黃棘. 秦復與楚上庸. 二十六年, 齊·韓·魏爲楚負其從親而合於秦, 三國共伐楚. 楚使太子入質於秦而請救. 秦乃遣客卿通將兵救楚, 三國引兵去.

二十七年, 秦大夫有私與楚太子鬪, 楚太子殺之而亡歸. 二十八年, 秦乃與齊·韓·魏共攻楚, 殺楚將唐昧, 取我重丘而去. 二十九年, 秦復攻楚, 大破楚, 楚軍死者二萬, 殺我將軍景缺. 懷王恐, 乃使太子爲質於齊以求平.

三十年, 秦復伐楚, 取八城. 秦昭王遺楚王書曰:「始寡人與王約爲弟兄, 盟于黃棘, 太子爲質, 至驩也. 太子陵殺寡人之重臣, 不謝而亡去, 寡人誠不勝怒, 使兵侵君王之邊. 今聞君王乃令太子質於齊以求平. 寡人與楚接境壤界, 故爲婚姻, 所從相親久矣. 而今秦·楚不驩, 則無以令諸侯. 寡人願與君王會武關, 面相約, 結盟而去, 寡人之願也. 敢以聞下執事.」楚懷王見秦王書, 患之. 欲往, 恐見欺; 無往, 恐秦怒. 昭睢曰:「王毋行, 而發兵自守耳. 秦虎狼, 不可信, 有幷諸侯之心.」懷王子子蘭勸王行, 曰:「柰何絕秦之驩心!」於是往會秦昭王. 昭王詐令一將軍伏兵武關, 號爲秦王. 楚王至, 則閉武關, 遂與西至咸陽, 朝章臺, 如蕃臣, 不與亢禮. 楚懷王大怒, 悔不用昭子言. 秦因留楚王, 要以割巫·黔中之郡. 楚王欲盟, 秦欲先得地. 楚王怒曰:「秦詐我而又彊要我以地!」不復許秦. 秦因留之.

楚大臣患之, 乃相與謀曰:「吾王在秦不得還, 要以割地, 而太子爲質於齊, 齊·秦合謀, 則楚無國矣.」乃欲立懷王子在國者. 昭睢曰:「王與太子俱困於諸侯, 而今又倍王命而立其庶子, 不宜.」乃詐赴於齊, 齊湣王謂其相曰:「不若留太子以求楚之淮北.」相曰:「不可, 郢中立王, 是吾抱空質而行不義於天下也.」或曰:「不然. 郢中立王, 因與其新王市曰『予我下東國, 吾爲王殺太子, 不然, 將與三國共立之』, 然則東國必可得矣.」齊王卒用其相計而歸楚太子. 太子橫至, 立爲王, 是爲頃襄王. 乃告于秦曰:「賴社稷神靈, 國有王矣.」

頃襄王橫元年, 秦要懷王不可得地, 楚立王以應秦, 秦昭王怒, 發兵出武關

攻楚, 大敗楚軍, 斬首五萬, 取析十五城而去. 二年, 楚懷王亡逃歸, 秦覺之, 遮楚道, 懷王恐, 乃從閒道走趙以求歸. 趙主父在代, 其子惠王初立, 行王事, 恐, 不敢入楚王. 楚王欲走魏, 秦追至, 遂與秦使復之秦. 懷王遂發病. 頃襄王三年, 懷王卒于秦, 秦歸其喪于楚. 楚人皆憐之, 如悲親戚. 諸侯由是不直秦. 秦楚絕.

六年, 秦使白起伐韓於伊闕, 大勝, 斬首二十四萬. 秦乃遺楚王書曰:「楚倍秦, 秦且率諸侯伐楚, 爭一旦之命. 願王之飭士卒, 得一樂戰.」楚頃襄王患之, 乃謀復與秦平. 七年, 楚迎婦於秦, 秦楚復平.

十一年, 齊秦各自稱爲帝; 月餘, 復歸帝爲王.

十四年, 楚頃襄王與秦昭王好會于宛, 結和親. 十五年, 楚王與秦·三晉·燕共伐齊, 取淮北. 十六年, 與秦昭王好會於鄢. 其秋, 復與秦王會穰.

十八年, 楚人有好以弱弓微繳加歸鴈之上者, 頃襄王聞, 召而問之. 對曰:「小臣之好射鶀鴈, 羅鸗, 小矢之發也, 何足爲大王道也. 且稱楚之大, 因大王之賢, 所弋非直此也. 昔者三王以弋道德, 五霸以弋戰國. 故秦·魏·燕·趙者, 鶀鴈也; 齊·魯·韓·衛者, 青首也; 騶·費·郯·邳者, 羅鸗也. 外其餘則不足射者. 見鳥六雙, 以王何取? 王何不以聖人爲弓, 以勇士爲繳, 時張而射之? 此六雙者, 可得而囊載也. 其樂非特朝昔之樂也, 其獲非特鳧鴈之實也. 王朝張弓而射魏之大梁之南, 加其右臂而徑屬之於韓, 則中國之路絕而上蔡之郡壞矣. 還射圉之東, 解魏左肘而外擊定陶, 則魏之東外棄而大宋·方與二郡者舉矣. 且魏斷二臂, 顚越矣; 膺擊郯國, 大梁可得而有也. 王綪繳蘭臺, 飲馬西河, 定魏大梁, 此一發之樂也. 若王之於弋誠好而不厭, 則出寶弓, 碆新繳, 射噣鳥於東海, 還蓋長城以爲防, 朝射東莒, 夕發浿丘, 夜加卽墨, 顧據午道, 則長城之東收而太山之北舉矣. 西結境於趙而北達於燕, 三國布翅, 則從不待約而可成也. 北遊目於燕之遼東而南登望於越之會稽, 此再發之樂也. 若夫泗上十二諸侯, 左縈而右拂之, 可一旦而盡也. 今秦破韓以爲長憂, 得列城而不敢守也; 伐魏而無功, 擊趙而顧病, 則秦魏之勇力屈矣, 楚之故地漢中·析·酈可得而復有也. 王出寶弓, 碆新繳, 涉鄳塞, 而待秦之倦也, 山東·河內可得而一也. 勞民休衆, 南面稱王矣.

故曰秦爲大鳥, 負海内而處, 東面而立, 左臂據趙之西南, 右臂傅楚鄢郢, 膺擊韓魏, 垂頭中國, 處旣形便, 勢有地利, 奮翼鼓翅, 方三千里, 則秦未可得獨招而夜射也.」欲以激怒襄王, 故對以此言. 襄王因召與語, 遂言曰: 「夫先王爲秦所欺而客死於外, 怨莫大焉. 今以匹夫有怨, 尚有報萬乘, 白公·子胥是也. 今楚之地方五千里, 帶甲百萬, 猶足以踊躍中野也, 而坐受困, 臣竊爲大王弗取也.」於是頃襄王遣使於諸侯, 復爲從, 欲以伐秦. 秦聞之, 發兵來伐楚.

　楚欲與齊韓連和伐秦, 因欲圖周. 周王赧使武公謂楚相昭子曰: 「三國以兵割周郊地以便輸, 而南器以尊楚, 臣以爲不然. 夫弑共主, 臣世君, 大國不親; 以衆脅寡, 小國不附. 大國不親, 小國不附, 不可以致名實. 名實不得, 不足以傷民. 夫有圖周之聲, 非所以爲號也.」昭子曰: 「乃圖周則無之. 雖然, 周何故不可圖也?」對曰: 「軍不五不攻, 城不十不圍. 夫一周爲二十晉, 公之所知也. 韓嘗以二十萬之衆辱於晉之城下, 銳士死, 中士傷, 而晉不拔. 公之無百韓以圖周, 此天下之所知也. 夫怨結兩周以塞驕魯之心, 交絶於齊, 聲失天下, 其爲事危矣. 夫危兩周以厚三川, 方城之外必爲韓弱矣. 何以知其然也? 西周之地, 絶長補短, 不過百里. 名爲天下共主, 裂其地不足以肥國, 得其衆不足以勁兵. 雖無攻之, 名爲弑君. 然而好事之君, 喜攻之臣, 發號用兵, 未嘗不以周爲終始. 是何也? 見祭器焉, 欲器之至而忘弑君之亂. 今韓以器之在楚, 臣恐天下以器讎楚也. 臣請譬之. 夫虎肉臊, 其兵利身, 人猶攻之也. 若使澤中之麋蒙虎之皮, 人之攻之必萬於虎矣. 裂楚之地, 足以肥國; 詘楚之名, 足以尊主. 今子將以欲誅殘天下之共主, 居三代之傳器, 吞三翮六翼, 以高世主, 非貪而何? 周書曰'欲起無先', 故器南則兵至矣.」於是楚計輟不行.

　十九年, 秦伐楚, 楚軍敗, 割上庸·漢北地予秦. 二十年, 秦將白起拔我西陵. 二十一年, 秦將白起遂拔我郢, 燒先王墓夷陵. 楚襄王兵散, 遂不復戰, 東北保於陳城. 二十二年, 秦復拔我巫·黔中郡.

　二十三年, 襄王乃收東地兵, 得十餘萬, 復西取秦所拔我江旁十五邑以爲郡, 距秦. 二十七年, 使三萬人助三晉伐燕. 復與秦平, 而入太子爲質於秦. 楚使左徒侍太子於秦.

三十六年, 頃襄王病, 太子亡歸. 秋, 頃襄王卒, 太子熊元代立, 是爲考烈王. 考烈王以左徒爲令尹, 封以吳, 號春申君.

考烈王元年, 納州于秦以平. 是時楚益弱.

六年, 秦圍邯鄲, 趙告急楚, 楚遣將軍景陽救趙. 七年, 至新中. 秦兵去. 十二年, 秦昭王卒, 楚王使春申君弔祠于秦. 十六年, 秦莊襄王卒, 秦王趙政立. 二十二年, 與諸侯共伐秦, 不利而去. 楚東徙都壽春, 命曰郢.

二十五年, 考烈王卒, 子幽王悍立. 李園殺春申君. 幽王三年, 秦·魏伐楚. 秦相呂不韋卒. 九年, 秦滅韓. 十年, 幽王卒, 同母弟猶代立, 是爲哀王. 哀王立二月餘, 哀王庶兄負芻之徒襲殺哀王而立負芻爲王. 是歲, 秦虜趙王遷.

王負芻元年, 燕太子丹使荊軻刺秦王. 二年, 秦使將軍伐楚, 大破楚軍, 亡十餘城. 三年, 秦滅魏. 四年, 秦將王翦破我軍於蘄, 而殺將軍項燕.

五年, 秦將王翦·蒙武遂破楚國, 虜楚王負芻, 滅楚名爲[楚]郡云.

太史公曰: 楚靈王方會諸侯於申, 誅齊慶封, 作章華臺, 求周九鼎之時, 志小天下; 及餓死于申亥之家, 爲天下笑. 操行之不得, 悲夫! 勢之於人也, 可不愼與? 棄疾以亂立, 嬖淫秦女, 甚乎哉, 幾再亡國!

　吳太伯, 太伯弟仲雍, 皆周太王之子, 而王季歷之兄也. 季歷賢, 而有聖子昌, 太王欲立季歷以及昌, 於是太伯・仲雍二人乃奔荊蠻, 文身斷髮, 示不可用, 以避季歷. 季歷果立, 是爲王季, 而昌爲文王. 太伯之奔荊蠻, 自號句吳. 荊蠻義之, 從而歸之千餘家, 立爲吳太伯.

　太伯卒, 無子, 弟仲雍立, 是爲吳仲雍. 仲雍卒, 子季簡立. 季簡卒, 子叔達立. 叔達卒, 子周章立. 是時周武王克殷, 求太伯・仲雍之後, 得周章. 周章已君吳, 因而封之. 乃封周章弟虞仲於周之北故夏虛, 是爲虞仲, 列爲諸侯.

　周章卒, 子熊遂立, 熊遂卒, 子柯相立. 柯相卒, 子彊鳩夷立. 鳩夷卒, 子餘橋疑吾立. 餘橋疑吾卒, 子柯盧立. 柯盧卒, 子周繇立. 周繇卒, 子屈羽立. 屈羽卒, 子夷吾立. 夷吾卒, 子禽處立. 禽處卒, 子轉立. 轉卒, 子頗高立. 頗高卒, 子句卑立. 是時晉獻公滅周北虞公, 以開晉伐虢也. 句卑卒, 子去齊立. 去齊卒, 子壽夢立. 壽夢立而吳始益大, 稱王.

　自太伯作吳, 五世而武王克殷, 封其後爲二: 其一虞, 在中國; 其一吳, 在夷蠻. 十二世而晉滅中國之虞. 中國之虞滅二世, 而夷蠻之吳興. 大凡從太伯至壽夢十九世.

　王壽夢二年, 楚之亡大夫申公巫臣怨楚將子反而奔晉, 自晉使吳, 教吳用兵乘車, 令其子爲吳行人, 吳於是始通於中國. 吳伐楚. 十六年, 楚共王伐吳, 至衡山.

　二十五年, 王壽夢卒. 壽夢有子四人, 長曰諸樊, 次曰餘祭, 次曰餘眜, 次曰季札. 季札賢, 而壽夢欲立之, 季札讓不可, 於是乃立長子諸樊, 攝行事當國.

王諸樊元年, 諸樊已除喪, 讓位季札. 季札謝曰: 「曹宣公之卒也, 諸侯與曹人不義曹君, 將立子臧, 子臧去之, 以成曹君, 君子曰『能守節矣』. 君義嗣, 誰敢干君! 有國, 非吾節也. 札雖不材, 願附於子臧之義.」 吳人固立季札, 季札棄其室而耕, 乃舍之. 秋, 吳伐楚, 楚敗我師. 四年, 晉平公初立.

十三年, 王諸樊卒. 有命授弟餘祭, 欲傳以次, 必致國於季札而止, 以稱先王壽夢之意, 且嘉季札之義, 兄弟皆欲致國, 令以漸至焉. 季札封於延陵, 故號曰延陵季子.

王餘祭三年, 齊相慶封有罪, 自齊來奔吳. 吳予慶封朱方之縣, 以爲奉邑, 以女妻之, 富於在齊.

四年, 吳使季札聘於魯, 請觀周樂. 爲歌周南·召南. 曰: 「美哉, 始基之矣, 猶未也. 然勤而不怨.」 歌邶·鄘·衛. 曰: 「美哉, 淵乎, 憂而不困者也. 吾聞衛康叔·武公之德如是, 是其衛風乎?」 歌王. 曰: 「美哉, 思而不懼, 其周之東乎?」 歌鄭. 曰: 「其細已甚, 民不堪也, 是其先亡乎?」 歌齊. 曰: 「美哉, 泱泱乎大風也哉. 表東海者, 其太公乎? 國未可量也.」 歌豳. 曰: 「美哉, 蕩蕩乎, 樂而不淫, 其周公之東乎?」 歌秦. 曰: 「此之謂夏聲. 夫能夏則大, 大之至也, 其周之舊乎?」 歌魏. 曰: 「美哉, 渢渢乎, 大而寬, 儉而易, 行以德輔, 此則盟主也.」 歌唐. 曰: 「思深哉, 其有陶唐氏之遺風乎? 不然, 何憂之遠也? 非令德之後, 誰能若是!」 歌陳. 曰: 「國無主, 其能久乎?」 自鄶以下, 無譏焉. 歌小雅. 曰: 「美哉, 思而不貳, 怨而不言, 其周德之衰乎? 猶有先王之遺民也.」 歌大雅. 曰: 「廣哉, 熙熙乎, 曲而有直體, 其文王之德乎?」 歌頌. 曰: 「至矣哉, 直而不倨, 曲而不詘, 近而不偪, 遠而不攜, 而遷不淫, 復而不厭, 哀而不愁, 樂而不荒, 用而不匱, 廣而不宣, 施而不費, 取而不貪, 處而不底, 行而不流. 五聲和, 八風平, 節有度, 守有序, 盛德之所同也.」 見舞象箾·南籥者, 曰: 「美哉, 猶有感.」 見舞大武, 曰: 「美哉, 周之盛也其若此乎?」 見舞韶護者, 曰: 「聖人之弘也, 猶有慙德, 聖人之難也!」 見舞大夏, 曰: 「美哉, 勤而不德! 非禹其誰能及之?」 見舞招箾, 曰: 「德至矣哉, 大矣, 如天之無不燾也, 如地之無不載也, 雖甚盛德, 無以加矣. 觀止矣, 若有他樂, 吾不敢觀.」

去魯, 遂使齊, 說晏平仲曰: 「子速納邑與政. 無邑無政, 乃免於難. 齊國

之政將有所歸; 未得所歸, 難未息也.」故晏子因陳桓子以納政與邑, 是以免於欒高之難.

去齊, 使於鄭. 見子產, 如舊交. 謂子產曰:「鄭之執政侈, 難將至矣, 政必及子. 子爲政, 愼以禮. 不然, 鄭國將敗.」去鄭, 適衛. 說蘧瑗·史狗·史鰌·公子荊·公叔發·公子朝曰:「衛多君子, 未有患也.」

自衛如晉, 將舍於宿, 聞鍾聲, 曰:「異哉! 吾聞之, 辯而不德, 必加於戮. 夫子獲罪於君以在此, 懼猶不足, 而又可以畔乎? 夫子之在此, 猶燕之巢于幕也. 君在殯而可以樂乎?」遂去之. 文子聞之, 終身不聽琴瑟.

適晉, 說趙文子·韓宣子·魏獻子曰:「晉國其萃於三家乎!」將去, 謂叔向曰:「吾子勉之! 君侈而多良, 大夫皆富, 政將在三家. 吾子直, 必思自免於難.」

季札之初使, 北過徐君. 徐君好季札劍, 口弗敢言. 季札心知之, 爲使上國, 未獻. 還至徐, 徐君已死, 於是乃解其寶劍, 繫之徐君 冢樹而去. 從者曰:「徐君已死, 尚誰予乎?」季子曰:「不然. 始吾心已許之, 豈以死倍吾心哉!」

七年, 楚公子圍弒其王夾敖而代立, 是爲靈王. 十年, 楚靈王會諸侯而以伐吳之朱方, 以誅齊慶封. 吳亦攻楚, 取三邑而去. 十一年, 楚伐吳, 至雩婁. 十二年, 楚復來伐, 次於乾谿, 楚師敗走.

十七年, 王餘祭卒, 弟餘眜立. 王餘眜二年, 楚公子棄疾弒其君靈王代立焉.

四年, 王餘眜卒, 欲授弟季札. 季札讓, 逃去. 於是吳人曰:「先王有命, 兄卒弟代立, 必致季子. 季子今逃位, 則王餘眜後立. 今卒, 其子當代.」乃立王餘眜之子僚爲王.

王僚二年, 公子光伐楚, 敗而亡王舟. 光懼, 襲楚, 復得王舟而還.

五年, 楚之亡臣伍子胥來奔, 公子光客之. 公子光者, 王諸樊之子也. 常以爲吾父兄弟四人, 當傳至季子. 季子即不受國, 光父先立. 即不傳季子, 光當立. 陰納賢士, 欲以襲王僚.

八年, 吳使公子光伐楚, 敗楚師, 迎楚故太子建母於居巢以歸. 因北伐, 敗陳·蔡之師. 九年, 公子光伐楚, 拔居巢·鍾離. 初, 楚邊邑卑梁氏之處女與吳邊邑之女爭桑, 二女家怒相滅, 兩國邊邑長聞之, 怒而相攻, 滅吳之邊邑. 吳王怒, 故遂伐楚, 取兩都而去.

伍子胥之初奔吳, 說吳王僚以伐楚之利. 公子光曰:「胥之父兄爲僇於楚, 欲自報其仇耳. 未見其利.」於是伍員知光有他志, 乃求勇士專諸, 見之光. 光喜, 乃客伍子胥. 子胥退而耕於野, 以待專諸之事.

十二年冬, 楚平王卒. 十三年春, 吳欲因楚喪而伐之, 使公子蓋餘·燭庸以兵圍楚之六·灊. 使季札於晉, 以觀諸侯之變. 楚發兵絕吳兵後, 吳兵不得還. 於是吳公子光曰:「此時不可失也.」告專諸曰:「不索何獲! 我眞王嗣, 當立, 吾欲求之. 季子雖至, 不吾廢也.」專諸曰:「王僚可殺也. 母老子弱, 而兩公子將兵攻楚, 楚絕其路. 方今吳外困於楚, 而內空無骨鯁之臣, 是無奈我何.」光曰:「我身, 子之身也.」四月丙子, 光伏甲士於窟室, 而謁王僚飲. 王僚使兵陳於道, 自王宮至光之家, 門階戶席, 皆王僚之親也, 人夾持鈹. 公子光詳爲足疾, 入于窟室, 使專諸置匕首於炙魚之中以進食. 手匕首刺王僚, 鈹交於匈, 遂弒王僚. 公子光竟代立爲王, 是爲吳王闔廬. 闔廬乃以專諸子爲卿.

季子至, 曰:「苟先君無廢祀, 民人無廢主, 社稷有奉, 乃吾君也. 吾敢誰怨乎? 哀死事生, 以待天命. 非我生亂, 立者從之, 先人之道也.」復命, 哭僚墓, 復位而待. 吳公子燭庸·蓋餘二人將兵遇圍於楚者, 聞公子光弒王僚自立, 乃以其兵降楚, 楚封之於舒.

王闔廬元年, 舉伍子胥爲行人而與謀國事. 楚誅伯州犂, 其孫伯嚭亡奔吳, 吳以爲大夫.

三年, 吳王闔廬與子胥·伯嚭將兵伐楚, 拔舒, 殺吳亡將二公子. 光謀欲入郢, 將軍孫武曰:「民勞, 未可, 待之.」四年, 伐楚, 取六與灊. 五年, 伐越, 敗之. 六年, 楚使子常囊瓦伐吳. 迎而擊之, 大敗楚軍於豫章, 取楚之居巢而還.

九年, 吳王闔廬請伍子胥·孫武曰:「始子之言郢未可入, 今果如何?」二子對曰:「楚將子常貪, 而唐·蔡皆怨之. 王必欲大伐, 必得唐·蔡乃可.」闔廬從之, 悉興師, 與唐·蔡西伐楚, 至於漢水. 楚亦發兵拒吳, 夾水陳. 吳王闔廬弟夫槩欲戰, 闔廬弗許. 夫槩曰:「王已屬臣兵, 兵以利爲上, 尚何待焉?」遂以其部五千人襲冒楚, 楚兵大敗, 走. 於是吳王遂縱兵追之. 比至郢, 五戰,

楚五敗. 楚昭王亡出郢, 奔鄖. 鄖公弟欲弒昭王, 昭王與鄖公奔隨. 而吳兵遂入郢. 子胥・伯嚭鞭平王之尸以報父讎.

十年春, 越聞吳王之在郢, 國空, 乃伐吳. 吳使別兵擊越. 楚告急秦, 秦遣兵救楚擊吳, 吳師敗. 闔廬弟夫槩見秦越交敗吳, 吳王留楚不去, 夫槩亡歸吳二自立爲吳王. 闔廬聞之, 乃引兵歸, 攻夫槩. 夫槩敗奔楚. 楚昭王乃得以九月復入郢, 而封夫槩於堂谿, 爲堂谿氏. 十一年, 吳王使太子夫差伐楚, 取番. 楚恐而去郢徙.

十五年, 孔子相魯.

十九年夏, 吳伐越, 越王句踐迎擊之檇李. 越使死士挑戰, 三行造吳師, 呼, 自剄. 吳師觀之, 越因伐吳, 敗之姑蘇, 傷吳王闔廬指, 軍卻七里. 吳王病傷而死. 闔廬使立太子夫差, 謂曰:「爾而忘句踐殺汝父乎?」對曰:「不敢!」三年, 乃報越.

王夫差元年, 以大夫伯嚭爲太宰. 習戰射, 常以報越爲志. 二年, 吳王悉精兵以伐越, 敗之夫椒, 報姑蘇也. 越王句踐乃以甲兵五千人棲於會稽, 使大夫種因吳太宰嚭而行成, 請委國爲臣妾. 吳王將許之, 伍子胥諫曰:「昔有過氏殺斟灌以伐斟尋, 滅夏帝相. 帝相之妃緡方娠, 逃於有仍而生少康. 少康爲有仍牧正. 有過又欲殺少康, 少康奔有虞. 有虞思夏德, 於是妻之以二女而邑之於綸, 有田一成, 有衆一旅. 後遂收夏衆, 撫其官職. 使人誘之, 遂滅有過氏, 復禹之績, 祀夏配天, 不失舊物. 今吳不如有過之彊, 而句踐大於少康. 今不因此而滅之, 又將寬之, 不亦難乎! 且句踐爲人能辛苦, 今不滅, 後必悔之.」吳王不聽, 聽太宰嚭, 卒許越平, 與盟而罷兵去.

七年, 吳王夫差聞齊景公死而大臣爭寵, 新君弱, 乃興師北伐齊. 子胥諫曰:「越王句踐食不重味, 衣不重采, 弔死問疾, 且欲有所用其衆. 此人不死, 必爲吳患. 今越在腹心疾而王不先, 而務齊, 不亦謬乎!」吳王不聽, 遂北伐齊, 敗齊師於艾陵. 至繒, 召魯哀公而徵百牢. 季康子使子貢以周禮說太宰嚭, 乃得止. 因留略地於齊魯之南. 九年, 爲騶伐魯, 至與魯盟乃去. 十年, 因伐齊而歸. 十一年, 復北伐齊.

越王句踐率其衆以朝吳, 厚獻遺之, 吳王喜. 唯子胥懼, 曰:「是棄吳也.」

諫曰：「越在腹心，今得志於齊，猶石田，無所用．且盤庚之誥有顛越勿遺，商之以興．」吳王不聽，使子胥於齊，子胥屬其子於齊鮑氏，還報吳王．吳王聞之，大怒，賜子胥屬鏤之劍以死．將死，曰：「樹吾墓上以梓，令可為器．抉吾眼置之吳東門，以觀越之滅吳也．」

齊鮑氏弒齊悼公．吳王聞之，哭於軍門外三日，乃從海上攻齊．齊人敗吳，吳王乃引兵歸．

十三年，吳召魯・衛之君會於橐皋．

十四年春，吳王北會諸侯於黃池，欲霸中國以全周室．六月(戊)[丙]子，越王句踐伐吳．乙酉，越五千人與吳戰．丙戌，虜吳太子友．丁亥，入吳．吳人告敗於王夫差，夫差惡其聞也．或泄其語，吳王怒，斬七人於幕下．七月辛丑，吳王與晉定公爭長．吳王曰：「於周室我為長．」晉定公曰：「於姬姓我為伯．」趙鞅怒，將伐吳，乃長晉定公．吳王已盟，與晉別，欲伐宋．太宰嚭曰：「可勝而不能居也．」乃引兵歸國．國亡太子，內空，王居外久，士皆罷敝，於是乃使厚幣以與越平．

十五年，齊田常殺簡公．

十八年，越益彊．越王句踐率兵(使)[復]伐敗吳師於笠澤．楚滅陳．

二十年，越王句踐復伐吳．二十一年，遂圍吳．二十三年十一月丁卯，越敗吳．越王句踐欲遷吳王夫差於甬東，予百家居之．吳王曰：「孤老矣，不能事君王也．吾悔不用子胥之言，自令陷此．」遂自剄死．越王滅吳，誅太宰嚭，以為不忠，而歸．

太史公曰：孔子言「太伯可謂至德矣，三以天下讓，民無得而稱焉」．余讀春秋古文，乃知中國之虞與荊蠻句吳兄弟也．延陵季子之仁心，慕義無窮，見微而知清濁．嗚呼，又何其閎覽博物君子也！

越王句踐, 其先禹之苗裔, 而夏后帝少康之庶子也. 封於會稽, 以奉守禹之祀. 文身斷髮, 披草萊而邑焉. 後二十餘世, 至於允常. 允常之時, 與吳王闔廬戰而相怨伐. 允常卒, 子句踐立, 是爲越王.

元年, 吳王闔廬聞允常死, 乃興師伐越. 越王句踐使死士挑戰, 三行, 至吳陳, 呼而自剄. 吳師觀之, 越因襲擊吳師, 吳師敗於檇李, 射傷吳王闔廬. 闔廬且死, 告其子夫差曰:「必毋忘越.」

三年, 句踐聞吳王夫差日夜勒兵, 且以報越, 越欲先吳未發往伐之. 范蠡諫曰:「不可. 臣聞兵者凶器也, 戰者逆德也, 爭者事之末也. 陰謀逆德, 好用凶器, 試身於所末, 上帝禁之, 行者不利.」越王曰:「吾已決之矣.」遂興師. 吳王聞之, 悉發精兵擊越, 敗之夫椒. 越王乃以餘兵五千人保棲於會稽. 吳王追而圍之.

越王謂范蠡曰:「以不聽子故至於此, 爲之奈何?」蠡對曰:「持滿者與天, 定傾者與人, 節事者以地. 卑辭厚禮以遺之, 不許, 而身與之市.」句踐曰:「諾.」乃令大夫種行成於吳, 膝行頓首曰:「君王亡臣句踐使陪臣種敢告下執事: 句踐請爲臣, 妻爲妾.」吳王將許之. 子胥言於吳王曰:「天以越賜吳, 勿許也.」種還, 以報句踐. 句踐欲殺妻子, 燔寶器, 觸戰以死. 種止句踐曰:「夫吳太宰嚭貪, 可誘以利, 請閒行言之.」於是句踐以美女寶器令種閒獻吳太宰嚭. 嚭受, 乃見大夫種於吳王. 種頓首言曰:「願大王赦句踐之罪, 盡入其寶器. 不幸不赦, 句踐將盡殺其妻子, 燔其寶器, 悉五千人觸戰, 必有當也.」嚭因說吳王曰:「越以服爲臣, 若將赦之, 此國之利也.」吳王將許之, 子胥進諫曰:「今不滅越, 後必悔之. 句踐賢君, 種·蠡良臣, 若反國, 將爲亂.」吳王弗聽, 卒赦越, 罷兵而歸.

句踐之困會稽也, 喟然嘆曰:「吾終於此乎?」種曰:「湯繫夏臺, 文王囚羑里, 晉重耳奔翟, 齊小白奔莒, 其卒王霸. 由是觀之, 何遽不爲福乎?」

吳旣赦越, 越王句踐反國, 乃苦身焦思, 置膽於坐, 坐臥卽仰膽, 飲食亦嘗膽也. 曰:「女忘會稽之恥邪?」身自耕作, 夫人自織, 食不加肉, 衣不重采, 折節下賢人, 厚遇賓客, 振貧弔死, 與百姓同其勞. 欲使范蠡治國政, 蠡對曰:「兵甲之事, 種不如蠡; 塡撫國家, 親附百姓, 蠡不如種.」於是舉國政屬大夫種, 而使范蠡與大夫柘稽行成, 爲質於吳. 二歲而吳歸蠡.

句踐自會稽歸七年, 拊循其士民, 欲用以報吳. 大夫逢同諫曰:「國新流亡, 今乃復殷給, 繕飾備利, 吳必懼, 懼則難必至. 且鷙鳥之擊也, 必匿其形. 今夫吳兵加齊·晉, 怨深於楚·越, 名高天下, 實害周室, 德少而功多, 必淫自矜. 爲越計, 莫若結齊, 親楚, 附晉, 以厚吳. 吳之志廣, 必輕戰. 是我連其權, 三國伐之, 越承其弊, 可克也.」句踐曰:「善.」

居二年, 吳王將伐齊. 子胥諫曰:「未可. 臣聞句踐食不重味, 與百姓同苦樂. 此人不死, 必爲國患. 吳有越, 腹心之疾, 齊與吳, 疥癬也. 願王釋齊先越.」吳王弗聽, 遂伐齊, 敗之艾陵, 虜齊高·國以歸. 讓子胥. 子胥曰:「王毋喜!」王怒, 子胥欲自殺, 王聞而止之. 越大夫種曰:「臣觀吳王政驕矣, 請試嘗之貸粟, 以卜其事.」請貸, 吳王欲與, 子胥諫勿與, 王遂與之, 越乃私喜. 子胥言曰:「王不聽諫, 後三年吳其墟乎!」太宰嚭聞之, 乃數與子胥爭越議, 因讒子胥曰:「伍員貌忠而實忍人, 其父兄不顧, 安能顧王? 王前欲伐齊, 員彊諫, 已而有功, 用是反怨王. 王不備伍員, 員必爲亂.」與逢同共謀, 讒之王. 王始不從, 乃使子胥於齊, 聞其子於鮑氏, 王乃大怒, 曰:「伍員果欺寡人!」役反, 使人賜子胥屬鏤劍以自殺. 子胥大笑曰:「我令而父霸, 我又立若, 若初欲分吳國半予我, 我不受, 已, 今若反以讒誅我. 嗟乎, 嗟乎, 一人固不能獨立!」報使者曰:「必取吾眼置吳東門, 以觀越兵入也!」於是吳任嚭政.

居三年, 句踐召范蠡曰:「吳已殺子胥, 導諛者眾, 可乎?」對曰:「未可.」

至明年春, 吳王北會諸侯於黃池, 吳國精兵從王, 惟獨老弱與太子留守. 句踐復問范蠡, 蠡曰「可矣」. 乃發習流二千人, 教士四萬人, 君子六千人, 諸御千人, 伐吳. 吳師敗, 遂殺吳太子. 吳告急於王, 王方會諸侯於黃池,

懼天下聞之, 乃祕之. 吳王已盟黃池, 乃使人厚禮以請成越. 越自度亦未能滅吳, 乃與吳平.

其後四年, 越復伐吳. 吳士民罷弊, 輕銳盡死於齊·晉. 而越大破吳, 因而留圍之三年, 吳師敗, 越遂復棲吳王於姑蘇之山. 吳王使公孫雄肉袒膝行而前, 請成越王曰:「孤臣夫差敢布腹心, 異日嘗得罪於會稽, 夫差不敢逆命, 得與君王成以歸. 今君王擧玉趾而誅孤臣, 孤臣惟命是聽, 意者亦欲如會稽之赦孤臣之罪乎?」句踐不忍, 欲許之. 范蠡曰:「會稽之事, 天以越賜吳, 吳不取. 今天以吳賜越, 越其可逆天乎? 且夫君王蚤朝晏罷, 非爲吳邪? 謀之二十二年, 一旦而棄之, 可乎? 且夫天與弗取, 反受其咎. '伐柯者其則不遠', 君忘會稽之厄乎?」句踐曰:「吾欲聽子言, 吾不忍其使者.」范蠡乃鼓進兵, 曰:「王已屬政於執事, 使者去, 不者且得罪.」吳使者泣而去. 句踐憐之, 乃使人謂吳王曰:「吾置王甬東, 君百家.」吳王謝曰:「吾老矣, 不能事君王!」遂自殺. 乃蔽其面, 曰:「吾無面以見子胥也!」越王乃葬吳王而誅太宰嚭.

句踐已平吳, 乃以兵北渡淮, 與齊·晉諸侯會於徐州, 致貢於周. 周元王使人賜句踐胙, 命爲伯. 句踐已去, 渡淮南, 以淮上地與楚, 歸吳所侵宋地於宋, 與魯泗東方百里. 當是時, 越兵橫行於江·淮東, 諸侯畢賀, 號稱霸王.

范蠡遂去, 自齊遺大夫種書曰:「蜚鳥盡, 良弓藏; 狡兔死, 走狗烹. 越王爲人長頸鳥喙, 可與共患難, 不可與共樂. 子何不去?」種見書, 稱病不朝. 人或讒種且作亂, 越王乃賜種劍曰:「子教寡人伐吳七術, 寡人用其三而敗吳, 其四在子, 子爲我從先王試之.」種遂自殺.

句踐卒, 子王鼫與立. 王鼫與卒, 子王不壽立. 王不壽卒, 子王翁立. 王翁卒, 子王翳立. 王翳卒, 子王之侯立. 王之侯卒, 子王無彊立.

王無彊時, 越興師北伐齊, 西伐楚, 與中國爭彊. 當楚威王之時, 越北伐齊, 齊威王使人說越王曰:「越不伐楚, 大不王, 小不伯. 圖越之所爲不伐楚者, 爲不得晉也. 韓·魏固不攻楚. 韓之攻楚, 覆其軍, 殺其將, 則葉·陽翟危; 魏亦覆其軍, 殺其將, 則陳·上蔡不安. 故二晉之事越也, 不至於覆軍殺將, 馬汗之力不效. 所重於得晉者何也?」越王曰:「所求於晉者, 不至頓刃接兵, 而況于攻城圍邑乎? 願魏以聚大梁之下, 願齊之試兵南陽莒地, 以聚常·

郊之境, 則方城之外不南, 淮·泗之閒不東, 商·於·析·酈·宗胡之地, 夏路以左, 不足以備秦, 江南·泗上不足以待越矣. 則齊·秦·韓·魏得志於楚也, 是二晉不戰分地, 不耕而穫之. 不此之爲, 而頓刃於河山之閒以爲齊秦用, 所待者如此其失計, 奈何其以此王也!」齊使者曰:「幸也越之不亡也! 吾不貴其用智之如目, 見豪毛而不見其睫也. 今王知晉之失計, 而不自知越之過, 是目論也. 王所待於晉者, 非有馬汗之力也, 又非可與合軍連和也, 將待之以分楚衆也. 今楚衆已分, 何待於晉?」越王曰:「奈何?」曰:「楚三大夫張九軍, 北圍曲沃·於中, 以至無假之關者三千七百里, 景翠之軍北聚魯·齊·南陽, 分有大此者乎? 且王之所求者, 鬪晉楚也; 晉楚不鬪, 越兵不起, 是知二五而不知十也. 此時不攻楚, 臣以是知越大不王, 小不伯. 復讎·龐·長沙, 楚之粟也; 竟澤陵, 楚之材也. 越窺兵通無假之關, 此四邑者不上貢事於郢矣. 臣聞之, 圖王不王, 其敝可以伯. 然而不伯者, 王道失也. 故願大王之轉攻楚也.」

於是越遂釋齊而伐楚. 楚威王興兵而伐之, 大敗越, 殺王無彊, 盡取故吳地至浙江, 北破齊於徐州. 而越以此散, 諸族子爭立, 或爲王, 或爲君, 濱於江南海上, 服朝於楚.

後七世, 至閩君搖, 佐諸侯平秦. 漢高帝復以搖爲越王, 以奉越後. 東越, 閩君, 皆其後也.

范蠡事越王句踐, 既苦身勠力, 與句踐深謀二十餘年, 竟滅吳, 報會稽之恥, 北渡兵於淮以臨齊·晉, 號令中國, 以尊周室, 句踐以霸, 而范蠡稱上將軍. 還反國, 范蠡以爲大名之下, 難以久居, 且句踐爲人可與同患, 難與處安, 爲書辭句踐曰:「臣聞主憂臣勞, 主辱臣死. 昔者君王辱於會稽, 所以不死, 爲此事也. 今既以雪恥, 臣請從會稽之誅.」句踐曰:「孤將與子分國而有之. 不然, 將加誅于子.」范蠡曰:「君行令, 臣行意.」乃裝其輕寶珠玉, 自與其私徒屬乘舟浮海以行, 終不反. 於是句踐表會稽山以爲范蠡奉邑.

范蠡浮海出齊, 變姓名, 自謂鴟夷子皮, 耕于海畔, 苦身戮力, 父子治産. 居無幾何, 致産數十萬. 齊人聞其賢, 以爲相. 范蠡喟然嘆曰:「居家則致千金, 居官則至卿相, 此布衣之極也. 久受尊名, 不祥.」乃歸相印, 盡散其財,

以分與知友鄉黨, 而懷其重寶, 閒行以去, 止于陶, 以爲此天下之中, 交易有無之路通, 爲生可以致富矣. 於是自謂陶朱公. 復約要父子耕畜, 廢居, 候時轉物, 逐什一之利. 居無何, 則致貲累巨萬. 天下稱陶朱公.

朱公居陶, 生少子. 少子及壯, 而朱公中男殺人, 囚於楚. 朱公曰:「殺人而死, 職也. 然吾聞千金之子不死於市.」告其少子往視之. 乃裝黃金千溢, 置褐器中, 載以一牛車. 且遣其少子, 朱公長男固請欲行, 朱公不聽. 長男曰:「家有長子曰家督, 今弟有罪, 大人不遣, 乃遣少弟, 是吾不肖.」欲自殺. 其母爲言曰:「今遣少子, 未必能生中子也, 而先空亡長男, 柰何?」朱公不得已而遣長子, 爲一封書遺故所善莊生. 曰:「至則進千金于莊生所, 聽其所爲, 愼無與爭事.」長男既行, 亦自私齎數百金.

至楚, 莊生家負郭, 披藜藋到門, 居甚貧. 然長男發書進千金, 如其父言. 莊生曰:「可疾去矣, 愼毋留! 即弟出, 勿問所以然.」長男既去, 不過莊生而私留, 以其私齎獻遺楚國貴人用事者.

莊生雖居窮閻, 然以廉直聞於國, 自楚王以下皆師尊之. 及朱公進金, 非有意受也, 欲以成事後復歸之以爲信耳. 故金至, 謂其婦曰:「此朱公之金. 有如病不宿誡, 後復歸, 勿動.」而朱公長男不知其意, 以爲殊無短長也.

莊生閒時入見楚王, 言「某星宿某, 此則害於楚」. 楚王素信莊生, 曰:「今爲柰何?」莊生曰:「獨以德爲可以除之.」楚王曰:「生休矣, 寡人將行之.」王乃使使者封三錢之府. 楚貴人驚告朱公長男曰:「王且赦.」曰:「何以也?」曰:「每王且赦, 常封三錢之府. 昨暮王使使封之.」朱公長男以爲赦, 弟固當出也, 重千金虛棄莊生, 無所爲也, 乃復見莊生. 莊生驚曰:「若不去邪?」長男曰:「固未也. 初爲事弟, 弟今議自赦, 故辭生去.」莊生知其意欲復得其金, 曰:「若自入室取金.」長男即自入室取金持去, 獨自歡幸.

莊生羞爲兒子所賣, 乃入見楚王曰:「臣前言某星事, 王言欲以修德報之. 今臣出, 道路皆言陶之富人朱公之子殺人囚楚, 其家多持金錢賂王左右, 故王非能恤楚國而赦, 乃以朱公子故也.」楚王大怒曰:「寡人雖不德耳, 柰何以朱公之子故而施惠乎!」令論殺朱公子, 明日遂下赦令. 朱公長男竟持其弟喪歸.

至, 其母及邑人盡哀之, 唯朱公獨笑, 曰:「吾固知必殺其弟也! 彼非不愛其弟, 顧有所不能忍者也. 是少與我俱, 見苦, 爲生難, 故重棄財. 至如少弟者, 生而見我富, 乘堅驅良逐狡兔, 豈知財所從來, 故輕棄之, 非所惜吝. 前日吾所爲欲遣少子, 固爲其能棄財故也. 而長者不能, 故卒以殺其弟, 事之理也, 無足悲者. 吾日夜固以望其喪之來也.」

故范蠡三徙, 成名於天下, 非苟去而已, 所止必成名. 卒老死于陶, 故世傳曰陶朱公.

太史公曰: 禹之功大矣, 漸九川, 定九州, 至于今諸夏艾安. 及苗裔句踐, 苦身焦思, 終滅彊吳, 北觀兵中國, 以尊周室, 號稱霸王. 句踐可不謂賢哉! 蓋有禹之遺烈焉. 范蠡三遷皆有榮名, 名垂後世. 臣主若此, 欲毋顯得乎!

부록 Ⅲ. 〈春秋紀年表〉

〈春秋紀年表〉

B.C.	干支	周	魯	齊	晉	秦	楚	宋	衛	陳	蔡	曹	鄭	燕
841	庚申	共和 1	眞公 15	武公 10	靖侯 18	秦仲 4	熊勇 7	釐公 18	釐侯 14	幽公 14	武侯 23	夷伯 24		惠侯 24
840	辛酉	2	16	11	釐侯 1	5	8	19	15	15	24	25		25
839	壬戌	3	17	12	2	6	9	20	16	16	25	26		26
838	癸亥	4	18	13	3	7	10	21	17	17	26	27		27
837	甲子	5	19	14	4	8	~嚴 1	22	18	18	夷侯 1	28		28
836	乙丑	6	20	15	5	9	2	23	19	19	2	29		29
835	丙寅	7	21	16	6	10	3	24	20	20	3	30		30
834	丁卯	8	22	17	7	11	4	25	21	21	4	幽伯 1		31
833	戊辰	9	23	18	8	12	5	26	22	22	5	2		32
832	己巳	10	24	19	9	13	6	27	23	23	6	3		33
831	庚午	11	25	20	10	14	7	28	24	釐公 1	7	4		34
830	辛未	12	26	21	11	15	8	惠公 1	25	2	8	5		35
829	壬申	13	27	22	12	16	9	2	26	3	9	6		36
828	癸酉	14	28	23	13	17	10	3	27	4	10	7		37
827	甲戌	宣王 1	29	24	14	18	~霜 1	4	28	5	11	8		38
826	乙亥	(姬靜) 2	30	25	15	19	2	5	29	6	12	9		釐侯 1
825	丙子	3	武公 1	26	16	20	3	6	30	7	13	戴伯 1		2
824	丁丑	4	2	厲公 1	17	21	4	7	31	8	14	2		3
823	戊寅	5	3	2	18	22	5	8	32	9	15	3		4
822	己卯	6	4	3	獻侯 1	23	6	9	33	10	16	4		5
821	庚辰	7	5	4	2	莊公 1	~徇 1	10	34	11	17	5		6
820	辛巳	8	6	5	3	2	2	11	35	12	18	6		7
819	壬午	9	7	6	4	3	3	12	36	13	19	7		8
818	癸未	10	8	7	5	4	4	13	37	14	20	8		9
817	甲申	11	9	8	6	5	5	14	38	15	21	9		10
816	乙酉	12	10	9	7	6	6	15	39	16	22	10		11
815	丙戌	13	懿公 1	文公 1	8	7	7	16	40	17	23	11		12
814	丁亥	14	2	2	9	8	8	17	41	18	24	12		13
813	戊子	15	3	3	10	9	9	18	42	19	25	13		14
812	己丑	16	4	4	11	10	10	19	武公 1	20	26	14		15
811	庚寅	17	5	5	穆侯 1	11	11	20	2	21	27	15		16
810	辛卯	18	6	6	2	12	12	21	3	22	28	16		17
809	壬辰	19	7	7	3	13	13	22	4	23	釐侯 1	17		18
808	癸巳	20	8	8	4	14	14	23	5	24	2	18		19
807	甲午	21	9	9	5	15	15	24	6	25	3	19		20
806	乙未	22	孝公 1	10	6	16	16	25	7	26	4	20	桓公 1	21
805	丙申	23	2	11	7	17	17	26	8	27	5	21	2	22
804	丁酉	24	3	12	8	18	18	27	9	28	6	22	3	23
803	戊戌	25	4	成公 1	9	19	19	28	10	29	7	23	4	24
802	己亥	26	5	2	10	20	20	29	11	30	8	24	5	25
801	庚子	27	6	3	11	21	21	30	12	31	9	25	6	26
800	辛丑	28	7	4	12	22	22	哀公 1	13	32	10	26	7	27
799	壬寅	29	8	5	13	23	~鄂 1	戴公 1	14	33	11	27	8	28
798	癸卯	30	9	6	14	24	2	2	15	34	12	28	9	29
797	甲辰	31	10	7	15	25	3	3	16	35	13	29	10	30
796	乙巳	32	11	8	16	26	4	4	17	36	14	30	11	31
795	丙午	33	12	9	17	27	5	5	18	武公 1	15	惠伯 1	12	32
794	丁未	34	13	莊公 1	18	28	6	6	19	2	16	2	13	33
793	戊申	35	14	2	19	29	7	7	20	3	17	3	14	34
792	己酉	36	15	3	20	30	8	8	21	4	18	4	15	35
791	庚戌	37	16	4	21	31	9	9	22	5	19	5	16	36

B.C.	干支	周	魯	齊	晉	秦	楚	宋	衛	陳	蔡	曹	鄭	燕
790	辛亥	宣王 38	孝公 17	莊公 5	侯 22	莊公 32	若敖 1	戴公 10	武公 23	武公 6	釐侯 20	惠公 6	桓公 17	頃侯 1
789	壬子	(姬靜) 39	18	6	23	33	2	11	24	7	21	7	18	2
788	癸丑	40	19	7	24	34	3	12	25	8	22	8	19	3
787	甲寅	41	20	8	25	35	4	13	26	9	23	9	20	4
786	乙卯	42	21	9	26	36	5	14	27	10	24	10	21	5
785	丙辰	43	22	10	27	37	6	15	28	11	25	11	22	6
784	丁巳	44	23	11	殤叔 1	38	7	16	29	12	26	12	23	7
783	戊午	45	24	12	2	39	8	17	30	13	27	13	24	8
782	己未	46	25	13	3	40	9	18	31	14	28	14	25	9
781	庚申	幽王 1	26	14	4	41	10	19	32	15	29	15	26	10
780	辛酉	(-宮涅) 2	27	15	文侯 1	42	11	20	33	夷公 1	30	16	27	11
779	壬戌	3	28	16	2	43	12	21	34	2	31	17	28	12
778	癸亥	4	29	17	3	44	13	22	35	3	32	18	29	13
777	甲子	5	30	18	4	襄公 1	14	23	36	平公 1	33	19	30	14
776	乙丑	6	31	19	5	2	15	24	37	2	34	20	31	15
775	丙寅	7	32	20	6	3	16	25	38	3	35	21	32	16
774	丁卯	8	33	21	7	4	17	26	39	4	36	22	33	17
773	戊辰	9	34	22	8	5	18	27	40	5	37	23	34	18
772	己巳	10	35	23	9	6	19	28	41	6	38	24	35	19
771	庚午	11	36	24	10	7	20	29	42	7	39	25	36	20
770	辛未	平王 1	37	25	11	8	21	30	43	8	40	26	武公 1	21
769	壬申	(姬宜臼) 2	38	26	12	9	22	31	44	9	41	27	2	22
768	癸酉	3	惠公 1	27	13	10	23	32	45	10	42	28	3	23
767	甲戌	4	2	28	14	11	24	33	46	11	43	29	4	24
766	乙亥	5	3	29	15	12	25	34	47	12	44	30	5	哀侯 1
765	丙子	6	4	30	16	文公 1	26	武公 1	48	13	45	31	6	2
764	丁丑	7	5	31	17	2	27	2	49	14	46	32	7	鄭侯 1
763	戊寅	8	6	32	18	3	霄敖 1	3	50	15	47	33	8	2
762	己卯	9	7	33	19	4	2	4	51	16	48	34	9	3
761	庚辰	10	8	34	20	5	3	5	52	17	共侯 1	35	10	4
760	辛巳	11	9	35	21	6	4	6	53	18	2	36	11	5
759	壬午	12	10	36	22	7	5	7	54	19	戴侯 1	穆公 1	12	6
758	癸未	13	11	37	23	8	6	8	55	20	2	2	13	7
757	甲申	14	12	38	24	9	蚡冒 1	9	莊公 1	21	3	3	14	8
756	乙酉	15	13	39	25	10	2	10	2	22	4	桓公 1	15	9
755	丙戌	16	14	40	26	11	3	11	3	23	5	2	16	10
754	丁亥	17	15	41	27	12	4	12	4	文公 1	6	3	17	11
753	戊子	18	16	42	28	13	5	13	5	2	7	4	18	12
752	己丑	19	17	43	29	14	6	14	6	3	8	5	19	13
751	庚寅	20	18	44	30	15	7	15	7	4	9	6	20	14
750	辛卯	21	19	45	31	16	8	16	8	5	10	7	21	15
749	壬辰	22	20	46	32	17	9	17	9	6	宣侯 1	8	22	16
748	癸巳	23	21	47	33	18	10	18	10	7	2	9	23	17
747	甲午	24	22	48	34	19	11	宣公 1	11	8	3	10	24	18
746	乙未	25	23	49	35	20	12	2	12	9	4	11	25	19
745	丙申	26	24	50	昭侯 1	21	13	3	13	10	5	12	26	20
744	丁酉	27	25	51	2	22	14	4	14	桓公 1	6	13	27	21
743	戊戌	28	26	52	3	23	15	5	15	2	7	14	莊公 1	22
742	己亥	29	27	53	4	24	16	6	16	3	8	15	2	23
741	庚子	30	28	54	5	25	17	7	17	4	9	16	3	24
740	辛丑	31	29	55	6	26	武王 1	8	18	5	10	17	4	25
739	壬寅	32	30	56	孝侯 1	27	2	9	19	6	11	18	5	26
738	癸卯	33	31	57	2	28	3	10	20	7	12	19	6	27
737	甲辰	34	32	58	3	29	4	11	21	8	13	20	7	28
736	乙巳	35	33	59	4	30	5	12	22	9	14	21	8	29

B.C.	干支	周	魯	齊	晉	秦	楚	宋	衛	陳	蔡	曹	鄭	燕
735	丙午	平王 36	惠公 34	莊公 60	孝侯 5	文公 31	武王 6	宣公 13	莊公 23	桓公 10	宣侯 15	桓公 22	莊公 9	鄭侯 30
734	丁未	(攜宣臼)37	35	61	6	32	7	14	桓公 1	11	16	23	10	31
733	戊申	38	36	62	7	33	8	15	2	12	17	24	11	32
732	己酉	39	37	63	8	34	9	16	3	13	18	25	12	33
731	庚戌	40	38	64	9	35	10	17	4	14	19	26	13	34
730	辛亥	41	39	釐公 1	10	36	11	18	5	15	20	27	14	35
729	壬子	42	40	2	11	37	12	19	6	16	21	28	15	36
728	癸丑	43	41	3	12	38	13	穆公 1	7	17	22	29	16	穆侯 1
727	甲寅	44	42	4	13	39	14	2	8	18	23	30	17	2
726	乙卯	45	43	5	14	40	15	3	9	19	24	31	18	3
725	丙辰	46	44	6	15	41	16	4	10	20	25	32	19	4
724	丁巳	47	45	7	16	42	17	5	11	21	26	33	20	5
723	戊午	48	46	8	鄂侯 1	43	18	6	12	22	27	34	21	6
722	己未	49	隱公 1	9	2	44	19	7	13	23	28	35	22	7
721	庚申	50	2	10	3	45	20	8	14	24	29	36	23	8
720	辛酉	51	3	11	4	46	21	9	15	25	30	37	24	9
719	壬戌	桓王 1	4	12	5	47	22	殤公 1	16	26	31	38	25	10
718	癸亥	(~林)2	5	13	6	48	23	2	宣公 1	27	32	39	26	11
717	甲子	3	6	14	哀侯 1	49	24	3	2	28	33	40	27	12
716	乙丑	4	7	15	2	50	25	4	3	29	34	41	28	13
715	丙寅	5	8	16	3	寧公 1	26	5	4	30	35	42	29	14
714	丁卯	6	9	17	4	2	27	6	5	31	桓侯 1	43	30	15
713	戊辰	7	10	18	5	3	28	7	6	32	2	44	31	16
712	己巳	8	11	19	6	4	29	8	7	33	3	45	32	17
711	庚午	9	桓公 1	20	7	5	30	9	8	34	4	46	33	18
710	辛未	10	2	21	8	6	31	馮 1	9	35	5	47	34	宣侯 1
709	壬申	11	3	22	小子 1	7	32	2	10	36	6	48	35	2
708	癸酉	12	4	23	2	8	33	3	11	37	7	49	36	3
707	甲戌	13	5	24	3	9	34	4	12	38	8	50	37	4
706	乙亥	14	6	25	湣 1	10	35	5	13	屬公 1	9	51	38	5
705	丙子	15	7	26	2	11	36	6	14	2	10	52	39	6
704	丁丑	16	8	27	3	12	37	7	15	3	11	53	40	7
703	戊寅	17	9	28	4	出公 1	38	8	16	4	12	54	41	8
702	己卯	18	10	29	5	2	39	9	17	5	13	55	42	9
701	庚辰	19	11	30	6	3	40	10	18	6	14	莊公 1	43	10
700	辛巳	20	12	31	7	4	41	11	19	7	15	2	厲公 1	11
699	壬午	21	13	32	8	5	42	12	惠公 1	莊公 1	16	3	2	12
698	癸未	22	14	33	9	6	43	13	2	2	17	4	3	13
697	甲申	23	15	襄公 1	10	武公 1	44	14	3	3	18	5	4	桓侯 1
696	乙酉	莊王 1	16	2	11	2	45	15	4	4	19	6	昭公 1	2
695	丙戌	(~佗)2	17	3	12	3	46	16	黔牟 1	5	20	7	2	3
694	丁亥	3	18	4	13	4	47	17	2	6	哀侯 1	8	子亹 1	4
693	戊子	4	莊公 1	5	14	5	48	18	3	7	2	9	子嬰 1	5
692	己丑	5	2	6	15	6	49	19	4	宣公 1	3	10	2	6
691	庚寅	6	3	7	16	7	50	湣公 1	5	2	4	11	3	7
690	辛卯	7	4	8	17	8	51	2	6	3	5	12	4	莊公 1
689	壬辰	8	5	9	18	9	文王 1	3	7	4	6	13	5	2
688	癸巳	9	6	10	19	10	2	4	8	5	7	14	6	3
687	甲午	10	7	11	20	11	3	5	9	6	8	15	7	4
686	乙未	11	8	12	21	12	4	6	惠公 14	7	9	16	8	5
685	丙申	12	9	桓公 1	22	13	5	7	15	8	10	17	9	6
684	丁酉	13	10	2	23	14	6	8	16	9	11	18	10	7
683	戊戌	14	11	3	24	15	7	9	17	10	12	19	11	8
682	己亥	15	12	4	25	16	8	10	18	11	13	20	12	9
681	庚子	釐王 1	13	5	26	17	9	桓公 1	19	12	14	21	13	10

B.C.	干支	周	魯	齊	晉	秦	楚	宋	衛	陳	蔡	曹	鄭	燕
680	辛丑	釐王 2	莊公 14	桓公 6	湣 27	武公 18	文王 10	桓公 2	惠公 20	宣公 13	哀侯 15	莊公 22	子嬰 14	莊公 11
679	壬寅	(姬胡齊) 3	15	7	28	19	11	3	21	14	16	23	厲公 1	12
678	癸卯	4	16	8	武公 38	20	12	4	22	15	17	24	2	13
677	甲辰	5	17	9	39	德公 1	13	5	23	16	18	25	3	14
676	乙巳	惠王 1	18	10	獻公 1	2	堵敖囏 1	6	24	17	19	26	4	15
675	丙午	(~閔) 2	19	11	2	宣公 1	2	7	25	18	20	27	5	16
674	丁未	3	20	12	3	2	3	8	26	19	穆侯 1	28	6	17
673	戊申	4	21	13	4	3	4	9	27	20	2	29	7	18
672	己酉	5	22	14	5	4	5	10	28	21	3	30	文公 1	19
671	庚戌	6	23	15	6	5	成王 1	11	29	22	4	31	2	20
670	辛亥	7	24	16	7	6	2	12	30	23	5	釐公 1	3	21
669	壬子	8	25	17	8	7	3	13	31	24	6	2	4	22
668	癸丑	9	26	18	9	8	4	14	鑱公 1	25	7	3	5	23
667	甲寅	10	27	19	10	9	5	15	2	26	8	4	6	24
666	乙卯	11	28	20	11	10	6	16	3	27	9	5	7	25
665	丙辰	12	29	21	12	11	7	17	4	28	10	6	8	26
664	丁巳	13	30	22	13	12	8	18	5	29	11	7	9	27
663	戊午	14	31	23	14	成公 1	9	19	6	30	12	8	10	28
662	己未	15	32	24	15	2	10	20	7	31	13	9	11	29
661	庚申	16	湣公 1	25	16	3	11	21	8	32	14	昭公 1	12	30
660	辛酉	17	2	26	17	4	12	22	戴公 1	33	15	2	13	31
659	壬戌	18	釐公 1	27	18	穆公 1	13	23	文公 1	34	16	3	14	32
658	癸亥	19	(僖公) 2	28	19	2	14	24	2	35	17	4	15	33
657	甲子	20	3	29	20	3	15	25	3	36	18	5	16	襄公 1
656	乙丑	21	4	30	21	4	16	26	4	37	19	6	17	2
655	丙寅	22	5	31	22	5	17	27	5	38	20	7	18	3
654	丁卯	23	6	32	23	6	18	28	6	39	21	8	19	4
653	戊辰	24	7	33	24	7	19	29	7	40	22	共公 1	20	5
652	己巳	25	8	34	25	8	20	30	8	41	23	2	21	6
651	庚午	襄王 1	9	35	26	9	21	31	9	42	24	3	22	7
650	辛未	(~鄭) 2	10	36	惠公 1	10	22	襄公 1	10	43	25	4	23	8
649	壬申	3	11	37	2	11	23	2	11	44	26	5	24	9
648	癸酉	4	12	38	3	12	24	3	12	45	27	6	25	10
647	甲戌	5	13	39	4	13	25	4	13	穆公 1	28	7	26	11
646	乙亥	6	14	40	5	14	26	5	14	2	29	8	27	12
645	丙子	7	15	41	6	15	27	6	15	3	莊侯 1	9	28	13
644	丁丑	8	16	42	7	16	28	7	16	4	2	10	29	14
643	戊寅	9	17	43	8	17	29	8	17	5	3	11	30	15
642	己卯	10	18	孝公 1	9	18	30	9	18	6	4	12	31	16
641	庚辰	11	19	2	10	19	31	10	19	7	5	13	32	17
640	辛巳	12	20	3	11	20	32	11	20	8	6	14	33	18
639	壬午	13	21	4	12	21	33	12	21	9	7	15	34	19
638	癸未	14	22	5	13	22	34	13	22	10	8	16	35	20
637	甲申	15	23	6	14	23	35	14	23	11	9	17	36	21
636	乙酉	16	24	7	文公 1	24	36	成公 1	24	12	10	18	37	22
635	丙戌	17	25	8	2	25	37	2	25	13	11	19	38	23
634	丁亥	18	26	9	3	26	38	3	成公 1	14	12	20	39	24
633	戊子	19	27	10	4	27	39	4	2	15	13	21	40	25
632	己丑	20	28	昭公 1	5	28	40	5	3	16	14	22	41	26
631	庚寅	21	29	2	6	29	41	6	共公 1	15	15	23	42	27
630	辛卯	22	30	3	7	30	42	7	2	16	16	24	43	28
629	壬辰	23	31	4	8	31	43	8	3	17	17	25	44	29
628	癸巳	24	32	5	9	32	44	9	4	18	18	26	45	30
627	甲午	25	33	6	襄公 1	33	45	10	5	19	19	27	穆公 1	31
626	乙未	26	文公 1	7	2	34	46	11	6	20	20	28	2	32

B.C.	干支	周	魯	齊	晉	秦	楚	宋	衛	陳	蔡	曹	鄭	燕	吳
625	丙申	襄王 27	文公 2	昭公 8	襄公 3	穆公 35	穆王 1	成公 12	成公 10	共公 7	莊侯 21	共公 28	穆公 3	襄公 33	
624	丁酉	(姬鄭) 28	3	9	4	36	2	13	11	8	22	29	4	34	
623	戊戌	29	4	10	5	37	3	14	12	9	23	30	5	35	
622	己亥	30	5	11	6	38	4	15	13	10	24	31	6	36	
621	庚子	31	6	12	7	39	5	16	14	11	25	32	7	37	
620	辛丑	32	7	13	靈公 1	康公 1	6	17	15	12	26	33	8	38	
619	壬寅	33	8	14	2	2	7	昭公 1	16	13	27	34	9	39	
618	癸卯	頃王 1	9	15	3	3	8	2	17	14	28	35	10	40	
617	甲辰	(~壬臣) 2	10	16	4	4	9	3	18	15	29	文公 1	11	桓公 1	
616	乙巳	3	11	17	5	5	10	4	19	16	30	2	12	2	
615	丙午	4	12	18	6	6	11	5	20	17	31	3	13	3	
614	丁未	5	13	19	7	7	12	6	21	18	32	4	14	4	
613	戊申	6	14	20	8	8	莊王 1	7	22	靈公 1	33	5	15	5	
612	己酉	匡王 1	15	懿公 1	9	9	(侶) 2	8	23	2	34	6	16	6	
611	庚戌	(~班) 2	16	2	10	10	3	9	24	3	文侯 1	7	17	7	
610	辛亥	3	17	3	11	11	4	文公 1	25	4	2	8	18	8	
609	壬子	4	18	4	12	12	5	2	26	5	3	9	19	9	
608	癸丑	5	宣公 1	惠公 1	13	共公 1	6	3	27	6	4	10	20	10	
607	甲寅	6	2	2	14	2	7	4	28	7	5	11	21	11	
606	乙卯	定王 1	3	3	成公 1	3	8	5	29	8	6	12	22	12	
605	丙辰	(~瑜) 2	4	4	2	4	9	6	30	9	7	13	靈公 1	13	
604	丁巳	3	5	5	3	5	10	7	31	10	8	14	襄公 1	14	
603	戊午	4	6	6	4	桓公 1	11	8	32	11	9	15	2	15	
602	己未	5	7	7	5	2	12	9	33	12	10	16	3	16	
601	庚申	6	8	8	6	3	13	10	34	13	11	17	4	宣公 1	
600	辛酉	7	9	9	7	4	14	11	35	14	12	18	5	2	
599	壬戌	8	10	10	景公 1	5	15	12	穆公 1	15	13	19	6	3	
598	癸亥	9	11	頃公 1	2	6	16	13	2	成公 1	14	20	7	4	
597	甲子	10	12	2	3	7	17	14	3	2	15	21	8	5	
596	乙丑	11	13	3	4	8	18	15	4	3	16	22	9	6	
595	丙寅	12	14	4	5	9	19	16	5	4	17	23	10	7	
594	丁卯	13	15	5	6	10	20	17	6	5	18	宣公 1	11	8	
593	戊辰	14	16	6	7	11	21	18	7	6	19	2	12	9	
592	己巳	15	17	7	8	12	22	19	8	7	20	3	13	10	
591	庚午	16	18	8	9	13	23	20	9	8	景候 1	4	14	11	
590	辛未	17	成公 1	9	10	14	共王 1	21	10	9	2	5	15	12	
589	壬申	18	2	10	11	15	2	22	11	10	3	6	16	13	
588	癸酉	19	3	11	12	16	3	共公 1	定公 1	11	4	7	17	14	
587	甲戌	20	4	12	13	17	4	2	2	12	5	8	18	15	
586	乙亥	21	5	13	14	18	5	3	3	13	6	9	悼公 1	昭公 1	
585	丙子	簡王 1	6	14	15	19	6	4	4	14	7	10	2	2	壽夢 1
584	丁丑	(~夷) 2	7	15	16	20	7	5	5	15	8	11	成公 1	3	2
583	戊寅	3	8	16	17	21	8	6	6	16	9	12	2	4	3
582	己卯	4	9	17	18	22	9	7	7	17	10	13	3	5	4
581	庚辰	5	10	靈公 1	19	23	10	8	8	18	11	14	4	6	5
580	辛巳	6	11	2	厲公 1	24	11	9	9	19	12	15	5	7	6
579	壬午	7	12	3	2	25	12	10	10	20	13	16	6	8	7
578	癸未	8	13	4	3	26	13	11	11	21	14	17	7	9	8
577	甲申	9	14	5	4	27	14	12	12	22	15	成公 1	8	10	9
576	乙酉	10	15	6	5	景公 1	15	13	獻公 1	23	16	2	9	11	10
575	丙戌	11	16	7	6	2	16	平公 1	2	24	17	3	10	12	11
574	丁亥	12	17	8	7	3	17	2	3	25	18	4	11	13	12
573	戊子	13	18	9	8	4	18	3	4	26	19	5	12	武公 1	13
572	己丑	14	襄公 1	10	悼公 1	5	19	4	5	27	20	6	13	2	14
571	庚寅	靈王 1	2	11	2	6	20	5	6	28	21	7	14	3	15

B.C.	干支	周	魯	齊	晉	秦	楚	宋	衛	陳	蔡	曹	鄭	燕	吳
570	辛卯	靈王 2	襄公 3	靈公 12	悼公 3	景公 7	共王 21	平公 6	獻公 7	成公 29	景侯 22	成公 8	釐公 1	武公 4	壽夢 16
569	壬辰	(靈濟心) 3	4	13	4	8	22	7	8	30	23	9	2	5	17
568	癸巳	4	5	14	5	9	23	8	9	哀公 1	24	10	3	6	18
567	甲午	5	6	15	6	10	24	9	10	2	25	11	4	7	19
566	乙未	6	7	16	7	11	25	10	11	3	26	12	5	8	20
565	丙申	7	8	17	8	12	26	11	12	4	27	13	簡公 1	9	21
564	丁酉	8	9	18	9	13	27	12	13	5	28	14	2	10	22
563	戊戌	9	10	19	10	14	28	13	14	6	29	15	3	11	23
562	己亥	10	11	20	11	15	29	14	15	7	30	16	4	12	24
561	庚子	11	12	21	12	16	30	15	16	8	31	17	5	13	25
560	辛丑	12	13	22	13	17	31	16	17	9	32	18	6	14	諸樊 1
559	壬寅	13	14	23	14	18	康王 1	17	18	10	33	19	7	15	2
558	癸卯	14	15	24	15	19	2	18	殤公 1	11	34	20	8	16	3
557	甲辰	15	16	25	平公 1	20	3	19	2	12	35	21	9	17	4
556	乙巳	16	17	26	2	21	4	20	3	13	36	22	10	18	5
555	丙午	17	18	27	3	22	5	21	4	14	37	23	11	19	6
554	丁未	18	19	28	4	23	6	22	5	15	38	武公 1	12	文公 1	7
553	戊申	19	20	莊公 1	5	24	7	23	6	16	39	2	13	2	8
552	己酉	20	21	2	6	25	8	24	7	17	40	3	14	3	9
551	庚戌	21	22	3	7	26	9	25	8	18	41	4	15	4	10
550	辛亥	22	23	4	8	27	10	26	9	19	42	5	16	5	11
549	壬子	23	24	5	9	28	11	27	10	20	43	6	17	6	12
548	癸丑	24	25	6	10	29	12	28	11	21	44	7	18	懿公 1	13
547	甲寅	25	26	景公 1	11	30	13	29	12	22	45	8	19	2	餘祭 1
546	乙卯	26	27	2	12	31	14	30	獻公 1	23	46	9	20	3	2
545	丙辰	27	28	3	13	32	15	31	2	24	47	10	21	4	3
544	丁巳	景王 1	29	4	14	33	郟敖 1	32	3	25	48	11	22	惠公 1	4
543	戊午	(~貴) 2	30	5	15	34	2	33	4	26	49	12	23	2	5
542	己未	3	31	6	16	35	3	34	5	27	靈侯 1	13	24	3	6
541	庚申	4	昭公 1	7	17	36	4	35	6	28	2	14	25	4	7
540	辛酉	5	2	8	18	37	靈王 1	36	7	29	3	15	26	5	8
539	壬戌	6	3	9	19	38	2	37	8	30	4	16	27	6	9
538	癸亥	7	4	10	20	39	3	38	9	31	5	17	28	7	10
537	甲子	8	5	11	21	40	4	39	10	32	6	18	29	8	11
536	乙丑	9	6	12	22	哀公 1	5	40	11	33	7	19	30	9	12
535	丙寅	10	7	13	23	2	6	41	12	34	8	20	31	悼公 1	13
534	丁卯	11	8	14	24	3	7	42	靈公 1	35	9	21	32	2	14
533	戊辰	12	9	15	25	4	8	43	2	惠公 1	10	22	33	3	15
532	己巳	13	10	16	26	5	9	44	3	2	11	23	34	4	16
531	庚午	14	11	17	昭公 1	6	10	元公 1	4	3	12	24	35	5	17
530	辛未	15	12	18	2	7	11	2	5	4	平侯 1	25	36	6	餘眛 1
529	壬申	16	13	19	3	8	12	3	6	5	2	26	定公 1	7	2
528	癸酉	17	14	20	4	9	平王 1	4	7	6	3	27	2	共公 1	3
527	甲戌	18	15	21	5	10	2	5	8	7	4	平公 1	3	2	4
526	乙亥	19	16	22	6	11	3	6	9	8	5	2	4	3	僚 1
525	丙子	20	17	23	頃公 1	12	4	7	10	9	6	3	5	4	2
524	丁丑	21	18	24	2	13	5	8	11	10	7	4	6	5	3
523	戊寅	22	19	25	3	14	6	9	12	11	8	悼公 1	7	平公 1	4
522	己卯	23	20	26	4	15	7	10	13	12	9	2	8	2	5
521	庚辰	24	21	27	5	16	8	11	14	13	悼侯 1	3	9	3	6
520	辛巳	25	22	28	6	17	9	12	15	14	2	4	10	4	7
519	壬午	敬王 1	23	29	7	18	10	13	16	15	3	5	11	5	8
518	癸未	(~匃) 2	24	30	8	19	11	14	17	16	昭侯 1	6	12	6	9
517	甲申	3	25	31	9	20	12	15	18	17	2	7	13	7	10
516	乙酉	4	26	32	10	21	13	景公 1	19	18	3	8	14	8	11

B.C.	干支	周	魯	齊	晉	秦	楚	宋	衛	陳	蔡	曹	鄭	燕	吳
515	丙戌	敬王 5	昭公 27	景公 33	頃公 11	哀公 22	昭王 1	景公 2	靈公 20	惠公 19	昭侯 4	悼公 9	定公 15	平公 9	僚 12
514	丁亥	(姬匄) 6	28	34	12	23	2	3	21	20	5	襄公 1	16	10	闔閭 1
513	戊子	7	29	35	13	24	3	4	22	21	6	2	獻公 1	11	2
512	己丑	8	30	36	14	25	4	5	23	22	7	3	2	12	3
511	庚寅	9	31	37	定公 1	26	5	6	24	23	8	4	3	13	4
510	辛卯	10	32	38	2	27	6	7	25	24	9	5	4	14	5
509	壬辰	11	定公 1	39	3	28	7	8	26	25	10	隱公 1	5	15	6
508	癸巳	12	2	40	4	29	8	9	27	26	11	2	6	16	7
507	甲午	13	3	41	5	30	9	10	28	27	12	3	7	17	8
506	乙未	14	4	42	6	31	10	11	29	28	13	4	8	18	9
505	丙申	15	5	43	7	32	11	12	30	懷公 1	14	靖公 1	9	19	10
504	丁酉	16	6	44	8	33	12	13	31	2	15	2	10	簡公 1	11
503	戊戌	17	7	45	9	34	13	14	32	3	16	3	11	2	12
502	己亥	18	8	46	10	35	14	15	33	4	17	4	12	3	13
501	庚子	19	9	47	11	36	15	16	34	湣公 1	18	伯陽 1	13	4	14
500	辛丑	20	10	48	12	惠公 1	16	17	35	2	19	2	聲公 1	5	15
499	壬寅	21	11	49	13	2	17	18	36	3	20	3	2	6	16
498	癸卯	22	12	50	14	3	18	19	37	4	21	4	3	7	17
497	甲辰	23	13	51	15	4	19	20	38	5	22	5	4	8	18
496	乙巳	24	14	52	16	5	20	21	39	6	23	6	5	9	19
495	丙午	25	15	53	17	6	21	22	40	7	24	7	6	10	夫差 1
494	丁未	26	哀公 1	54	18	7	22	23	41	8	25	8	7	11	2
493	戊申	27	2	55	19	8	23	24	42	9	26	9	8	12	3
492	己酉	28	3	56	20	9	24	25	出公 1	10	27	10	9	獻公 1	4
491	庚戌	29	4	57	21	10	25	26	2	11	28	11	10	2	5
490	辛亥	30	5	58	22	悼公 1	26	27	3	12	成侯 1	12	11	3	6
489	壬子	31	6	晏孺子 1	23	2	27	28	4	13	2	13	12	4	7
488	癸丑	32	7	悼公 1	24	3	惠王 1	29	5	14	3	14	13	5	8
487	甲寅	33	8	2	25	4	2	30	6	15	4	15	14	6	9
486	乙卯	34	9	3	26	5	3	31	7	16	5		15	7	10
485	丙辰	35	10	4	27	6	4	32	8	17	6		16	8	11
484	丁巳	36	11	簡公 1	28	7	5	33	9	18	7		17	9	12
483	戊午	37	12	2	29	8	6	34	10	19	8		18	10	13
482	己未	38	13	3	30	9	7	35	11	20	9		19	11	14
481	庚申	39	14	4	31	10	8	36	12	21	10		20	12	15
480	辛酉	40	15	平公 1	32	11	9	37	莊公 1	22	11		21	13	16
479	壬戌	41	16	2	33	12	10	38	2	23	12		22	14	17
478	癸亥	42	17	3	34	13	11	39	3		13		23	15	18
477	甲子	43	18	4	35	14	12	40	起 1		14		24	16	19
476	乙丑	44	19	5	36	厲共公 1	13	41	出公後元 1		15		25	17	20

〈周代 諸侯 興亡表〉

번호	국명	존 속 기 간			멸망
1	衛	紀元前11C	~	前209년	秦에게
2	齊	〃	~	前221	秦
3	晉	〃	~	前369	韓魏趙
4	燕	〃	~	前222	秦
5	魯	〃	~	前256	楚
6	宋	〃	~	前286	齊
7	蔡	〃	~	前447	楚
8	陳	〃	~	前478	楚
9	許	〃	~	前475(?)	楚
10	邢	〃	~	前635	衛
11	曹	〃	~	前487	宋
12	杞	〃	~	前445	楚
13	楚	?	~	前223	秦
14	徐	?	~	前512(뒤)	吳楚
15	吳	?	~	前473	越
16	越	?	~	前306(?)	楚
17	西周	前440(?)	~	前256년	秦에게
18	東周	前367	~	前249	秦
19	東虢	?	~	前767	鄭
20	西虢	?	~	前655	晉
21	韓	前403	~	前230	秦
22	趙	〃	~	前286	秦
23	魏	〃	~	前447	秦
24	芮	?	~	前640	秦
25	滕	?	~	前286	宋
26	息	?	~	前680	楚
27	莒	?	~	前431	楚
28	鄧	?	~	前678	楚
29	黃	?	~	前648	楚
30	邾(鄒)	?	~	前281(뒤)	楚
31	鄭	前806	~	前375	韓
32	中山	?	~	前296	趙

임동석(茆浦 林東錫)

慶北 榮州 上茆에서 출생. 忠北 丹陽 德尙골에서 성장. 丹陽初中 졸업. 京東高 서울
敎大 國際大 建國大 대학원 졸업. 雨田 辛鎬烈 선생에게 漢學 배움. 臺灣 國立臺灣師
範大學 國文硏究所(大學院) 博士班 졸업. 中華民國 國家文學博士(1983). 建國大學校
敎授. 文科大學長 역임. 成均館大 延世大 高麗大 外國語大 서울대 등 大學院 강의.
韓國中國言語學會 中國語文學硏究會 韓國中語中文學會 會長 역임. 저서에《朝鮮譯
學考》(中文)《中國學術槪論》《中韓對比語文論》. 편역서에《수레를 밀기 위해 내린
사람들》《栗谷先生詩文選》. 역서에《漢語音韻學講義》《廣開土王碑硏究》《東北民族
源流》《龍鳳文化源流》《論語心得》〈漢語雙聲疊韻硏究〉 등 학술 논문 50여 편.

임동석중국사상100

국어國語

左丘明 撰 / 林東錫 譯註
1판 1쇄 발행/2009년 12월 12일
2쇄 발행/2013년 10월 10일
발행인 고정일
발행처 동서문화사
창업 1956. 12. 12. 등록 16-3799
서울강남구신사동563-10 ☎546-0331~6 (FAX)545-0331
www.dongsuhbook.com
잘못 만들어진 책은 바꾸어 드립니다.

＊

사업자등록번호 211-87-75330
ISBN 978-89-497-0556-9 04080
ISBN 978-89-497-0542-2 (세트)